俄 国 史 译 丛 · 经 济
Серия переводов книг по истории России

# Россия

Политика русского самодержавия
в области промышленности (20—50-е годы XIX в.)

# 俄国工业政策（19世纪20-50年代）

〔俄〕尼娜·斯捷潘诺芙娜·基尼亚比娜 / 著
Нина Степановна Киняпина

张广翔　姚　佳 / 译

社会科学文献出版社

ПОЛИТИКА РУССКОГО САМОДЕРЖАВИЯ

В ОБЛАСТИ ПРОМЫШЛЕННОСТИ (20—50-е годы XIX в.)

Издательство Московского университета

本书根据莫斯科大学出版社 1968 年版本译出。

本书获得教育部人文社会科学重点研究基地
吉林大学东北亚研究中心资助出版

## 俄国史译丛编委会

**主　编**　张广翔
**副主编**　卡尔波夫（С. П. Карпов）　　钟建平　许金秋
**委　员**　杜奇科夫（И. И. Тучков）　　鲍罗德金（Л. И. Бородкин）
　　　　　姚　海　黄立茀　鲍里索夫（Н. С. Борисов）　　张盛发
　　　　　戈里科夫（А. Г. Голиков）　　科兹罗娃（Н. В. Козлова）
　　　　　刘玉宝　戴桂菊

# 著者简介

**尼娜·斯杰潘诺芙娜·基尼亚比娜**（Нина Степановна Киняпина）
毕业于莫斯科大学历史系，历史学博士，19世纪末20世纪初俄国史教研室教授。主要研究领域为19世纪俄国的对内和对外政策史，发表了百余部学术著作，并凭借其研究对外政策史的相关著作获得莫斯科大学的最高奖励——罗蒙诺索夫奖。代表作有《19世纪上半叶俄国的对外政策》《19世纪下半叶俄国的对外政策》《19世纪俄国史选集》等。

## 译者简介

**张广翔** 历史学博士，吉林大学东北亚研究院和东北亚研究中心教授，博士生导师。

**姚 佳** 吉林大学东北亚研究院硕士研究生。

# 总　序

我们之所以组织翻译这套"俄国史译丛",一是由于我们长期从事俄国史研究,深感国内俄国史方面的研究严重滞后,远远满足不了国内学界的需要,而且国内学者翻译俄罗斯史学家的相关著述过少,不利于我们了解、吸纳和借鉴俄罗斯学者有代表性的成果。有选择地翻译数十册俄国史方面的著作,既是我们深入学习和理解俄国史的过程,又是鞭策我们不断进取、培养人才和锻炼队伍的过程,同时也是为国内俄国史研究添砖加瓦的过程。

二是由于吉林大学俄国史研究团队(以下简称"我们团队")与俄罗斯史学家的交往十分密切,团队成员都有赴俄进修或攻读学位的机会,每年都有多人次赴俄参加学术会议,团队每年也会邀请2~3位俄罗斯史学家来校讲学。我们与莫斯科大学(以下简称"莫大")历史系、俄罗斯科学院俄国史研究所和世界史所、俄罗斯科学院圣彼得堡历史所、俄罗斯科学院乌拉尔分院历史与考古所等单位学术联系频繁,有能力、有机会与俄学者交流译书之事,能最大限度地得到俄同行的理解和支持。以前我们翻译鲍里斯·尼古拉耶维奇·米罗诺夫的著作时就得到了其真诚的帮助,此次又得到了莫大历史系的大力支持,而这是我们顺利无偿取得系列丛书的外文版权的重要条件。舍此,"俄国史译丛"工作无从谈起。

三是由于我们团队得到了吉林大学校长李元元、党委书记杨振斌、学校职能部门和东北亚研究院的鼎力支持和帮助。2015年5月5日,李元元校长访问莫大期间,与莫大校长萨多夫尼奇(В. А. Садовничий)院士,俄罗斯科学院院士、莫大历史系主任卡尔波夫教授,莫大历史系副主任鲍罗德金教授等就加强两校学术合作与交流达成重要共识，李元元校长明确表示吉林大学将大力扶植俄国史研究，为我方翻译莫大学者的著作提供充足的经费支持。萨多夫尼奇校长非常欣赏吉林大学的举措，责成莫大历史系全力配合我方的相关工作。吉林大学主管文科科研的副校长吴振武教授、社科处霍志刚处长非常重视我们团队与莫大历史系的合作，2015 年尽管经费很紧张，还是为我们提供了一定的科研经费。2016 年又为我们提供了一定的经费。这一经费支持将持续若干年。

我们团队所在的东北亚研究院从建院伊始，就尽一切可能扶持我们团队的发展。现任院长于潇教授自上任以来，一直关怀、鼓励和帮助我们团队，一直鼓励我们不仅要立足国内，而且要不断与俄罗斯同行开展各种合作与交流，不断扩大我们团队在国内外的影响。2015 年，在我们团队与莫大历史系开始新一轮的合作中，于潇院长积极帮助我们协调校内有关职能部门，和我们一起起草与莫大历史系合作的方案，获得了学校的支持。2015 年 11 月 16 日，于潇院长与来访的莫大历史系主任卡尔波夫院士签署了《吉林大学东北亚研究院与莫斯科大学历史系合作方案（2015～2020 年）》，两校学术合作与交流进入新阶段，其中，我们团队拟于 4 年内翻译莫大学者的 30 种左右学术著作的工作正式启动。学校职能部门和东北亚研究院的大力支持是我们团队翻译出版"俄国史译丛"的根本保障。于潇院长为我们团队补充人员和提供一定的经费使我们更有信心完成上述任务。

2016 年 7 月 5 日，吉林大学党委书记杨振斌教授率团参加在莫大举办的中俄大学校长峰会，于潇院长和张广翔等随团参加，在会议期间，杨振斌书记与莫大校长萨多夫尼奇院士签署了吉林大学与莫大共建历史学中心的协议。会后莫大历史系学术委员会主任卡尔波夫院士、莫大历史系主任杜奇科夫（И.И. Тучков）教授（2015 年 11 月底任莫大历史系主任）、莫大历史系副主任鲍罗德金教授陪同杨振斌书记一行拜访了莫大校长萨多夫尼奇院士，双方围绕共建历史学中心进行了深入的探讨，有力地助推了我们团队翻译莫大历史系学者的学术著作一事。

四是由于我们团队同莫大历史系长期的学术联系。我们团队与莫大历史系交往渊源很深，李春隆教授、崔志宏副教授于莫大历史系攻读了副博士学位，张广翔教授、雷丽平教授和杨翠红教授在莫大历史系进修，其中张广翔教授三度在该系进修。我们与该系鲍维金教授、费多罗夫教授、卡尔波夫院士、米洛夫院士、库库什金院士、鲍罗德金教授、谢伦斯卡雅教授、伊兹梅斯杰耶娃教授、戈里科夫教授、科什曼教授等结下了深厚的友谊。莫大历史系为我们团队的成长倾注了大量的心血。卡尔波夫院士、米洛夫院士、鲍罗德金教授、谢伦斯卡雅教授、伊兹梅斯杰耶娃教授、科什曼教授和戈尔斯科娃副教授前来我校讲授俄国史专题，开拓了我们团队及俄国史研究方向的硕士生和博士生的视野。卡尔波夫院士、米洛夫院士和鲍罗德金教授被我校聘为名誉教授，他们经常为我们团队的发展献计献策。莫大历史系的学者还经常向我们馈赠俄国史方面的著作。正是由于双方有这样的合作基础，在选择翻译的书目方面，很容易沟通。尤其是双方商定拟翻译的 30 种左右的莫大历史系学者的著作，需要无偿转让版权，在这方面，莫大历史系从系主任到所涉及的作者，克服一切困难帮助我们解决关键问题。

五是由于我们团队有一支年富力强的队伍，既懂俄语，又有俄国史方面的基础，进取心强，甘于坐冷板凳。学校层面和学院层面一直重视俄国史研究团队的建设，一直注意及时吸纳新生力量，使我们团队人员年龄结构合理，后备充足，有效避免了俄国史研究队伍青黄不接、后继无人的问题。我们在培养后备人才方面颇有心得，严格要求俄国史方向硕士生和博士生，以阅读和翻译俄国史专业书籍为必修课，硕士学位论文和博士学位论文必须以使用俄文文献为主，研究生从一入学就加强这方面的训练，效果很好：培养了一批俄语非常好、专业基础扎实、后劲足、崭露头角的好苗子。我们组织力量翻译了米罗诺夫所著的《俄国社会史》《帝俄时代生活史》，以及在中文刊物上发表了 70 多篇俄罗斯学者的论文的译文，这些都为我们承担"俄国史译丛"的翻译工作积累了宝贵的经验，锻炼了队伍。

译者队伍长期共事，彼此熟悉，容易合作，便于商量和沟通。我们深知高质量地翻译这些著作绝非易事，需要认真再认真，反复斟酌，不得有半点的马虎。我们翻译的这些俄国史著作，既有俄国经济史、社会史、城市史、政治史，还有文化史和史学理论，以专题研究为主，涉及的领域广泛，有很多我们不懂的问题，需要潜心研究探讨。我们的翻译团队将定期碰头，利用群体的智慧解决共同面对的问题，单个人无法解决的问题，以及人名、地名、术语统一的问题。更为重要的是，译者将分别与相关作者直接联系，经常就各自遇到的问题发电子邮件向作者请教，我们还将根据翻译进度，有计划地邀请部分作者来我校共商译书过程中遇到的各种问题，尽可能地减少遗憾。

"俄国史译丛"的翻译工作能够顺利进行，离不开吉林大学校领导、社科处和国际合作与交流处、东北亚研究院领导的坚定支持和可靠后援；莫大历史系上下共襄此举，化解了很多合作路上的难题，将此举视为我们共同的事业；社会科学文献出版社的恽薇、高雁等相关人员将此举视为我们共同的任务，尽可能地替我们着想，使我们之间的合作更为愉快、更有成效。我们唯有竭尽全力将"俄国史译丛"视为学术生命，像爱护眼睛一样地呵护它、珍惜它，这项工作才有可能做好，才无愧于各方的信任和期待，才能为中国的俄国史研究的进步添砖加瓦。

上述所言与诸位译者共勉。

吉林大学东北亚研究院和东北亚研究中心

2016 年 7 月 22 日

# 目 录

绪 论 …………………………………………………………… 001
第一章 19世纪20~50年代俄国工业发展的主要方针和政府政策 …… 018
第二章 19世纪20~50年代俄国的关税政策 ………………………… 072
第三章 19世纪20~50年代俄国的铁路问题 ………………………… 113
第四章 工场手工业和商业会议的建立及其活动 …………………… 149
第五章 工业展览会概况 ……………………………………………… 187
第六章 19世纪20~50年代技术教育领域的政府政策 ……………… 252
第七章 19世纪20~50年代俄国的"工人问题" …………………… 286
结 论 …………………………………………………………… 330

参考文献 ………………………………………………………… 337

# 绪 论

19世纪20~50年代,俄国虽然仍停留在以地主阶级为支柱、以拥有无限权力的专制政体为特点的绝对君主制阶段,但是俄国政府不得不满足国家经济发展的需要。恩格斯曾写道:"一切政府,甚至最专制的政府,归根到底都只不过是本国状况所产生的经济必然性的执行者。"[1] 虽然经济发展的任务决定了政府的政策,但是也不能否定政府的独立性。科学共产主义的创始人马克思曾多次指出这一点。[2] 列宁强调国家机关的阶级属性,他指出,专制制度"在某种程度上,也是独立的有组织的政治力量"[3]。

国家权力机关的独立性在社会冲突尖锐时期表现得最为明显,它会在一定程度上平衡阶级之间的冲突,变为"表面上的调停人"[4]。19世纪20~50年代,处于封建制度危机期间的俄国就出现了这类情况。

新兴的资本主义关系借助封建制度下的民众,开辟了自身的发展道路:雇佣劳动力逐渐取代农奴在工业领域取得优势地位;国内市场扩大,商品货币关系得到发展;除工业领域外,农业领域也开始采用机器生产。与此同时,资本主义的发展开始局部地清除已经陷入衰败的农奴制经济。在呢绒工业发展的实例中,列宁解释了这个过程的矛盾性。他写道:"……这里存在着两种相反

---

[1] 《Переписка К. Маркса и Ф. Энгельса с русскими политическими деятелями》. М., Госполитиздат, 1951, стр. 162.
[2] См. К. Маркс и Ф. Энгельс. Соч., т. 37, стр. 419 – 420.
[3] В. И. Ленин. Полн. собр. соч., т. 6, стр. 363.
[4] К. Маркс и Ф. Энгельс. Соч., т. 21, стр. 172.

的趋向，可是这两种趋向都反映了资本主义的发展，即一方面是世袭占有性质的地主企业的衰落，另一方面是商人作坊向纯粹的资本主义工厂的发展。"①

始于19世纪上半叶的工业革命深化并加剧了封建危机。众所周知，工业革命包括技术（从手工工场过渡到工厂）和社会（资本主义社会阶级的形成）两个方面，而俄国的工业革命是在农奴制占统治地位的特殊条件下进行的，这决定了它的发展的缓慢性。在像俄国这样的农奴制国家中，工业革命与农村特别是农业的发展密切相关。外出打短工的农民是企业工人队伍的补充来源之一，而农村中富裕的上层人物则逐渐发展成工业和商业资产阶级。国内外市场的扩大在一定程度上推动了农业的商品化。只有废除农奴制，才能为生产力的发展提供更多的机会，加速资产阶级和无产阶级的形成，最终完成工业革命。恩格斯曾写道："工业革命与1861年改革在某种程度上互为因果。"②

19世纪20~50年代，俄国政府在推行国内政策时认识到改革的必要性，这在维持俄国现有的封建制度基础的同时，将有助于促进社会的进一步发展。尼古拉一世领导的政府虽然没有足够广阔的视野，但也实施了一些独立的甚至非常精准的政策。在同革命运动斗争时，尼古拉一世的表现确实称得上名副其实的残酷暴君。但就尼古拉一世在其他方面的活动而言，这一说法就有必要进行修改了。关于这一点，以下这些事实就足以表明。尼古拉一世已经意识到俄国正在发生深刻的变化，他仅在19世纪上半叶就成立了10个关于农民问题的秘密委员会，对国家农奴管理方式进行改革，实行财产登记制度以及讨论了许多旨在实现农奴个人解放的草案。但这些措施的实施效果微乎其微，证明了专制政体及农奴制与国内全面的改革纲领互不相容的事实。从整体来看，19世纪20~50年代的国内政策明显加强了政府对国家生活各个领域的监督与控制，包括农业、工业、贸易、教育、书刊检查、官僚队伍的扩大以及皇帝陛下办公室职能的扩展。

为了维持和巩固贵族的权力，维护俄国作为一个大国的威信，俄国政府

---

① В. И. Ленин. Полн. собр. соч., т. 3, стр. 470.
② См. Ф. Энгельс. О военной мощи царской России. Сб. "Группа "Освобождение труда"", 1926, № 4, стр. 353.

致力于发展工业，采取了一系列措施提高国家的工业实力。财政大臣 Е. Ф. 康克林曾说过，"一个国家如果不追随他国成功的脚步就意味着永远停留在野蛮状态"①，并谴责了俄国工业的极端落后。

研究新事物的发展，不能仅仅局限于社会基础，研究生产力的发展（在这方面，已经有很多历史学家着手研究），也应着力于研究上层建筑，尤其是俄国政府的经济政策，它是目前很多著作主要且普遍的研究对象。

我们选择俄国政府在农奴制危机时期实施的工业政策作为研究对象。该政策就像一面镜子，反映了俄国社会的深刻矛盾，表明了在封建农奴制瓦解和资本主义关系发展时期，俄国未来发展道路问题的重要性：俄国应该像西方国家那样走工业发展道路吗？是否有必要推动工业企业和铁路的发展，积极推行保护主义，还是应该继续保持为一个农业国家，以发展农业和贸易来取代工业？这个问题在 18 世纪既不突出也无须考虑，因为当时并不存在客观的前提条件。但在改革前，在农奴制危机加深期间，它表现在报纸和杂志的页面上，渴望得到学者以及社会活动家的解答，并且被政府反复讨论。由于政府的活动对工业发展产生了重要影响，而文献又很少对此展开研究，因此我们将集中主要精力研究它。

应该指出，政府没有平等地控制与监督所有类型的工业。对于世袭领地上的工业，俄国政府仅限于提出建议。政府也没有系统地研究小型工业：财政部工业和国内贸易司、工场手工业会议及其莫斯科分部在他们的工作报告和会议纪要中曾屡次提到他们收集的资料不涉及"家庭"工业。可是俄国小型企业的数量如此庞大，而且商人不断对"损害"他们利益的"贸易农民"提出申诉，政府有时不得不在小型工业领域采取一些自相矛盾的决策。

国家政策的施政对象主要是大型工业，因此本书主要研究俄国政府在这方面的活动。确定俄国政府的个别工业措施与整体工业政策的阶级属性成了本研究的主要任务之一。革命前的文献都没有谈到这个问题。虽然部分苏联

---

① Центральный государственный исторический архив в Ленинграде（ЦГИАЛ），ф. 18，департамент мануфактур и внутренней торговли，оп. 2，д. 437，л. 1（об.）.

学者对此有所研究，但我们认为，在没有经过充分论证的情况下，他们得出的结论并非完全准确。

我们的研究不能局限于分析政府的立法活动。俄国政府颁布的个别法令、指示与决议并不能证明其在某一活动领域中实际的政策方针与路线。即使我们对政府的立法文件进行最周密的分析，也不能保证它与真实的发展情况完全一致。一些例子足以证明，各类"悬空"的法令对于国家而言几乎没有实际意义（如：1802年的参政院权利法令、1842年的"义务"农法令等）。因此，本书不仅分析了俄国工业立法的历史，也研究了这些立法活动的实施效果。

本书研究了工商业会议的建立及其活动，证明了俄国政府的封建政策的资产阶级特点；研究了工业展览会组织和经营的历史以及其对国家工业发展的影响；研究了工业技术教育制度以及与工厂、工人问题相关的立法。

第一章主要概述了工业作为政府施政对象的整体发展情况。我们没有尝试孤立地研究这个问题，而是将研究目标设定为工业发展的主要方针，阐明同时代的人对19世纪20~50年代俄国经济生活变化的态度。

本书还研究了关税和铁路政策，因为如果不阐明这些问题，政府工业活动的图景就远远不够清晰。关税反映了对外贸易政策的方针和工业生产水平，影响了政府的工业活动，而国家的工业目标则决定了关税的特点。至于铁路，它是生产力发展的结果，其本身也促进了新兴工业部门的发展，扩大了国内外市场，打破了自然经济的封闭。分析工业政策却不研究铁路问题是不全面的。研究财政政策也不能只局限于分析政府的工业拨款。在研究的过程中，我们参考了 С. Я. 波罗沃伊、М. К. 罗日科娃、И. Ф. 根金以及 А. П. 波格列宾斯基的研究成果。①

---

① См. С. Я. Боровой Кредит и банки России. М., Госфиниздат, 1958. его же. Из истории кредитной политики России в период разложения крепостничества. «Труд Одесского кредитно-экономического института», вып. Ⅲ. М., 1955; «Очерки экономической истории России первой половины XIX в.», под ред. М. К. Рожковой. М., Соцэкгиз, 1959; И. Ф. Гиндин Государственный банк и экономическая политика царского правительства (1861—1892). М., Госфиниздат, 1960; А. П. Погребинский. Очерки истории финансов дореволюционной России. М., Госфиниздат, 1954.

## 绪 论

本书的时间框架被确定为封建农奴制危机时期，因为当时的工业政策具有特殊的意义。

研究的方法论基础是科学共产主义创始人马克思的著作，他的著作有助于我们阐明俄国政府政策的阶级属性和矛盾、它的社会支柱以及对社会发展的影响。

本书使用了来自莫斯科、列宁格勒、里加以及弗拉基米尔档案馆的资料。可供研究的史料主要分为四种类型：官方的政府文件、私人档案、期刊资料、同时代人撰写的经济史著作。在第一种类型的资料中，有的展现了政府在工业、贸易和铁路建设方面的举措；有的有助于我们了解政府为工业和工业人员颁布的相关法规、有关身份证问题的政府政策及其因农民外出打工增加而发生的变化。

其中最重要的档案文件被保存在苏联国立中央历史档案馆里。财政大臣办公厅的档案包括工业和国内贸易司的年度总结（全宗560）[①]。这些总结包括有关加工工业发展、企业和工人数量的综合资料（没有划分雇佣工人与农奴）。工业和国内贸易司的所有总结都明显夸大了政府经济"活动"的积极成果。这些总结有助于我们研究政府在工业、贸易以及教育领域的主要措施，是最有价值的史料。其他档案馆的资料补充了这些信息，有助于我们更全面地了解工业政策在政府对内政策体系中的地位。

在财政大臣办公厅的同一份档案中还存有对外贸易司的总结，其中展现了俄国对外贸易周期逐渐增长的趋势、进出口商品种类的变化、政府的贸易措施以及关税政策的影响。在解决诸如关税变化的原因、贵族与资产阶级对待关税的态度等重要问题上，对外贸易司的总结并没有对此做出回答。国家档案室的资料，包括位于莫斯科的中央国家古代文书档案馆以及位于列宁格勒的苏联国立中央历史档案馆（全宗1152）的资料，有助于我们研究政府修订关税政策的原因，了解商业与工业资产阶级对1822年禁止性关税变化的反应，其中也包括商人针对海关征税问题提交的书面报告和请

---

[①] 我们翻阅了1826~1861年的总结。

愿书。

通过比较工业和国内贸易司、对外贸易司与作为资产阶级机构的工场手工业会议及其莫斯科分部的年度总结，我们证明了贵族与资产阶级的经济利益存在矛盾，特别是在关税问题上。如果说前者强调的是19世纪50年代的关税对国家经济生活的积极影响，那么后者则恰恰相反，将注意力转向其在工业和贸易发展中的消极影响。

苏联国立中央历史档案馆也保存了其他方面的重要史料，本书广泛使用了工业和国内贸易司的资料（全宗18），其中包括工场手工业各部门的相关数据，这些资料是对各司年度总结非常重要的补充资料。该档案包括工场手工业会议及其莫斯科分部的报告、工商业会议的会议纪要、关于工人阶级社会地位及其生活状况的文件、省技师的报告、财政部代理人的报告、工业展览会的资料以及关于发明专利的数据。这里还存有莫斯科省省长 А. Г. 谢尔巴托夫和 А. А. 扎克列夫斯基有关"工人问题"的书面报告，以及他们在政府和工场手工业会议及其莫斯科分部中讨论的资料。这些资料表明政府日益重视工业问题，同时十分担忧工人与企业主之间不断激化的矛盾。工商业会议及其分支机构的报告记录了资产阶级机构在封建俄国的活动、贵族与资产阶级对待国家经济生活中的各种问题的态度以及后者在解决与工人的冲突时对政府警察机构的依赖性。

写作铁路问题这一章时使用的是苏联国立中央历史档案馆的资料：交通团总部的资料（全宗200），包括交通部门教育机构活动的资料；交通司的资料（全宗206）、交通局长特别办公厅的资料（全宗207）；铁路司的资料（全宗219），包括政府官员针对铁路建设问题提交的书面报告，尤其是财产部大臣 П. Д. 基谢廖夫的书面报告，以及有关交通领域新的技术设施的资料；成立于1848年的交通管理总局教育委员会的资料（全宗477）；铁路委员会的资料（全宗1272），包括铁路建设方面的各种私人草案。

在莫斯科历史档案馆的资料中，使用了莫斯科省省长的档案（全宗16）和工商业会议莫斯科分部的档案（全宗616）。前者包括有关莫斯科工业、

绪 论

工人状况以及政府担忧工人问题尖锐化的重要文件。后者存有莫斯科分部的一份会议记录，其中记载了分部成员讨论 A. A. 扎克列夫斯基"关于禁止在莫斯科建立工厂"的书面报告的情况，反映了资产阶级代表反对该方案的态度。

工商业会议的档案包括工场手工业会议莫斯科分部的部分会议纪要（不同年份的纪要，总共七年，存于社会科学基本图书馆；两份纪要存于列宁格勒国立中央历史档案馆，全宗18）。纪要是最全面的史料，有助于我们研究工场手工业会议莫斯科分部的活动，揭示会议讨论的问题和采取的解决方案。这些会议纪要保存了有关莫斯科工业的资料，揭示了国外工业代理人的工作特点、工场手工业会议莫斯科分部与莫斯科工厂主之间的联系、分部成员与政府及圣彼得堡工场手工业会议的关系。该档案资料包括的文件，展现了莫斯科军事总督 Д. В. 戈利岑有关"工人问题"的方案在莫斯科分部与圣彼得堡工场手工业会议中的讨论过程，以及资产阶级对该方案的反应。

在位于里加的苏联拉脱维亚中央国家历史档案馆中，利沃尼亚省长办公厅（全宗3）的一些文件值得关注，其中包括利沃尼亚的政府政策、地方工业的发展情况以及当地政府为改善农业和工业采取的一些措施。里加工场手工业委员会（全宗107）的档案资料有助于我们评价该委员会的组织结构与活动，包括有关企业主与工人关系的信息。这里还存有委员会成员为"维护工厂的道德与秩序"而提出的《利沃尼亚工厂警察章程》的原稿。里加工场手工业委员会的档案包括工业和国内贸易司对利沃尼亚工厂主参加全俄展览会的指示、有关地方工业和农业展览会的资料、工业和国内贸易司与里加工场手工业委员会的往来函件集以及从国外工业代理人处获得的信息。

来自莫斯科及列宁格勒档案馆的部分资料值得特别注意。沙皇尼古拉一世的档案[1]中包括沙皇关于国内外政策的笔记、尼古拉一世的旅行日志、行会商人的书面报告。其中的一份书面报告《关于强大的俄国在某些方面的

---

[1] Центральный государственный архив Октябрьской революции（ЦГАОР），Ф. 672.

007

现状与改善可能性的思考》① 具有重要价值,其由未署名的作者撰写于1846年,当时政府部门提出了修订1822年禁止性关税的问题。它与其他文件一样有助于我们了解贵族的态度及其在农业、工业、贸易以及政府机构方面的活动计划。

米留金的私人档案②中保存了有关铁路问题的方案原稿与书面报告,这些资料展现了俄国铁路建设初期的复杂性,19世纪40年代圣彼得堡—莫斯科铁路的建设已经开始,大部分官员对此表示强烈反对。

本书中使用的其他私人档案还包括军需呢绒供应委员会主席 Е. В. 卡尔涅耶夫的档案③。我们成功地找到了 Е. В. 卡尔涅耶夫撰写于19世纪20年代的一份书面报告,其中记载了组织工业生产的建议。这份书面报告之前并不为人所知。这份档案中还存有参政员 И. 阿尔舍涅夫斯基的两份书面报告的原稿,这是他于19世纪初调查俄国工业的成果,此外还包括 Е. В. 卡尔涅耶夫和 И. 阿尔舍涅夫斯基的一些价值不大的草稿。对于部分私人史料我们将在个别章节中进行分析。

当写作时可用的资料模糊不清时,新闻资料也具有重要价值。其中包括:官方刊物(《工业和贸易杂志》《矿业杂志》《交通杂志》《商业报》)、工业资产阶级与商人的机关刊物(《莫斯科电报》)、19世纪50年代自由贸易者的机关刊物(《经济指南》)、工业保护主义者的机关刊物(《工业通报》)以及文学政治类的期刊和报纸。

对于研究主题最有价值的刊物是《工业和贸易杂志》,该杂志由财政部工业和国内贸易司管理,直接从属于工场手工业会议,其成员撰写了其中最有价值和最重要的文章。该杂志自1825年开始出版,至1860年停刊,包括三大版块:官方版块,主要发布政府的工业指示、授予发明专利权的相关信息、工业和国内贸易司年度总结的摘要;工业信息版块刊载了介绍国内外工

---

① ЦГАОР, ф. 672, оп. 1, д. 316.
② ЦГИАЛ, ф. 869.
③ Государственная публичная библиотека в Ленинграде им. М. Е. Салтыкова-Щедрина. Рукописный отдел, ф. 337.

业的文章，包括对俄国大型企业的描述，展现了机器生产相较于手工生产的优势；还有一个版块提供了有关国内贸易情况的资料，特别是关于贸易展览会的资料。从科学方面来看，自19世纪40年代后期开始，工业信息版块开始刊载省技师的报告，报告的作者大部分是工艺学院的毕业生，这有助于我们评价国外新技术在国内企业中的应用、一省的工业现状以及工厂主对待国内知识分子的态度。为杂志撰稿的有财政部官员、工厂主以及杰出的学者，包括化学家А. 海曼、政治经济学教授А. И. 布托夫斯基、经济学家Ю. А. 哈格迈斯特、财政部官员В. С. 佩尔钦斯基、工场手工业会议莫斯科分部主席А. К. 迈恩多夫等。

财政部矿业司矿务和盐务处学术委员会自1825年开始出版的《矿业杂志》进一步补充了《工业和贸易杂志》的资料，阐述了俄国和国外冶金业、矿业以及其他工业部门的发展情况，宣传新发明的技术思想以及重工业领域的发明创造。与科普性质的《工业和贸易杂志》相比，《矿业杂志》是更具专业性的机关刊物，主要供技术领域的知识分子和学生使用。其刊载的文章中提出了技术史研究关注的科学理论问题。很多知名学者为其撰稿，包括П. Б. 阿诺索夫、Е. Ф. 布捷涅夫、Д. И. 索科洛夫等。该杂志具有较高的理论水平，其中一些文章于1839年被翻译为法文，并以五卷本的汇编[①]形式在巴黎出版。

工业资产阶级与商人的机关刊物是《莫斯科电报》，它由著名的新闻记者、商人以及工场手工业会议莫斯科分部的成员Н. 波列夫负责。在其存在的不长时期内（1825～1834年），其主要致力于提高资产阶级的声望。其刊载的文章论证了政府保护政策的必要性，主张在给予企业活动一定自由的同时，为企业家和商人提供帮助。

自19世纪50年代下半期开始，当俄国经济的落后有目共睹、资产阶级的作用日渐活跃时，期刊在国家社会生活中发挥了特别重要的作用。新的机关刊物《经济指南》自1857年开始在圣彼得堡出版（自1858年起改名为

---

① ЦГИАЛ, ф. 560, оп. 38, д. 439. Отчет департамента горный и соляных дел, л. 21.

《政治经济指南》），由著名经济学家 И. В. 韦尔纳茨基担任编辑，他在刊物中提出了广泛的理论问题，即科学，特别是政治经济学对人类道德教育的影响。① 自 1858 年开始出版的《工业通报》是工业保护主义者的机关刊物。它宣传机器推广的合理性，坚持发展铁路交通，主张政府从各个方面保护工业的合理性。在最后一个问题上，《工业通报》与《政治经济指南》展开了激烈的论战。

比较特殊的一类史料是由同时代的人撰写的俄国经济史著作。1845 年，财政部官员出版了一本著作，随后工场手工业会议莫斯科分部主席 Л. 萨莫伊洛夫出版了《莫斯科工业图册》，其中主要论述了两类问题。第一类问题包括有关技术发展、工业和贸易骨干培养以及工商业教育政策的信息。第二类问题包括莫斯科工场手工业的现状、各部门的发展情况。1856 年，С. 塔拉索夫按照同样的计划撰写了《莫斯科工业统计学研究》，该著作被公认为《莫斯科工业图册》的续篇。同 Л. 萨莫伊洛夫一样，С. 塔拉索夫也在政府的行动中看到了各工业部门发展成功的根本原因。

1853 年，П. 克留科夫发表了《欧俄手工业和工业力量概述——作为工业地图的文本》一文（分为两部分）。文章的第一部分简要论述了工业的气候条件，强调其对于工业发展的决定性作用。第二部分按照字母的顺序介绍了几个比较重要的工业省份的发展情况。П. 克留科夫的文章反映了国家在 19 世纪 50 年代面临的紧张局势，以及社会各阶层对政府的不满情绪日益高涨。他提请读者注意"目前致力于对工业阶级展开道德教育与技术培养"② 的特别重要性。

国务会议成员、经济学家 Л. В. 坚戈博尔斯基的著作《论俄国生产力》（1~2 卷，圣彼得堡，1854，1858）值得关注。Л. В. 坚戈博尔斯基是俄国经济思想自由贸易派的代表，他认为农业是俄国经济发展的基础，轻视工业

---

① «Указатель политико-экономический», вып. 1. СПб., 1860, стр. 1.
② П. Крюков. Очерк мануфактурно-промышленных сил Европейской России, служащий текстом промышленной карты, ч. 1. СПб., 1853, стр. 63.

绪 论

的发展。①

1845年，财政大臣 E.Ф.康克林退休后在巴黎撰写了著作《人类社会经济与财政状况》。该著作由三部分组成：第一部分从理论方面叙述了俄国的政治经济概况；第二部分对其展开描述；第三部分阐述了国家的财政体系。虽然 E.Ф.康克林在所有问题上都持保守主义观点，积极主张加强专制与农奴制，但在俄国复杂的形势下，他也不得不采取了一些客观上促进工业发展的措施。他的这部作品反映了其观点与行动上的矛盾性。

著名的经济学家和社会活动家 H.C.莫尔德维诺夫在不同时期撰写的多份书面报告和论文无疑具有重要价值。他的著作被存入"莫尔德维诺夫伯爵档案"中，其中，一部分以选著的形式出版（莫斯科，1945）。他终其一生撰写的《回忆与思考笔记》，鲜为人知。因为它未被指定提交给政府部门，所以这些回忆录有助于我们了解莫尔德维诺夫真正的思想与观点。莫尔德维诺夫是国家工业发展的拥护者。他支持广泛的奖励制度、铁路建设与私人信贷的发展。虽然在官方上，他没有明确主张废除农奴制，但在私人笔记中，他经常回顾这一当代社会生活的中心问题，谴责农奴制。②

无论是革命前的文献，还是苏联时期的文献，都没有涵盖我们所研究的这一时期的所有工业政策的学术著作，但与工业发展相关的各类问题，在不同的著作中都有所涉及。我们着重概述的是其中最重要的书籍和文章，这些书籍和文章反映了与我们研究的主题相关的一些普遍性问题。而对于以研究具体问题为对象的著作，我们将在与其相关的章节中进行分析。

19世纪80年代，国内出版了 Л.Н.尼谢洛维奇的著作《俄国工厂法律史》（1~2卷，圣彼得堡，1883~1884）。其以帝俄时代的法律汇编文件为

---

① См. Л. В. Тенгоборский. О производительных силах России, ч. Ⅱ. СПб., 1858, стр. 2.
② «Архив графов Мордвиновых», т. 9. СПб., 1903, № 1868, 1988.

011

俄国工业政策（19世纪20—50年代）

基础，论述了工业和国内贸易司的官方法令。他没有进一步改编政府颁布的工业法令，也没有以贵族历史学家固有的视角来美化沙皇制度。

1898年，"合法马克思主义者"[①] M. 图甘-巴拉诺夫斯基的著作《俄国工厂发展史》在圣彼得堡首次问世，这是第一部批评俄国政府在工业领域中实施农奴制政策的资产阶级著作。这是为捍卫资本主义而撰写的著作，其进步性被自由主义民粹派否认，但其论述的一些观点与后者的主张密切相关。他认为，不是从家庭农业和手工业中逐渐发展出了工厂，恰恰相反，正是从工厂中发展出了农民副业。[②] 由此可见，M. 图甘-巴拉诺夫斯基追随自由主义民粹派的观点，承认小生产的稳定性。

M. 图甘-巴拉诺夫斯基没有专门研究俄国政府的工业政策，而是触及了它的个别方面。他承认政府推动工业发展的积极作用。但在同自由主义民粹派的论战中，他又极力证明资本主义发展的自然规律性，全然否定政府在该领域采取的措施。[③] 这类关于政府工业措施实施效果的观点过于片面，未必准确。M. 图甘-巴拉诺夫斯基的著作的方法论是错误的，但其精选并系统地整理了珍贵的历史资料。这些资料迄今为止仍然为历史学家们所使用。

1909年，俄国出版了 B. 维切夫斯基的著作《彼得大帝至我们时代的俄国贸易、关税及工业政策》，他主要论述了19世纪下半叶这段时期，非常简短地介绍了国家以前的发展。自由贸易主义者 B. 维切夫斯基主张给予企业家自由，反对政府监管工业及贸易活动。他认为贸易是国家发展的基础，否定了工业领域取得的成就。因此，他在书中主要关注俄国的关税及贸易政策。

苏联学者在马克思列宁主义方法论的指导下，为所研究的问题提供了一个全新的解决方案。他们的研究以对政策的阶级分析为基础。苏联历史学家 M. H. 波克罗夫斯基的著作中包含了原创性的观点，但并非其中所有的观点

---

[①] 合法马克思主义是19世纪90年代产生于俄国的一种打着马克思主义旗帜维护资本主义制度的理论。——编者注

[②] См. М. И. Туган-Барановский. Русская фабрика в прошлом и настоящем. М., Соцэкгиз, 1934, стр. 193.

[③] Там же, стр. 52，55，61－62，65.

绪　论

都正确地解释了俄国政府的工业政策,他视"商业资本主义"为社会的经济基础,并将这一错误的观点作为评价依据。① 虽然在20世纪20年代末30年代初,М. Н. 波克罗夫斯基开始批判地修正这一观点,并且放弃了一些错误的表述,包括商业资本主义这一术语。但这个概念仍然保留在他的著作中。М. Н. 波克罗夫斯基认为俄国政府实行积极的工业政策始于彼得一世时期,并将这段时期称为"商业资本主义对俄国的侵袭",为俄国带来了资产阶级的行政机构。②

М. Н. 波克罗夫斯基继续将俄国政府后续实施的经济政策视为商业资本主义影响的结果,认为商业资本主义是国家经济生活的引擎。他认为自19世纪初开始,在大陆封锁的冲击下,俄国开始发展工业资本主义,削弱了俄国工业竞争对手英国的实力。"尼古拉时代同彼得时代一样,代表了俄国资本主义发展的重要阶段。第一个阶段是工业资本主义,而第二个阶段是商业资本主义。"③ 1822年保护关税、授予终身及世袭"荣誉公民"头衔、由工厂主和企业主代表参加的工场手工业会议、组织工业展览会以及创办工艺学院,根据М. Н. 波克罗夫斯基的观点,所有这些措施都"描绘出了尼古拉一世的资产阶级政策,他对该领域的兴趣超出了人们对他的预期"④。М. Н. 波克罗夫斯基准确地指出了改革前政府政策中的资产阶级因素,但是他没有看到所有工业措施都存在的内部矛盾,这些措施致力于加强地主和贵族阶级的统治地位,它们是俄国政府在19世纪唯一可以依靠的力量。

对于原始公社时期的经济形式至20世纪中期俄国的经济发展情况,研究得最为全面和详细的是 П. И. 利亚先科的著作⑤,1939年该著作的第一版以一卷本的形式出版。此后,该书经过了多次的再版和扩充。最后的第四版

---

① См. М. Н. Покровский. Русская история с древнейших времен, Соцэкгиз, 1933, стр. 172.
② См. там же.
③ М. Н. Покровский. Русская история с древнейших времен, т. 2, стр. 21.
④ Там же, стр. 20 – 21.
⑤ См. П. И. Лященко. История народного хозяйства СССР, т. 1 – 3. М., Госполитиздат, 1956.

013

在他去世后出版了,其中包括专门研究苏联社会国民经济的第三卷,于1956年出版。他研究了俄国在工业、农业、国内外贸易领域的经济情况。同时,他不仅研究了社会基础,还研究了上层建筑领域的相关课题,包括社会思想的发展、阶级斗争以及政府政策等。

П. И. 利亚先科在第一卷中以大量的资料为基础分析了封建社会时期(19世纪60年代初之前)俄国国民经济的历史。第一卷的第六章主要研究了19世纪的俄国经济。П. И. 利亚先科分析了俄国学者与政治活动家的经济思想。他非常简洁地阐述了19世纪上半叶俄国政府的工业政策,但仅涉及税收、财政和铁路等个别问题,没有尝试深入地研究它们。[①]

1959年,苏联汇编出版了《19世纪上半叶俄国经济史论文集》,其中包括七篇重要的文章,论述的内容涵盖了革命前俄国经济领域的所有重要问题,包括农业、农民的情况,小生产、大型工业、贸易、工业工人的形成与地位以及城市人口的构成与增长。该论文集的作者们使用了最新的研究资料与广泛的史料。他们成功地将对上述问题的科学研究与概括性的叙述结合起来,从而使这一有价值的科学研究转化为一部著作,同时也是一部优秀的教科书。作者们充分论证了在国民经济的各个领域中农奴制的日益瓦解和封建制度的危机不断加剧。

在汇编中,与本书研究主题相关且所占篇幅较大的是 B. K. 亚聪斯基的文章《1790~1860年的大型工业》[②]。他介绍了18世纪末俄国手工工场和工厂的分布,仔细研究了各个生产部门的发展情况,分析了俄国工业改革的主要影响与特点。谈及工业的发展速度,他论证了农奴制给那些与其关系紧密的生产部门所造成的消极影响。他还谈到了政府在棉纺织工业领域实施的关税政策。但是对于政府在其他生产部门采取的政策,B. K. 亚聪斯基没有进行专门的分析。在该论文集中,П. Г. 伦兹尤斯基研究了小型工业的发展。

在《俄国政府的经济政策》这一文章中,M. K. 罗日科娃研究了有关农

---

① 见 П. И. Лященко. Ук. соч. , т. 1, стр. 476–481.

② «Очерки экономической истории России первой половины XIX в. ». М. , Соцэкгиз, 1959, стр. 118–220.

民和土地问题的法律法规、俄国金融政策与国家预算、工业和贸易法规以及与工人问题相关的政策。她借助非常新颖的档案资料（农民与土地问题的法律法规、金融制度）详细地阐明了上述问题。但与工业政策相关的论述在文章中所占的篇幅较少，且其中提供的信息较为简要，采用的资料具有普遍性、概述性的特点。

关于俄国政府在中东部地区实施的经济政策这一专业问题，М. К. 罗日科娃的著作属于非常有价值的研究。[①] 她以大量来自不同档案馆的和已出版的史料为依据，仔细地研究了俄国与外高加索、伊朗、哈萨克斯坦以及中国等国家和地区贸易的规模与情况，俄国政府及商界的贸易政策与工业发展的关系。她充分地证明，俄国与中东部国家贸易规模的扩大是其殖民政策的标志，它极力为俄国工业寻找新的销售市场与原料产地。М. К. 罗日科娃正确地评价了沙皇政府作为地主政府实施政策的阶级基础，并揭露了由封建农奴制危机导致的这一政策的矛盾。但是，М. К. 罗日科娃对贸易和关税政策做出了非常广义的解释，并将其视为经济政策。而对于经济政策的其他领域——工业、交通、财政以及农业，她在文章中仅仅一笔带过。

如果说 М. К. 罗日科娃的著作主要研究了俄国政府的贸易政策，那么 И. Ф. 金丁的著作《国家银行与俄国政府的经济政策（1861~1892）》（莫斯科，1960）主要研究的是财政政策，补充了自给自足的重要性。而对于工业、关税、铁路政策以及工业管理制度等其他领域，И. Ф. 金丁没有展开相关研究。

资本积累和工业拨款无疑是资本主义发展的前提条件之一，但它不是唯一且主要的条件。因为资本主义发展的必然条件，除了资本与拨款外，还需要具备足够广阔的国内市场、小生产者的合并、组建后备劳动力大军、城市以及城市人口的增加、先进的技术水平、经验丰富的工程师与工人骨干等。И. Ф. 金丁的著作提供了关于国家银行活动的大量尚未出版的资料。他准确

---

[①] См. М. К. Рожкова. Экономическая политика царского правительства на Среднем Востоке во второй четверти XIX в. и русская буржуазия. М., Изд-во АН СССР, 1949.

### 俄国工业政策（19世纪20—50年代）

地解释了经济政策的目的与性质，将其归纳为维护农村中的半农奴制关系、巩固地主的政治统治。然而，国家只有在沿着资本主义道路发展的情况下才能实现这些目标。俄国政府的经济政策存在深刻的矛盾，它企图将资本主义政策与阻碍其发展的维护农村半农奴制的政策结合起来。尽管如此，他仍然通过充分的论证将改革后俄国政府经济政策的主要路线确定为资本主义路线。И. Ф. 金丁证明了为维护大资本家与"资本主义化"的地主的利益，"政府广泛地介入"俄国的经济生活中。这些问题在 И. Ф. 金丁的文章中得到了进一步论证。①

但是他没有研究封建制度瓦解时期的经济政策，而是局限于国家积极保护资本主义的时期。其中，И. Ф. 金丁论述了很多工业发展领域的经济措施，既包括改革后也涉及改革前，这些经济举措客观上推动了资本主义在俄国的确立。

С. Я. 波罗沃伊的著作《俄国信贷与银行》是研究17世纪至19世纪上半叶（1861年之前）俄国信贷机构建立与活动的第一本总结性著作。在著作中，С. Я. 波罗沃伊以广泛的历史档案为基础，用大量的篇幅研究了19世纪上半叶俄国政府的信贷政策。他的主要观点可以归纳为俄国政府的银行及其信贷政策阻碍了农业、工业以及贸易的发展。大量的资料进一步支持了这一观点。② 19世纪上半叶俄国拥有四家银行：国家放款银行、商业银行、圣彼得堡和莫斯科存款银行。其中，仅商业银行一家提供工业贷款，其他银行都只为贵族的需求服务。

他论述了政府如何阻碍对工业的拨款，如何使资本积累落后于俄国资本主义发展的实际需求。其关于信贷政策阻碍国家经济发展的结论并没有引起反对意见。但他在著作中没有充分地研究客观上促进国家资本主义发展的政府政策。С. Я. 波罗沃伊著作中的个别观点也体现在他的文章《19世纪

---

① См. И. Ф. Гиндин. Государственный капитализм в России домонополистического периода. «Вопросы истории», 1964, № 9.
② См. С. Я. Боровой. Кредит и банки России（середина XVII в. —1861 г.）, стр. 134—135, 208 и др.

20～50年代俄国工业政策的历史》[①] 中。他并未计划在其著作中研究该时期内俄国政府所有的工业政策，而是从中选择了两个问题，即带有阶级属性的关税和信贷政策。他正确地认识到，俄国政府的关税政策不仅获得了资产阶级的支持，也得到了包括与市场联系密切的贵族甚至农奴制企业主的拥护。С. Я. 波罗沃伊主要关注信贷政策，并指出了它的农奴制属性。此外，他在文章中辟出大量的篇幅论述了财政大臣 Е. Ф. 康克林的观点，并称其为反动的国务活动家。很遗憾，由于文章的篇幅所限，С. Я. 波罗沃伊没有在著作中补充一些重要观点的论据。

与我们研究的主题直接相关或者有所涉及的一些学术著作，我们对此进行了概述。同时这些著作也反映了工业政策作为一个独立的问题尚未得到研究。已有研究也仅涉及财政、贸易方面的相关问题。我们将根据本书设定的目标，从整体上研究工业政策。

---

① «Исторические записки», 1961, № 69.

# 第一章
# 19世纪20~50年代俄国工业发展的主要方针和政府政策

19世纪上半叶，俄国工业的发展道路非常曲折。资本主义制度动摇了俄国封建社会的基础，并开始影响经济领域。这一时期开始的工业革命，对国家经济与社会生活的所有方面都产生了强大的影响力。如同西欧各国一样，俄国的工业革命也始于棉纺织工业，并逐步地扩展至其他生产部门。但农奴制的统治地位阻碍了劳动力市场的形成与资本原始积累，在很长一段时期内妨碍了手工工场向工厂的过渡，而这对资本主义工业的发展具有重要意义[1]，直至改革后这种局面才得以结束。

自18世纪末开始，工业中雇佣工人的数量不断增加，而农奴的数量开始下降。至1825年，雇佣劳动力在主要的制造业部门——棉纺织业中，已经占据了主导地位。至1861年改革时，它取代了所有工业部门的农奴劳动力，仅矿业、甜菜制糖业和酿酒业除外。雇佣劳动力的增长以及机器的使用说明资本主义手工工场和工厂正在逐渐取代以世袭领地制和领有制为基础的农奴制企业。[2]

---

[1] См. В. И. Ленин. Полн. собр. соч., т. 3, стр. 385.
[2] 根据占有的性质，在我们所研究的时期内，俄国的工业企业仍旧可以被划分为国有和私有两种类型。国有企业由国家建立和维持。它们处于政府的管理之下。私有企业存在领有制和拥有占有权两种形式。第一种企业从国家获得土地、房屋、工匠以及从其所有者处购买农民的许可——非贵族没有这项权利，或者由国家建立企业，然后卖到私人手中。而拥有占有权的私有企业是指那些由私人财产建立，没有得到国家帮助的企业。后者是以雇佣劳动和农奴劳动为基础的企业。

第一章　19世纪20～50年代俄国工业发展的主要方针和政府政策

先天发展受限的领有制工场手工业已经不能满足国家和市场的要求，以及企业主自身的利益。因此早在19世纪上半叶，企业主已经开始请求政府改变过去束缚领有制工厂活动的条件。企业主的申请促使政府颁布了1824年法令和1835年法令。根据1824年法令，领有制企业主在大臣委员会的批准下享有解雇领有制工人，将其转变为其他阶层的权力；而1835年法令规定，领有制企业主拥有根据身份证解放工人的权力。这些政府命令并不能满足工厂主的利益，没有改变之前限制企业活动的一些规则：禁止企业主改变生产规模、产品样式以及转移工厂位置等。因此工厂主要求颁布新法令的申诉并没有停止。鉴于这些情况，财政大臣 Е. Ф. 康克林于1839年向国务会议提交了关于领有制工厂的条例草案，其中规定采用自由劳动取代强制性劳动，但同时也反对立即消除领有制企业。Е. Ф. 康克林在草案中指出："现在，国库没有理由为了支持私有工厂主而牺牲自己的财产，并将农奴转让给工厂主。"① 同时他建议逐步消除领有制企业。

国务会议支持财政大臣的草案，沙皇于1840年6月18日批准了该草案。根据新条例，工厂主可以按照自己的意愿解雇领有制工人或者将他们转变为城市身份（小市民、手工业者），或者将整个家庭列入国有农民的等级中，"不应分裂家庭成员"。在展开新一轮人口调查之前，为被解雇者缴纳国家赋税的工厂主，可以获得每个纳税人36卢布的津贴。为了维持国库收入，同时为防止企业主大规模地停办企业，政府收回"国家无偿分给这些工厂主"的土地、工厂建筑、森林、面粉厂以及其他农用地，如果后者停止生产，他们可以保留使用私有财产购买的机器和工具。② 尽管存在这些限制，许多领有制企业主仍然采用了1840年条例。1840年，俄国共有141家领有制工厂，至1861年仅剩38家。③ 根据工业和国内贸易司的官方数据，其与 К. А. 帕日特诺夫统计的数据稍有不同，从1840年至1859年，俄国共

---

① ЦГИАЛ, ф. Общей канцелярии министра финансов № 560, оп. 38, д. 701, л. 14.
② Там же, лл. 16 - 18.
③ См. К. А. Пажитнов. Положение рабочего класса в России. М., 1924, стр. 53 - 54.

取缔了 95 家领有制工厂，仅剩 46 家。① 因此，正如政府和企业主所承认的那样，非经济强迫的形式之一——私人企业占用土地早在封建制度瓦解之前就已经过时，这本身也证明了封建主义逐步瓦解的过程。

19 世纪上半叶，俄国工业通过小商品生产、手工工场和工厂三种形式得以发展。正如苏联研究者所证明的那样，19 世纪上半叶俄国工业发展的主要形式是从手工工场逐步过渡到工厂。但同时我们也应该注意到，国内各地区工业发展和分布的不均衡性。②

在所研究的时期内，俄国工业主要分布于三个地区：中央工业区（主要是莫斯科—弗拉基米尔）、圣彼得堡和乌拉尔。莫斯科—弗拉基米尔工业区是国内纺织业中心。1859 年，俄国共有 659 家织布工场（根据工业和国内贸易司的统计），其中，410 家位于莫斯科，83 家位于弗拉基米尔；俄国共有 57 家纺纱工场，其中，16 家位于莫斯科，15 家位于圣彼得堡，7 家位于弗拉基米尔。③ 1856 年，莫斯科呢绒业的产值约占全部产值的 33%，其

---

① ЦГИАЛ, ф. департамента мануфактур и внутренней торговли № 18, оп. 1, д. 2. Краткий отчет по департаменту мануфактур и внутренней торговли за 1859 г., л. 10.

② См. С. Г. Струмилин. Промышленный переворот в России. М., 1944; его же. История черной металлургии в СССР. М., Изд-во АН СССР, 1954; М. Ф. Злотников. От мануфактуры к фабрике. «Вопросы истории», 1946, № 11 – 12; К. А. Пажитнов. Очерки истории текстильной промышленности дореволюционной России. Шерстяная промышленность. М., Изд-во АН СССР, 1955; К. А. Пажитнов. Очерки истории текстильной промышленности дореволюционной России. Хлопчатобумажная, льнопеньковая и шелковая промышленность. М., Изд-во АН СССР, 1958; В. К. Яцунский. Промышленный переворот в России. «Вопросы истории», 1952, № 12; «Очерки экономической истории России первой половины XIX в.». М., Соцэкгиз, 1959; П. И. Лященко. История народного хозяйства СССР, т. 1. М., Госполитиздат, 1956; П. А. Хромов. Экономическое развитие России в XIX—XX вв. М. Госполитиздат, 1950; М. К. Рожкова. Экономическая политика царского правительства на Среднем Востоке во второй четверти XIX в. и русская буржуазия. М., Изд-во АН СССР, 1949; ее же. Главы о промышленности в «Истории Москвы», т. 3. М., Изд-во АН СССР, 1954; И. В. Мешалин. Текстильная промышленность крестьян Московской губернии в XVIII и первой половине XIX в. М.—Л., Изд-во АН СССР, 1950.

③ См. Р. С. Лившиц. Размещение промышленности в дореволюционной России. М., Изд-во АН СССР, 1955, стр. 95.

中一半以上的工场位于莫斯科。① 圣彼得堡地区集中了纺织业和金属加工工业。在农奴制废除前夕，棉纺织工业中大约有 40% 的锭子集中于圣彼得堡，② 它同时也是国产机器中心。③ 采矿业主要分布于乌拉尔。

如果说在俄国的中部省份，工场手工业是工业的主要形式，那么在国家的边缘地区，直至 19 世纪中叶，小型工业一直占据主导地位。在这方面，《工业和贸易杂志》上发表的有关 1827～1830 年各省工业发展的综述报告具有重要参考价值。所有评论员都指出西部省份仅处于工业发展的初步阶段。西部各省共有 176 家工业企业，其中以呢绒工业为主，共有工人 9290 人。④《工业和贸易杂志》的一位作者指出："地主和资本家主要从事农业。"他认为，"缺乏工场手工业方面的信息以及地主的贫困阻碍了工业活动"⑤。基辅、波尔塔瓦、莫吉廖夫⑥等省份的综述报告谈到了地方工业的"雏形"。相反，在谈到中心地区的工业时，评论员们指出其发展速度很快，"现在莫斯科能够制造所有需要的机器，虽然数量不多也不像国外制造的那么精良"⑦。

刊登在《工业和贸易杂志》上的资料，证明了俄国工业发展的不均衡性：中心地区工业的快速发展和边缘地区的衰弱。同时，评论员们谈到了 19 世纪 20～30 年代边缘地区的工业复兴，这是以前从未注意到的。在有关沃伦的文章中写道："20 年前，该省几乎不存在工场手工业。地主仅从事农业和畜牧业生产……而最近 15 年则集中出现了很多工厂……主要转向制呢业。"⑧ 1828 年有关斯摩棱斯克工业的综述报告中写道："该省工业得到了快速发展。大部分工厂在近 15～20 年建立起来，一些工厂更是在 1827～

---

① Там же, стр. 101.
② Там же, стр. 96.
③ См. В. К. Яцунский. Роль Петербурга в промышленном развитии дореволюционной России. «Вопросы истории», 1954, № 9.
④ «Журнал мануфактур и торговли» (далее ЖМТ), 1828, № 4, стр. 99.
⑤ Там же, стр. 88－89.
⑥ ЖМТ, 1831, № 2, 3.
⑦ ЖМТ, 1830, № 3, стр. 82.
⑧ ЖМТ, 1831, № 11, стр. 69－70.

1828年刚刚成立。大部分是制呢厂和玻璃厂。"①

有同时代的人指出，大部分企业在19世纪20~30年代末开始出现技术变革，即采用机器生产。例如，库尔斯克省格卢什科夫工厂拥有426台轧机和166台机器。② 在1835年的展览会中，农民尼古拉耶夫获得了500卢布的薪资，以换取其"为知名工厂提供提花机和其他机器的安装服务"③。

除了"工作"机器外，这一时期工厂也开始使用蒸汽机，最初在国有企业中使用。早在1829年第一届圣彼得堡展览中就展出了蒸汽机。④ 蒸汽机在当时并不罕见，这点可以通过工场手工业会议的一项决议加以印证，此项决议于1834年10月20日生效为政府法令，该法令建议在民事长官收取的"工厂报告"中添加对工厂使用机器的必要解释，即它们的驱动力量是什么："蒸汽、水、风或者马"⑤。这一时期使用蒸汽机的结论在《工业和贸易杂志》的相关文章中也得到了证实，这些文章讨论了蒸汽机的操作，企业主使用蒸汽机的好处以及操作蒸汽机时掌握技术知识的重要性。

## 小型工业的发展

19世纪上半叶，在俄国大部分的工业部门中，家庭工业和手工业仍在继续发展（采矿业除外，小规模生产不具备广阔的运输能力）。小型工业覆盖了数以百万计的农民和市民，为资本主义组织生产提供了有利的环境。在亚麻、呢绒、棉纺织和丝织业中，农民的副业得到了非常广泛的发展。在19世纪中叶以前，俄国同一些欧洲国家一样仍然停留在手工织布的阶段。《工场手工业各部门综述报告》的一位作者A. 舍列尔写道，自1814~1824年，俄国每年生产的棉纱平均达20万普特，"几乎全部供应到中部各省的

---

① ЖМТ, 1831, № 9, стр. 48.
② ЖМТ, 1829, № 5, стр. 16.
③ ЖМТ, 1836, № 2, стр. 117.
④ См. главу о промышленных выставках.
⑤ ЖМТ, 1835, № 3, отд. 1, стр. 22.

## 第一章 19世纪20~50年代俄国工业发展的主要方针和政府政策

农村,农民在小作坊中用其织造粗糙的棉布商品"①。

在改革前的几十年中,小型工业逐渐摆脱守旧性,展现了鲜明的商品化特点。之前独立从事手工业的农民,陷入收购商的控制之下,丧失了独立性。收购商掌握了贸易的主要过程,即购买原料和销售商品。收购商的出现证明了市场的扩大与竞争的加剧。虽然对于小商品生产者来说,这是一个不正常的现象,但其本身是进步的。列宁写道,"在小生产者分散和完全分化的情况下,只有大资本才能组织大规模的销售"②。

部分富裕农民已经转化为商人,他们从事批发贸易或者工业活动。1848年有关弗拉基米尔工业的综述报告指出,伊万诺沃和舒亚的企业主不久前开始在"俄国各地"和地方展销会上销售产品。展销会主要位于霍卢伊村或霍卢伊郊区,由居住在这一村庄附近,但在全俄销售商品的大量行商——货郎建成。这些行商积累资本,在其他城市被登记为商人。③

众所周知,很多大型企业都是由手工业作坊发展而来的。下诺夫哥罗德的许多金属工场就起源于此。其供应的产品不仅覆盖了整个俄国,还远销到一些东方国家——土耳其、波斯、希瓦、布哈拉。金属生产中心为下诺夫哥罗德的沃尔斯特和巴甫洛沃村以及弗拉基米尔的瓦齐村。这些村庄的居民专门加工刀、斧子和锁头。此外,很多技师经常在家为工厂主工作,丧失了原有的独立性。相反,还有一部分小生产者则发展为工厂主。1866年工艺工程师 Н. 拉布津被派往下诺夫哥罗德,他曾谈到巴甫洛沃村制刀厂工厂主Ф. М. 瓦雷帕耶夫的发家史。Ф. М. 瓦雷帕耶夫曾是舍列梅捷夫伯爵的农奴,后来开始和他的父亲在一个小作坊里生产锁头,没有其他工人帮忙。1838年,在父亲去世后,他成为一个独立的企业主。至19世纪50年代末,他已经在一栋两层楼里拥有了一家设备齐全的手工工场。在这里有35名长工,此外还有125人在家做工。在他的企业中,运转着由畜力带动的六个轮

---

① «Обзор различных отраслей мануфактурной промышленности в России», т. 2. СП6., 1863, стр. 446-447(далее «Обзор»).
② В. И. Ленин. Полн. собр. соч., т. 3, стр. 365.
③ ЖМТ, 1848, № 2, стр. 182.

子来完成刀的生产。Ф. М. 瓦雷帕耶夫参加了俄国各省以及国际博览会，获得了奖赏。1862 年他将自己的产品寄给了伦敦博览会，获得了高度评价并被推选为英国国家科学院院士。① 舍列梅捷夫伯爵的农奴、沃尔斯特村的工厂主 И. Г. 扎维亚洛夫的发家史也大致相同。他的生产活动也是从一个小作坊开始的。到了 19 世纪 60 年代，他的工厂已经发展为巴甫洛沃地区最重要的企业。该企业拥有 125 名工人和 24 个轮子。其中，18 个轮子由工人驱动，其余 6 个则由两匹马带动。此外，还有 450 人在企业外工作，自费从工厂主那里获取原料。同 Ф. М. 瓦雷帕耶夫一样，И. Г. 扎维亚洛夫的产品频繁地在全俄的工业展览会上获得奖项。②

弗拉基米尔、莫斯科、科斯特罗马和其他省份的大部分企业主都是从小商品生产者中脱胎而出的。从前的农奴变成了知名的莫斯科工厂主——莫罗佐夫、古奇科夫、孔德拉舍夫等。③ "事实十分清楚地表明，"列宁写道，"小商品生产的基本趋势是发展资本主义，特别是形成工场手工业，而工场手工业在我们面前极其迅速地成长为大机器工业。"④

农村工业的发展引起了很多商人的不满。⑤ 1829 年，在工场手工业会议莫斯科分部的一次会议上，商人 И. Н. 雷布尼科夫建议立法"禁止农民从事贸易"⑥。农村工业的发展同样引起了工场手工业会议的担忧，其建议莫斯科分部"报告省内农民生产规模的相关信息"⑦。虽然监督小型的工业

---

① См. Н. Лабзин. Исследование промышленности ножевой, замочной и других металлических изделий в Горбатовском уезде Нижегородской и Муромском уезде Владимирской губернии. СПб., 1870, стр. 66 – 69.
② См. Н. Лабзин. Исследование промышленности ножевой, замочной и других металлических изделий в Горбатовском уезде Нижегородской и Муромском уезде Владимирской губернии. СПб., 1870, стр. 108, 115.
③ См. «Очерки экономической истории России первой половины XIX в.». М., Соцэкгиз, 1959. Глава о крупной промышленности, написанная В. К. Яцунским.
④ В. И. Ленин. Полн. собр. соч., т. 3, стр. 542.
⑤ См. В. Н. Сторожев. История московского купеческого общества, т. 2, вып. 1. М., 1913.
⑥ Фундаментальная библиотека общественных наук (ФБОН). «Журнал Московского отделения Мануфактурного совета», 1829, л. 47 (об.).
⑦ Там же, л. 16.

职责不在财政部的管辖范围之内，但它不仅对其进行调整，甚至还将这种工业形式置于自己的管辖之下。事实上，这就是著名的商人及政论家 Н. А. 波列伏依的观点，他建议调查莫斯科的一个县，"考察农民在农村的活动，无论其是否拥有贸易或工业企业，以此来制定管理农村工业的章程"①。

1829 年，Н. А. 波列伏依调查了莫斯科的各类企业，并大幅度修改了官方的统计数据。根据 Н. А. 波列伏依的统计，莫斯科县的大型和小型企业的总数已经达到了 5000 家。②

在《莫斯科统计报告》中，В. 安德罗索夫（莫斯科，1832）列出了与 Н. А. 波列伏依相近的一组数据。根据 В. 安德罗索夫的数据（由 И. В. 梅沙林整理），1831 年，莫斯科共有 4381 家企业和 45150 名工人。其中，大型企业 652 家，拥有 25713 名工人，小型企业 3729 家，拥有 19437 名工人。③ 由此可见，在 19 世纪 30 年代初，即使在俄国的工业中心莫斯科，小生产在数量上仍然占据优势，尤其是在工业发展偏弱的省份占据主导地位。列宁曾论述道，手艺人所占百分比最大的是在工业最不发达的县份。④

Н. А. 波列伏依对莫斯科工业进行调查后向工场手工业会议提出了一个问题，即为"手工及工场手工"业制定区分标准的必要性。⑤ 在随后的几年内，这个问题被政府反复提及。1852 年，工场手工业会议、财政部和内务部成员共同组成了一个委员会，为手工业及工厂工业的界定制定规范的标准。根据这一标准，拥有 16 名以上的工人，使用蒸汽机、水力发动机或由畜力传动等其他机器，并且具备完善的系统分工，满足以上这些条件的工厂及手工

---

① Фундаментальная библиотека общественных наук （ФБОН）. «Журнал Московского отделения Мануфактурного совета», 1829, л. 60.
② Там же.
③ См. И. В. Мешалин. Текстильная промышленность крестьян Московской губернии в XVIII и первой половине XIX в. М.—Л., Изд-во АН СССР, 1950, стр. 182.
④ См. В. И. Ленин. Полн. собр. соч., т. 3, стр. 330.
⑤ ФБОН. «Журнал Московского отделения Мануфактурного совета», 1829, л. 43.

俄国工业政策（19 世纪 20—50 年代）

工场才能被称为工业企业。① 1855 年，该委员会的草案被提交给工场手工业会议莫斯科分部进一步审议。之后，该委员会又提出了新的草案，但最终未被采纳。在列宁的著作出版以前，俄国没有科学定义"工厂"概念的统计资料。

到了 19 世纪 40 年代，商人们重新开始谈论起农民从事工业活动时的"舞弊行为"。1845 年，弗拉基米尔商人济明向内务部申诉弗拉基米尔的农民辜负企业主的信任，"他们从企业主那里获取棉纱，却没有在规定的期限内归还，损坏细平布，拖延退款，拒绝企业主的解雇，而且害得自料定做者完全破产"。济明认为，这些"舞弊行为"导致了工厂主商业事务的萧条以及农民不道德行为的加剧。② 为了制止类似情况，他建议采用登记簿记录发放给农民的材料数量，要求地方当局提供有关在家做工人数的最新证明，禁止农民同时在家为几家工厂工作，惩罚他们损坏细平布以及短称的行为等。③ 换言之，济明建议将 1835 年的《劳资关系法》扩展至农民，而且对后者的规定更为严苛。这些法规的实行迫使农民完全服从于企业主的专断。弗拉基米尔商人的这些建议引起了中央及地方官员的不满。当然，这些反对意见不是为了保护农民的利益，而是出于维护贵族和政府的利益。济明的方案的实行将进一步恶化农民的处境，对地主经济产生不利影响。省政府认为，工业的发展充实了商业阶层，并且为土地所有者提供了维持家庭以及缴纳国家赋税的途径。而济明的方案片面地维护工厂主的利益，损害了农民的福利，这样一来农民不但很难缴纳赋税，而且由于缺少土地难以维持家庭生计。④

内务部支持弗拉基米尔省政府的意见，将济明的建议提交给财政部。之后又被移交给工场手工业会议莫斯科分部。后者代表商人和工业资产阶级的利益，支持济明的建议，认为按村庄分配棉纱更偏向于农民的利益。企业主利益的基础在于"其委托给他人的财产的完整性能够得到保障"。而济明提

---

① «Труды комиссии, учрежденной для пересмотра уставов фабричного и ремесленного», ч. Ⅰ. СПб., 1863, стр. 46（далее«Труды комиссии…»）.
② ФБОН. «Журнал Московского отделения Мануфактурного совета», 1846, лл. 2 – 4.
③ Там же, л. 10.
④ ФБОН. «Журнал Московского отделения Мануфактурного совета», 1846, лл. 10 – 13.

出的条例有助于"实现这一点"①。

工场手工业会议莫斯科分部向政府提交了自己的建议,该建议与济明的方案区别不大。虽然出于上述原因,政府既不支持弗拉基米尔商人的建议,也不赞同工场手工业会议莫斯科分部的意见。但是它认为"将原料分配给在家做工的农民,之后农民与工厂主就粗制棉纱签订契约,并且由两个或者三个值得信赖的人加以证明",这就足以保障工厂主的财产。该提议于1846年11月4日被批准。②

在商人与农民的对抗中,政府有时会站在后者一方,因为这符合地主的利益。农村工业的发展、外出打工的增加有助于地主及时从农民那里获取代役租,同时推动国内市场的扩展,提高农业产品的销售量。农民副业的发展对政府有利,因为小企业主不享有国家补贴,而大企业主有时会要求国家补贴。"这里(农村)不需要特别的津贴与奖金:他们从辛勤的工作中获得生活的奖励。"③

对于工商业省份的农民来说,副业是他们维持生存与缴纳地主代役租的主要来源之一。同时代的人认为,土地不足与土壤贫瘠是这些省份工业发展的主要原因。但是不能认为土地的贫乏是工业发展的唯一原因。这是必然的历史发展进程,其与劳动分工、需求增加、市场与城市的发展紧密相关。货币租与实物租的增加以及土地的贫乏都加快了这一进程,推动农民进城打工,促进小手工业生产与大型工业的发展。

棉纺织生产是莫斯科和弗拉基米尔居民的主要活动,并且影响了其他农民副业的发展和人口福利。弗拉基米尔有超过5万人从事棉纺织品细平布的生产,除10~13岁的孩子外,从事生产的人口仍然超过25000人。细平布工业很大程度上是由"在明亮的小房间中从事生产的农民和手工业者"④进行的。至19世纪初(1807年),莫斯科的农村工业占企业总数的42.9%,

---

① Там же, лл. 16-18.
② ЦГИАЛ, Ф. 560, оп. 38, д. 530, л. 25; ПСЗ. Собр. 2, т. 21, № 20577.
③ ЦГИАЛ, Ф. 560, оп. 38, д. 312, л. 5.
④ ЖМТ, 1848, № 8, стр. 147-148.

占经济显著性的 14.2%，农村工人人数占工人总数的 12.5%。① 但此后，由于手工工场和工厂的发展，农村工业在国家工业生产中的比重不断下降。国家工业依靠强大的技术优势，将小生产置于它们的控制之下。《俄国工业史统计概述》指出，大致自 1825 年起，农民开始丧失独立性（在此之前，农村的手工业者完全独立地从事纺织生产）。"现在工厂剥离出自己的部分生产工序，将其分给手工业者进行生产。工厂主开始将棉纱分配给农村的织布工，然后按件计工。"② 这实际上是一个分散的手工工场。根据官方数据，19 世纪 50 年代，俄国的棉纺织工厂拥有 25 万名工人，而在工厂之外做工的人数达 75 万人。③

一般来说，与大工业相比，小型工业的生产设备并不完善，这也就导致其产品质量比较低劣。因此，后者生产的产品主要面向底层民众或者出售到亚洲。由于缺乏资金，农民没有能力购买昂贵的机器以及通过工场手工业会议订购外国产品的样品。维持农村工业技术的落后对于大企业主而言是有利可图的，因此他们尽力维持现状。"中部省份的农民大多从事纺织业。商人将棉纱分配给居住在农村的织布工。由于廉价的劳动力，机械纺织在俄国没有得到广泛的扩展。"④ 商人为了维护个人的经济利益而维持手工织布的现状。

除棉纺织业外，农民的副业以及在家做工还遍布于制呢业，特别是丝织业。莫斯科商人将毛线分发给纺纱工、织造工、染色工以及整理工。⑤ 农民的生产仅在表面上维持着独立的假象。农民手工业者按照工场主的命令做工，并依附于后者。丝织业同其他部门的大型工业一样承受着市场的压力。它主要发展于莫斯科以及莫斯科的两个县，即博戈罗茨克和科洛姆纳。根据

---

① См. И. В. Мешалин. Ук. соч., стр. 162.
② «Историко-статистический обзор промышленности России», т. 2. СПб., 1886, стр. 83.
③ «Обзор», т. 2, стр. 457.
④ «Московские губернские ведомости», 1843, № 23.
⑤ См. А. Корсак. О формах промышленности вообще и о значении домашнего производства (кустарной и домашней промышленности) в Западной Европе и России. М., 1861, стр. 142.

## 第一章 19世纪20～50年代俄国工业发展的主要方针和政府政策

著名学者 И. Х. 哈梅尔博士的数据，早在 1830 年，莫斯科就拥有 117 家丝织企业。除此之外，"还有很多小型的丝织作坊，特别是制作绦带的作坊，雇用女性市民或者士兵的妻子，车间一般仅有两到三名妇女工作。这样的作坊有 63 个，共有 486 名妇女在其中工作。缫丝作坊也为很多妇女提供了工作，这种作坊被称为红色作坊，有 30 个"①。

И. В. 梅沙林证明，至 19 世纪 30 年代，莫斯科只有一小部分农民仍然从事独立的小商品生产。大部分农民与收购商或者农民企业主关系密切，从他们手中获取材料，然后返给其成品。② 在农民与收购商或者工厂主的各种关系中，小型工业的特点是农民对大企业主的依赖性、农民副业的没落以及独立的小商品生产者的逐渐消失。

在俄国，除了小型的农村工业外，城市的小型工业也获得了一定程度的发展。但其作用与农村工业相比更加微不足道。它们之间存在着直接的联系，即城市行会组织的主要补充来源是农民。行会作为生产联合组织在俄国出现的时间要比西欧国家晚很多，18 世纪 20 年代才刚刚出现行会。欧洲的行会出现于 11～13 世纪，即建立中央集权国家的激烈斗争时期。在这一斗争过程中，市民——手工业者是当时衰弱的王权能够依靠的主要力量之一。在这些条件下，行会成功地保障了它在法律上的地位，并且获得了生产商品的垄断权。俄国的行会组织产生于 18 世纪，它没能像当时欧洲的行会一样成为主要的工业生产中心。俄国城市的小型工业，经受了同实力更强的农村手工业和城市大型工业竞争的困境。无论是在 18 世纪还是在 19 世纪，行会都没能在俄国的经济领域留下明显的足迹。并非偶然，1859 年成立了由 А. Ф. 施塔克尔贝格领导的政府委员会以修订工业和手工业章程，其中指出，行会是一个"虚伪"的组织。但即便如此，它为俄国带来了"实质性的利益，促进了手工业的完善"③。

---

① И. В. Мешалин. Ук. соч., стр. 185.
② Там же, стр. 187.
③ «Труды комиссии, учрежденной для пересмотра уставов фабричного и ремесленного», т. 1, стр. 39.

**俄国工业政策（19世纪20—50年代）**

19世纪上半叶，手工业行会组织与农村工业经历了一个同样的过程：分化加剧。正如19世纪50年代对圣彼得堡手工业企业的调查表明，大城市行会的一些企业主已经变成了工厂主和手工工场主，而另一些人则沦为雇佣工人。① 一般来说，行会的上层人物已经脱离了手工业活动。根据К. А. 帕日特诺夫的数据，1860年圣彼得堡共有12653名"终身行会者"（行会中享有最大特权的一部分人），其中仅有2800人从事手工业活动，其余近10000人为私人服务，担任信使、看守人、通讯员等职务。②

工场手工业会议及其莫斯科分部代表了大资产阶级和商人的利益。其试图缩减行会管理局本就不多的权力，以立法的形式分离手工业和工业，与行会组织相比，赋予后者更多的自由。工场手工业会议莫斯科分部的一份决议谈道："工场手工业被束缚在行会的框架之内，失去了今后发展和成功所必需的自由。"③

政府在行会领域的立法同俄国政府所有的工业政策一样充满了矛盾。一方面，政府试图维持大城市行会的垄断地位，在它们同小型农村工业的竞争中给予其保护。根据1845年出台的惩罚条例，违反法规的手工业活动已被定性为应受惩罚的刑事案件。政府批准了师傅对学徒的支配权，巩固行会师傅阶层的专断权利。同时在一些地方城市采取措施简化行会组织。1852年，政府在手工业发展规模较小的城市居民点和村镇颁布了有关小型工业的法令，批准从事手工业的人员可以不根据行业划分行会，而是组成一个手工业团体。19世纪50年代，在阿斯特拉罕和其他城市都可以看到行会组织的衰落。与莫斯科的行会法令不同，圣彼得堡的学徒在转变为助手的过程中不存在任何考查。很多手工工场主会将没有通过实习期的助手提升为师傅，只要他们完全缴纳了赋税。在其他城市，例如维亚特

---

① там же.

② См. К. А. Пажитнов. Проблема ремесленных цехов в законодательстве русского абсолютизма. М.，Изд-во АН СССР，1952，стр. 125–126（далее «Проблема ремесленных цехов в законодательстве русского абсолютизма»）.

③ «Труды комиссии, учрежденной для пересмотра уставов фабричного и ремесленного», т. 1，стр. 57.

卡，很多从事手工业的人员没有被行会记录在案，直接越过行会管理局，从国家杜马处获得这一权利。① 中部和地方各省行会法规的差异是政府工业政策的一部分，即对边区的工业给予更多的奖励与庇护。随着外省工业的发展与国内市场的不断扩大，政府急需缓和中部地区尖锐的经济、社会矛盾。

在大型工业的影响下，行会组织最终失去了自己的价值。俄国于1911年颁布了最后一个行会法令。但到此时，106个城市的行会都被取缔了。② 最终，俄国的行会没有达到繁荣的景象，反而结束了自己的存在，虽然改革后其在形式上仍被列入俄国的法律中。

## 大型工业

19世纪上半叶，俄国工业的发展同其他欧洲国家一样，棉纺织工业占据了主导地位。俄国的棉纺织工业起源于18世纪末，且在19世纪初就基本不再依靠农奴劳动，而是以机械技术为基础，为广阔的国内市场服务。其产品与亚麻类制品相比，更加廉价、结实和美观。

棉纺织企业的建立和装备不像机械制造及冶金工厂那样需要耗费大量的资本。这些特点保障了棉纺织工业的广阔销路以及其在加工工业其他部门发展中的决定性作用。列宁指出，"棉纺织业的资本主义组织也是在农民解放以前就形成了"③。

棉纺织生产包括三个独立的部门：纺纱、织造和印花。俄国的织造、印染、印花比纺纱更早地广泛遍布于莫斯科、弗拉基米尔、卡卢加和科斯特罗马等地区的农村中。一般来说，农民将从工厂主或收购商处获得的纱线纺织

---

① См. К. А. Пажитнов. Проблема ремесленных цехов в законодательстве русского абсолютизма, стр. 118.
② См. К. А. Пажитнов. Проблема ремесленных цехов в законодательстве русского абсолютизма, стр. 171.
③ В. И. Ленин. Полн. собр. соч., т. 1, стр. 520.

成细平布，然后返还到手工工场进行漂白和印花。19世纪上半叶，织造、印染的生产中心是莫斯科和弗拉基米尔地区。织造、印染与很快就通过工厂进行生产的纺纱不同，在很长的时期内维持着手工生产。专门生产棉纱和亚麻纱的第一家国有企业是成立于1798年的亚历山德罗夫斯克工厂。而第一家私有手工工场由莫斯科商人潘捷列耶夫创办于1808年。至1810年，俄国共有四家棉纺织企业。①

在1812年卫国战争期间，棉纺织生产的萌芽遭到了毁灭性的打击，直至19世纪20年代后期才开始恢复。1822年关税对所有工业部门的发展都产生了积极影响，其中也包括棉纺织业。在税率方面，对国外进口的纱线征收高额关税，但对棉花的进口保持免税，这促进了国内棉纺织业的发展。1822年以前，俄国每年进口的棉布将近5万普特，而棉纱是其五倍。1851年，俄国进口皮棉130万普特，而纺成的棉纱减少至13万普特②，这些数据体现了国内棉纺织业的发展。19世纪50年代末，国外纱线仅占国内棉纺织业所需原料的7%。③

19世纪40~50年代，棉纺织业的技术装备快速发展。至1843年，俄国共有48家棉纺厂，共计35万锭子投入生产，每年生产超过30万普特的纱线，占俄国纱线需求量的1/3以上。④ 1849年，所有棉纺织厂投入生产的锭子数量超过65万个。1853年，其数量已经将近100万个。其中，约50万个集中于莫斯科，30万个分布于圣彼得堡，剩下20万个分布在其他省份。⑤ 同时代的人指出，"俄国棉纺织业的快速发展"推动棉纺织业的产值（这里包括棉花和染料的费用）在1853年超过6000万卢布。⑥ 19世

---

① См. К. А. Пажитнов. Очерки истории текстильной промышленности дореволюционной России. Хлопчатобумажная, льнопеньковая и шелковая промышленность. М., Изд-во АН СССР, 1958, стр. 14.
② ЖМТ, 1853, №9, стр. 76-77.
③ См. Л. В. Тенгоборский. О производительных силах России, ч. II. СПб., 1858, стр. 318.
④ ЖМТ, 1844, № 1-2, стр. 80.
⑤ ЖМТ, 1853, № 9, стр. 76.
⑥ Там же, стр. 76.

纪 30 年代中期，俄国出现了一些大型的棉纺企业：位于圣彼得堡的企业有 Л. Н. 施蒂格利茨创办的工厂（后来的涅瓦手工工场），俄国棉纺手工工场以及由 Н. С. 马利采夫、С. С. 马利采夫、С. А. 索博列夫斯基共同创办的企业（后来的萨姆普松耶夫斯基手工工场）。在相同时期内，莫斯科也出现了一些棉纺企业：С. А. 佩莱什基纳工厂（后来的沃兹涅先斯克工厂）、卢金娜和斯库拉托夫工厂（后来的沃斯克列先斯克工厂）。19 世纪 40 年代，棉纺织业已经发展到包括织造、印染以及整理的大型联合企业阶段。19 世纪 50 年代，棉纺业的生产中心是圣彼得堡、莫斯科以及弗拉基米尔的部分地区。1859 年，俄国共有 57 家棉纺织企业，其中圣彼得堡有 15 家，莫斯科有 16 家，弗拉基米尔有 7 家，其余 19 家分布在其他省份。① 1859 年，全俄共有锭子 160 万个，其中，圣彼得堡有 60 万个，莫斯科有 35 万个，弗拉基米尔有 20 万个，其他省份及波兰有 45 万个。②

1850 年，棉纺织业的工人人数占纺织业工人总数的一半以上，占加工工业工人总数的近 1/3。19 世纪 50 年代，俄国国内的生产能够满足棉纺织品需求量的 4/5。此时，同时代的人确定棉产品的年消费量约为 5000 万银卢布，购买国外商品仅耗费 1000 万银卢布。弗拉基米尔棉纺织品的产值居第一（2000 万银卢布），莫斯科紧随其后（1500 万银卢布）。③ 19 世纪 50 年代末，俄国在棉纺织生产装备规模排名中位列第五：其中英国共有 2800 万个锭子，美国 700 万个，法国 500 万个，德意志关税同盟 180 万个，俄国 160 万个。④ 恩格斯于 1848 年写道："在俄国，工业一日千里地发展，甚至贵族也逐渐变成资产者。"⑤

俄国技术装备最好的棉纺织企业并不亚于典型的西欧国家。省技师

---

① Там же, стр. 460.
② «Обзор», т. 2, стр. 463 – 464.
③ См. П. Крюков. Очерк мануфактурно-промышленных сил Европейской России, служащий текстом промышленной карты. СПб., 1853, стр. 29 – 30.
④ «Обзор», т. 2, стр. 455.
⑤ К. Маркс и Ф. Энгельс. Собр. соч., т. 4, стр. 468.

和展览会评论员的书面报告包括对于个别企业的描述，展现了这些企业高超的技术水平。著名学者、展览会评论员 A. 布托夫斯基认为，莫斯科的波赫维斯涅夫和沃尔科夫纺纱工厂，圣彼得堡的 Л. Н. 施蒂格利茨纺纱工厂都是"装备良好"、生产"高质量商品"的企业。①1861年改革前夕，俄国最好的棉纺织企业是涅夫斯基工厂（之前的 Л. Н. 施蒂格利茨纺纱工厂）。它在改革前就拥有16万个锭子和1300名工人。②然而应该注意的是，实际上，棉纺织企业的平均水平远远低于展览会评论员的描述。同时代的人指出，大部分企业的机器使用率低，这不利于纱线的现代化加工，导致细支纱的产量很少，粗支纱和中支纱占据主导地位（小于40支）。这不利于俄国纱线同英国竞争。③19世纪50年代，纱线的质量有了显著的改善，与20年代相比，变得更加纤细和有弹性，价格也下降了30%~40%。④

印花生产，特别是早于棉纺织业出现的织造，远远地落在了后面。19世纪上半叶，织造就已经存在于分散的手工工场中。在过去，富有的农民——手工业者按照商人——工厂主或者收购商的指令进行生产。棉布生产主要分布于莫斯科—弗拉基米尔地区的农民作坊中。产品的生产主要以英国纱为基础，取代了19世纪初的布哈拉纱。织造是棉纺织生产中最落后的部门。绝大多数纺织厂以手工劳动为基础进行生产。19世纪30年代末，大型纺织厂的工厂主 Г. 乌鲁索夫、Н. А. 沃尔科夫等决定采用马力驱动的机械机床生产细平布。但他们的尝试并不顺利，这在一定程度上体现出国内机床质量的不合格，而更为重要的是，与廉价的"农民计件工资"相比，其经济效益并不能吸引企业主引入机械纺织。直至1861年改革，绝大多数纺织厂仍然以手工劳动为基础进行生产。改革前，在织布业中，机械机床生产的

---

① ЖМТ, 1844, №1-2, ч. I, стр. 84.
② См. К. А. Пажитнов. Очерки истории текстильной промышленности дореволюционной России. Хлопчатобумажная, льнопеньковая и шелковая промышленность. М., Изд-во АН СССР, 1958, стр. 21.
③ См. И. Я. Горлов. Обозрение экономической статистики. СПб., 1849, стр. 213.
④ ЖМТ, 1853, № 9, стр. 80.

产品数量不足粗制纺织品总量的 1/5。①

1859 年，俄国共有 659 家棉纺织企业，98400 名工人以及 3000 台机床。② 莫斯科、弗拉基米尔和特维尔集中了俄国 80% 的棉纺织企业（分别为 410 家、83 家、40 家），这再次证明了俄国工业企业分布的不平衡。中等生产规模的棉纺织企业的数量几乎不足棉纺织企业总数的 1/3。③ 19 世纪上半叶，在农民手工业蓬勃发展的情况下，棉织生产的主要形式仍然是手工工场。

18 世纪下半叶，圣彼得堡出现了手工工场形式的印花生产。这些企业将轧制、上漆（最后加工）、漂白等一些次要工序机械化，同时保持着手工印花。圣彼得堡的企业主要以国外的细平布为基础进行加工。19 世纪初，印花生产的另一个中心是莫斯科—弗拉基米尔地区，很久以来这里的农村就已存在纺织业。与圣彼得堡不同，该地区在国产的细平布上进行印花生产。在弗拉基米尔的伊凡诺夫村，第一个印花作坊由伊凡·伊申斯克创办于 1745~1750 年，与农民索科夫相比，晚了一些。④ 19 世纪 40 年代初，俄国出现了第一台手工印花机——波诺丁印花机，以平版的形式印花。1832 年，Н. 戈列林企业引进了第一台蒸汽机，用以生产棉纱和印花布。19 世纪 20~30 年代，滚筒印花机的出现说明印花生产开始进入工业革命的阶段；30~40 年代，蒸汽机的采用又证明了它的进一步发展。1853 年莫斯科展览会的综述报告中写道："自开始实行 1822 年税率起，这种工业（印花工业）便

---

① «Очерки экономической истории России первой половины XIX в.». М., Изд-во АН СССР, 1959, стр. 180.
② «Обзор», т. 2, стр. 480. 根据 К. А. 帕日特诺夫的数据，俄国棉织企业中共有 97230 名工人。См. К. А. Пажитнов. Очерки истории текстильной промышленности дореволюционной России. Хлопчатобумажная, льнопеньковая и шелковая промышленность. М., Изд-во АН СССР, 1958, стр. 39.
③ См. К. А. Пажитнов. Очерки истории текстильной промышленности дореволюционной России. Хлопчатобумажная, льнопеньковая и шелковая промышленность. М., Изд-во АН СССР, 1958, стр. 39.
④ «Историко-статистический обзор промышленности России», т. 2. СПб. 1886, стр. 78; К. А. Пажитнов. Очерки истории текстильной промышленности дореволюционной России, стр. 49.

完全以工厂的形式扎根于我们的祖国。所有企业都使用了滚筒印花机——改良的波诺丁印花机，这将影响产品的质量与价格。"① 显然，评论家们的结论在一定程度上夸大了机器使用的普遍性，但它无疑展现了19世纪上半叶印花生产的发展。根据 К. А. 帕日特诺夫的粗略统计，1850年约有一半的印花产品是通过机器生产的（滚筒印花机与波诺丁印花机）。②

根据官方数据，1859年俄国共有印染企业320家，工人23000人，年产值16720000卢布。一般来说，染色企业属于手工业类型。这320家企业中，有100家位于莫斯科，80家位于弗拉基米尔，28家位于科斯特罗马，22家位于阿尔汉格尔斯克，17家位于普斯科夫，13家位于圣彼得堡，其余60家位于其他省份。③ 由此可见，一半以上的印染企业分布于莫斯科—弗拉基米尔地区。19世纪30~40年代，国内不同地区棉纺织品的消费者已经形成了一定的等级分布。圣彼得堡的企业主要满足贵族的需求；弗拉基米尔的企业主要面向"下层"和部分中层居民；莫斯科的企业试图保证自己的产品满足所有社会阶层的需求。俄国棉纺织工业的所有产品几乎都在国内市场上销售。出口的产品数量不足1/10，且主要销往亚洲国家。

棉纺织生产的扩大与化学工业的发展存在紧密的联系，首先染料的生产要早于进口。④ 早在19世纪初俄国就尝试用茜草、靛蓝、菘蓝提炼染料。菘蓝于1824年被投入生产⑤，但其不像茜草被如此广泛地使用。外高加索地区的很多居民从事茜草的生产；高加索也培育茜草，并自1848年起开始

---

① ЖМТ, 1853, № 9, стр. 95 – 97.
② См. К. А. Пажитнов. Очерки истории текстильной промышленности дореволюционной России. Хлопчатобумажная, льнопеньковая и шелковая промышленность. М., Изд-во АН СССР, 1958, стр. 58.
③ «Обзор», т. 2, стр. 484. 根据А. 谢苗诺夫的数据，1850年印染企业的工人数量共计34000人。См. А. Семенов. Статистические сведения о мануфактурной промышленности в России. СПб., 1857, стр. 21.
④ 有关化学工业发展的详细内容请参考：П. М. Лукьянов. История химических промыслов и химической промышленности России, т. 1. М. —Л., Изд-во АН СССР, 1948.
⑤ ЖМТ, 1830, № 3, стр. 83.

第一章 19世纪20～50年代俄国工业发展的主要方针和政府政策

在基兹利亚尔培育。①

外高加索培育了国内2/3的茜草。② 莫斯科工厂主 Е. В. 莫尔恰诺夫和 А. А. 巴拉诺夫首次在自己的企业中使用国产茜草。随着化学工业的发展，部分化学工厂开始加工茜草。1850年，工厂加工的方式提高了它的质量。1853年，莫斯科出现了第一家专门加工茜草的工厂——亨巴赫和 Е. И. 纳布戈利茨工厂，该工厂从茜草中萃取茜红染料，这使得国外染剂的进口受到阻碍。③ 工场手工业会议莫斯科分部1854年的报告指出："越来越普遍地使用国产原料。在这方面，阿德里安堡红色的染色效果非常显著，其中，俄国的茜草已经完全取代法国和荷兰的西洋茜草染料。"④

化学工业产生于19世纪初，在19世纪上半叶取得了一些成果。19世纪30年代末，仅莫斯科及其周边地区就有将近40家化学企业。其中装备程度与产品质量最好的是别斯工厂，其每年的硫酸产量达3万普特，且有近1/3的硫酸用于国内企业。⑤ 1846年，为了帮助莫斯科工厂主，工场手工业会议莫斯科分部提出创办化学实验室的建议，其认为这将有助于工厂主了解化学领域的最新发明、确定化学成分的质量以及解决买卖双方之间的争端。⑥

但这仅仅是化学工业的开端。以新技术为基础的企业数量很少，它们缺少化学专家、掌握技术的工厂主、配色师，而已有的大部分专家是从国外聘请的。从杂志、报纸以及展览会的综述报告中都可以看到政府面向工厂主的呼吁，要求他们开展化学研究，这将使他们无须支付巨额账单和国外技师的薪资，以及委托技师管理自己的企业。⑦ 为了帮助工厂主参与到科学中来，自1836年起，莫斯科、圣彼得堡、杰尔普特大学以及工艺学院为企业家们

---

① ЖМТ, 1858, № 9, стр. 110.
② См. П. Крюков. Ук. соч., стр. 61.
③ «Обзор», т. 2, стр. 492.
④ Государственный исторический архив Московской области (ГИАМО), ф. 616, оп. 1, д. 63, л. 172.
⑤ ЖМТ, 1837, № 11, стр. 147.
⑥ ЦГИАЛ, ф. 40, оп. 1, д. 11, лл. 272 – 273.
⑦ ЖМТ, 1844, № 1 – 2, стр. 110 – 111.

俄国工业政策（19世纪20—50年代）

开设了专业的公开讲座。其中A.海曼教授在莫斯科大学开设的实用化学班课程效果最好。工厂主们不仅愿意听他讲课，还在课余时间参观了大学的化学实验室，"一部分人是为了与他探讨自己生产的产品，一部分人是为了通过化学实验研究他们购买的材料"[1]。

俄国化学工业的发展集中于染色领域。印染生产展现了它的初步成果。1849年，圣彼得堡展览会的评论员谈到了高质量的漂白、染色与印花产品，并将这一点与"当地化学工厂"的成功联系起来，这些工厂主要在近10年拓展了其积极影响的范围。[2]《工业新闻》（1857年末1858年初）介绍了商人希巴耶夫在莫斯科开办的漂白—整理—印花联合公司，其中装备了最新的现代化机器：由40马力蒸汽机驱动的印花机、波诺丁印花机、刮布机。[3]在19世纪50年代，无论是中部地区，还是边缘地区，化学企业的数量都在不断增加。[4] 然而工厂所需的化学产品价格昂贵，因国内缺乏原料，很多化学产品需从国外订购。

19世纪上半叶，棉纺织工业在采用机器和雇佣劳动力的基础上，装备了最先进的技术。资本主义生产组织是它成功的原因。工业革命标志着生产机械化，其首先占领了棉纺织工业。棉纺织业是棉纺织生产中最先进和最年轻的部门，早在改革前它就处于工厂的发展阶段。随后就是印花生产，其在发展速度上落后于棉纺织业，但是同样在改革前从手工工场过渡到工厂阶段。染色生产落后于印花生产，这与俄国化学工业的发展还处于萌芽状态有关。染色企业规模较小，技术更加落后，同时生产率也更低。但是随着化学工业的不断发展，染色生产得到很大程度的改善。要想进一步发展棉纺织工业，需要大功率的蒸汽机，经验丰富的化学家和配色师，更加精细的棉花加工与整理，高水平的上浆（上胶）工艺，特别是在不使用机械织布的情况下。新的联合企业（联合漂白、整理和印花）的扩展，原有企业规模的扩

---

[1] Л. Самойлов. Атлас промышленности Московской губернии. М., 1845, стр. 12.
[2] ЖМТ, 1853, № 9, стр. 114.
[3] ЖМТ, 1858, № 5, стр. 22.
[4] ЖМТ, 1858, № 5, стр. 28.

大，股份公司的建立展现了改革前最后几年俄国工业生活的特征。

与棉纺织工业几乎只供应国内市场不同，亚麻工业与国外市场联系密切。从18世纪至19世纪上半叶，亚麻产品和亚麻是俄国重要的出口产品，主要销往英国。虽然在亚麻工业中雇佣劳动占据优势（1825年达69.8%），但是有很多为国库和国外市场服务的手工工场仍然使用领有工人，生产帆布、粗帆布、弗拉芒亚麻布。这三种类型的帆布构成了19世纪初4/5的布制品，其中有一半以上出口到国外。[1]

19世纪初，亚麻布制造业中心是弗拉基米尔、卡卢加、科斯特罗马、莫斯科以及雅罗斯拉夫，共有154家企业、15336台机器、26045名工人。[2]大部分的大型企业位于城市，更多的小企业分布于地主的土地上。

商人代表在亚麻工业中扮演了决定性的角色。他们掌管着125家企业和近70%的工人。地主和官员拥有54家企业和27.5%的工人。[3] 亚麻和大麻生产企业是俄国工业中最普遍的部门。自19世纪20年代初，亚麻布的生产逐渐缩减，价格下降。根据1821年的官方数据，俄国共有217家亚麻布企业和28931名工人，至1856年，仅剩25家企业和13927名工人。[4] 19世纪30～40年代，随着亚麻出口量略有增加，亚麻制品出口量及价格急剧下降。[5]

随着亚麻布出口量的下降与国内市场生产的扩张，许多企业主加倍将纱线分配给农户，通过这种手工的方法来保障加工。政府宣传亚麻的机械化加工。1811年，政府在亚历山德罗夫斯克工厂建立了一个专门的机械纺纱部门，并在1829年圣彼得堡展览会上展示了亚麻机加工的第一批样品。19世纪30年代初，弗拉基米尔工厂主E.叶利扎罗夫在自己的企业中进行机械化的亚麻纺纱，但他的尝试效果不佳。亚麻的机械化加工在原料与手工劳动工

---

[1] «Очерки экономической истории России первой половины XIX в.». М., Изд-во АН СССР, 1959, стр. 137.

[2] См. К. А. Пажитнов. Очерки истории текстильной промышленности дореволюционной России. Шерстяная промышленность. М., Изд-во АН СССР, 1955, стр. 175.

[3] См. Там же.

[4] ЦГИАЛ, ф. 560, оп. 38, д. 684, л. 181.

[5] «Очерки экономической истории России первой половины XIX в.», стр. 138.

资低廉的俄国是无利可图的。机械化的亚麻纺纱要比手工纺纱价格高昂,市场对其需求较少。1840年,工业部门的代理人 A. K. 迈恩多夫在调查俄国北方各省的工业时,提请政府注意亚麻制造业的衰落,他写道:"这是俄国重要的本土工业,它值得政府给予积极的补贴与奖励。亚麻工业正在衰落,如果不采取适当的方法加工亚麻,其产品是没有销路的。"①

1844年,国有财产部组建了特别委员会,该委员会主要研究亚麻工业的状况,查明衰落原因并提出改善方法。该委员会的成员包括杰出的政府官员、地主、学者,他们考察了雅罗斯拉夫、沃洛格达、科斯特罗马、科夫诺、维尔诺地区以及波罗的海沿岸地区,并发表了自己的考察成果——《俄国亚麻工业状况研究》。他们指出俄国亚麻加工落后,机器利用率低,缺乏经验丰富的专家,并认为将工艺学院的学生派往国外学习是有益的。②

1848年,政府以委员会的资料为基础制定了一系列措施推动亚麻工业的发展,这些措施致力于扩展国内亚麻贸易,主要是在波罗的海沿岸各省的城市和村镇组织展销会。同一等商人一样,亚麻厂的创始人可以获得10年内贸易免税的权利。同时,在该企业存在的整个时期内,政府给他们分配免缴地租的国家土地。为了研究亚麻加工、织造、上漆的改进方法,政府派遣三名工艺学院的学生到比利时学习。1849年,为了调查私有亚麻厂的状况,政府成立了一个委员会。1850年,其成员 A. 舍列尔向财政部报告了委员会的调查成果:"俄国本土工业遭受了巨大的损失,一方面受帆布出口量下降的影响而被削弱;另一方面受制于亚历山德罗夫斯克工厂,私有工厂无法与之竞争……自1833年起,特别是1843年之后,所有生产帆布的私有企业,无论是工厂数量还是产品数量都开始明显下降。"③

自19世纪30年代起,私有企业主开始向政府申诉亚历山德罗夫斯克工厂的竞争,为此,沙皇于1837年11月6日下发指示,将亚历山德罗夫斯克工厂帆布的年出口量限制为5000匹。但这项决议并没有使企业主们满意。

---

① ЦГИАЛ, ф. 18, оп. 2, д. 997, л. 107.
② «Историко-статистический обзор промышленности России», т. 2, стр. 17 – 18.
③ ЦГИАЛ, ф. 40, оп. 1, д. 14, лл. 9 – 11.

他们要求限制亚历山德罗夫斯克工厂在国内的竞争，只允许其产品供应俄国军舰的需求。财政大臣 Е. В. 康克林支持私有工场主们的要求，认为应该禁止亚历山德罗夫斯克工厂进一步扩展印花生产。他认为，国有工厂"现在是作为模范而被建立，不应该成为私有工厂发展的阻碍"①。大臣委员会支持 Е. В. 康克林的提议。1842 年，尼古拉一世延缓了相关问题的讨论，将其交给负责调查亚历山德罗夫斯克工厂活动的特别委员会着手研究。委员会的成员们反对限制亚历山德罗夫斯克工厂的生产活动，认为私有企业衰落的原因不在于亚历山德罗夫斯克工厂的竞争，而是因为国外工厂改进了亚麻布的加工技术，使俄国没有能力与其竞争。1845 年，委员会的这项决议得到了尼古拉一世的支持。②

19 世纪 40 年代，政府旨在发展亚麻工业的举措使生产得到一定程度的恢复，但并没有改变它的结构。这些措施更多是宣传性的，而不具备实践性。1845 年以后，亚麻布的产量也有所下降。应该注意到，亚麻工业的衰落并不是俄国经济发展特有的现象。它也涵盖了欧洲的其他国家。П. 克留科夫写道："俄国的亚麻和大麻工业处于衰落的状态。"他指出，这些部门在西西里、威斯特伐利亚、爱尔兰也出现了相似的状况。"所有市场对棉纺织品的需求取代了对亚麻和大麻布的需求，除此之外，英国的机械化纺纱和织布使这些纺织品物美价廉，大陆工业在这方面完全不能与之相比。"③ П. 克留科夫准确地指出了以手工劳动为基础的亚麻工业衰落的普遍原因：棉纺织品的竞争和英国亚麻纺织机械化的发展。但是他没有指出另一个重要原因——出口量的急剧下降。这与蒸汽船取代帆船以及亚麻布价格下降有关。亚麻布出口量的缩减导致亚麻企业及其工人数量的减少。所有这些情况导致 19 世纪上半叶亚麻制造业规模的缩减，但这并不意味着其生产技术的完全停滞。

1850～1851 年，俄国出现了一些机械化的亚麻厂，它们属于维捷布斯克的地主亚诺夫斯基、莫斯科的 Н. Д. 梅尔特瓦格中校、叶戈里耶夫斯市的

---

① Там же, л. 17.
② Там же, лл. 19 – 20.
③ См. П. Крюков. Ук. соч., стр. 34.

赫卢多维兄弟、圣彼得堡的亚麻商人雷特。1854年，A.布留哈诺夫在科斯特罗马建立了新的亚麻厂；1857年，涅列赫塔的商人季亚科诺夫和瑟罗米亚特尼科夫也建立了新的亚麻厂。19世纪60年代，在维持手工织布的同时，机械化的亚麻纺织业得到了进一步的发展。俄国最好的亚麻厂生产的亚麻布比英国的亚麻产品质量更高。为了提高产品销量，英国人有时会在自己的商品上伪造A.布留兹金工厂的商标。① 但是，总体而言，俄国企业生产的薄麻布质量低劣，无法与机械生产的产品竞争。

19世纪50年代出现的亚麻纺纱企业属于以广阔市场为基础进行生产的手工工场。在一些亚麻纺纱企业中设有专门的织布间（如，赫卢多维兄弟以及A.布留哈诺夫等的亚麻厂）。一些地主的亚麻企业，除使用农奴外，还使用了雇佣劳动力。如，Н.Д.梅尔特瓦格的手工工场除使用314名农奴外，还使用了121名雇佣工人，亚诺夫斯基的工场除使用68名农奴外，还使用了85名雇佣工人。Н.Д.梅尔特瓦格的企业中使用了蒸汽机，而亚诺夫斯基工场则采用水力驱动。② 但这样的企业仍是少数，大部分地主开办的仍然是小型的手工工场。根据А.С.尼丰托夫的统计，1854年，俄国共有92家亚麻企业，其中，有26家是小型企业（工人人数少于16人），有66家是大型企业。③ 其工人构成情况如表1－1所示。

表1－1 1854年俄国亚麻企业的工人构成情况

单位：人

| 工人类型 | 全部<br>92家企业 | 其中 | |
|---|---|---|---|
| | | 26家小型企业 | 66家大型企业 |
| 雇佣工人 | 10825 | 71 | 10754 |
| 农奴 | 962 | 250 | 712 |
| 其他 | 11787 | 321 | 11466 |

---

① См. Л. В. Тенгоборский. О производительных силах России, ч. Ⅱ, стр. 189.
② См. А. С. Нифонтов. Полотняные мануфактуры России в 1854 г. «Исторические записки», т. 43, стр. 230.
③ Там же, стр. 231.

由此可见，同之前一样，1854年的亚麻工业仍然是雇佣劳动力占据主导地位。但在大型与小型亚麻企业中农奴与雇佣劳动力的比例是不同的。在小型工业中农奴占据主导地位（80%），而在大型企业中雇佣劳动力占据主导地位（94%）。在1854年的亚麻制造业中，与市场联系紧密的资本主义手工工场占据主导地位，但采取的主要是手工劳动，机械化的企业仅为个位数。

А. С. 尼丰托夫公布的新材料在一定程度上改变了我们对19世纪50年代个别企业技术装备程度的认识，但并没有动摇我们通过仔细研究已有史料得出的结论，即亚麻生产在19世纪上半叶出现了大幅度的缩减。1852年，И. Е. 涅瑟托夫在弗拉基米尔的工业综述报告中写道："没有看到技术领域的改进，由于国内外产品滞销，穆罗姆县的一些亚麻企业停办……对亚麻工厂的调查表明，1852年的亚麻生产与往年相比缩减了一半以上，这证明了俄国，特别是国外亚麻需求的停滞。"[①] 政府文件[②]、展览会述评、财政部官员的意见都谈到了亚麻生产的衰落。

在废除农奴制之前，俄国共有7家机械化亚麻纺织企业，共有4800名工人。同19世纪初一样，手工纺纱和手工织布占据优势。亚麻布的加工一般在农村进行。仅至19世纪50年代，在一些大型的企业中才出现了专门的精加工车间，其产品在1853年莫斯科展览会上被评为"最佳"[③]。1861年改革之前，亚麻工业处于危机之中：企业与工人的数量进一步缩减以及机械化生产仅存在于几个大型企业中。国家的总体生产形式仍停留在农村农民广泛参与的分散的手工工场阶段。

与农业关系密切的毛纺织业享受政府特别的优惠待遇。这主要是因为供给军队制服的需要。而在18世纪初，制呢企业由于数量不足难以完成这项任务。彼得一世采取强制性措施发展制呢业：为制呢企业主提供国家土地、货币贷款、划归企业的农民，其有义务按照政府指定的价格向国库提供规定

---

① ЖМТ, 1853, № 4, стр. 81 - 86.
② ЦГИАЛ, ф. 560, оп. 38, д. 560, лл. 12 - 15.
③ ЖМТ, 1853, № 9, стр. 63.

俄国工业政策（19世纪20—50年代）

数量的呢绒。通过威胁没收产品，政府禁止企业主向私人出售军用呢绒。1816年，这项法令被废除，政府建立了军用呢绒供应委员会（1854年被废除），通过自由贸易向工厂主采购呢绒。1822年，企业主的供给首次超过国库需要的粗毛呢数量，这影响了供应方式的变化。根据新法令，只有之前向国库供应呢绒的企业主才能出售呢绒纺织品，这巩固了由大部分贵族所组成的个别企业的垄断权。1847年，随着呢绒业的进一步发展以及为国家供应呢绒的领有制手工工场数量的缩减，政府允许所有的呢绒企业主为国家供应军用呢绒。

1822年政府实行关税保护主义，对国外呢绒征收高额关税，禁止进口深绿色和黑色的毛织品（军人穿着的颜色），这对呢绒工业产生了积极的影响，特别是细毛织品的发展。自1825年以来，政府专门举办了毛纺织品展销会，旨在宣传与推动贸易的扩展。1827年，莫斯科农业协会成立养羊业部门，并获得了政府的补助（每年10000卢布）。该部门负责推广养羊业的技术信息，改善羊毛加工工艺。一年后，政府出资开办了一家可"正确分拣羊毛和培训技师"的机构。① 1836年，政府在莫斯科农业协会的请求下将其转交给私人管理。②

1826年，为了进一步改善和发展利沃尼亚的养羊业，政府为愿意在这里开办养羊企业的人员提供国家土地和货币贷款。③ 根据1828年3月3日法令，为发展俄国南方省份的养羊业以及建立德国人聚居点，政府授予恩加利京斯基公爵塔夫利达的42345俄亩土地的永久使用权和特殊沿海地区6000俄亩的土地，费用是10年期限的"中等代役租"。政府打算将这些村落树立为发展养羊业的典范，将改善耕田、种植各种染色植物（西洋茜草、菘蓝、刮毛绒的球果、番红花）与改善牲畜饲养结合起来。④ 虽然有政府出资，但这片移民区并没有发展成为经验丰富的农庄。粮食的收

---

① ЦГИАЛ, ф.560, оп.38, д.249, лл.5-6.
② ЦГИАЛ, ф.560, оп.38, д.378, лл.34-36.
③ ЦГИАЛ, ф.560, оп.38, д.336, л.38.
④ Там же, л.55.

成并不稳定,移民中的许多人移居到其他省份。养羊仍然是移民区居民主要的收入来源,他们还特别注意羊毛的分拣。① 19 世纪上半叶,国内建立了很多羊舍,它们分别属于古夏特尼科夫、加加林公爵、梅契尼科夫、鲍狄埃、科特利亚列夫斯基、古里耶夫伯爵、潘科夫等。1836 年,波罗的海沿岸成立协会"以加强和扩展细毛羊饲养业",这一行业获得成功发展,与南方的毛纺织企业相比,其为国内市场提供了更加优质的羊毛品种。②

同时,政府将注意力转向降低呢绒价格以及改善产品质量。为完成这一目标,政府于 1828 年出台了专门条例,要求为国库供应呢绒的企业主改变纺织品的生产比例,根据原有比例,在出售给国家的纺织品中,"改良后的呢绒"仅占 1/5,随着产品质量的不断提高,政府将这一比例改为 1/3。③这项法令不但有助于俄国摆脱从西欧国家进口细呢绒的现状,而且增加了毛纺织品的对外出口数量(主要销往亚洲国家)。而沙皇的贸易和工业政策恰恰以扩展亚洲贸易为特征。

政府将主要精力放在发展呢绒业上,这不仅是为了帮助国家获取高质量的纺织品,也是为了帮助地主企业主走出经济困境。

改革前几十年,俄国工业的生产呈总体增长趋势,这也体现在毛纺织业领域。同时代的人 B. 佩利钦斯基指出了这些变化:"1822 年以前,我们的呢绒工厂数量很少,大部分的纱线和上浆工序一样都采用手工生产。一些工厂的机器和工具存在很大的缺陷。"④ 而根据他的观点,近 6 年来几乎所有的工厂都开始了机械化进程。

同时代的人不仅将呢绒业的成功发展与政府的优惠政策联系起来,也看到了粮食价格下降的影响,农业经济的衰落迫使地主转向工业活动。《商业

---

① ЦГИАЛ, ф. 560, оп. 38, д. 378, л. 33.
② «Обзор различных отраслей мануфактурной промышленности России», т. 1. СПб., 1862, стр. 199.
③ ЦГИАЛ, ф. 560, оп. 38, д. 274, л. 25.
④ В. С. Пельчинский. О состоянии промышленных сил России до 1832 г. СПб., 1833, стр. 17.

报》写道:"俄国养羊业虽然得到了政府的补贴与奖励,但长期以来几乎看不到任何效果。这个部门自那时起能够获得真正的发展,也在于粮食价格的下跌迫使人们想办法去维持非耕地的农业收入。"①

呢绒业的生产中心是莫斯科,其产量占全国毛纺织品的2/3(1859年)。利沃尼亚以高质量的细呢绒加工著称。② 1820年至1860年,俄国呢绒企业的数量从304家增加至706家,而工人数量从52703人增加至120025人。③ 呢绒企业主大部分是剥削农奴劳动的地主。这恰恰也是19世纪上半叶政府如此重视和保护这一工业部门的原因。

根据В. К. 亚聪斯基的统计,1825年,呢绒工业拥有工人63603人,其中领有制工人13315人(20.9%),世袭工人38588人(60.7%),雇佣工人11700人(18.4%)。④ 由此可见,19世纪20年代,农奴劳动在呢绒工业中占据主导地位,主要是世袭工人。列宁曾写道:"制呢业是俄国历史上把农奴劳动应用到工业中去的独特现象的一个例子。"⑤

19世纪上半叶,呢绒工业中农奴工人的数量逐渐缩减,雇佣工人数量逐年增加,至农奴制废除时期,雇佣劳动开始占据主导地位。1860年,呢绒工业拥有工人120025人,其中,雇佣工人69729人(58%),世袭和领有工人50296人。⑥ 依附于国家的地主农奴制企业在很大程度上落后于资本主义手工工场,这些资本主义工场在技术和生产组织方面与私有市场联系紧密。1843年莫斯科展览会评论员、经济学家Ю.哈格迈斯特写道:"在俄国存在地主和私有呢绒工厂,前者的大部分工厂处于比较萧条的状态。因为与去织布机旁做工相比,农民更愿意在田地上服劳役。"⑦

---

① 《Коммерческая газета》, 1839, № 153.
② 《Обзор》, т. 1, стр. 172.
③ См. К. А. Пажитнов. Очерки истории текстильной промышленности дореволюционной России. Шерстяная промышленность. М., Изд-во АН СССР, 1955, стр. 71.
④ 《Очерки экономической истории России》, стр. 185.
⑤ В. И. Ленин. Полн. собр. соч., т. 3, стр. 471.
⑥ 《Очерки экономической истории России》, стр. 185.
⑦ ЖМТ, 1844, № 3, стр. 347.

私有企业的发展提高了毛纺织品的质量,增加了它们的种类。政府不得不承认,与参与国家供给的地主企业相比,与市场联系密切的私有企业在技术方面更具优势。Е. Ф. 康克林在1843年的报告中写道:"未参与供给的工厂生产的呢绒比供给军队的呢绒质量高得多。"[1]

自19世纪20年代起,个别呢绒企业开始采用机器生产。这一首创属于莫斯科工厂主。"1827年,莫斯科10家大型的呢绒手工工场拥有341台纺纱机、75台梳毛机、156台刮毛机以及50台拉绒机。"[2] 19世纪30年代,呢绒生产机械化扩展到其他省份。由于美利奴羊的繁殖和细毛绵羊养殖业的发展,南欧出现了新的毛纺织工业中心。19世纪30年代中期,戈尔尼戈夫的苏鲁克奇县开办了伊萨耶夫、斯捷潘尼纳、库巴列夫等几家大型的呢绒工厂。1861年,切尔尼戈夫拥有28家呢绒企业。[3] 格罗德诺的呢绒企业的数量从1828年的19家增加至1861年的45家。[4]

俄国自19世纪20年代末开始尝试生产无毛绒的或者精梳的毛织品。1826年,第一家精纺毛织品加工企业开办于里加附近。[5] 在莫斯科这类企业出现于19世纪30年代初。1833年在圣彼得堡展览会上第一次展示了国内生产的精梳纱。[6] 虽然自1830年起政府就允许以降低税率的方式进口精梳纱线,但长期以来,国内外精梳纱线生产加工发展缓慢,19世纪40年代初,很多刚刚开办的企业由于缺乏长纤维羊毛、资本及必要的复杂设备而被迫停办。1843年莫斯科展览会上没有展出一件"精梳"羊毛样品。1843年莫斯科展览会的综述报告指出:"1839年,精梳羊毛纺纱厂仍在开办,并且将其产品样品送至圣彼得堡展览会上展示,但现在多已停止生产或仅仅生产少量的纱线……莫斯科的韦伯、留明、尼尔森工厂,斯摩棱斯

---

[1] ЦГИАЛ, ф. 40, оп. 1, д. 13, л. 152.
[2] ЖМТ, 1828, № 6, стр. 53.
[3] «Обзор», т. 1, стр. 178.
[4] Там же, стр. 175.
[5] См. К. А. Пажитнов. Очерки истории текстильной промышленности дореволюционной России. Шерстяная промышленность. М., Изд-во АН СССР, 1955, стр. 76.
[6] См. Главу о промышленных выставках.

克契尔卡索夫男爵的工厂,叶卡捷琳诺斯拉夫卡省省长潘科夫的工厂都已停止生产。"①

对于精梳毛纺工业的发展而言,企业主必须调整国内精梳羊毛的生产,从事长纤维绵羊的养殖,此外,要改用传统的美利奴羊毛生产单色织物。但是企业主发展新生产的速度缓慢。直到19世纪40年代末50年代初,莫斯科才出现毛纺厂,主要使用俄国羊毛(顿河羊和羊剪绒的羊毛)纺纱。这些手工工场在技术设备上接近西欧工厂的生产水平。精梳毛纺的生产中心是莫斯科。此外,圣彼得堡也开始生产精纺毛织品。1843年,莫斯科拥有20家精梳毛纺厂和混纺厂,有工人1887名;1855年,工厂数量增加至53个,工人8186名;而到了1859年,莫斯科共拥有79家工厂,11280名工人。②虽然在改革前几年,精梳毛纺制造业在一定程度上取得了成功,产品质量不断提高,但即使在莫斯科也没能达到高度完善的水平,这主要与细毛绵羊的养殖、羊毛拣选和产品加工方面的缺陷有关。一般来说,羊毛及其制品的拣选、整理和加工的所有工序都集中在一个企业中,专门化的企业仅占少数,这导致精纺毛织品的质量远远落后于国外产品。

19世纪40年代,在以雇佣劳动为基础的毛纺织企业中,使用机器已经成为普遍特点。③只有织造业直至改革前仍然带有手工的特征。机器的引进加快了细羊毛品种的生产。1853年莫斯科展览会的一位评论员写道:"呢绒的价格在近10年至少降低了25%,它们的质量与以前相比有了很大提升。"④呢绒价格的下降及质量的提升促进毛纺织品向亚洲国家出口。

19世纪30~50年代,呢绒企业引进机器数量的增加证明了呢绒业技

---

① ЖМТ, 1844, № 3, стр. 355 – 356.
② См. К. А. Пажитнов. Очерки истории текстильной промышленности дореволюционной России. Шерстяная промышленность. М., Изд-во АН СССР, 1955, стр. 79.
③ См. В. К. Яцунский. О состоянии суконной промышленности России в 1845 г. Публикация. «Исторический архив», 1956, № 4.
④ ЖМТ, 1853, № 9, стр. 13 – 14.

第一章　19世纪20~50年代俄国工业发展的主要方针和政府政策

改革的开始。这一时期产生的手工工场带有资本主义优势,自由雇佣劳动取代农奴劳动的资料同样可以证明这一特点。

***

直至1861年改革,仍然采用农奴生产的工业部门主要是采矿业。它包括开采,铁、金、铜、银的加工以及煮盐。19世纪的矿业中心是乌拉尔,它开采了全国4/5的铁,集中了全国近70%的矿工。此外,矿业企业还分散于俄国的中部、北部以及南部省份——莫斯科、奥洛涅茨、圣彼得堡、卢甘斯克。矿业企业分为国有和私有两种类型。绝大部分的国有矿厂为军队和舰队供给枪、炮和金属制品。只有满足了国家订货后,它们才被允许在自由市场上出售其产品和金属。私有工厂对国家的义务仅限于缴纳开采金属的赋税。采矿工业从属于财政部矿业司,它主要在技术方面监督私有企业。莫斯科地区所有的私人工厂都不能领取国家补助。该地区蕴藏的矿产不具"连续性,且较为分散",铁的质量远远低于乌拉尔,价格也更为昂贵,但因位于俄国中心,拥有广阔的国内市场。莫斯科地区的大部分工厂加工"社会生活所需的金属制品,销往国内各省和亚洲国家"[1]。矿业司委员会成立于1853年,主要负责研究俄国制铁业的发展情况。其曾在报告中指出,莫斯科地区的工厂没有未来,它们在走向衰落,破坏森林,"它们的存在可能是有害的"[2]。

19世纪初,俄国一半以上的生铁被出口到国外。其购买者主要是英国(占出口的4/5以上)。随着英国冶金工业的发展,俄国铁的出口量有所缩减,并在19世纪上半叶急剧下降。19世纪30年代前期,铁的出口占国内金属产量的近20%,而1856~1860年,在对亚洲国家的出口有所增加的情况下,仅为7%。[3]

---

[1] ЦГИАЛ, ф.560, оп.38, д.740, л.23.
[2] ЦГАДА, ф. Госархива, р. XIX, оп.19/1, д.45(доп.), л.69.
[3]《Очерки экономической истории России》,стр.199.

049

俄国工业政策（19世纪20—50年代）

从1847年至1852年，铁的冶炼量平均每年为8416428普特（1852年比1847年增长了29%）。① 国内金属贸易的中心主要是下诺夫哥罗德展销会。铁从下诺夫哥罗德展销会被运往国家工业中心。在铁路建成之前，国内对金属的需求主要依靠国内生产供给。

19世纪50年代，随着工业、机器制造业、铁路建设的进一步发展，国内生铁的产量不再能满足国家的需求。金属的价格很高。同时，俄国实施的税率禁止进口国外的铁。政府面临修改现行税率体制的必要性，将其从严格的保护制度转变为温和的保护主义，这引起采矿企业主的坚决反对。② 根据1850年关税规定，政府仅允许企业通过陆上国界进口生铁和铁。1857年政府允许企业从海上边境进口生铁和铁，并且大幅度降低关税。1861年5月8日，"为了鼓励俄国的机器制造业"，政府批准了一项关于允许机器制造企业主从国外免税进口生铁和铁的政府法令，将其用于制造企业机器和工厂配件。政府从中选出了12家企业：圣彼得堡9家、莫斯科2家、特维尔1家。③ 这项法令推动了俄国机器制造业的发展。

俄国的新矿厂数量很少。直到1795年，为了在南方建立冶金业基地，政府才成立了国有卢甘斯克工厂。19世纪30年代初，在该厂建造了使用煤炭燃料冶炼生铁的高炉。1834年，为了学习冶铁的新方法，俄国矿业部门的官员和技师被派往西里西亚。④ 石炭炼铁的第一次尝试以失败告终。将生铁炼硬，"适用于一些粗糙产品的铸造"。地方长官认为失败原因在于煤炭质量低劣，"它包含大量的硫，不利于炼造质量上乘的软铸铁"⑤。19世纪40~50年代政府继续进行的试验性工作同样没有成效。第一次尝试的失败与俄国技师和工程师缺乏经验与知识有关。与此同时，虽然普鲁士的技术人员在南方工作，但其没能也不想将自己的经验传授给俄国工人。但俄国与外

---

① ЦГАДА, ф. Госархива, р. XIX, оп. 19/1, д. 45（доп.）, лл. 6-7.
② См. главу «Тарифная политика русского правительства 20-50годов XIX века».
③ ЦГИАЛ, ф. 560, оп. 38, д. 739, лл. 8-9.
④ ЦГИАЛ, ф. 560, оп. 38, д. 359, л. 33.
⑤ ЦГИАЛ, ф. 560, оп. 38, д. 376, л. 36.

第一章　19世纪20~50年代俄国工业发展的主要方针和政府政策

国学者和技术人员的努力不是徒劳的，他们加快了南方冶金工业区的发展速度，19世纪末，它成为俄国的冶金工业中心。

政府没有在乌拉尔建立新的工厂，而是尝试翻新旧企业，政府的帮助主要局限于修理工作，包括修理与改进旧设备。1824年，财政大臣 Е.Ф.康克林在呈给沙皇亚历山大一世的报告中写道："矿业司的一份报告表明，国有和私有工厂的主要缺陷是其设备陈旧。"①

19世纪上半叶，采矿工业开始使用蒸汽机。30年代初，矿场和矿业企业约有22台蒸汽机。但蒸汽机质量不高且价格昂贵，因此在拥有廉价农奴劳动力的情况下，它们没有得到广泛应用。然而，采矿业不能忽视西欧冶金生产中出现的重大技术创新。

1784年，英国人科尔特发明了新的炼铁方法——搅炼法。1817年，俄国的波热夫斯基工厂首次尝试了这种炼铁方法，但是它们没能被其他企业主掌握和推广。② 搅炼法，即在反射炉中搅拌熔化的生铁与含有特殊成分的炉渣，从而在炉内氧气与炉渣发生化学反应的作用下，减少铁的碳含量。搅炼法区别于精炼法，它可以使用任何燃料（不仅是木炭），并且可以使特殊炉膛中的燃料与炉相分离（精炼法中原料与燃料放在一起）。搅炼炉的体积比精炼炉更大，有助于加速炼铁的进程，提高劳动生产率，节约燃料。一昼夜的时间内，搅炼炉能够生产出150普特的金属，而精炼炉在同样的时间内冶炼的产量不足27普特。③ 但是为了合理地使用搅炼炉与燃料，必须保证过程的连续性（精炼法具有循环性），这在不使用机器的情况下是无法完成的。从精炼法到搅炼法的过渡是冶金业技术改革的开始。1825年，国有卡马河—沃特金斯克工厂安装了搅炼炉。但是这个新方法效果不佳。熔炼技术落后，俄国的技师不具备使用新设备的必要经验。直到1837年，在英国技

---

① «Министерство финансов 1802 – 1902 гг.», ч. 1. СПб., 1902, стр. 164.
② См. В. К. Яцунский. Первые шаги промышленного переворота на урале. «Проблемы общественно-политической истории России и славянских стран». М., Изд-во АН СССР, 1963, стр. 388.
③ См. С. Г. Струмилин. История черной металлургии в СССР. М., Изд-во АН СССР 1954, стр. 425.

051

师佩恩的帮助下，搅炼法炼铁恢复了大批量的生产。这引起了乌拉尔私有工厂主和莫斯科企业主的兴趣。① 采用搅炼法加工生铁成本很高：设备经常损坏、缺乏熟练工人、搅拌法炼铁成本高于精炼法。国家对金属需求的增长迫使沙皇为适应现实的需求而实行技术改革。1839 年，俄国建造了五台搅炼炉和两台焊接机——一台压延机、一台压薄机。② 1846 年财政部各司和办公厅的报告中列举了采矿工程师团总部为"发展和完善工厂管理"而采取的行动，指出总部的任务之一是"使国外的改进措施适应我国的技术生产"③。19 世纪 50 年代，从国外引进了新机器并扩展了其使用范围。根据 1850 年和 1857 年关税规定，政府允许企业进口国外的生铁和熟铁，这加剧了国内市场的竞争，使采矿企业主失去了之前的垄断地位，这促使他们对企业的技术改革表现出极大的兴趣。自 1851 年起，卡马河—沃特金斯克工厂实现了机械化，所有的机床都由 16 马力的蒸汽机驱动，铁的年产量达到 300000 普特。④ 机械化生产也扩展到个别的矿山中。彼尔姆工厂的一个矿山安装了 8 马力的蒸汽机从矿井中抽水。⑤ 1851～1856 年，精炼炉和锻锤的数量下降了 44%，而铁的产量增加了 30%，这说明精炼炉已经被搅炼炉取代。С. Г. 斯特鲁米林、В. К. 亚聪斯基使用和公布的数据证明了 19 世纪 50 年代搅炼炉数量的增加和产品产量的提高。⑥

1860 年，国内共有 415 台搅炼炉，产铁 6173000 普特；共有 1180 台精炼炉，产铁 5729000 普特。由此可见，早在改革前搅炼法就取代了精炼法，1860 年用搅炼法生产的铁产量占全部铁产量的 52%。⑦

技术改进包括国有和私有工厂。至 1861 年，后者已经占据了主导地位。

---

① См. В. К. Яцунский. Первые шаги промышленного переворота на урале. «Проблемы общественно-политической истории России и славянских стран». М., Изд-во АН СССР, 1963, стр. 393.
② ЦГИАЛ, ф. 560, оп. 38, д. 408, л. 38.
③ ЦГИАЛ, ф. 560, оп. 38, д. 525, л. 71.
④ «Обзор», т. 2, стр. 16.
⑤ ЦГИАЛ, ф. 560, оп. 38, д. 438, л. 29.
⑥ См. С. Г. Струмилин. Ук. соч., стр. 425.
⑦ Там же, стр. 426.

第一章 19世纪20~50年代俄国工业发展的主要方针和政府政策

但是官方文件中关于它们的资料很少。然而，我们从中也能看到私有企业的作用日益凸显。甚至矿业管理委员会也不得不承认，私有工厂的组织比国有工厂更好，因为"所有者的个人利益"也被考虑在内。[①] 根据 С. Г. 斯特鲁米林的统计数据[②]，1860 年，俄国（不包括波兰和芬兰）共有 179 家铁厂，其中，96 家企业是工厂，83 家企业是手工工场。96 家工厂包括 11 家国有工厂和 85 家私有工厂。1860 年俄国铁厂的设备和产品的数量如表 1-2 所示。[③]

表 1-2　1860 年俄国铁厂的设备和产品的数量

| 类型 | 企业数量（家） | 设备 高炉（台） | 设备 搅炼炉（台） | 设备 蒸汽机（台） | 产量 精炼铁（千普特） | 产量 搅炼铁（千普特） | 工人数量（人） |
| --- | --- | --- | --- | --- | --- | --- | --- |
| 国有工厂 | 11 | 17 | 12 | 24 | 282 | 359 | 19645 |
| 私有工厂 | 85 | 68 | 241 | 159 | 2454 | 4387 | 59980 |

俄国制铁厂（工厂和手工工场）共有 136333 名工人。这些数据证明了采矿工业的技术改革以及改革前私有领域的主导地位。农奴劳动阻碍技术发展，有助于采矿企业主维持垄断地位，拉大了俄国与西欧国家的差距。1830 年至 1860 年，俄国的冶铁量仅提高约一倍，而在这段时间内，英国的冶铁量从 692344 吨增加至 3981966 吨，即增长了 4 倍多。[④] 19 世纪 30 年代中期，俄国冶铁量占世界冶铁量的 1/10，而至 1860 年，其比重仅为 4%。[⑤] 1860 年，俄国共有 245000 人（包括厂外工人）从事采矿工业，其中国有工厂有 62000 人，私有工厂有 117000 人。[⑥] 根据官方数据，至 1860 年，加工

---

[①] ЦГАДА, ф. Госархив, p. XIX, оп. 19/1, д. 45（доп.）, л. 54.
[②] См. С. Г. Струмилин. Ук. соч., стр. 432.
[③] Там же.
[④] 《Сборник статистических сведений о горнозаводской промышленности России в 1908 г.》, ч. 1. Пг., 1917, стр. 498.
[⑤] 《Очерки экономической истории России》, стр. 203.
[⑥] См. П. А. Хромов. Экономическое развитие России в XIX — XX вв. М., Госполитиздат, 1950, стр. 32.

053

**俄国工业政策（19世纪20—50年代）**

工业中共有565100名工人。19世纪上半叶，采矿工业（工人数量）在俄国工业中的比重自19世纪初的50%下降为1860年的30%，主要由于农奴劳动占主导地位。1860年，加工工业的农奴比重不超过18%，而采矿业的农奴比重高达70%。①

列宁写道："农奴制是乌拉尔停滞的主要原因。矿业主既是地主又是厂主，他们不是把自己的统治建立在资本与竞争上，而是建立在垄断和自己的所有权上。"②

***

另一个以农奴劳动为基础的重要工业部门是起源于19世纪初的甜菜制糖业。1802年，图拉（在阿利亚比耶夫村）开办了第一家甜菜制糖厂，地主布兰肯纳格列姆按照Я. С. 约西波夫中校的建议，自1799年开始尝试使用甜菜制糖。③ 1803年，政府向布兰肯纳格列姆发放了50000纸卢布的贷款，为期20年，用于扩建工厂。④ 1803年，地主С. 马尔采夫在奥廖尔开办甜菜制糖厂。

自19世纪20年代以来，与农业关系密切的甜菜制糖业的发展，在地主领地上尤为突出。直至那时，甜菜制糖厂才被视为一个生产部门。19世纪20年代收入减少，粮食价格下降，这迫使地主引入新的农作物，其中之一就是糖用甜菜。1822年的保护性关税禁止方糖进口，并且与1819年的砂糖关税相比，税率有所增加，这同样促进了甜菜制糖业的发展。第一批甜菜制糖厂出现于俄国的中部省份——图拉、奥廖尔、奔萨、斯摩棱斯克以及特维

---

① См. Г. А. Рашин. Формирование промышленного пролетариата в России. М., Соцэкгиз, 1940, стр. 91 – 92.
② В. И. Ленин. Полн. собр. соч., т. 3, стр. 485 – 486.
③ См. С. З. Иванов, И. П. Лепешкин. Очерки по истории техники отечественного сахарного производства. М., Изд-во АН СССР, 1955, стр. 21.
④ См. К. Г. Воблый. Опыт истории свеклосахарной промышленности СССР, т. 1. М., 1928, стр. 73.

第一章　19世纪20~50年代俄国工业发展的主要方针和政府政策

尔。20年代后期至30年代，乌克兰开始建立甜菜制糖厂，并在之后发展为俄国甜菜制糖业的生产中心。

初期，甜菜制糖厂规模不大。甜菜汁液的提取没有使用蒸汽，而是在擦板和压榨机的辅助下手工进行。只有一些工厂使用马力传动装置作为发动机。第一家工厂的砂糖质量不高，颜色发黑并且带有甜腻的气味，这主要是因为它作为一个新兴的生产部门，缺乏经验丰富的技师。地主为了有计划地组织生产活动，必须依靠为其提供建议和知识的制糖专家的帮助。1834年，莫斯科农业协会成立了制糖专家协会，负责推广先进工厂的经验，加强对技师的培养，同时还在《农业报》上发表有关甜菜制糖的原创和翻译文章。[1] 制糖专家协会是将糖厂联合起来的一所特殊学校，推动了俄国甜菜制糖工业的形成。19世纪40年代后期，随着甜菜制糖业的发展，它失去了之前的重要性。

19世纪30~50年代，甜菜制糖业获得快速发展。1825年，俄国共有7家甜菜制糖厂，至1840年达到143家；[2] 1845年达到217家，其中，116家位于乌克兰。[3] 40~50年代，基辅在俄国甜菜制糖生产中占据首位，其工厂数量占俄国工厂总数的19.8%，砂糖产量占俄国砂糖总产量的50.4%，方糖产量占俄国方糖总产量的70.5%。[4] 随着工厂数量的增加，技术和生产规模也随之变化。1842年，一个工厂的产值不超过5600卢布，而1847年就已达到30000卢布。[5] 40年代初，甜菜制糖工业转变为商业经济部门。乌克兰首先采用机械化生产。1843年，亚赫连科和西米连科兄弟开办了乌克兰的第一家甜菜制糖工厂。50年代，乌克兰的工厂拥有全国84%的蒸汽机。[6]

1853年，俄国将1835年颁布的企业主和雇佣工人关系条例的适用范围

---

[1]　См. подробнее: К. Г. Воблый. Ук. Соч., стр. 112-120.
[2]　《Обзор》, т. 1, стр. 31.
[3]　См. К. Г. Воблый. Ук. Соч., стр. 150-151.
[4]　Там же, стр. 152.
[5]　Там же, стр. 147.
[6]　Там же, стр. 170.

扩展到甜菜制糖厂，这标志着甜菜制糖工业开始使用雇佣劳动。① 西北地区早在19世纪初就开始发展甜菜制糖业，但其技术非常落后。通常，甜菜制糖厂的工作由农奴完成。但一些需要专业知识的制糖工作需由自由劳动力完成。技师一般由过去在布兰肯纳格尔—赫拉德、C. 马尔采夫、A. A. 博布林斯基等模范工厂培训过的农奴构成。甜菜制糖厂还广泛招纳曾在蔗糖加工企业工作过的国外技师和专家。

随着大型企业类甜菜制糖厂的出现，农奴劳动逐渐显现出人数不足且生产效率低下的特点。大型机械化企业主转而采用雇佣工人，这就导致了混合劳动力形式的出现——农奴和雇佣。在手工劳动占据主导地位的小型企业中，同以前一样，主要工作还是由承担劳役租的农奴完成，仅季节性（甜菜的锄草、收割）地使用雇佣工人，并采用计件付酬的方式。19世纪30～50年代，随着甜菜浸渍的新方法得到推广，砂糖的出口量开始显著增加。

1848年对糖征收消费税是甜菜制糖工业发展成功的原因之一。赋税在一定程度上弥补了因1822年关税禁止方糖进口而损失的蔗糖收入。糖消费税的实施并没有影响甜菜制糖业的发展，这是制糖厂工厂主所担忧的。19世纪50年代，这一工业部门主要依靠增加蒸汽厂数量和减少火力得到进一步发展，这证明了新技术的发展。甜菜制糖工业的发展显著地证明了，在封建制度瓦解的条件下，考虑到新的现实需求，一部分地主开始尝试资产阶级的经济改革。这既体现在生产技术的改进，也体现在企业主和工人的社会关系方面。

\*\*\*

如果没有机器制造业的发展，企业重新装备技术，机器取代手工劳动都是难以想象的。这一工业部门需要大量投资，以及培养掌握高新技术的技师、工程师和工人。以剥削廉价劳动力为基础的封建制度，无法为机器制造

---

① ПСЗ. Собр. 2，т. 28，№ 27020. См. подробнее об этом главу Ⅶ.

业的顺利发展提供必要的条件。贵族政府既没有足够的物质资源，也没有这样做的兴趣。人民的创造力没有得到政府的支持。机械专家 A. C. 叶尔绍夫教授于 19 世纪 60 年代初写道："一百年前，在俄国，我们有伟大的机械师库利宾……在其他条件下，他的作品可能不适合陈列于一个藏珍馆里，但其对俄国甚至整个欧洲都具有相同的意义，如瓦特和富尔顿一样……很多伟大的自学成才的机械师分散在俄国的土地上。但遗憾的是，他们中的很多人没有留下姓名。"[1]

沙皇政府更倾向于从国外购买机器，而不是鼓励本国的机器生产。1820~1821 年，政府从国外购买机器花费了 7000 银卢布，1849~1851 年花费了 1751000 银卢布。[2] 克里木战争后，俄国的机器进口出现大幅增长。1856 年，支出达 2645519 卢布，1857 年达 4280312 卢布，1858 年达 4538736 卢布。[3] 机器进口量的增加证明了国内工业的发展，但同时也体现出国内机器制造业的衰弱。

19 世纪上半叶，随着机器进口的增加，国内的机器制造业也取得了成功。机器制造业中心位于圣彼得堡。[4]《工业和贸易杂志》早在 1826 年就曾宣传过机器生产，其中有作者写道："俄国建立了各种大规模的机器制造厂。之前俄国向英国订购了大量机器，但现在俄国开始自己生产机器和器械，禁止使用英国出口的机器。这种类型的企业大多位于圣彼得堡附近。"[5] 确实，该作者夸大了国内机器制造业的成果。封建俄国自身的生产完全不能满足快速增长的机器需求。俄国的机器一般是按照国外的样式建造的。但在农奴制瓦解之前，俄国机器制造业的发展是毋庸置疑的事实。

机器制造业作为一个独立部门发展之前，技术水平较高的矿厂有能力制

---

[1] «Обзор», т. 2, стр. 11 – 12.
[2] См. А. Семенов. Изучение исторических сведений о российской внешней торговле и промышленности с половины XVII в. до 1858 г., ч. III. СПб., 1859, стр. 128.
[3] «Обзор», т. 2, стр. 10, см. вклейку в обзоре.
[4] См. В. К. Яцунский. Роль Петербурга в промышленном развитии дореволюционной России. «Вопросы истории», 1954, № 9.
[5] ЖМТ, 1826, № 1, стр. 55.

**俄国工业政策（19世纪20-50年代）**

造机器来满足企业的需求，即完成对铁、衔铁、金属丝的切割与加工。车间通常不接受私人订单。1790年，位于彼得罗扎沃茨克的亚历山德罗夫斯克工厂制造了俄国第一台蒸汽机。它被用于为卡累利阿金矿排水。国有亚历山德罗夫斯克工厂对俄国机器制造业的发展具有重要意义。它为棉纺和麻纺企业提供了设备。在英国于1842年取消机器出口的禁令之前，该手工工场具有特别的重要性。禁令被取消后，亚历山德罗夫斯克工厂的订单急剧减少，这是因为与俄国相比，英国机器的质量更加精良且价格便宜。[①]

第一家与采矿业无关的私人机械企业是苏格兰人Ф.贝尔德的工厂。1792年该工厂建于圣彼得堡，最初为国库工作。在这里铸造业和机器制造业同步发展。1811年，该工厂完成了为图拉兵工厂制造蒸汽机和车床的订单。1815年，该工厂建造了俄国的第一艘轮船。[②] 机器和轮船质量精良，但非常笨重。该工厂为机器制造业培养了新的工人骨干。圣彼得堡另一家将铸造与机器制造联系起来的企业是国有亚历山德罗夫斯克铸造厂，成立于1801年。它生产炮弹、机器、机床、轮船，是国内机器制造业的主要企业。1842年，随着圣彼得堡—莫斯科铁路开始修建，亚历山德罗夫斯克工厂被移交给交通管理总局管理，划归尼古拉耶夫铁路。[③] 19世纪20~30年代，国内其他城市也出现了铸造和机器制造企业。1825年，莫斯科开办了第一家铸造厂。1832年，里加出现了商人韦尔曼开办的铸铁厂，除制造各种铁制品外，其还改造和修理各种类型的机器，包括蒸汽机，同时也为呢绒厂制造新机器。1839年，叶卡捷琳堡开设了机械车间，完成乌拉尔矿厂的国家以及私人订单。除此之外，乌拉尔附近的每一家工厂都设有机械车间以满足自己的内部需求。1841年，《工业和贸易杂志》介绍了卢甘斯克铸造厂收到

---

[①] См. В. К. Яцунский. Роль отечественного машиностроения в снабжении прядильным оборудованием русских фабрик в первой половине XIX в. «Исторические записки», т. 42.

[②] «Историко-статистический обзор промышленности России», т. 2. СПб., 1886, стр. 8. 在С. И. 古利尚巴罗夫的著作《尼古拉一世时期俄国工业和贸易史》（圣彼得堡，1896，第24页）中，贝尔德工厂建造第一艘轮船注明的日期为1813年。

[③] «Историко-статистический обзор промышленности России», т. 2. СПб., 1886, стр. 10.

第一章　19世纪20～50年代俄国工业发展的主要方针和政府政策

的制造2～20马力的蒸汽机的订单，这些订单需"根据最新规定"① 制造。19世纪40～50年代，亚赫年科和西米连科的方糖厂开始制造蒸汽机。

19世纪30年代，从矿厂的机器制造车间分离出了舍佩廖夫的斯诺维斯基工厂。自1836年起，斯诺维斯基工厂开始为俄国中部省份的一些企业提供蒸汽机。如，在弗拉基米尔工作的七台蒸汽机都来自斯诺维斯基工厂。19世纪50年代，舍佩廖夫的工厂转向制造轮船。②

19世纪前30年，机器制造部门一般只作为工业企业的一部分，直到40～50年代才出现专门的机器制造厂。1847年应工场手工业会议莫斯科分部要求而创办的莫斯科机械企业就是其中之一。③ 该企业由英国机械工程师л. 里格利领导，在获得政府补助的同时可以将机器的配件免税运到俄国。里格利个人承诺为莫斯科制造"目前工厂主能够从国外订购的"所有机器，在俄国的企业主之间推广"最新和最实用的英国机器"，为工艺学院的毕业生提供"无偿实习"的机会。1847年7月，л. 里格利收到了建造工厂的初期费用20000卢布。④ 19世纪50年代，政府将特权转让给л. 里格利的继任者C. A. 阿列克谢耶夫，他可以以最低的价格从俄国工厂购买铁。

政府拒绝为私人提供国家补助，但有时机器制造业的创办者除外。1853年，政府满足了工艺学院毕业生谢列布连尼科夫兄弟的请求，他们申请以10年为期贷款3000卢布，"以加强他们位于圣彼得堡的铸铁和机械厂的运营"⑤。1850年，圣彼得堡建立了一家机械厂，后来改建为涅夫斯基工厂。50年代中期，它被谢米扬尼科夫和波列季科夫收购。圣彼得堡的大型企业是从事轮船制造的诺贝尔工厂。1849年，下诺夫哥罗德附近开办的索尔莫夫斯基轮船制造厂对交通机器制造业的发展具有重要价值。50年代，Д. Т. 希波夫位于科斯特罗马的机械企业具有很大的声望，该企业设有铸铜和铸铁车

---

① ЖМТ, 1841, № 4, стр. 145－146.
② «Обзор», т. 2, стр. 17－18.
③ ЦГИАЛ, ф. 560, оп. 38, д. 545, л. 21（об.）.
④ ЦГИАЛ, ф. 560, оп. 38, д. 545, лл. 22－24.
⑤ ЦГИАЛ, ф. 40, оп. 1, д. 14, л. 309.

059

间，它是根据圣彼得堡工艺学院毕业生、科斯特罗马机械师瓦津斯基的方案建造的。① 工厂的建造结束于1853年，仅这一年它就铸造了7000普特以上的铁。工厂制造蒸汽机、轮船、蒸汽锅炉、水压机、织布机，拥有关注科学成果且经验丰富的技师。②

19世纪上半叶，机械制造在农业领域展开，并且立即发展为一个专业的部门。1806年，英国人 И. X. 威尔逊在莫斯科建立了一家生产农具的小型企业。1815年，克里沃罗托夫在叶列茨市也开办了一家企业。1818年，华沙也出现了生产农具的工厂。1824年，英国人伊利萨在圣彼得堡开办工厂，以满足工业和农业对工具的需求。最大的农业机器制造企业是位于莫斯科的布特诺帕兄弟的工厂，该工厂成立于1830年，其产品多次被工业展览会的评论员评为最佳产品。③ 布特诺帕兄弟和 И. X. 威尔逊的企业不仅生产农业机器，而且还是类似于培养技师的教育机构。

19世纪40~50年代，在农业危机期间，政府和报刊经常建议地主在自己的企业中使用农业机器。俄国所有的农业展览会同样致力于这一目标，第一届展览会举办于1843年。但在农奴制统治的条件下，这项呼吁并未得到贯彻。不超过3%的地主经济触及了农业合理化。④ 1861年，俄国共有53家制造农具的企业，但多是小型企业，一般不采用蒸汽机进行生产。其中，规模最大的企业是布特诺帕工厂，但也只有一台5马力的蒸汽机。⑤

克里木战争结束后，俄国的机器制造业前进了一大步。根据官方数据，1854年，俄国共有29家机器制造企业，拥有工人3000名，总产值200万卢布。1861年，俄国共有106家企业，拥有工人12400名，总产值超过700万卢布。⑥ 但俄国的机器制造业刚刚开始发展，还不能满足国内对机器的

---

① ЖМТ, 1852, ч. 4, № 10 – 12, стр. 115.
② «Обзор», т. 2, стр. 22 – 24.
③ См. Главу о промышленных выставках.
④ См. Н. М. Дружинин. Конфликт между производительными силами и феодальными отношениями накануне реформы 1861 г., «Вопросы истории», 1954, №7, стр. 63.
⑤ «Очерки экономической истории России», стр. 209.
⑥ «Историко-статистический обзор промышленности России», т. 2. СПб., 1886, стр. 31.

需求。

只关注样品的展览会评论员不得不注意到（1853年莫斯科展览会）："除了从圣彼得堡机械车间送来的加工精良的机器外，我们发现整个机械部门，包括私有机械工厂主，送来的产品属于工厂类别的不超过两至三个……俄国工厂主主要修理外国机器。"①评论员指出，大部分机器的构造具有模仿性，体积笨重且价格昂贵。他们认为国内机器制造业发展缓慢的原因是国外机器的竞争，工厂主可以相对较低的价格免税进口（金属价格高昂）国外机器，同时还因为国内资本的短缺以及工厂主与技师知识的匮乏。②

克里木战争的失败迫使政府将更多的注意力转向机器制造业的发展、铁路建设以及降低进口金属的价格。1861年农奴制的瓦解是这项政策合理性的延续。

## 工业股份公司

19世纪20~50年代股份制的发展证明了俄国相对较高的工业生产水平以及工业资产阶级作用的加强。分散的私人资本联合为一家股份公司有助于开展大规模的工业和交通运输建设，在经济上提高了资产阶级的地位。第一家股份公司是成立于1799年的俄美股份公司。它主要从事美洲西北海岸和西伯利亚的贸易。19世纪前30年俄国仅出现两家股份公司。1830~1855年，俄国出现28家公司，而1855~1859年共出现80家。③ 1799~1859年，俄国共成立了119家股份公司，其中，1855~1859年有80家。同时代的人将股份公司的产生视为工业活动繁荣的标志。《工业和贸易杂志》其中一期

---

① ЖМТ, 1853, № 9, стр. 117-118.
② Там же, стр. 119.
③ См. П. А. Хромов. Ук. соч., таблица на стр. 71. Н. Бунге приводит другие данные: с 1799 до 1855 г. —35 компаний. См. «Журнал для акционеров», 1859, № 108.

评论道："股份公司是这个时代的标志性现象。"① 同样的思想也体现在财政部工业和国内贸易司的报告中。②

尽管在改革前的最后几年股份公司的数量有所增长，但俄国在这方面还远远落后于西欧国家。1858 年，俄国拥有 94 家公司，而同时期的德国拥有 415 家公司，法国拥有 131 家。③ 1859 年，俄国股份公司的资本为 45500 万卢布，而德国为 133500 万卢布，即不足德国的 1/3。④ 俄国与西欧国家的资本分配范围是不同的。在改革前的整个时期内，俄国没有成立一家银行股份公司，而德国拥有 55 家公司，法国拥有 12 家。⑤ 这一事实证明了私人信贷发展的衰弱以及俄国缺乏自由流动的资本。铁路股份公司是我们所研究时期内俄国最大的股份联合公司，该领域的 8 家股份公司掌握了 19 世纪 50 年代末俄国公司一半以上的资本。德国 55 家铁路公司资本在 133500 万卢布的总资本中占 54500 万卢布。

紧随铁路运输之后的一批股份联合公司是轮船和航海公司（30），拥有资本 4150 万卢布；保险公司（8）占据第三，拥有资本 1700 万卢布；之后是采矿和矿物公司（10），拥有资本 1450 万卢布；再之后是纺织厂联合公司（8），拥有资本 900 万卢布等。⑥

股份公司主要集中于圣彼得堡和莫斯科，这反映了国内的需求。社会关注的中心问题是铁路和轮船的建设、机器制造业的发展以及金属开采。而恰恰是这些工业和交通部门带来了高额的利润，使得资产阶级将自己的资本投入相应的股份公司中。有必要指出，工业股份公司的主要方向不是建立新的工业部门和企业，而是改造旧企业。根据官方数据，1859 年成立的 17 家公司中有 15 家是由原有工厂改造而成的。⑦ 政府不愿意鼓励成立股份公司，

---

① ЖМТ, 1858, № 1 – 3, кн. 2, стр. 3.
② ЦГИАЛ, ф. 18, оп. 1, д. 292, л. 30（об.）.
③ «Журнал для акционеров», 1859, № 108.
④ Там же.
⑤ Там же.
⑥ «Журнал для акционеров», 1859, № 108.
⑦ ЦГИАЛ, ф. 560, оп. 38, д. 716, л. 82.

并公开表示，它"担忧"那些没有足够资本成功开展业务的股东的命运。①

1836年12月6日政府颁布了关于股份公司的第一项条例②，这有助于我们了解俄国政府在该领域的政策。根据政府的宗旨，该条例有双重目的：一方面，赋予工业"在活动与发展上更多的自由"；另一方面，尽可能地"保护"它免受"轻率和不计后果的商业行为"的影响。沙皇通过严格控制股份公司的组织和活动来达成这些目标。"未经政府特别批准，不得成立股份公司，不得擅自变更政府批准的公司资本和公司章程。"政府可以以如下借口禁止成立公司，即公司的"目标""显然不符合或者违反了商业和公共秩序方面的道德和诚实法则，或者给国家收入带来严重的损失，抑或损害工业"。在需要的情况下，它也在缴纳赋税方面为公司提供各种特权与优惠。

政府对股东活动的积极干预是因为害怕股东自由、主动的发展，他们可能借此脱离政府的控制，政府不愿意放弃对国家工业发展的控制权，同时担心失去从中央政府的角度合理分配资本的机会。直到19世纪下半叶，股份公司的大部分资本才开始投向银行。

## 政府对工业发展的管理

工业的发展和生产中的组织和技术变革必然导致社会的变化，并促使行政当局采取积极的经济政策。工业领域的措施和计划与俄国政府整体的社会经济纲领密切相关。在封建制度瓦解的条件下，政府认为自己对经济生活的干预是发展国家经济最有效的手段，期望通过这种方式避免国家出现根本性的变革。

早在亚历山大一世时期，政府就将扩展国内市场、增加国库资金以及农

---

① Там же，л. 83.
② ПСЗ. Собр. 2，т. 2，№ 9763.

民贸易合法化定为目标。1812年（2月和12月），政府颁布了农民"贸易"的专门法令。根据规定，农民购买证书（共有四种类型的证书）后享有与商人一样的贸易权利，但不享有同商人一样的等级地位。① 这繁荣了农民的副业和贸易。但10多年后，政府在商人的施压下取消了这些法令。根据1824年11月14日颁布的《关于行会和其他阶层贸易的补充法令》，该法令由财政大臣Е.Ф.康克林制定（П.Г.伦兹尤斯基认为它们对"资本主义行业"造成了毁灭性的打击）②，大幅提高了农民贸易证书的费用，阻碍了小型工业和贸易的发展。

然而，现实情况迫使俄国政府于1825年末放弃了1824年颁布的等级法令。1827年12月21日的政府条例降低了商人证书的价格，特别是第三等级的商人证书的价格（从300卢布降至200卢布）以及第四等级的农民证书的价格（首都和省城从100卢布降至80卢布，县降至60卢布）。政府允许贵族在城市开办手工工场和工厂，并有权参加3个行会。③ 政府的这些措施推动贵族从事工业贸易活动。

19世纪40~50年代，随着大型工业的发展以及工人集中到少数几个城市中，政府不再"排斥"农村工业。它将小型工业的发展视为增加农民代役租的来源之一，这有助于维持他们的古老制度以及防止俄国出现贫民。根据1848年3月3日的条例，经主人同意后，地主农民有权获得土地、房屋、店铺以及不动产的所有权。④ 该条例反映了封建关系瓦解的深度。在这些条件下，政府被迫准许农民成为土地和工业企业的所有者。早在19世纪初，加工工业中绝大多数的手工工场主是商人、小市民和农民（77%），仅16%

---

① ПСЗ. Собр.1，т.32，№ 24992，25302.

② См. П. Г. Рындзюнский. Гильдейская реформа Канкрина 1824 г. «Исторические записки»，№ 40，стр. 111.

③ ПСЗ. Собр.2，т.2，№ 1631. 众所周知，根据1790年10月26日的法令，政府为了维护贵族的"等级纯洁性"和特权，禁止他们加入行会。但是，1807年1月1日的公告比1785年的城市条例更加清晰地规定了商人的权利，贵族获得了加入前两个等级的权利（ПСЗ. Собр.1，т.23，№ 22418）。

④ ПСЗ. Собр.2，т.23，№ 22042.

的工业企业属于贵族。① 因此，政府在工业领域中实施的措施独立于它的主观目的，客观上提高了资产阶级的地位。

至于地主领地上的世袭企业，政府对它们的控制较为薄弱，但为它们的发展提供了各种优惠和贷款。19世纪上半叶，政府对世袭企业的主要管理措施是实施消费税政策。地主与农民工人的关系只有在特殊的情况下才会成为政府的立法对象。例如，1840年粮食歉收，政府颁布了条例《关于私有矿厂工人的粮食问题》②，其中规定"占有农奴的工厂主"有义务根据当地情况为农民发放粮食。在"工人控告工厂主拖欠工资"的情况下，如果他们持有占有权，建议将这些企业交给监管部门，如果他们是领有，则交给"国库监管"。

在克里木战争期间，由于担心不断发展的农民运动，政府于1853年12月9日向西部各省颁布了《关于雇佣地主农民从事农活和其他体力劳动》③的规定。根据这些规定，政府只准许地主从满足条件的家庭中指派农民工作，即指派的农民离开后，家中仍有能够在村庄中从事劳动的男性。在同包工人签订合同时，地主有义务说明农民的生活和工作条件：粮食、衣服、工作时长。如果发生"农民暴动"，那么由包工人承担所有责任。政府积极地关注以雇佣劳动为基础的工业的发展情况，通过为新企业的创办者提供优惠政策来鼓励新企业的发展。

根据1835年10月23日和11月12日的指令，在俄国开办工业企业的工厂主可以在三年内免缴国家和城市赋税。这项优惠政策可以再延长10年，在保留其他所有福利的同时，免除行会费用。④ 为了使俄国居民对发展边区工业感兴趣，与中部地区相比，政府给予外省工业企业的创办者更多优惠。财政大臣"认识到鼓励县城、非行政中心的县辖城镇以及归属县城的国家

---

① См. А. В. Предтеченский. Очерки общественно-политической истории России в первой четверти XIX в. М.—Л.，Изд-во АН СССР，1957，стр. 33.
② ПСЗ. Собр. 2，т. 15，№ 13993.
③ ПСЗ. Собр. 2，т. 28，№ 27755.
④ ЖМТ，1835，№ 12，стр. 17.

市镇建立工业企业是有益的",因此授予所有愿意在边区建立新的工业企业者免缴行会费用的权利,并将期限从 3 年延至 6 年。①

19 世纪 30 年代,官方刊物提出了关于调整工业发展必要性的问题。《工业和贸易杂志》指出:"俄国工业的发展速度非常快,没有必要加快发展进程。这样的行动将带来危险的后果:因为生产将不合理地超过需求,并受制于工业的人为发展。"② 为了规避这种情况,政府应该调整工业发展。

为了揭示一省的工业需求,1836 年政府向省长咨询"关于巩固和增加城市工厂的方法",收到了来自 43 个省份的报告,其中一半以上的省长(23 个省份)提出各种理由反对在城市建立新的工业企业,并声称"不具备这种条件:缺乏自由资本和在地主领地上建立工厂的便利性;缺乏拥有丰富知识和经验的技师;一些省份从事粮食生产,因此,在现有的工厂之外增加城市工厂,需要大量的国库补助才能加工自己的原料"③。在所有的省份中,对政府的询问给予否定回答的有奥洛涅茨、沃洛格达、科斯特罗马、雅罗斯拉夫、诺夫哥罗德、莫吉廖夫、波多利斯克、沃伦、切尔尼戈夫、哈尔科夫、赫尔松、托木斯克、叶尼塞、伊尔库茨克、奥廖尔、鄂木斯克、梁赞、奔萨以及比萨拉比亚。大部分省长习惯于"可靠的"经济管理方法,忽视了获益尚不明显的工业发展的意义。省长在答复政府询问时做出的大部分评论可以归纳为发放贷款、授予长期缴纳赋税的特权、免除兵役等。只有坦波夫省省长加马列亚详细地分析了该省的情况以及今后的发展规划。他认为,由于人民耕地不足,有必要"使勤劳的居民转向工场手工业",根据他的意见,教育的缺失阻碍了它的发展。他建议采取积极措施,在所有中等教育机构中开设技术班或专门课程,主要教授原料(皮革、大麻、亚麻和油脂)加工知识。除此之外,他请求政府协助成立股份公司,授予其 75 俄亩的土地和磨坊,这是建立"各类工业企业"必需的物质基础。④ 加马列亚建

---

① ЦГИАЛ, ф. 560, оп. 38, д. 373, л. 18. Положение Комитета министров от 6 декабря 1836 г.
② ЖМТ, 1830, № 8, стр. 43.
③ ЦГИАЛ, ф. Всеподданнейшие отчеты министра финансов, № 40, оп. 1, д. 12, л. 147.
④ ЦГИАЛ, ф. 40, оп. 1, д. 12, лл. 150 – 151.

议由政府下令开办实科中学、组织技术方面的公共讲座以及为工业企业"无偿"提供土地。①

1843年2月8日政府颁布了《关于引入高压蒸汽机使用时应该注意的预防规则》（以下简称《规则》），1843年12月3日颁布了《为完善工场手工业关于省技师的决议》，毫无疑问，这些政府法令反映了19世纪30~40年代国家工业发展的进步。②《规则》中指出，引入高压机器要比低压机器更便宜、结构更简单也更轻便，"有助于促进俄国工厂工业的进一步发展"。《规则》规定了锅炉壁必需的厚度，锅炉的形式、水位、生产的金属类型以及用于放置锅炉的室内墙壁的间隔等。各省长官负责监督这些规则的执行情况。遗憾的是，《规则》带有建议性而非强制性的特点，经常被工厂主们忽视。根据关于省技师的相关规则，后者被指派到"工场手工业最活跃"的省份。他们负责检查工业企业，向工厂主们提供技术改进的建议，生产机器和机床。技师每年向民事长官提交两次报告，而后者向工业和国内贸易司汇报工作。引入蒸汽机工作时的预防性规则和指派省技师都证明了国内工业发展的较高水平以及机器生产的普及程度。

然而，到了19世纪40~50年代，随着工业的发展，工业企业主享有的优惠和奖励大幅缩减。除了财政方面的考虑外，政府也是因为担心此举会增加大城市中的工人数量。根据1845年3月26日的新条例，政府仅授予那些"为财政部所认可的、俄国尚无的、对国家发展有益且重要的手工业工场和工厂"的创办者免缴城市赋税的权利（修订1835年法令）。③ 该条例表明了新企业对国家的"重要性"和"益处"，极大地削减了给予新工业企业主的优惠。由于莫斯科总督领导的1840年委员会在限制莫斯科工厂建设方面的工作，大臣委员会通过了一项决议，即只为在莫斯科县以外建立工业企业的

---

① См. главу Ⅵ.
② ПСЗ. Собр. 2, т. 18, № 16521, 17379.
③ ЖМТ, 1845, № 3, стр. 269-270.

创办者提供减免、优惠和补助。① 1853年6月9日，根据1840年9月24日批准的大臣委员会条例，沙皇禁止"无偿地将施吕瑟尔堡市的土地用于建造手工业工场和工厂"②。

政府的财政政策在促进工业发展方面作用很小。早在1803年，根据内务大臣的建议，经沙皇批准，政府就通过了每年从国库中拨出10万卢布用于奖励私有工场手工业的决议③。由于卫国战争爆发，拨给私人的贷款被终止，并且未能正式得以恢复，尽管政府为满足工业需求而发放了少量资金。俄国存在所谓的"工场手工业资本"，其资金用于组织工业展览、拨款给为国库供给产品的呢绒业企业、维持国外的工业代表、支付省技师以及技术教育机构的薪金。

财政大臣 Е.Ф. 康克林的政策为其财政部的继任者 Ф.П. 弗龙琴科和 П.Ф. 布罗克所延续。Е.Ф. 康克林是发展私人信贷的反对者，认为竞争"有害"，但不可避免。他反对贷款给工业企业主，认为这项措施将给国库带来损失，并将获得优惠的企业放在特权位置上。他在大臣委员会的一份报告中写道："实践表明，我们不再需要为工厂主提供贷款制度来推动工业的发展，为了它的发展，我们已经采取了最可靠的措施。"④ 这些措施指的是1822年的保护主义关税、组建工场手工业和商业会议、举办工业展览、开办技术教育机构等。Е.Ф. 康克林反对政府旨在加速工业生产的举措，"对于工业的发展而言，只需采取必要的措施，不应该考虑那些未来可能需要采取的措施，对于目前来说它是徒劳的，甚至可能是有害的"⑤。企业主提出的许多贷款申请多半被政府拒绝，政府更愿意补贴使用农奴劳动的地主企业家。⑥

---

① ЦГИАЛ, ф. 560, оп. 38, д. 441. Отчет департамента мануфактур и внутренней торговли за 1840 г., л. 54.
② ЖМТ, 1853, № 7–8, стр. 11–12.
③ ЦГИАЛ, ф. 18, оп. 2, д. 682, л. 2.
④ ЦГИАЛ, ф. 18, оп. 2, д. 682, л. 3.
⑤ ЦГИАЛ, ф. 40, оп. 1, д. 12, л. 151.
⑥ См. подробнее о кредитовании промышленности: С. Я. Боровой. Кредит и банки России (середина XVII в.—1861 г.). М., Госфиниздат, 1958, стр. 225—227.

第一章 19世纪20~50年代俄国工业发展的主要方针和政府政策

等级制度是沙皇制度下一切措施的基础。绝大部分的拨款被用于强化军队、赡养沙皇宫廷和国家机关。农奴制改革之前，国家的预算被严格保密，而公开的少量数据，仅在一定程度上反映了国家的财政状况。1861年，预算的支出部分共计34500万卢布，其中14000万用于陆军和海军的开支，5000万用于定期缴款和贷款利息的支付，2400万用于帝国宫廷的开支，2400万用于国有工厂和建造铁路，360万用于国民教育。① 由此可见，40%以上的预算用于军队，只有7%的预算用于满足工业的需求。

在改革前的最后几年，俄国国债急剧增长。1843年，国债总计462269415卢布，而1861年增长至1264349346卢布。② 俄国的国债数额仅次于法国，位列第二。③ 为了保证开支，政府被迫使用来自国家信贷机构的"借款"、外债以及发行纸币，但这都不能长期巩固国家的财政体系。

俄国的信贷机构主要为贵族服务。开办于1787年的国家放款银行，以非常优惠的条件为贵族提供贷款。根据1824年的条例，由国家放款银行提供的贷款以地主的财产为抵押，以24年为期，每年支付8%以偿还贷款。石制房屋的抵押贷款期限仅为12年和8年。④ 1830年，抵押不动产的贷款期限被延长至37年。长期从国家银行获得借款的可能性有助于地主在农业和工业中维持封建关系。根据内务部的数据，1856年欧俄占有39.1%的地主地产和61.7%的农奴。政府为地主提供全面的资助，却经常拒绝农民的贷款申请，因为发放给他们的贷款将被用作摆脱农奴依附关系的赎金，政府担心这将动摇农奴制。⑤ 但是，考虑到国家对工业和贸易发展的信贷需求，政府于1818年在圣彼得堡开办了商业银行，在莫斯科、敖德萨、里加、阿尔汉格尔斯克、下诺夫哥罗德、阿斯特拉罕建立了银行办事处。然而，商业

---

① См. А. П. Погребинский. Очерки истории финансов дореволюционной России. М., Госфиниздат, 1954, стр. 35.
② См. М. И. Боголепов. Государственный долг. К теории государственного кредита. СПб., 1910, стр. 26.
③ Там же, стр. 24.
④ См. А. Гурьев. Очерк развития кредитных учреждений в России. СПб., 1904, стр. 18 – 19.
⑤ См. С. Я. Боровой. Ук. соч., стр. 204 – 208.

俄国工业政策（19 世纪 20—50 年代）

银行受到了封建政府的压迫，主要为使用农奴劳动的矿主和其他企业主，以及一等商人，即大资本家代表提供贷款。这种专制制度早在改革前就试图将贵族与大资产阶级的利益融为一体。

1817 年，现有的信贷机构为协调行动成立了国家信贷机关委员会，其中包括 3 名政府成员、6 名贵族代表以及 6 名商人代表。该委员会不具有行政权，属于监督机构，在国家经济生活中没有留下明显的足迹。尽管如此，С. Я. 波罗沃伊认为，它是第一个，而且直至工场手工业会议成立之前是唯一一个有资产阶级代表参加的国家机构。①

19 世纪 30～40 年代，不仅中部省份开办了城市银行，外省尤其是西伯利亚也开始开办银行，这证明边缘地区也已经参与全国的工业和贸易进程中。但是政府试图限制银行的活动：贷款仅提供给地方居民，而且数额取决于其所属的特定等级。②

国内货币流通的不稳定性对工业和贸易的发展产生了消极影响。没有黄金储备的纸币价格下跌，其汇率因季节和地区而异。为了调整货币流通，政府于 1839～1843 年实行了一项改革，其实质是使用信用券代替纸币，并且保证可以自由地兑换银币。这虽然稳定了流通，但并没有扩大来自政府方面的工业贷款。由于改革仅在小范围内进行，其只对土地所有者的贷款有利。③

\*\*\*

通过研究 19 世纪 20～50 年代俄国工业的发展情况以及政府管理措施，我们得出了如下结论。19 世纪上半叶是技术变革的开端，表现为机器制造业的发展，从手工工场向工厂过渡。改革前，纺织业是俄国的主要工业部门。到 1861 年改革时，它约占加工工业的 2/3。俄国技术最完善的经济部

---

① См. Там же, стр. 157.
② ПСЗ. Собр. 2, т. 32, № 31967.
③ См. С. Я. Боровой. Ук. соч. стр. 167.

门是以雇佣劳动和机器技术为基础的棉纺织业。1830～1860年，该工业部门的工人数量从76228人增加至152236人。① 与此同时，最落后的部门之一——亚麻工业的工人数量从26845人下降至17284人。截至1860年，加工工业总计拥有561100名工人。

19世纪上半叶，加工工业的所有部门都呈现农奴劳动力不断下降，雇佣劳动力日益增加的发展趋势。即使呢绒工业也不例外，1825年其雇佣劳动仅占18%，而到了1860年，自由劳动力已经增长至58%。

在矿业、甜菜制糖业、酿酒业中，农奴劳动仍然占据主导地位。但在19世纪上半叶，俄国技术有了很大的进步。在所研究的时期内，私有工业建筑显著增加，而国有建筑日益缩减。俄国工业机械化的标志是国内机器制造业的发展，它在改革前就成为一个独立的生产部门，同时也增加了从国外进口的机器。

股份公司的增加，尤其是19世纪50年代的发展证明了俄国工业生产处于较高水平。但是，农奴制的统治阻碍了工业的进一步发展，使国内难以形成必要的后备劳动力大军以及足够广阔的国内市场，难以积累资本，发展私人贷款以及达到较高的科技水平。农奴制使俄国处于经济落后的状态，这在西欧存在资本主义国家的情况下是危险且难以容忍的。

在俄国封建基础瓦解和资本主义关系发展的情况下，贵族政府被迫推动工业发展，将其视为巩固国家安全、扩展国内市场、增加城市人口及需求的手段之一。除此之外，沙皇在工业的发展中看到了巩固贵族经济地位和对从事副业或在手工工场和工厂工作的农奴定期收取代役租的途径。这些原因解释了政府对工业的支持，客观上促进了资本主义生产的发展。

在推动工业发展的措施体系中，效果最为显著的是关税政策，我们将在下一章中对此展开研究。

---

① См. П. Хромов. Ук. соч., стр. 31, см. таблицы.

## 第二章
# 19世纪20～50年代俄国的关税政策

19世纪20～50年代的关税政策是俄国自18世纪初以来实施的政府保护关税制度的一部分。19世纪初,从保护主义向自由贸易(1816年和1819年税率)的转变是由国际形势引起的,这是对反拿破仑联盟盟友的让步,特别是对扩大与俄国贸易感兴趣的普鲁士和英国的让步。

1819年的自由贸易关税不符合国家的经济宗旨。它导致工业企业数量的缩减,并对俄国的贸易平衡产生了负面影响。由于1819年税率的影响,西欧的工业产品充塞着俄国市场。1819年,从国外进口的毛织品总额共计8471000卢布,1821年为19634000纸卢布。[①] 1819年,进口的棉织品总额增加了15376000卢布,1820年达到22931000纸卢布。由于难以承受国外竞争的压力,国内大量的工业企业被迫停办。特廖赫戈尔内手工工场的监察员 П. Н. 捷连季耶夫写道:"俄国的商品次于国外商品,由于自由竞争而失去了以前的销路,机械化的欧洲压死了手工的俄国。"[②] 所有工厂的订单数量骤减,企业主的收益下降。同时代的人认为,1819年税率是俄国自拿破仑入侵后的第二次"没落"[③]。政府确信俄国工业无法与西欧竞争,遂于1822

---

[①] См. М. К. Рожкова. Экономическая политика царского правительства на Среднем Востоке во второй четверти XIX в. и русская буржуазия. М., Изд-во АН СССР, 1949, стр. 26.

[②] П. Н. Терентьев. Материалы к истории прохоровской Трехгорной мануфактуры и торгово-промышленной деятельности семьи Прохоровых. М., 1915, стр. 50.

[③] «Московский телеграф», 1829, № 9, стр. 47.

年起开始实行保护主义关税,此后未做重大修改一直维持到1850年。

在资产阶级作者的著作中①,包含了与我们研究主题相关的丰富资料,但这些资料没有揭示关税政策的阶级本质。М. Н. 索博列夫认为,政府从禁止制度过渡到温和的保护关税制度的主要原因是出于财政方面的考虑。② 在评价1850年税率时,他支持经济学家 А. И. 布托夫斯基的观点,将1850年税率视作"预防"措施,其体现的道德价值高于经济意义。③ 与索博列夫相比,К. 洛德任斯基以更全面的视角考虑了这个问题。他不仅对改变关税政策的国内因素感兴趣,还考虑到对外政策的影响,特别是俄国与英国和波兰的关系。1850年税率为温和的保护主义政策奠定了基础,К. 洛德任斯基认为这是一项"非常果断的措施",开放了俄国与波兰工厂的自由竞争,同时大幅度降低了保护俄国工业免受外国竞争的关税数额。④ 但是他仍然没有注意到俄国政府的担忧,即大型工业发展所带来的自然结果——工人聚集到大城市中。

尚无苏联历史学家对俄国政府的关税政策展开过专门研究,但在有关俄国经济和贸易政策的一般性著作中谈到了这些问题。⑤ С. А. 波克罗夫斯基的概述性著作涵盖了1917年之前的整个历史时期,其中包括一般性的研究结论,但是没有详细研究关税政策变化的性质和原因。应当指出,与关税政策相比,他将更多的注意力集中于研究政府的贸易政策。С. А. 波克罗夫斯基赞同十月革命前的历史学家和苏联历史学家的观点,他们认为1822年税

---

① См. К. Лодыженский. История русского таможенного тарифа. СПб., 1886; М. Н. Соболев. Таможенная политика России во второй половине XIX в. Томск, 1911; В. Витчевский. Торговая, таможенная и промышленная политика России со времен Петра Великого до наших дней. СПб., 1909.

② См. М. Н. Соболев. Ук. соч., стр. 79.

③ См. А. И. Бутовский. О запретительной системе и о новом тарифе. «Экономический указатель», 1857, № 43.

④ См. К. Лодыженский. Ук. соч., стр. 256.

⑤ См. С. А. Покровский. Внешняя торговля и внешняя торговая политика России. М., «Международная книга», 1947; П. И. Лященко. История народного хозяйства СССР, т. 1. М., Госполитиздат, 1956; Н. А. Цаголов. Очерки русской экономической мысли периода падения крепостного права. М., Госполитиздат, 1956.

率是推动工业发展的有效举措。他称 1850 年税率是"在解决国家工业发展问题的道路上迈出的胆怯微小的一步"①。恰恰相反，П. И. 利亚先科将 1850 年税率视作政府对地主贵族的让步。② Ф. Я. 波利扬斯基对 19 世纪 50 年代的关税政策持相同观点。他写道，"封建俄国的关税政策，明显地反映出其旨在保护寄生的地主阶级利益的阶级本质。"③ С. Б. 奥昆认为，应该跳出逐条分析税率的框架，研究更为广泛的问题。④

我们将尝试找出关税制度的阶级倾向性，将其作为工业政策的组成部分，研究迫使政府在 19 世纪 50 年代从禁止制度转向温和的保护关税制度的原因，并揭示它的影响。

工业的发展、贸易的增长、城市的扩张及城市人口的增加、各个地区农业生产专业化的加深共同推动了国内外贸易的扩展。农业经济已经失去其封闭的自然特征。地主和农民参与工商业活动。部分农民转变为工场工人，从事建筑工作和副业。而与工业和贸易联系紧密的上层农民则补充到工商业资产阶级的行列中。

展销会在国内贸易中扮演了重要角色。19 世纪上半叶，俄国共有 4000 个展销会，其中 64 个展销会的交易额已经超过 100 万卢布。⑤ 其中规模最大的是下诺夫哥罗德展销会。该展销会经营纺织品、粮食、面粉、茶叶、金属、金属制品、毛皮、陶瓷以及玻璃贸易。中国、英国、德国、布哈拉、土耳其和伊朗商人同俄国商人一起来到这里从事贸易活动。弗拉基米尔机械师 И. Е. 涅瑟托夫写道："……看看下诺夫哥罗德展销会吧，在这个为期四周、几乎遍布全球的展销会上，来自广阔的俄国以及亚洲各地的工业展示着自己

---

① С. А. Покровский. Ук. соч., стр. 266.
② См. П. И. Лященко. Ук. соч., т. 1, стр. 480.
③ Ф. Я. Полянский. Первоначальное накопление капитала в России. М., Соцэкгиз, 1958, стр. 63.
④ См. С. Б. Окунь. К истории таможенного тарифа 1850 года. Сб. «Вопросы генезиса капитализма в России». Л., 1960, стр. 170 – 171.
⑤ «Очерки экономической истории России первой половины XIX в.». М., Изд-во АН СССР, 1959, стр. 250.

的财富，它像一块磁铁吸引着成千上万的人们。"①

展销会上的大部分商品是俄国产品。1845年，下诺夫哥罗德展销会运进了价值55733631银卢布的商品，其中，俄国商品价值39755374卢布，欧洲商品价值4927920卢布，亚洲商品价值11050337银卢布。②工业和国内贸易司在1845年的总结中指出："因为国内工业产品质量的快速提高，国外欧洲商品的数量逐年缩减……展销会主要销售国内产品。"③ 40多年来（1817~1861年），下诺夫哥罗德展销会的交易额已经增长了4倍，④且主要依靠国内产品。

与此同时，边区展销会的贸易成交额也出现了大幅度的增长，特别是西伯利亚地区，其中最有价值的是伊尔比特展销会。伊尔比特展销会经营皮革、毛皮、茶叶、金属、油脂、蜂蜜以及纺织品贸易。它是国内外商人的贸易场所。1820年，伊尔比特展销会的年交易额未超过200万银卢布，而到了19世纪40年代末，它已经达到3100万银卢布。⑤ 1848年，伊尔比特展销会售出的商品总额达26902511卢布，几乎相当于俄国出口总额的1/4。⑥伊尔比特展销会与下诺夫哥罗德展销会联系紧密。位于伊尔比特展销会的商业银行办事处，在下诺夫哥罗德展销会开始前为其发放贷款，而同样拥有商业银行分部的下诺夫哥罗德展销会同样也为伊尔比特展销会的商人发放贷款。⑦ 1817年，按照商品交易额计算，伊尔比特展销会排名第七，而到了1861年，其仅次于下诺夫哥罗德，排名第二。与此同时，它的交易额已经增长至16倍，⑧这证明了边缘地区商品生产的显著增长，并参与国家的贸

---

① «Владимирские губернские ведомости», 1851, часть неофициальная, № 3.
② ЦГИАЛ, ф. 560, оп. 38, д. 515. Отчет департамента мануфактур и торговли за 1845 г., л. 78.
③ Там же, л. 79 (об.).
④ См. М. К. Рожкова. К вопросу о значении ярмарок во внутренней торговле дореформенной России. «Исторические записки», 1954, № 54, стр. 306.
⑤ ЦГИАЛ, ф. 18, оп. 1, д. 8, л. 100.
⑥ Там же, л. 109.
⑦ Там же, л. 95.
⑧ См. М. К. Рожкова. Ук. соч., стр. 306-307.

易总额中。与此同时，农业地区的展销会贸易也在乌克兰、白俄罗斯、伏尔加河中游扩展，在这里展销会仍然是主要的贸易形式。

与18世纪的展销会不同，19世纪的农村展销会比以往任何时候都更加重要，它开始形成工业品贸易，主要是纺织品贸易，购买者除其他阶层的代表外还包括农民，这表明农村居民对工业产品需求的增加。

随着展销会贸易的发展，自18世纪末起，城市和国家工业中心的固定贸易市场——商店、"商城"、地方店铺也发展起来。起初，大型商店具有宣传国内生产的重要性。正因如此，莫斯科工厂主于1892年建议政府首先在圣彼得堡开设这样的商店。"开设商店的目的，在于获得人们对俄国产品的信任。"[1] 但是其他莫斯科工厂主不愿意拿自己的资本去冒险，因此在圣彼得堡开设新商店的方案被搁置了很多年。积攒了许多在莫斯科开办商店的成功经验后，1846年10月，莫斯科企业家决定在圣彼得堡开办商店，其活动为开办者带来了丰厚的利润。仅1847年，商店出售的各种商品总额共计721527银卢布。[2] 工业和贸易司报告中写道："俄国的商店有力地证明了，我们的手工工场能够为消费者提供优良的产品，且逐年降低产品价格。"通过在圣彼得堡不断与外国产品进行竞争，这将促使他们在自己的企业中进行各种形式的新技术改进。[3] 地方商人和企业主也开办了一些全年营业的小型店铺和商店。

19世纪上半叶，国家工商业中心的商店贸易开始与展销会贸易紧密联系起来，即使在国家的边缘地区展销会的数量也在显著增长。1852年，下诺夫哥罗德展销会出售的商品价值共计5700万卢布，而19世纪40年代末莫斯科商店和店铺中的商品年销售额达6000万银卢布。[4]

工业和贸易的发展与社会的阶级分化格格不入。1828年，国务会议经

---

[1] ФБОН. «Журнал Московского отделения Мануфактурного совета», 1829, л. 73.
[2] ЦГИАЛ, ф. 560, оп. 38, д. 545, л. 35.
[3] ЦГИАЛ, ф. 560, оп. 38, д. 530, л. 28.
[4] См. М. К. Рожкова. К вопросу о значении ярмарок во внутренней торговле дореформенной России. «Исторические записки», 1954, № 54, стр. 310.

济司主席 А. Б. 库拉金提出关于消除等级的建议,①但被否决。然而农奴制俄国对这一问题进行讨论的事实本身就证明了资本主义已经深入渗透到社会中的趋势。在这些情况下,俄国政府尝试使贵族参与工业活动中。②

即使商人对商业资本的衰落多有抱怨③,但19世纪上半叶,后者的数量是有所增长的,工业和国内贸易司的年度总结证明了这一点(见表2-1)。④

表2-1 1840年和1852年俄国商人数量和申报资本总额

单位:人,千卢布

| 年份 | 商人数量 | | | 共计 | 申报资本总额 | | | 总计 |
| --- | --- | --- | --- | --- | --- | --- | --- | --- |
|  | 一等 | 二等 | 三等 |  | 一等 | 二等 | 三等 |  |
| 1840 | 993 | 1853 | 33101 | 35947 | 14645 | 11118 | 79447 | 105210 |
| 1852 | 931 | 2527 | 43570 | 47028 | 13965 | 15162 | 105568 | 134695 |

商人和商人资本的增长主要依靠第三等级,以下原因可以解释这一点:国内缺乏大额资本、执照征收税款数额过高以及前两个等级商人的贸易收益过低。虽然一等商人和受到部分限制的二等商人享有对外贸易的特权,但这一特权并不比三个等级商人都享有的免服兵役的特权更为重要。

与国内贸易相比,俄国的对外贸易扮演了从属的角色。19世纪前几十年,国内贸易的年交易额达90000万卢布,而对外贸易额却不超过25000万卢布。⑤俄国商船数量较少。如,在19世纪30年代抵达咯琅施塔得的1500艘船只中,仅有不超过200艘船悬挂着俄国国旗。⑥通常,俄国的商品由国外批发商经英国船只运送。19世纪上半叶,欧洲对外贸易的年交易额达

---

① ЦГИАЛ, ф. Государственного совета № 1152, оп. т. 1, д. 44, лл. 1, 9 – 12.
② ПСЗ. Собр. 2, т. 2, № 1631.
③ «История московского купеческого общества 1863 – 1913», т. 2, вып. 1, под ред. В. Н. Сторожева. М., 1913.
④ 该表格根据工业和国内贸易司1840年和1852年的总结编纂而成。
⑤ «Очерки экономической истории России первой половины XIX века», стр. 273.
⑥ См. Г. Н. Небольсин. Статистические записки о внешней торговле России, ч. Ⅰ. СПб., 1835, стр. 46

300000万银卢布。其中，英国占37%，法国占13%左右，德意志关税同盟占9%，比利时和荷兰各占6%，俄国、奥地利和意大利各占5%。① 仅经由恰克图与中国的现货交易完全掌握在俄国商人手中，这是俄国和亚洲贸易的主要环节。

虽然俄国的对外贸易规模不大，但19世纪上半叶，其交易额仍在显著增长。1821～1825年，出口总额达81372000卢布；1841～1845年为132323000卢布；1856～1860年为225594000卢布。② 这一时期进口总额也显著增长：1821～1825年，达72250000卢布；1841～1845年达119864000卢布；1856～1860年达205866000卢布。③

俄国与欧洲和亚洲的贸易具有不同的特点。19世纪40年代，在欧洲贸易中，出口的粮食、原料和半成品数量占96%，而工业产品数量仅占4%。在亚洲贸易中，出口的工业品数量达60%。④ 绝大多数商品被运往欧洲边境：1825年，亚洲贸易仅占俄国对外贸易的5.1%；英国在欧洲贸易中占据第一，19世纪40年代末～50年代初英国消费了俄国出口产品的1/2（49.2%），德国占第二，法国占第三。⑤ 俄国向国外出口油脂、大麻、亚麻、粮食、碳酸钾、木材、毛皮、铁以及帆布。19世纪上半叶，出口货物的种类有所变化：铁和帆布的出口被大幅缩减，同时粮食的出口量有所增加。19世纪40年代中期以前，粮食的出口比重平均不到15%（1821～1825年骤减至8.4%）；改革前夕（1856～1860年），其被提高至35.1%。⑥ 并非

---

① См. Г. Н. Небольсин. Статистическое обозрение внешней торговли России, ч. Ⅱ. СПб., 1850, стр. 472.
② «Сборник сведений по истории и статистике внешней торговли России», под ред. В. И. Покровского, т. 1. СПб., 1902, стр. XXXⅣ（далее: «Сборник сведений по истории и статистике внешней торговли России»）.
③ «Сборник сведений по истории и статистике внешней торговли России», под ред. В. И. Покровского, т. 1. СПб., стр. XXXIV.
④ См. Г. Н. Небольсин. Статистическое обозрение внешней торговли России, ч. Ⅱ. стр. 454.
⑤ «Очерки экономической истории России», стр. 275, см. таблицу.
⑥ Сборник сведений по истории и статистике внешней торговли России», под ред. В. И. Покровского, т. 1. СПб., стр. 3.

## 第二章　19世纪20~50年代俄国的关税政策

偶然，列宁写道："地主为出售而生产粮食（这种生产在农奴制后期特别发达），这是旧制度崩溃的先声。"① 俄国从西欧进口棉纱、纺织品、机器、原棉、糖、酒、咖啡、水果、染料和盐。自19世纪40年代起，由于增加了原棉和机器的进口，俄国缩减了棉纱和纺织品的进口，这是国内工业发展的标志。

俄国的对外贸易主要通过水路进行。国内最大的港口是圣彼得堡，其贸易额在19世纪30年代占俄国对外贸易总额的1/2。② 在由欧洲运至俄国的所有货物中，80%以上的货物是通过波罗的海交付的，其中13.5%的货物流向了黑海和亚速海。③ 俄国南方的主要港口是敖德萨，其主要被用于出口粮食，通常由地主个人经旱路运送至港口。

与欧洲强国的贸易将俄国凸显为一个农业国家，而与亚洲国家的贸易，则将其凸显为一个工业国家。俄国出口到东方国家的商品种类有毛皮、皮革制品、棉毛制品、金属以及金属制品。19世纪上半叶，俄亚贸易在俄国对外贸易中的比重自1825年的5.1%增加至1850年的11.5%。④ 商品的种类也有所变化：19世纪初，俄国出口的货物主要是毛皮；19世纪30~50年代，棉织物和呢绒取代了它的位置。俄国政府十分重视扩展与亚洲的贸易，将外高加索和东方国家视为俄国工业潜在的商品销售市场和原料产地。其为到东方进行贸易的商人、小市民和农民给予优惠和奖励。例如，俄国政府授予与外高加索地区的居民进行长期贸易的小市民三等商人的权利⑤，并于1833年5月在梯弗里斯建立了一个旨在促进外高加索地区农业、工业和贸易发展的协会，每年拨给其6000银卢布。⑥

40年代，由于英国的竞争，俄国在东方的经济地位下降。1843年，按

---

① В. И. Ленин. Полн. собр. соч., т. 3, стр. 184.
② См. Г. Н. Небольсин. Статистические записки о внешней торговле России, ч. Ⅰ, стр. 18.
③ «Сборник сведений по истории и статистике внешней торговли России», под ред. В. И. Покровского, т. 1. СПб., 1902, стр. XXXVI.
④ «Очерки экономической истории России», стр. 275, см. таблицу.
⑤ ЖМТ, 1837, № 2, стр. 44.
⑥ ЦГИАЛ, ф. 560, оп. 38, д. 327, л. 14 (об.).

照政府的指令，根据工场手工业会议莫斯科分部主席 A. K. 迈恩多夫的书面报告《关于加强我国在外高加索地区贸易的措施》，将长期生活在东方的六品文官 Ю. 哈格迈斯特派往外高加索，要求他查明"我国与这一地区和整个亚洲贸易关系失败"的原因，寻找"消除这些不便以及发展地方工业"的方法。① 政府命令 Ю. 哈格迈斯特减少俄国和高加索边境的海关和哨所数量（从 17 个降至 6 个），这将有助于简化俄国政府对商品跨境运输的监管，加强海关警卫，在外高加索重要地点建立关于俄国棉花、皮革、呢绒的商品仓库，以满足"当地下层居民"的需求。仓库的搭建被委托给俄国的工厂主，主要是对外高加索贸易表现出极大兴趣的伊万诺夫斯基。在指示中，Ю. 哈格迈斯特被要求提出促进外高加索地区工业发展的举措，"这既满足了这一地区自身的利益，又能够为大俄罗斯的工厂提供原料……同时可以观察亚洲的整个贸易进程"。在 A. K. 迈恩多夫的书面报告中，下发给 Ю. 哈格迈斯特的指令以此为依据进行编写，其中要求必须考虑到"消费者的需求"以及组建股份公司"以促进在外高加索地区销售当地产品"的益处。根据 A. K. 迈恩多夫的建议，棉纺厂工厂主伊万诺夫斯基应该在该公司中占据第一，因为向高加索出口的商品应该"主要用于满足下层居民的需求"②。

A. K. 迈恩多夫还将自己的观点扩展到与波斯的贸易中。他建议在阿斯特拉巴德开设俄国产品商店，研究"消费者的需求"，在外高加索城市——埃里瓦尼、伊丽莎白波尔、巴库开办棉纺厂，主要生产适用于"下层阶级"的商品。③ 俄国的资产阶级支持政府旨在扩展与东方国家联系的提议：它需要新的销售市场、原料来源以及政府的补助。A. K. 迈恩多夫于 1845 年 2 月寄给财政大臣 Ф. П. 弗龙琴科的信中写道："由于缺乏销路，我们国内的工业品贸易每年都受到限制，随着制造业以令人难以置信的方式快速发展，这一限制变得更加明显。生产和需求之间的不平衡不仅产生于工业阶层的意

---

① ЦГИАЛ, ф. 18, оп. 4, д. 627, л. 34.
② ЦГИАЛ, ф. 18, оп. 4, л. 627, л. 3.
③ Там же, л. 13.

愿，也产生于将俄国产品销往国外的必要性……例如外高加索。"①

俄国工业的发展、资产阶级经济影响力的加强以及政府的优惠和补助都促使俄国于19世纪40~50年代在外高加索成立了一批贸易公司。1847年，除贸易仓库和商店外，来自莫斯科和伊万诺沃的工厂主们在莫斯科市长、六品文官列皮奥什金的领导下成立了外高加索贸易公司。该公司的宗旨可以归纳为扩展外高加索工业产品的销路，减少西欧商品的走私贸易，增加俄国中部省份从外高加索进口茜草、丝线和棉纱的数量。1847年8月，该公司的第一批船只被派往阿斯特拉罕。1848年3月，沙皇批准了该公司的章程。②

初期，该公司的活动非常成功，到1848年7月为止就已经出售了大量的呢绒、棉织品、铁、书写纸和茶叶。③ 1855年，由于该公司与亚洲贸易的有效期已经结束，创始人同意将其业务再延长10年。除此之外，莫斯科的工厂主们通过工场手工业会议莫斯科分部主席А. И 布托夫斯基请求政府成立一家新的股份公司，以便同亚洲进行贸易。④ 19世纪40~50年代，俄国在土耳其和波斯经济地位的下降迫使俄国的资产阶级加强在外高加索的活动。⑤

俄中贸易占据特殊地位，其规模至少占亚洲贸易总量的60%。⑥ 俄国与中国的贸易中心是恰克图。政府严格确保商人遵守与中国的贸易协定，以及其出售的商品能够满足当地居民的喜好和需求。工业和国内贸易司1844年的年度总结中记载了恰克图贸易长官的书面报告，其中指出，"与中国人交换的呢绒存在伪造和缺陷"。该部门要求移交在恰克图贸易的俄国商人，"以便他们采取最有效的措施制止工厂主的所有伪造行为，以维持中国人对

---

① ЦГАДА，ф. Госархива，р XIX，оп. 19/1，д. 19，л. 53.
② ЦГИАЛ，ф. 560，оп. 38，д. 540，лл. 23－24.
③ Там же，л. 36.
④ ЦГИАЛ，ф. 560，оп. 38，д. 684，лл. 62－63.
⑤ См. подробнее об этом в кн.：М. К. Рожкова. Экономическая политика царского правительства на Среднем Востоке во второй четверти XIX в. и русская буржуазия.
⑥ См. Г. Н. Неболисин. Статистическое обозрение внешней торговли России，ч. II，стр. 465.

俄国工业政策（19 世纪 20—50 年代）

他们的信任"①。

俄中贸易具有以货易货的特征。根据 1800 年法规，与中国人的交易完全是通过双方选出的代表——"股东"以共同商定的价格进行的，严禁以金钱买卖商品。破坏这项规定的商人将会受到法庭审判，并剥夺其在恰克图进行贸易的权利。根据 1800 年法规，仅俄国臣民能与中国进行贸易。从俄国领土过境的外国商品也只能由俄国商人办理。为与中国进行贸易，俄国政府于 1800 年批准了比欧洲税率更低的关税。如，根据 1800 年税率，对出售到俄国的中国茶叶每普特征税 5~12 卢布不等，而在欧洲边境则对茶叶每普特征税 60 卢布；进口中国棉纱每普特征税 20 戈比，而在欧洲边境则对染色棉纱每普特征税 3 卢布，未染色棉纱每普特征税 80 戈比。② 恰克图税率比欧洲税率更加优惠，这凸显了俄国对与中国进行贸易的兴趣。

随着中俄贸易规模的扩大，对商人来说以货易货的贸易变得更加困难。他们在为商品估价的过程中产生了争执。莫斯科、西伯利亚、阿斯特拉罕的商人，每一位都试图为其商品设定价格，而不考虑市场行情。最有影响力和势力的商人占据优势，迫使经济状况较差的贸易公司破产。此外，以货易货阻碍了资本的周转，引起了等级商人的不满，其中很多商人同时也是大工厂主。19 世纪 40 年代，莫斯科的企业主和在恰克图进行贸易的商人向财政大臣呈递了关于修改恰克图贸易法规的书面报告。1848 年 6 月，根据沙皇的命令，政府成立了一个由在恰克图从事贸易的俄国商人组成的委员会，由莫斯科军事总督 А. А. 扎克列夫斯基领导。该委员会负责研究扩展俄国、波兰茶叶的销路，为恰克图制定新的贸易法规以及消除俄中走私贸易的举措。③ 1853 年末，中将 Н. 穆拉维约夫建议在恰克图实行自由贸易，同时准许以硬币进行商品买卖。这项建议被提交给 1853 年成立的委员会审议。1855 年，Н. 穆拉维约夫的提案获得法律效力。政府规定不按限价与中国建立自由贸

---

① ЦГИАЛ, ф. 560, оп. 38, д. 499, л. 57（об.）.

② См. С. А. Покровский. Внешняя торговля и внешняя торговая политика России. М., «Международная книга», 1947, стр. 235.

③ ЦГИАЛ, ф. 560, оп. 38, д. 540, л. 41.

易，不必根据商人代表指定的价格从事贸易；准许以金币、银币购买中国商品，当然，应在不超过工业品价值的1/3的规定范围内购买中国商品。①

自19世纪30年代起，俄国与中国西部的贸易一直通过西伯利亚和奥伦堡线扩展。根据1852年12月7日的命令，政府赋予被登记在西西伯利亚、奥伦堡和阿斯特拉罕各城市的二等、三等商人与一等商人同等的权利，即有权向亚洲出售商品以及从那里进口需要的产品。② 俄中贸易拉近了双方国家的距离，对中国北方地区的发展产生了积极影响。

虽然俄亚贸易在俄国对外贸易中所占比重较小，但政府坚信，只有在东方，俄国才能够奠定其工业强国的地位。因此，这一时期的杂志和报纸提请政府注意与亚洲国家的贸易对俄国的重要性，并指出，在哪些城市和村镇应该出售布匹、铁和棉纱。Г. 涅博利辛认为，与同欧洲国家进行贸易的商人相比，需要给予与亚洲国家进行贸易的商人更多优惠，即使这有损于国库。他写道："这种牺牲，将带来重要回报——通过亚洲贸易积攒国家财富，因为它的成功对于俄国工场手工业各个部门的繁荣是必不可少的。"③

俄国政府没有消除其经济落后的主要障碍——农奴制，而是试图采取保护主义措施促进国家工业的发展。其中一项措施就是制定保护关税政策。马克思谈道："保护关税制度是制造工厂主、剥夺独立劳动者、使国民生产资料和生活资料变成资本、强行缩短从旧生产方式向现代生产方式过渡的一种人为手段。"④

马克思认为，保护关税制度同时存在于拥有较高工业潜力和较低工业潜力的国家，其对于较晚步入工业发展道路的国家来说是必要的举措。恩格斯写道："资产阶级如不采取一些硬性措施来维护和鼓励自己的工商业，他们就不能保住自己的阵地，巩固起来并取得绝对权力。"⑤ 同时，马克思列宁

---

① См. С. Тарасов. Очерк Кяхтинской торговли. ЖМТ, 1858, ч. I, отд. IV.
② ЦГИАЛ. ф. 560, оп. 38, д. 683, л. 14（об.）.
③ Г. Н. Небольсин. Статистические записки о внешней торговле России, ч. II, стр. 248.
④ К. Маркс и Ф. Энгельс. Соч., т. 21, стр. 372－373.
⑤ К. Маркс и Ф. Энгельс. Соч., т. 4, стр. 62.

俄国工业政策（19 世纪 20－50 年代）

主义的经典著作也指出了保护主义的消极影响：你保护一个工业部门，同时也就直接或间接地损害了其他一切工业部门，阻碍自由竞争的发展，阻碍技术进步。① 在资本主义发达时期，自由贸易比保护主义更有助于发展和加深资本主义的矛盾，使其更接近灭亡。列宁写道："……贸易自由，却意味着带来摆脱资本主义的手段的那一过程的加速。"②

保护关税制度不是俄国政治独有的特点，它出现在所有欧美国家。直至1846 年，世界上工业最发达的国家英国才放弃了保护关税制度。保护关税制度的拥护者д. 门捷列夫认为，英国工业的发展是在"保护主义时代"实现的。③

考虑到国家的需求、贵族和资产阶级的利益以及西欧国家的经济政策，俄国政府于 1822 年 3 月开始实行严格的保护主义关税政策，这在俄国工业的发展中起到了积极作用。政府解释说，从自由贸易政策过渡到保护关税政策是出于对本国工业实行"特殊保护"的必要性，而一旦允许"进口所有的外国产品"，可能会"压制"本国工业的发展。④

所有同时代的人，无论他们的经济观点如何，都注意到关税对俄国工业发展的积极影响。Г. 涅博利辛写道："……没有这种支持，我们的手工工场和工厂就不能承受外国工业的竞争。"⑤ 甚至自由贸易的拥护者也承认，如果没有禁止制度，"工业就不会产生或出现后续的发展"⑥。

在开始着手制定 1822 年税率之前，政府认真研究了俄国的经济状况，确信有必要恢复严格的保护政策，实际上就是禁止性关税制度。根据 1822 年税率，对于其条款中所列的 900 种商品，其中，有 300 种被禁止运进俄国；而允许进口的商品则被征收很高的关税。后者分为三类：第一类是必需

---

① См. К. Маркс и Ф. Энгельс. Соч., т. 21, стр. 378.
② В. И. Ленин. Полн. собр. соч., т. 1, стр. 458.
③ Д. И. Менделеев. Толковый тариф, или исследование о развитии промышленной России в связи с ее общим таможенным тарифом 1891 г. СПб., стр. 25.
④ ПСЗ. Собр. 1, т. 38, № 68964.
⑤ Г. Н. Небольсин. Статистические записки о внешней торговле России, ч. II, стр. 245.
⑥ А. И. Бутовский. О запретительной системе и о новом тарифе. «Экономический указатель», 1857, № 42.

品（"生活用品"），包括药品、原料和机器，它们被允许免税进口；第二类是工厂所需原料，对其征收较为温和的关税；第三类是国内可以生产的奢侈品和工业品，则对其征收高额关税。

1822年税率并没有禁止对几类商品的进口，如棉、毛和丝织品、烟草、酒和糖，但对这些商品征收其自身价格的100%～250%的高额关税，这实质上就是禁止。印花布以及多种呢绒则被完全禁止进口。对生铁征收的关税高达其自身价格的600%，对铁征收的关税则是其价格的250%。一方面，政府允许免税进口机器以及低税进口原棉；另一方面，政府禁止进口成品，这促进了纺织业的发展。

为波兰颁布的特别税率，则不具有禁止性特点。这是由于波兰的经济发展水平高于俄国，以及政治动机。1822年8月1日宣言确立了俄波经济关系的性质，并指出"保持两国工业和贸易自由关系的必要性"。根据税率，俄国政府允许波兰从俄国免税进口原料，反之亦然；对使用国产原料加工的产品征收1%的关税，而使用国外原料加工的产品则征收其价格的3%的关税。三年内，政府禁止波兰向俄国出口棉纺织品和糖；允许俄国向波兰出口纱线和棉布，征收关税为其价格的15%，而糖税则为其价格的25%。

俄波税率是俄国对不满禁止制度的西欧国家做出的让步。它允许西欧国家保持与波兰原有的经济关系，尤其是对维持1819年自由贸易关税特别感兴趣的普鲁士。俄国政府希望借助于建立俄波海关边界，以此来保护脆弱的国内工业免受波兰纺织业的竞争冲击。但是对俄国进口波兰商品所征收的低关税，不仅有助于俄国，也有利于波兰工业的发展：波兰的工厂主和商人成功地将廉价的毛织品和其他商品出售到俄国市场。例如：1823年俄国从波兰进口的商品总额达2659000卢布，而1830年为8051000卢布；反之，俄国于1823年出口到波兰的产品总额达1556000卢布，而1830年，俄国出口总额达7953000卢布。[①] 1830～1831年的波兰起义被镇压后，俄国政府于1831年11月实行了有关俄波贸易的新条例，大幅度提高从波兰进口到俄国

---

① См. К. Лодыженский. История русского таможенного тарифа, стр. 219.

的商品的关税。与1822年税率相比，政府对奢侈品征收的关税提高了5倍，毛织品则提高了15倍，仅原料仍被允许免税进口。

在实行1822年税率后的第一个10年内，我们可以观察到在被禁止的商品数量不断缩减的同时，俄国的进口关税屡次被提高：1824年，增加了棉花、烟草、调味品以及糖的关税；1825年，增加了丝织品、棉纱的关税；1830年，巨额的军事开支导致国家财政困难，于是政府又提高了大部分进口商品的关税。可以观察到，自19世纪30年代下半期开始，在维持原有保护关税制度的情况下，税率逐渐下降且被禁止的商品种类也在不断减少（1836年、1838年、1841年政府对关税进行了部分调整）。

1823~1844年，领导财政部的 Е. Ф. 康克林对19世纪上半叶俄国的工业方针和贸易政策产生了很大的影响。同时代的人、经济学家、历史学家们对作为国家官僚的 Е. Ф. 康克林评价各异。在其直接领导下的财政部官员、工商业会议的成员通常对其活动给予高度评价。① 著名的经济学家和社会活动家 Н. С. 莫尔德维诺夫对其持否定态度。② 《俄国国家贷款》的作者、经济学家 П. 米谷林认为，虽然 Е. Ф. 康克林是一位具有才能的人，但人们对他在调整俄国国家贷款方面的作用评价过高。③ В. 维切夫斯基认为，与俄国其他政治家相比，Е. Ф. 康克林是更优秀的领导者，但同时反对过高评价其影响。В. 维切夫斯基指出："他既非理论家又非政治家，他并没有显露出卓越的才能。"④ Е. Ф. 康克林受过教育且非常聪明，但他是一个非常狭隘的人，没有广阔的思考能力。他是保护关税制度的拥护者，因为正如他所说，这一制度帮助了俄国数以百万的人民。Е. Ф. 康克林将保护主义税率视为获取高额关税收入的来源。他指出："在绝大多数情况下，保护制度合理且必

---

① См. В. С. Пельчинский. О состоянии промышленных сил России до 1832 г. СПб., 1833.
② «Архив графов Мордвиновых», т. 8. СПб., 1903, стр. 702–705.
③ См. П. П. Мигулин. Русский государственный кредит (1769—1899), т. 1. Харьков, 1899, стр. 88—89.
④ В. Витчевский. Ук. соч., стр. 57.

不可少。"① Е.Ф. 康克林并没有谴责农奴制。"农奴的状况远非困苦，因为在没有履行徭役的那些日子里，村庄里的每个农奴都是自由的劳动者。"②他主张将所有的工业集中到国家手中，而保护关税制度则可以被用来控制工业的发展，并将其维持在政府需要的水平上。

1822 年税率帮助俄国提高了工业生产水平，其市场中的外国产品被逐渐取代，提高了俄国企业主的利润，并扩大了国内市场。根据 1822 年税率，政府对纺织品和棉纱征收的高额关税，在很大程度上促进了以雇佣劳动为基础的棉纺织工业的发展。由于其影响，外国棉纺织品的出口大幅缩减，同时国内的贸易额得以增加。例如，1820 年俄国进口的纺织品总额共计 22931 卢布，而 1823 年共计 10525 纸卢布。③

政府不可能长期维持禁止制度。禁止制度阻碍了俄国与其他国家的经济交流，巩固了工厂主的垄断地位，扼杀了改善生产的刺激因素，使企业主和商人在国内市场维持高价。长期实行这一制度导致了俄国对外贸易额的下降。对粮食和其他农产品的销售以及外国工业品的流入感兴趣的地主主张降低关税。1846 年 2～5 月，一位作者匿名提交给尼古拉一世的报告表达了其态度，其中谈到了维护原有税率的危害以及旨在发展工业的政府方针的错误。④ 该作者建议降低进出口商品的关税，"尽可能地鼓励我们自然财富的出售……不用非常关心俄国的工厂"，因为"外国人总是用自己的产品充塞着俄国"⑤。

由于铁路建设、机器制造业以及其他工业部门的发展，俄国对金属的需求日益增加，乌拉尔采矿企业主不能满足这一需求，而 1822 年税率禁止进口生铁和铁。在这些条件下，政府被迫修改关税政策。商绅波波夫写于

---

① Е. Ф. Канкрии. Очерки политической экономии и финансии. СПб., 1894, стр. 209.
② Е. Ф. Канкрин. Экономия человеческих обществ и состояние финансов. «Библиотека для чтения», т. 76, май, ч. 2, стр. 4.
③ См. М. К. Рожкова. Экономическая политика царского правительства на Среднем Востоке во второй четверти XIX в. и русская буржуазия. М., Изд-во АН СССР, 1949, стр. 58.
④ ЦГАОР, личный фонд императора Николая I, ф. 627, оп. 1, д. 284, л. 22.
⑤ там же, л. 24.

1844 年的书面报告《关于俄国扩展对外贸易的举措》，为讨论外贸性质和可能的关税变动提供了契机。政府专门成立了一个由国务会议主席 А. Ф. 奥尔洛夫伯爵领导的委员会来审议这个问题。①

波波夫的书面报告主要涉及对外贸易问题，其目标可以归纳为保护一等商人的利益。波波夫认为，对外贸易的衰落（实际上对外贸易在增长）是由于新的贸易法令，该法令似乎为外国人提供了明显的优惠，并把俄国贸易置于从属地位。他看到俄国的贸易权利受到了侵犯，尤其是外国船只在俄国的船舶费大约是外国船舶费的 1/10，这减少了商人和国家的收入，尤其是与俄国派往外国的船只相比，停泊在俄国的外国船只数量更多。波波夫将对外贸易的衰落与糟糕的交通联系起来，因为其不利于港口城市"随时准备"将所需运载的货物"在外国要求时及时地出售"②。波波夫认为糟糕的交通状况、铁路的缺乏同样也是粮食出口量很小的原因。为提高俄国的对外贸易，他建议使俄国和外国的船舶费均等，并将所得收入转用于商船制造、航运和粮食的出口贸易；为在俄国建造且由俄国商人所拥有的每次商船航行设置津贴；由国库出资在圣彼得堡建立专门码头和粮食商店，并有权将其占用作粮食仓库。③ А. Ф. 奥尔洛夫认为，波波夫关于增加船舶费和其他小问题的观点"没有充分的依据"，因为它们的实施将会损害俄国与外国的贸易，尤其是英国。虽然拒绝了波波夫的私人建议，但 А. Ф. 奥尔洛夫承认，俄国对外贸易的发展"不能满足人口不断增长的需要……"④。

该委员会的成员们认为对外贸易衰落的原因是高额的出口关税、禁止制度以及由交通闭塞导致的将商品运送至圣彼得堡港口的巨额开支。他们赞同商人的意见，认为关税的总体精神"过于禁止"，这分散了外国人对俄国商品的关注，并增加了走私活动。⑤ 该委员会的成员们写道："这一禁止制度

---

① ЦГАДА, Ф. Госархива, р. XIX, оп. 19/1, д. 19, л. 1. Краткое содержание записки Попова имеется в книге К. Лодыженского «История русского таможенного тарифа», стр. 229 – 231.
② ЦГАДА, Ф. Госархива, р. XIX, оп. 19/1, д. 19, лл. 1 – 3.
③ ЦГАДА, Ф. Госархива, р. XIX, д. 19, лл. 6 – 8.
④ Там же, лл. 15 – 16.
⑤ Там же, лл. 20 (об.) —21.

过于严苛，以至于我们出售的主要产品，农业和畜牧业产品都是基于俄国所有其他工业部门的福利而制定的，根据出口税率，征收或多或少的关税。"① 他们认为，在这样一个农业国家，如俄国，农业"需要得到政府的特殊保护"②。

因此，修改税率的原因之一是对降低进出口贸易税率特别关注的地主阶级的要求。以 А.Ф. 奥尔洛夫伯爵为首的委员会的成员们，以贵族地主的利益为指导，认为这是合理的：（1）取消或大幅降低"俄国主要原料的出口关税"；（2）降低亚洲主要交易商品的进口关税；（3）修订欧洲的进口关税，"以保护我国的工业、农业基础，支持已经花费大量资本的国内手工工场，主要是那些依靠私人劳动力资源经营并开发国内原料的手工工场"；（4）在实践的基础上完成税率的修订，以使其适用于其他国家的现行制度。

同时委员们建议成立一个由各部门成员组成的委员会：财政部、国家财产部、外交部、内务部以及一些重要的俄国商人和工厂主，他们负责对必要的修改进行初步讨论，以便将这些意见提交给特别委员会审议。1845 年 2 月，由 А.Ф. 奥尔洛夫领导的委员会撰写了这些提议。③ 在专门的税率委员会成立之前，尼古拉一世指派 Ф.П. 弗龙琴科在 Е.Ф. 康克林退休后接替其担任财政大臣，他就波波夫和 А.Ф. 奥尔洛夫的意见发表了自己的见解。财政大臣认为高额关税不是出口下降的主要原因，而是将其视为英国和美国国内工业发展的结果。④ Ф.П. 弗龙琴科论述道："近 20 年来俄国工业的发展增加了手工业、工业和贸易阶层的人口，导致国内消费的增加和进口的减少。"他承认降低进出口关税是可取的，但建议谨慎行事，维持其他欧洲国家以前所奉行的保护关税政策。财政大臣指出："目前如果不对外国产品征

---

① Там же, л. 22 (об.).
② Там же, л. 27 (об.).
③ ЦГИАЛ, ф. 1152, оп. т. 4, д. 157, лл. 49 – 50; ЦГАДА, ф. Госархива, р. XIX, д. 19, лл. 28 (об.) —30.
④ ЦГАДА, ф. Госархива, р. XIX, оп. 19/1, д. 19, л. 33.

俄国工业政策（19世纪20－50年代）

收高额关税或者不明确禁止其中一些商品的进口，就不可能在一个农业国家中实现工场手工业的发展，也不可能吸引其他外国资本家、工厂主和技师在俄国建立工厂和手工工场，如果没有这些激励措施就不可能为他们带来私人利益。"① 他提醒，工业的发展对农业生产者同样有利，"随着消费者数量的增加，农产品的销售和国内价格也会增长"。

Ф. П. 弗龙琴科反对立即降低关税，认为这项措施将"动摇工厂的基础"，使国库失去其最重要的一项收入的1/2甚至更多，大约为3000万银卢布。② 他建议"渐进地改变"，为避免出现"普遍的混乱"，以"缓慢和渐进的步伐"实现关税改革，对某些条款进行初步的实验性研究。根据Ф. П. 弗龙琴科的意见，这种渐进性也是出于政治考虑的必要性，因为它将有助于俄国事先与其他国家建立外交关系。③ 他反对建立专门的税率委员会，认为其将会对这一问题进行不利的宣传，使工厂主产生"顾虑"，可能会导致许多工商企业停办。Ф. П. 弗龙琴科不赞同资产阶级代表与贵族一起参加委员会。他写道，"在俄国，工厂主和商人也未被禁止因私人请求输入某类物品，通常需在工商业会议中对此进行审议，然后根据其指示执行。国家财产部、内务部，特别是外交部大臣参加税率委员会是必要且有益的"④。以上就是这份内容广泛且层次丰富的书面报告，新任财政大臣在其中保留了其前任的观点。Ф. П. 弗龙琴科否决了委员会有关立即、彻底地修改税率的提议，他坚决维护原有的严格的保护制度，提议通过引入私人修改意见逐步修订税率。他认为，出于国际政治的考虑也必须采取这种谨慎的措施。但是，为了客观地捍卫资产阶级的利益，财政大臣反对工厂主、商人参加委员会中有关全国性问题的讨论。Ф. П. 弗龙琴科的意见被提交给以 А. Ф. 奥尔洛夫为首的委员会，其成员否决了财政大臣关于维护原有关税制度合理性的论

---

① ЦГАДА, ф. Госархива, р. XIX, д. 19, л. 44.
② Там же, л. 59. Краткое содержание записки Ф. П. Вронченко передано в книге К. Л. Лодыженского «История русского таможенного тарифа», стр. 231.
③ ЦГАДА, ф. Госархива, р. XIX, оп. 19/1, д. 19, л. 68.
④ ЦГИАЛ, ф. 1152, оп. т. 4, д. 157, л. 70.

证，建议立即开始修订税率。沙皇赞同 А. Ф. 奥尔洛夫的结论，并于1845年4月予以批准。

因此，就波波夫书面报告的初步讨论表露出俄国统治阶级在关税政策问题上的意见分歧。工业资产阶级习惯于保护关税制度，担心新税率的实行将会缩减工业生产规模和利润，坚决维持严格的保护制度。财政部代表其在关税问题上的经济利益。重视扩展农业商品外国销路的地主以及不从事工业活动而是将资本投入对外贸易中的商人，为过渡到温和的保护关税政策和降低进出口关税而斗争。沙皇和以 А. Ф. 奥尔洛夫为首的委员会成员们代表了他们的利益。

促使俄国政府降低关税的因素，除内部原因外还存在政治方面的理由：俄国渴望与英国和睦相处，这是尼古拉一世长期以来的愿望。为了与英国就中东事务达成协议，沙皇于1840~1841年签订了不利于俄国的伦敦海峡公约。沙皇于1844年前往伦敦也是出于同一目的。

19世纪40年代中期，俄国开始着手准备关税改革，与此同时，一些西欧国家也从禁止制度过渡到温和的保护制度或自由贸易。1844年，英国驻圣彼得堡大使向俄国政府提议取消在英国拥有广泛销路的一些俄国原料的出口关税。这一提议引起了尼古拉一世的关注，他指派俄国驻伦敦大使 Ф. И. 布伦诺夫与英国政府就这一问题继续谈判。

而 Ф. П. 弗龙琴科在寄给 К. В. 涅谢尔罗德的信中建议，在获取 Ф. И. 布伦诺夫与英国政府的谈判结果之前不应该在俄国成立税率委员会。财政大臣向尼古拉一世报告了这一观点，得到了他的认可。[①] 英国于1846年通过了自由贸易制度，这为俄国地主在经济上更加接近英国提供了更大的可能性：俄国的农业产品主要出口到英国。为降低俄国商品的成本，英国主张取消俄国的出口关税，并降低进口到俄国的工业品的关税。税率委员会主席 Л. В. 坚戈博尔斯基与财政部科学委员会成员 Л. 萨莫伊洛夫的往来信件证明了俄国贵族急于与英国恢复贸易关系的愿望。Л. В. 坚戈博尔斯基于1847

---

① ЦГАДА, ф. Госархива, р. XIX, оп. 19/1, д. 19, л. 2.

年11月写道:"新税率为我们提供了更多的机会来改变我们与英国的贸易,从而影响我们在英国的产品出口。我们与英国的贸易关系在我国对外贸易中扮演了最重要的角色,因为这个国家购买了占据我国出口总量2/3的商品……必须这样做,以使英国感受到与我们贸易的好处。"①

1849年3月,Л. В. 坚戈博尔斯基建议,作为一项实验,允许在1849年通航期内根据新税率进口铁、印花布和毛织品,他提出这项建议主要是出于政治考虑。"这项措施对我们与英国的商业和政治关系是非常有利的,因为英国的内阁最近就此事向我们的大使馆表达了愿望。"② 因此,修订税率的另一个原因是政府渴望借此拉近与英国的政治和经济关系。

1846年10月,俄国政府委派了解西欧国家法律与经济的三等文官Л. В. 坚戈博尔斯基参与修订1822年税率。Л. В. 坚戈博尔斯基曾任职于波兰、奥地利和法国。与俄国国内状况相比,他更了解这些国家的经济和政治现状。鉴于Л. В. 坚戈博尔斯基对西欧生活的全面了解以及其政治见解与政府的观点相一致,所以他被选为税率委员会主席。

俄国政府建议 Л. В. 坚戈博尔斯基遵循以下行动纲要。一是"参考欧洲国家的关税",简化并缩减关税形式。二是查明那些因被征收过高关税而被限制消费的商品,关注那些已经取得重大发展并占有大量人力的工厂,因为"那些企业的衰落将会使大量的工人阶级丧失生存方式"。除了保护工业、贸易和减少走私的经济任务外,政府还建议其不要忽视"尽可能避免海关收入下降的必要性"。鉴于后一项任务,建议不要降低以下商品的关税,即无法平衡"因允许进口违禁物品和加强禁令而增加的税费"的商品。三是查明禁止进口的产品,指出哪些产品的禁令是多余且有害的,什么样的关税可以代替这些禁令,而"不会剥夺国内工业免受国外竞争的必要保护"。四是就取消波兰和俄国之间的关税边界发表意见,注意波兰现行的关税法令,

---

① ЦГАДА, ф. Госархива, р. XIX, оп. 19/1, д. 25 (доп.), лл. 8 – 9.
② ЦГАДА, ф. Госархива, р. XIX, оп. 19/1, д. 22 (доп.), л. 49 (об.).

以及波兰的工业现状和通过引入共同关税可以获得的关税收入。① 因此，除解决与工业发展有关的国内问题，新税率还应该考虑到其他大国的利益，进一步扩大俄国与西欧国家的贸易关系。

税率委员会的成员构成为：财政部的 Л. 萨莫伊洛夫、A. K. 迈恩多夫，外交部的 K. B. 涅谢尔罗德，国家财产部的 A. И. 列夫申，内务部的 H. A. 米柳京。该委员会成员对俄国、奥地利、法国、英国、德意志关税同盟的税率进行了比较分析。1848 年 4 月，财政大臣将 Л. B. 坚戈博尔斯基编撰的有关税率委员会工作方针的书面报告呈递给尼古拉一世，该报告指出，税率委员会成员们力求简化关税；建立商品的最佳分类；通过外国竞争和减少国内企业所需产品的关税来鼓励国内工业的发展（化学商品、染料等）。此外，他们还建议降低超出所需保护程度的商品的关税。

在了解了 Л. B. 坚戈博尔斯基的书面报告后，尼古拉一世建议"与商人和工厂主群体特别委派的荣誉人士"讨论税率方案中最重要的条款，以便他们发表意见。他认为，应仅允许在不减少工人人数的情况下降低工业品的关税，要求出于政治考虑选择一个更为适当的时间合理引入新税率。② 在尼古拉一世的建议中，我们不能不注意到在解决关于税率性质问题的过程中，其比大多数税率委员会的成员更加谨慎。沙皇担心新税率的实行可能会缩减工业企业原有的工人人数，从而形成不受欢迎的无产者大军，其在西欧是一支可怕的力量。他提议考虑引入新税率的时间并非偶然，"从政治方面考虑这是最恰当的"。尼古拉一世还不得不指出资产阶级在国内的影响日益增强，他邀请资产阶级代表参与重要的国家问题的讨论，例如税率。

工商业会议的成员（波诺马廖夫、施蒂格利茨、哈雷奇科夫、比捷帕日）应邀参加了为讨论税率委员会的方案而成立的财政部委员会。财政部委员会就税率委员会的方案进行的讨论体现了资产阶级和主要代表地主利益

---

① ЦГИАЛ. ф. 1152, оп. т. Ⅳ, д. 158, лл. 56—59. Кратко о работе Тарифного комитета см. М. Н. Соболев. Таможенная политика России во второй половине XIX в. Томск, 1911, стр. 9.

② ЦГИАЛ. ф. 1152, оп. т. 4, д. 158, л. 62.

的税率委员会成员之间的意见分歧。财政部委员会的成员们试图限制削减某些工业品的关税,"以避免动摇工业的利益,以及因降低大量商品的关税而减少关税收入"。他们建议,对未减少进口的商品维持现有关税;降低关税,但应低于税率委员会方案所规定的数额,因为奢侈品和类似物品进口数量的增加难以弥补关税收入的损失。为了支持那些受关税保护且仍需受到关税保护的工业部门,建议缩减关税下降的幅度并推迟实行。这些建议完全与工厂主们的要求相一致。在关税最终获得批准之前,他们的方案被转交给国务会议,Ф. П. 弗龙琴科就这一问题做了报告。他重申了先前的建议,即与税率委员会的决议相比,减少关税下降幅度的必要性。他批准了税率委员会提出的关税政策的方针。国务会议通过了财政大臣的一些修改意见,否决了其关于需要"谨慎和逐步地"降低关税的一般性意见。

1849 年,关于消除俄国和波兰之间海关边界的税率方案经 Л. В. 坚戈博尔斯基被转交给华沙的波兰总督。俄国政府实施这项举措主要出于以下政治动机:1846 年克拉科夫起义、1848~1849 年波兰反动势力在西欧的革命事变——这一切迫使尼古拉一世放弃波兰与西方邻国经济关系的自主权。波兰原有的关税税率要低于税率委员会建议的税率。因此,波兰的财政部长官、领导税率委员会的三等文官莫拉夫斯基请求降低"生活物资"部门的税率,提高波兰生产的纺织品、铁和皮革制品的关税。由于纱线税率降低,波兰人对波兰纺纱工的命运感到担忧。[①] 此外,由于波兰制糖工业的衰弱,他们要求获批进口方糖(方糖被禁止以一般性关税进口)。[②]

考虑到国内和国际的复杂形势以及俄国和波兰关税法令的区别,波兰总督建议延缓"取消俄国和波兰之间的海关边界"的政令直至 1853 年。尼古拉一世没有重视这些意见,命令"自 1851 年 1 月 1 日起立即完成并实施新税率"[③]。当然,对波兰做出的部分让步在 1850 年的税率规定中有体现,即海路和陆路边界的差别关税制(陆路边界关税较低),这主要是为了维护波

---

[①] ЦГАДА, ф. Госархива, р. XIX, оп. 19/1, д. 59(доп.), л. 11.

[②] Там же, л. 39.

[③] ЦГИАЛ, ф. 1152, оп. т. 4, д. 158, лл. 65–66.

兰的利益，其主要贸易是在陆路边界进行的。沙皇于1850年10月13（25）日批准了新税率，自1851年1月1日起实行新税率。①

在税率委员会工作期间以及国务会议批准税率后，工厂主和企业主都积极参与了关于税率问题的讨论。早在1847年，税率委员会就审议了机械厂工厂主的申诉，其要求对机器征收关税或对某种类型的机器征收关税。② 税率委员会的成员们拒绝了工厂主的要求，认为国内的机器制造业不能满足机器需求的增长。他们认为，根据新的税率方案，铁和生铁关税的下降将有助于促进国内机器制造业的发展。

纺织和采矿企业的企业主向税率委员会和国务会议提交了大量的书面报告和申请书。制铁厂工厂主坚持保留之前禁止进口外国铁的禁令，因为1822年税率有助于他们保持对铁和生铁的垄断权。有影响力的制铁厂企业主 C. 马尔采夫和帕斯图霍夫向财政部提交了一份书面报告，他们认为允许进口铁和生铁对俄国工业而言是危险的，因为廉价铁的涌入将导致俄国工业的衰落和工厂的破产。根据他们的主张，国内生产的生铁和铁完全能够满足居民对金属的需求。他们建议禁止通过海路进口生铁和铁。③ 税率委员会的成员们反对工厂主们的意见，写道："进一步禁止对企业主有利，而对工业本身不利"，因为缺乏竞争将会导致企业主们对"生产的漠不关心"；工厂主不会去思考改良产品以及降低价格。④ 财政大臣 Ф. П. 弗龙琴科则与之相反，继续支持制铁厂工厂主们的意见，认为他们的担心是有根据的。他建议禁止通过海路进口生铁和铁。他的这项建议得到了国务会议的支持，且被沙皇批准。新税率规定禁止通过海路进口生铁和铁。政府对采矿企业主所提要求的这种"非常客气的态度"是因为后者与国库的关系：制铁厂的工厂主们主要完成国家订单。工厂主的社会属性很重要，他们当中有很多人是贵族。

---

① ПСЗ. Собр. 2，т. 25，отд. 2，№ 24533.
② ЦГАДА，ф. Госархива，р. XIX，оп. 19/1，д. 30（доп.），ч. 2，лл. 21 - 24.
③ См. М. Н. Соболев. Ук. соч.，стр. 35 - 36.
④ ЦГАДА，ф. Госархива，р. XIX，оп. 19/1，д. 30（доп.），ч. 1，л. 55.

俄国工业政策（19世纪20—50年代）

　　1850年10月，莫斯科军事总督 А. А. 扎克列夫斯基向财政大臣转交了来自莫斯科和伊万诺沃的38家棉纺厂和棉织厂企业主的书面报告，报告内容为"关于在外国棉纱关税降低和棉花关税增加时，如何消除他们将面临的最终破产的风险"①。然而这项申请和许多其他申请一样，并非是工厂主出于对国家和工业未来发展的担忧，而只是出于个人考虑。1850年10月25日，国务会议对此进行审议，其中 Ф. П. 弗龙琴科试图使委员会的成员们相信存在这样一种可能性，即在不改变新税率性质的情况下满足莫斯科工厂主们的要求。国务会议这一次没有考虑财政大臣的论证，拒绝了该项申请。②

　　1850年11月，沙皇收到了来自莫斯科纺织厂工厂主全权代表的申请书，他们认为新税率的实行可能会导致工业的"衰落"和失业，这对国家来说是糟糕的结果。③ 他们极力要求维持原有税率，将新税率的实行延迟25年。1850年12月，在工厂主全权代表出席的情况下，国务会议讨论了该书面报告，但最终予以否决。④ 1850年12月，新税率方案被批准后，尼古拉一世将商人的申请书转交给国务会议讨论，商业顾问 В. Г. 茹科夫阐述了圣彼得堡商人就新税率的影响提出的意见。书面报告的起始部分表达了俄国商人对沙皇的忠诚。随后申请者开始谈论实质性问题。В. Г. 茹科夫与其他企业主一样高度评价了禁止制度，认为它是俄国工业和手工业得以发展的唯一有效举措，对"与其他国家相比较晚迈入欧洲文明舞台"的俄国而言具有特别的重要性。他谈到了城市和乡村居民对国家工业发展的兴趣。"工厂和手工工场既不播种也不收割，但使用现金购买农产品进行消费，此外，还为那些从事农业工作的劳动者提供工具，通过在工厂工作来赚钱，这为村庄提供了支持，并使村民能够缴纳国家赋税和向地主缴纳代役租。"⑤ В. Г. 茹科

---

① ЦГИАЛ. ф. 1152, оп. т. 4, д. 158, л. 68.
② О спорах по этому вопросу в Государственном совете см. М. Н. Соболев. Ук. соч., стр. 45 – 46.
③ См. М. Н. Соболев. Ук. соч., стр. 58.
④ Там же, стр. 60.
⑤ ЦГИАЛ. ф. 1152, оп. т. 4, д. 158, л. 3. Краткое содержание записки Жукова содержится в книге Соболева, стр. 60 – 61.

夫甚至试图论证，与廉价的外国商品相比，昂贵的国内工业产品对消费者是有利的，因为手工工场的发展保障了农民的劳动。"那些现在抱怨俄国产品昂贵的人会感觉到，当世袭领地不能产生可靠收入的时候，廉价的外国产品也会变得昂贵。"① 他指出，随着欧洲，特别是英国国内工业的发展，对外贸易对俄国的重要性将不可避免地下降，国内工业生产的作用将增加。他指出："英国从澳大利亚和南美进口了大量的油脂和皮革，澳大利亚和加拿大的建筑木材出口到英国，所有这些物资之前都是由欧洲，特别是俄国供给的"②。他认为，英国消灭了那些国家的工场手工业，并渗透到它们的经济当中。他指出："在欧洲坚实的土地上，任何的工场手工业都不可能在没有关税保护制度的情况下对抗英国的竞争。"③ 根据 В.Г. 茹科夫的意见，俄国自由贸易制度的第一个受害者是棉纺厂和印花厂，这将对那些失去手工工场工作的工人产生极大的危害，"将产生无家可归的一代人，无家可归者或无产者是社会的祸根"④。1850 年 12 月，国务会议经济司审议了由 В.Г. 茹科夫编撰的圣彼得堡工厂主们的书面报告，该司认为，既然申请者并没有反对关税的某些具体条款，他们的意见涉及了整个关税制度，在有工厂主参与讨论并被沙皇批准的情况下，就没有办法满足圣彼得堡工厂主们的要求。⑤

一方面，В.Г. 茹科夫的书面报告对于我们了解 19 世纪 50 年代初俄国的国内状况是非常有帮助的。它证明了当以农奴制为基础的农业已经无利可图时，封建制度面临瓦解。在这样的条件下，工业的发展是国家收入的重要来源和城乡居民的生存手段。失业和贫困的威胁，特别是西欧爆发的1848～1849年革命，表明了当时俄国潜在的巨大危险。

另一方面，В.Г. 茹科夫的书面报告鲜明地反映了资本主义趋势以及新兴资产阶级民族自觉性的增长，代表们出于对自身利益的担忧，坚决要求政

---

① ЦГИАЛ. ф.1152, оп. т.4, д.158, л.14.
② Там же, л.4（об.）.
③ ЦГИАЛ. ф.1152, оп. т.4, д.158, л.5.
④ Там же, л.7.
⑤ Там же, л.9.

府保护国内工业免受西欧的竞争，并试图利用 1848~1849 年革命来达到目的。

政治动机是税率委员会工作所关注的重点，其成员们注意到了国家经济和社会关系之间的紧密联系。他们在讨论新税率实行时间的过程中也考虑到了西欧国家的国内状况。Л. В. 坚戈博尔斯基指出，最近的政治事件对法国、德国、英国的贸易和工业产生了消极影响：阻碍销路、工场手工业商品贬值。对外贸易司在 1848 年的官方总结中也阐述了关于经济和政治关系的相同观点。"法国的二月革命以及随后德国和意大利的暴动，都对贸易和信贷周转产生了普遍的冲击。"[1]

Л. В. 坚戈博尔斯基建议利用西欧发生的事变来引入新关税。"在这种情况下，有必要进行税率改革，以扩大这些商品在俄国的进口空间，从而与本地商品竞争。"[2] 他提请政府注意西欧工人和资产阶级矛盾的尖锐化，根据他的意见，这是工厂工人聚集到大城市的后果，这造成了非常现实的危险，最近的事件证明了这一点。[3] 虽然否认俄国存在无产阶级，但 Л. В. 坚戈博尔斯基也写道："随着时间的流逝，如果其他国家发生金融和工业危机，我们也可能面临类似的危险。"

Л. В. 坚戈博尔斯基将俄国工业分为两种类型：一种是分布于农村的农民工业；另一种是拥有成千上万名工人且集中在大型中心城市的工业。他写道："第一种类型更加有益，它符合我们的气候以及我们农业阶级的情况。这种类型的工业没有改变他们的思想和守旧的生活方式，但也提供了相应的机会……大型工业没有带来这样的益处。它或多或少地改变了农村居民的性格和道德水平。"[4] 他认为，应该优先支持最需要受到保护的农村工业，因为其适合该国的民族因素及其社会组织。

因此，税率委员会主席的方案获得了沙皇的批准，其非常坦率地概述了

---

[1] ЦГИАЛ, ф. 560, оп. 38, д. 559, л. 3.
[2] ЦГАДА, ф. Госархива, р. XIX, оп. 19/1, д. 29（доп.）, л. 115.
[3] Там же, лл. 121–122.
[4] ЦГАДА, ф. Госархива, р. XIX, д. 29（доп.）, л. 124.

颁布关税的政治动机以及其性质和目的。国务会议在讨论1857年税率的会议上,认为有必要通过将大型工业分散到小型工业中心来削弱大型工业,同时提高小型工业生产的地位。国务会议的成员们指出,棉纺织工业的发展在俄国除拥有经济作用外还具备道德价值,因为织造、纺纱和印染之间存在很大的区别。"我们的农村居民,他们的妻子和孩子们在漫长的冬季黑夜主要从事这些生产步骤的第一项(织造),这无损于田地的耕作,无损于守旧的生活方式,这是维护我们内部安全和我们制度的基础。棉纺织业是另一种状况。这是纯粹的工厂生产,它将农民带离村庄并送往城市,使他们与家人分离……在工场手工业国家中,由工人集聚而引起的道德和卫生问题经常被审议,以期中断这一问题的再次发生。"① 国务会议的成员们建议,"与'纺纱工业'相比,应给予'织造'更多的保护,因为与纺纱工业相比,织造工业占据了4~5倍的人力"②。

Л. В. 坚戈博尔斯基坦率地表达了对于工人集中到少数几个工业城市的担忧。"我们的工场手工业越来越集中到少数几个地方。在莫斯科和郊区有超过60000名工人,这是不安全的。首都集聚的大量工人在某些情况下也许会变成暴动和混乱的因素。这一问题值得引起政府的高度关注。在研究关于工场手工业发展以及过于排他性的保护制度问题时,应注意对其加以解释并进行扩展。"③

从文件中可以看出,修改税率的其中一个原因是政府希望削弱对大型工业的保护,将注意力转移到小型工业上,以此使农民维持"守旧的"生活方式,这反映在新税率的条款中。但问题不仅在于政府担心潜在的工人运动。地主和农民经济的生产力低下,在农奴制危机加剧的情况下,农民的封建义务(代役租和劳役租)越来越不能满足国家的经济需求。从事手工业、在工厂工作提高了农民的购买力,扩大了国内市场,正如统治阶级所看到的那样,无须担心地主阶级的存在将俄国拖入类似西欧国家的社会动荡中。

---

① ЦГАДА, ф. Госархива, р. XIX, оп. 19/1, д. 56 (доп.), лл. 35-36.
② Там же, л. 38.
③ ЦГАДА, ф. Госархива, р. XIX, оп. 19/1, д. 29 (доп), л. 126.

新税率涉及欧洲与俄国和波兰的贸易，经过部分修改，将贸易地区扩展至外高加索。1850年税率，保留了原有的部门分类，但与原有税率相比，不再那么细化。例如：根据19世纪40年代的税率（1841年税率和1846年税率），"生活必需品"部门共有200种商品；而根据新关税，这一部门共有90种商品，其中77种被征收关税，8种仍被维持禁止进口，其余5种则被允许免税进口。① 这一部门的关税改革仅对税率做了小幅度修改：与原有税率相比降低了0.05%。降低关税的商品包括牲畜、鱼子、醋、醋渍蔬菜、通心粉、细面条等；禁止进口的商品包括粮食酒、酒精、蜂蜜、干蘑菇、方糖等；保留原有关税的商品包括盐、鲱鱼、小麦、香子兰、葡萄酒和柠檬。

政府对原料和半成品部门的条款进行了大幅度的修改。税率委员会认为这些变化是改革的基础。在这一部门中，被大幅下降关税的商品包括化学产品和染剂、棉纱、锡、钢、羊毛以及通过陆路进口的生铁和铁。维持原有关税的商品包括籽棉、生丝、染色丝。该部门的平均减税幅度超过50%。根据原有关税规定，该部门共有336种商品；根据新关税规定，该部门只保留了118种商品，其中109种被征收关税，6种获得免税的贸易特权，而余下的3种则被禁止进口（硝石以及通过海路进口的生铁和铁）。

税率委员会在拟定"加工产品"部门的商品种类时，试图以温和的保护制度取代禁止制度。被降低关税的商品包括棉、毛、麻、丝、书写纸、蜡、火漆、墙纸、肥皂、缝针、铜、黄铜、锡制品、儿童玩具、手套；被取消禁止进口的商品包括印刷品和印花毛织品。对机器仍按原有关税维持免税进口。"加工产品"部门关税的降幅达50%。该部门的商品种类从500种减至230种，其中217种商品被征收关税，3种商品被禁止进口，10种商品获得免税特权。第四个部门即"各类商品"部门按原关税共有130种商品，新关税则将其减至35种，其中22种商品被征收关税，6种商品被禁止进口，剩余7种商品则被允许免税进口。

---

① Данные берутся из указанной работы М. Н. Соболева.

新关税的全部商品种类由原关税规定的1166种减至473种。在1841年税率中，有关纺织品、金属制品和化学商品的条款十分复杂，经常引起海关官员的争论并阻碍贸易。如，仅涉及羊毛商品的条款就占了两页以上，并且在交货过程中常常引起误解甚至同一种商品在不同的海关要承担不同的关税。[①]

根据1850年税率，降低关税的商品主要是原料半成品和制成品，这将有助于进口工业发展所需的产品以及扩大农产品的销路。批准进口铁、生铁和化学产品有助于推动重工业的发展，客观上是加快俄国资本主义发展的有效举措。

正如时间所证明的那样，企业主们担忧新税率会对手工工场造成损害的情况并没有发生。然而它的公布引起了工厂主们"惊慌失措的恐惧"。工场手工业会议莫斯科分部主席 Л. 萨莫伊洛夫于1850年11月2日寄给 Ф. П. 弗龙琴科的密信中写道："私人批发贸易完全停滞。"[②] 1850年11月30日，Л. 萨莫伊洛夫在信中写道，一些莫斯科工厂主开始解雇部分工人，其原因不仅是担忧企业因新税率的实行而破产，同时工厂主也希望"以新税率为借口缩减工资"[③]。Л. 萨莫伊洛夫随信向财政大臣递交了他在工场手工业会议莫斯科分部与工厂主就新关税共同讨论后所撰写的文章——《谈一谈新税率》。Л. 萨莫伊洛夫建议将其刊印在《莫斯科公报》上，"以安抚胆怯的工厂主和批发买家"[④]。该文章对税率做出了令政府满意的解释。Л. 萨莫伊洛夫写道，新税率带有保护性质，并没有动摇俄国的工业；只有那些不在国内生产或需要"模仿"外国样品的商品才被征收较低的关税。当然，Л. 萨莫伊洛夫略微批评了俄国在1812年后实施的关税制度，批评了它们的自相矛盾，认为它们不能"分毫不差"地适应俄国工业和贸易的"绝对保护和长久振兴"。

谈到1822年税率的目的，Л. 萨莫伊洛夫写道，它"不仅为现有工

---

① ЦГИАЛ, ф. 560, оп. 4, д. 1369, лл. 16（об.）.—17.
② Там же, л. 5（об.）.
③ Там же, л. 9.
④ Там же, лл. 13-14.

俄国工业政策（19世纪20—50年代）

厂的产品提供保护，使其能与外国人竞争，而且也鼓励我们的工厂主发展新的工业部门"。而在此之后，税率已不再"与该工业的快速发展和完善保持一致，在许多方面已经超出了预期的目的，因此需要改变"。为安抚企业主，他写道，新措施"不会对我们的工厂主造成损害"。财政大臣同意在不署名的情况下刊印这篇文章。他写道："否则，需要对文章进行一些修改。"但《莫斯科公报》的编辑拒绝刊印这篇匿名文章，因为其中包含了"对政府的举措，特别是对原有税率如此随意的评判，这在我们的报刊中是从来不允许存在的"①。该编辑认为，俄国设有工商业会议、《交易所公报》以及其他的官方机构和机关刊物，可以负责"劝导商人和工厂主"。尼古拉一世支持《莫斯科公报》的编辑的意见。该文章未被发表，即使作者是财政部的重要官员以及工场手工业会议的分部主席。Л. 萨莫伊洛夫试图谨慎地写出19世纪初俄国政府关税政策的一些矛盾之处，这引起了沙皇的不满。

　　资产阶级和政府对1850年税率的理解和评价各不相同。工场手工业会议莫斯科分部主席就1850年莫斯科的贸易进展提交的报告中谈道："1850年莫斯科的贸易额在各方面都不能令人满意，也远远不能与1849年非常中等的贸易成果相比。许多棉纺织工厂主不想遭受损失，将商品从乌克兰和下诺夫哥罗德的展销会上运回莫斯科。11月初颁布的关于帝国和波兰与欧洲贸易的共同关税导致买卖的完全中止，这是由人们臆想出来的恐惧，他们担心工场手工业和贸易会发生普遍的动荡。"② 根据工场手工业会议莫斯科分部的意见，1853年莫斯科工业的状况同样困难："纺纱厂工厂主在预期的价格上涨方面继续面临原有的困难，而在1850年实行新税率后，纱线价格不必要地下跌了。棉制品在西部和南部省份的市场上遇到了外国同类商品的竞争，因此一些工厂主完全停止生产或大幅缩小生产规模。"③

---

① ЦГИАЛ, ф. 560, оп. 4, д. 1369, л. 41.
② ЦГИАЛ, ф. 18, оп. 4, д. 674, лл. 2 – 4.
③ ЦГИАЛ, ф. 560, оп. 38, д. 1310. Отчеты Московского отделения Мануфактурного совета за 1847 – 1853 гг., л. 238.

另外，1853年财政部的总结报告将莫斯科作为国内工业生产中心，描述了俄国的工业状况："纺织和印花的棉制品美观、多样且价格低廉，其在俄国的年消费量不断增长，与此同时，也驳斥了在颁布新税率时产生的忧虑。"① 当然，既不能完全信任财政部的报告，它为政府的活动辩解，也不能完全信任工场手工业会议莫斯科分部的报告，它代表了资产阶级的利益，主张维持外国产品的高关税。但我们通过对19世纪50年代俄国工业状况的研究，很大程度上证实了财政部的论断。例如：1848～1850年，棉花进口量的年平均值达1329700普特；1851～1853年，其增长至1643000普特②，证明了棉纺织工业的进一步发展，而不是1850年莫斯科和弗拉基米尔棉纺织厂工厂主坚称的"破坏"。这一时期机器进口量增加了43%，精纺毛增加了15%，染料增加了13%。对外贸易额大幅增长。例如：1848年，从俄国出口的商品总额达96343404卢布，而进口的外国商品总额达85802379卢布；③ 1853年，从俄国和波兰出口的商品总额达163716147卢布，而进口的商品总额达112731865卢布。④

在实行新税率的时期内，关税收入没有发生实质性的变化。1849年的关税收入为45591936卢布，1850年为46087078卢布，1851年为46899436卢布，1852年增长至48204034卢布。⑤ 关税收入在克里木战争时期出现大幅缩减。这驳斥了М.Н.索博列夫的观点，其认为关税收入的增长是税率变化的主要原因。⑥

19世纪50年代工业生产取得的重大飞跃，与该国经济发展的客观进程有关。50年代的税率在这方面起到了一些积极作用，与以前相比，其迫使俄国的企业主将更多的精力投入技术上，发展机械化生产，对提高产品质量以及降低产品价格表现出更多的关注。

---

① ЦГИАЛ, ф. 560, оп. 38, д. 624, л. 25.
② См. М. Н. Соболев. Ук. соч., стр. 112.
③ ЦГИАЛ, ф. 560, оп. 38, д. 559, лл. 9–10.
④ ЦГИАЛ, ф. 560, оп. 38, д. 628, л. 3.
⑤ См. М. Н. Соболев. Ук. соч., стр. 75.
⑥ См. там же, стр. 78.

俄国工业政策（19 世纪 20—50 年代）

1850 年税率来自封建制度危机期间俄国政府所面临的任务：在维持专制制度基础的同时，允许地主阶级在国内外贸易中更广泛地利用自己的能力。降低外国工业产品以及出口农产品的关税有助于实现这一目标。新税率的实施在一定程度上促进了 19 世纪 50 年代粮食出口数量的增加。1850 年税率表明政府采取了温和的保护主义政策，与禁止制度相比，其对国内工业的保护程度有所下降。俄国近几年的工业发展水平使政府减少了对它的保护，到这一时期，资产阶级及其资本的经济作用已经增强。新制度增强了企业主的个人主动性，加剧了俄国与外国工厂主之间的竞争，促进了技术进步。新税率为不发达的工业部门（机器制造业、化学工业）提供了更加优惠的条件，与 1822 年税率相比，降低了铁、生铁、化学物质和染剂的关税。

但向温和保护制度的过渡不能仅从俄国经济发展的客观进程方面来解释。这还源于政府希望放慢国家中部地区工业生产的速度（由于担心工人集中到大城市中），并试图将工业分散到边缘地区，这引起了地主的兴趣。因此税率委员会主要关注与农业相关的工业部门的发展，支持小型工业生产。1851 年，恩格斯在寄给马克思的信中写道："看来尼古拉终于怕起这种工业来了，还想进一步降低关税。"[1]

我们在研究政府改变关税政策的动机时，还应该考虑到一种情况：俄国的对外方针。它希望通过为英国商品提供广阔的俄国市场以及俄国农业产品在英国的销售来拉近与英国的经济、政治联系。俄国和波兰海关边界的取消也迫使沙皇坚决反对降低原来陆路边界的关税。此外，不能忘记许多欧洲大国在 19 世纪 40 年代末至 50 年代初从禁止制度过渡到温和的贸易保护主义这一情况。俄国在这方面与时俱进。所有这些"动机"促使沙皇于 19 世纪 40 年代中期开始改革关税政策，放弃禁止制度，实行对贵族有利的温和的贸易保护主义。因为工业的发展不仅有利于资产阶级，也有利于地主，新税率没有阻碍它的发展。

在批准 1850 年税率时，国务会议建议每三年修订一次税率。1853 年初，

---

[1] К. Маркс и Ф. Энгельс. Соч., т. 27, стр. 309.

## 第二章 19世纪20~50年代俄国的关税政策

克里木战争阻碍了这一决议的实施。1854年其提出仅对税率做部分改动：降低由西欧陆路进口的染料、羊毛、丝线和棉纱的关税。这是通过对普鲁士的让步以换取其在战争中的中立。1856年6月，国务会议委派财政大臣着手修订1850年税率，以便新税率"在1857年通航期开始前为经商阶层所通晓"①。

Л. В. 坚戈博尔斯基于1856年再次领导了税率委员会，其成员与以前一样，仍由财政部、外交部、内务部和国家财产部的官员组成。该委员会的纲领可以归纳为维护国内外贸易，进一步降低关税税率。税率委员会的成员们认为，原有关税过高，不能为对外贸易施加实质性的影响。此外，在1850年税率实行期内，商品价格下降，这也需要修改关税税率。②这些年来，其他国家也出现了向温和的贸易保护主义过渡的趋势：比利时、瑞典、奥地利、美国。

税率委员会的成员们建议降低国内工厂以及工业产品所需原料的关税，以使其在俄国的销售不会阻碍国内的生产；简化关税；增加关税收入。克里木战争给俄国带来了严重的债务问题。国家的外债高达43000万卢布，而银行债务为52500万卢布。③因此，1857年税率改革表现出强烈的财政动机。为改善财政状况，他们建议增加农业产品的对外出口，取消那些没有为国库带来丰厚收入的商品的出口关税。

战争反映出俄国工业的落后。因此，政府在制定新税率时认为，有必要在维持免税进口机器的同时取消对海路进口生铁和铁的禁令，以及降低其陆路进口的关税。修订1850年税率的工作在短期内被完成。1857年2月，财政部就拟定了税率草案，该草案于5月28日经国务会议审议通过并被沙皇批准。④之所以能够迅速地制定新税率，是因为政府维持了19世纪50年代初所通过的关税政策的原有方针，以及时代任务要求紧急改革的必

---

① ЦГИАЛ, ф. 560, оп. 38, д. 683, л. 53.
② См. об этом подробнее：М. Н. Соболев. Таможенная политика России во второй половине XIX в. Томск, 1911, стр. 84—99.
③ См. И. Ф. Гиндин. Государственный банк и экономическая политика царского правительства (1861—1892). М., Госфиниздат, 1960, стр. 27.
④ ПСЗ. Собр. 2, т. 27, отд. 1, № 31881.

要性。

新税率进一步简化分类，缩减了条款数目：取代原税率的472项，新税率包含362项。① 与1850年税率相比，1857年税率的主要变化可以归纳为以下几点：（1）批准海路进口生铁和铁（非产品）；（2）取消原税率中55种商品的关税，主要是"原料"；（3）缩减原税率中380种商品的进口关税。② 此外，减少海路和陆路边界关税的区别。根据原有税率，从海路边界进口的商品，例如，粮食的进口关税是陆路进口的10倍，而根据1857年税率，海路进口关税则仅比陆路进口关税高出3倍。③

同之前的税率一样，1857年税率包括四个部门："生活必需品"部门、原料和半成品部门、加工产品部门、各种商品部门。关税下降幅度最大的是棉花，海路进口每普特自5卢布降至3卢布50戈比，陆路进口自3卢布50戈比降至2卢布50戈比，此外还包括生丝、染丝、化学产品和染料的关税下降。

与原料相比，"加工产品"部门税率的下降幅度是最小的，其中包括被"过度征税"的产品：棉、丝、羊毛和亚麻。与1850年税率相比，1857年关税税率的下降幅度较小。根据1857年税率，下降幅度最大的一类商品降幅为26%~50%；根据1850年税率，下降幅度最大的一类商品降幅为51%~75%。④

政府在温和的关税保护主义道路上的进一步行动可以解释为：一方面，其借鉴了1850年税率改革的经验（其结果是：俄国的工业不但没有受到损害，而且发展得非常成功）；另一方面，出于财政方面的考虑，政府希望通过增加外国商品的进口以增加关税收入。1857年税率的财政目标造成了"生活必需品"和半成品关税的下降，国内对这些产品的需求量特别大。然

---

① ЦГИАЛ, ф. 560, оп. 38, д. 668, л. 56.
② ЦГИАЛ, ф. 560, оп. 38, д. 668, л. 56.
③ См. М. Н. Соболев. Ук. соч., стр. 109.
④ Там же, стр. 150.

而与1850年税率相比，1857年关税收入的增长并不多，只有4.5%。①

铁、生铁、棉纱关税的下降引发了企业主们的抗议。他们支持原有税率的理由与1848~1850年的声明略有不同。圣彼得堡的一位工厂主写道："俄国的铁制品厂和铸铁厂刚刚开始完善，就将面临衰败。"② 他认为这是关税的原因。他建议对蒸汽机征收关税，允许由海路进口生铁。相反，采矿企业主们试图证明俄国生产的铁和生铁完全能够满足国内非常有限的需求，而外国金属关税的下降只会使国家铁轨订单生意受损。③ 他写道："英国将铁强加给俄国，从而消灭其在铁贸易中最强大的敌人。"④

矿务和盐务司委员会审议了采矿企业主们的申诉，驳斥了他们的要求。委员会的成员们写道，俄国国内铁消费量的不足是由于其价格昂贵，价格的下降必然会增加需求。"农业同城市的手工业和工场手工业一样需要铁，但其昂贵的价格不能满足农村的需求。"⑤

Л. В. 坚戈博尔斯基通常并不赞同工厂主们的论证，但这次建议满足采矿企业主们的部分要求，在维持对铁的禁令的同时，允许由海路进口生铁。⑥ 政府同样关注采矿企业主们的意见，包括地主，并承诺通过征收高关税尽可能地保护乌拉尔的铁免受外国的竞争。⑦ 国务会议在讨论修正案和采矿企业主们的意见时也认为，与铁相关的条款将是最复杂、最重要和最难解决的条款之一，"因为必须保护我们的铸铁厂和铁制品厂免受损害，这尤其重要"⑧。因此，政府在制定关税时必须考虑到工业、农业、贸易以及金融界的利益，以及俄国在铁矿开采方面的相关情况，当时3/4的铁矿生产集中于彼尔姆一省。

---

① Там же, стр. 178.
② ЦГАДА, ф. Госархива, р. XIX, оп. 19/1, д. 45, л. 113.
③ ЦГАДА, ф. Госархива, р. XIX, оп. 19/1, д. 45 (доп.), л. 23.
④ Там же, л. 27.
⑤ ЦГАДА, ф. Госархива, р. XIX, оп. 19/1, д. 45, лл. 44－46.
⑥ Там же, лл. 121－122.
⑦ ЦГАДА, ф. Госархива, р. XIX, оп. 19/1, д. 45 (доп.), л. 170.
⑧ ЦГАДА, ф. Госархива, р. XIX, д. 45 (доп.), л. 445.

俄国工业政策（19世纪20－50年代）

在讨论与生铁和铁有关的条款时，财政大臣建议提高这些金属的关税，反对税率委员会的提议，这得到了国务会议的支持，并于1857年5月11日被沙皇批准。① 机械厂工厂主们在其申请书中建议降低生铁的税率并对外国机器征税。因为他们的生产在19世纪50年代中期已经得到足够的发展，他们能够在政府的保护下为国内的需求服务，迫使俄国的手工工场主向国内的机器制造企业订货。机械厂工厂主们写道："工厂主在这样的条件下，是无法与外国的机械师竞争的，既缺乏熟练的、经验丰富的管理人员和工人，又必须为购买生铁支付高昂的价格。"② 他们认为，国内机器制造业的进一步滞后对俄国整个工场手工业的发展产生了消极影响，需要"发展本土机械企业"③。机器制造者认为，同英国一样，只有在政府的保护和鼓励下，俄国的机器制造业才能获得发展。他们写道："充分的关税保护使拥有少量订单的机械企业能够组织工人和技师认真完成订单，从而获得声誉，这有助于增加订单，发展企业。"④

税率委员会并没有采纳工厂主们的意见，他们认为，对机器实行免税进口是工场手工业和农业发展的重要举措，而由于机器需求量很大，国内生产并不能满足他们的需求。

1857年2月，俄国棉纺厂工厂主的全权代表请求财政部在国务会议上审议他们的申请书。他们要求不要降低棉纺织品的关税税率，因为棉纺织生产的发展水平取决于"不稳定的交通状况"以及发展欠佳的化学工厂，这使其远远落后于西欧国家。他们提出："关税的下降损害了当地的工厂，对工人和农民产生消极影响。"⑤ 圣彼得堡和莫斯科的纺纱厂工厂主要求维持原有税率。国务会议驳斥了他们的请求。国务会议的成员们指出："纺纱厂工厂主们的申诉不是由生产缩减引起的，而是在每次涉及其工业部门时就会

---

① См. М. Н. Соболев. Ук. соч., стр. 99.
② ЦГАДА, ф. Госархива, р. XIX, оп. 19/1, д. 30（доп.）, ч. 2, л. 65.
③ ЦГИАЛ, ф. 1152, оп. т. 5, д. 82, ч. II, л. 435.
④ ЦГИАЛ, ф. 1152, оп. т. 5, д. 82, ч. II, л. 438.
⑤ ЦГАДА, ф. Госархива, р. XIX, оп. 19/1, д. 43（доп.）, лл. 33－41.

出现……他们的情况总是与其叙述自相矛盾。"① 国务会议证实，税率委员会关于降低纱线关税的建议并没有对纺纱生产产生任何影响。纺织企业主也提出维持原有关税税率的方案，他们在方案中指出，1850年关税改革使一些纺织企业主蒙受损失，一旦再次降低关税，织布工将面临更为悲惨的命运。② 羊毛、亚麻、丝绸企业的手工工场主们呈递了书面报告，他们同样要求维持原有税率。③ 几乎找不到任何一个工业部门，其代表不要求维持一切旧制度。但所有的这些请求都被政府否决了。

税率委员会回应了工厂主们关于维持原有税率的申请，试图揭示税率对工业影响的结果。委员们谈道："我们的工厂主已经习惯将这一制度（禁止制度）作为保护他们利益的唯一屏障，但在他们对外国产品的竞争情况有所了解之后，在原有税率的基础上降低关税时，工厂主们对自己的实力会更有信心，这将激励他们改善产品并降低价格，通过新的改进方法降低生产成本……没有一个重要的工业部门会受到损害。"④ 税率委员会就是这样评价政府颁布的新关税政策的意义。

正如上文所述，修订1857年税率时，财政利益具有特别重要的价值，并且政府自身对这一点也是直言不讳。国务会议的成员们谈道："关税的降低既是出于工业利益也是出于财政利益的要求。"⑤ 政府首先提出降低棉纱和棉花的税率是因为俄国对这些商品的需求量很大，希望以此来增加关税收入。

1857年税率是俄国19世纪50年代初的关税政策的延续，旨在减少政府对地方工业的保护以扩大对外贸易。这一制度在一定程度上协调了国内工业生产水平和国际局势：西欧国家和美国在这一时期放弃了禁止制度。与1850年税率相比，1857年税率更明确地代表了地主的利益。这体现在大幅

---

① ЦГАДА, ф. Госархива, р. XIX, оп. 19/1, д. 56（доп.）, л. 18.
② См. М. Н. Соболев. Ук. соч., стр. 150 – 156.
③ Там же, стр. 163 – 164.
④ См. М. Н. Соболев. Ук. соч., стр. 102.
⑤ ЦГАДА, ф. Госархива, р. XIX, оп. 19/1, д. 55（доп.）, л. 23.

俄国工业政策（19世纪20—50年代）

下调"生活必需品"部门的关税税率，进一步取消农业商品的出口关税以及降低外国工业品和奢侈品的关税。

与此同时，克里木战争的失败迫使政府将更多的注意力转向重工业（机器制造业）和铁路建设的发展，包括允许由海路进口生铁和铁，以及降低这些金属从陆路进口的关税。1857年税率与1850年税率相似，遵循了从禁止制度过渡到温和的关税保护主义制度的渐进性原则：考虑到国内工业的发展程度以及与外国商品竞争的可能性。

同时代的人对新税率给予了积极评价。А. И. 布托夫斯基教授认为1857年税率是"真正有益的举措。其效果应该是降低大部分中等商品和部分低等消费品的成本"①。他认为，与之前的税率相比，新税率应该会更有效地促进对外贸易的复苏。19世纪80年代著名的经济学家和财政大臣Н. Х. 本格指出，1857年税率取消了俄国和波兰之间的海关边界，这将为"我们的工业带来非常好的结果"②。

不仅是禁止制度的反对者，甚至保护关税主义者也高度评价了1857年税率的价值。例如，А. 乌申斯基认为，1857年税率通过降低可以承受西方竞争的商品种类的关税，扩大需求，使商品可以提供给"最贫困的社会阶层"③。同为保护关税主义者的经济学家И. Я. 戈尔洛夫认为，这是从禁止政策过渡到保护政策的最明智的举措。④

在1857年税率实行期间，工商业进一步发展，股份公司比较活跃，工业企业的数量和工人人数不断增加。这一时期的政府文件（官方报告、国务活动家的书面报告）报告了19世纪50年代末工业生产的发展。1861年12月5日，工业和国内贸易司司长的报告指出了19世纪50年代的税率对工业发展的积极影响，"随着过于严格的禁止制度和征税政策过渡到温和的

---

① «Экономический указатель», 1857, № 44.

② «Морской сборник», 1866, № 5, стр. 171.

③ А. Ушинский. О значение мануфактурной промышленности в России и об охранной системе. М., 1858, стр. 17.

④ См. И. Я. Горлов. Протекционизм в России и свобода труда. «Библиотека для чтения», 1858, апрель, стр. 205–206.

保护关税制度……企业主们开始将注意力转向国民经济中被过于轻视的分支，即亚麻、皮革、油脂、弹毛和毛纺业。其在化学产品的配制和机器制造业中也无疑获得了成功"[1]。

当然，不能将19世纪50年代末俄国工业生产的某些成功归结于关税政策。然而，新的关税制度促进了工业和贸易的发展。在代表地主阶级的利益时，政府还考虑了工业生产水平、国家面临的任务以及西方大国的政策。

19世纪上半叶，工业的发展扩展了国内外贸易市场，但农奴制严重阻碍了它的发展。生产和销售之间的矛盾构成了危险。在这些条件下，俄国政府急于扩展国外市场，且主要依靠亚洲国家。

19世纪上半叶的关税政策是政府保护主义工业政策的一部分。在所研究的时期内，政府实行工业政策和关税政策的主要阶段是一致的，这并非巧合。在阶级倾向方面，保护关税制度反映了贵族和资产阶级的利益，因为在封建制度瓦解和商品货币关系发展时期，保护关税制度不仅对资产阶级来说是必要的，也有利于地主和农奴制企业主，由于高额关税，缺乏竞争，他们能够维持落后的技术、较低的劳动生产率以及高昂的商品价格。

19世纪20~40年代，俄国政府实行的严格的保护制度实质上是禁止政策。1822年税率在其实行期内扮演了积极的角色：它壮大了俄国的新生工业，巩固了新建立的工业中心，培养了稳定的工人骨干。至50年代，俄国不再需要严格的保护关税制度。一些工业部门，特别是棉纺织业，不再需要原来的保护。农奴制导致其缺乏竞争，长期实行禁止政策可能会延缓工业的发展，垄断的持续存在压制了企业主改善生产的动力。

此外，在农奴制存在的情况下，禁止制度对对外贸易产生了不利影响。一些客观原因迫使政府在19世纪50年代从严格的保护制度过渡到温和的保护关税政策。主张将农产品广泛销往国外并进口外国产品的地主在这其中发挥了重要作用。他们坚持降低农产品的出口关税和外国商品的进口关税。相反，资产阶级已经习惯了政府的保护，非常害怕降低关税，并试图使沙皇相

---

[1] ЦГИАЛ, ф. 18, оп. 1, д. 292, лл. 5–5 об.

信，一旦放弃禁止制度将会对工业造成严重的损害。西欧发生的1848~1849年革命事件，俄国的工人和农民运动，其对于大城市而言尤为危险，这迫使沙皇采取措施以延缓大型工业的发展，而为主要集中在农村的小型工业提供优惠。与此同时，沙皇担心大型工业的急剧缩减会导致失业和贫民的形成。这就是为什么尼古拉一世命令1847年税率委员会仅降低关税，而避免减少企业中的工人数量。在封建制度危机时期，俄国复杂的国内状况引发了政府在制定工业政策和关税政策之间的矛盾。

在制定1850年税率时，外交政策的动机也非常重要。新税率应该促进俄国与西欧国家经济和政治关系的改善。1850年税率是从禁止制度过渡到保护关税制度的第一步。对于1850年税率的讨论，不仅引起了地主和资产阶级之间的分歧，也造成了政府内部的矛盾。它反映了资产阶级经济作用的加强，其代表积极参与税率委员会的工作，而他们的书面报告和申请书反映了与国务会议所讨论的新的关税政策方针的分歧。这些申请书，尤其是商人茹科夫的书面报告，是新兴资产阶级资本主义趋势增长的证据，他们坚定地站在政府面前捍卫自己的利益。1850年税率没有阻碍工业的发展，虽然一些小型企业受到了外国竞争的损害。它增强了工厂主们的企业家精神，迫使他们更加主动和独立地去行动。

1857年税率，经过一些细微的调整一直被维持至1868年，这是向温和的保护制度迈出的又一步。与1850年税率的制定相比，在其制定过程中，财政方面的因素更具重要性。由于克里木战争损害了国内的物质资源，减少了关税收入，工业被削弱，因此政府需要通过扩展对外贸易来增加收入。1857年税率促进了俄国工业生产的发展，扩展了对外贸易，改善了国家的财政状况。当然，这些任务不能仅靠一项关税改革来完成。消除农奴制是十分必要的。

保护关税政策促进了俄国资本主义的发展，虽然其客观上旨在保护地主的利益。

# 第三章
# 19世纪20~50年代俄国的铁路问题

铁路的出现是工业、农业和贸易发展的直接结果。并非偶然，铁路首先在19世纪欧洲最发达的资本主义国家英国开始被普及。随后铁路变为工业和农业发展的促进因素。马克思写道："铁路首先是作为'实业之冠'出现在那些现代化工业最发达的国家英国、美国、比利时和法国……它给资本的积聚以一种从未预料到的推动力。"① 开始于工业的技术变革不可避免地导致了运输工具的变化，以蒸汽机取代畜力和帆船运输。

铁路建设之初，俄国的交通仍然处于原始状态。在一年中温暖的月份里，俄国人主要依靠河流运输，冬季依靠雪橇运输。主要水系——伏尔加河，与国内南部和东部的主要工业中心联系密切，仅在夏季通航。但在夏季它也存在许多不便之处，主要是运输速度缓慢。通过伏尔加河将货物从阿斯特拉罕运到下诺夫哥罗德大约需要三个月的时间；从特维尔到圣彼得堡需要两个月以上的时间；从阿斯特拉罕到圣彼得堡需要七个月的时间。遇到伏尔加河的枯水期，从雷宾斯克到圣彼得堡的路途尤其困难。② 大臣秘书 Ar. B. 阿巴兹指出："……我们省产粮多的码头将货物运至圣彼得堡村镇的时间

---

① 《Переписка К. Маркса и Ф. Энгельса с русскими политическими деятелями》. М., Госполитиздат，1951，стр. 103.
② 可能，这就是尼古拉一世在审议19世纪30年代末提交的铁路建设私人方案时，建议考虑在圣彼得堡和雷宾斯克之间修建铁路的原因。

(货物运输)要比从印度到欧洲耗时更长。"① 运输速度的缓慢导致同质商品产生巨大的价格差异。И. С. 阿克萨科夫写道:"当时在赫尔松购买小麦需要支付 8 或 10 银卢布在俄国中部仅需支付 3 银卢布,而在北部则完全没有卖家。"②

春季和秋季泥泞的乡间土道实际上已经丧失了运输能力:马匹陷入泥土中,车队停止前进,被卸空的货物堆放在路边。

一方面,工业生产的进一步发展,离不开原料产地与生产对象和销售市场之间便利且快速的联系。另一方面,社会劳动分工的深化,农业区域专门化,城市数量的增加,以及俄国农业出口总量的增长也引起了人们对新型交通方式的需求。在这种情况下,政府不得不将注意力转向水路和公路建设。1818 年开始建造圣彼得堡和莫斯科之间的公路,并于 1833 年完工。③ 此外,政府扩展并完善了一些与圣彼得堡港口联系密切的水路。

1833～1855 年,俄国共建设了大约 6500 俄里的公路。④ 1826～1850 年,政府每年在水路和陆路建设上的支出平均达 370 万卢布(同时每年在军事上的支出超过 10000 万卢布)。⑤ 政府为道路建设拨款的数额微不足道,难以有效改善交通。国家需要铁路。

谈及俄国政府的铁路政策,资产阶级历史学家和苏联历史学家都只分析了俄国在铁路建设方面的整体计划。资产阶级作者的著作的一个典型观点是将尼古拉一世作为决定俄国铁路建设命运的主要人物。⑥ 最重要的一本著作

---

① ЦГИАЛ. ф. 869, ф. Милютина, оп. 1, д. 204, 1841－1843 гг., л. 275 (об.).
② И. С. Аксаков. Исследование о торговле на украинских ярмарках. СПб., 1858, стр. 13.
③ «Краткий исторический очерк развития и деятельности ведомства путей сообщения за сто лет его существования (1798—1898)». СПб., 1898, стр. 71.
④ См. С. И. Гулишамбаров. Итоги торговли и промышленности в царствование императора Николая I. СПб., 1896, стр. 22.
⑤ См. И. Б. Розенфельд. Первая железная дорога в России Петрозаводск, 1925, стр. 40.
⑥ См. А. А. Головачев. История железнодорожного дела в россии. СПб., 1881; В. М. Верховский. Краткий исторический очерк начала и распространения железных дорог в России по 1897 г. включительно. СПб., 1898; Н. А. Кислинский. Наша железнодорожная политика по документам архива Комитета Министров. СПб., 1902.

是苏联历史学家 B. C. 维尔金斯基撰写的《俄国铁路的诞生》（莫斯科，1949）。该书的撰写建立在最新档案资料的基础上，并广泛吸收了新闻材料。该作者对铁路建设前俄国的交通状况、俄国的发明创造以及它们在农奴制俄国的命运都提出了鲜明的观点，但对政府政策的研究并不在其任务之内。他在这方面只做一般性评论，主要是评论消极的计划。[①] М. И. 克鲁季科夫的《红色档案》中的引言值得关注，[②] 他在里面指出了，与西欧国家相比，俄国交通的落后以及俄国和外国专家在解决俄国铁路问题方面的作用，但没有专门研究俄国政府的铁路政策。

我们尝试说明俄国政府的铁路政策，指出它的阶段性，揭示统治阶级的分歧以及政府在解决铁路问题时的作用。

俄国第一条由生铁制成的道路出现于 18 世纪 60～80 年代。1763～1765 年，为将蛇城矿山的矿石运送至阿尔泰，发明家 К. Д. 弗罗洛夫建造了单轨铁路。К. Д. 弗罗洛夫的这一创造得到了扩展。1788 年，在位于彼得罗扎沃茨克的亚历山德罗夫斯克工厂的炼铁车间与大炮钻孔车间之间铺设了一条马力牵引铁路。1810 年，更加成熟的铁路出现在科雷万山区。1833 年，位于下塔吉尔地区杰米多夫工厂的机械师切列帕诺夫父子建造了第一条通过蒸汽牵引的铁路。但是这些铁路带有地方工厂性质。俄国自学成才的发明家 К. Д. 弗罗洛夫、切列帕诺夫父子等并没有获得政府的支持。[③]

自 19 世纪 20 年代下半期至 30 年代初，新闻界提出了建设铁路网络的问题，这无论是对于地方，还是对于远程的货物和乘客运输都是必不可少的。1825 年，《祖国之子》刊载了一篇记述英国和奥地利铁路建造成功的文章，其中作者表示希望看到欧洲国家的铁路战胜运河。[④] 1830 年，工业家报纸《北方蚂蚁》的编辑、圣彼得堡大学教授 Н. П. 谢格洛夫发表了一篇赞

---

① См. В. С. Виргинский. Возникновение железных дорог в России до начала 40 - х годов XIX в. М.，Изд-во Трансжелдориздат，1949，стр. 139.
② 《Красный архив》，1936，т. 3（76）；《Красный архив》，1940，т. 2（99）.
③ См. В. С. Виргинский. Ук. соч.，стр. 55 - 67.
④ 《Сын отечества》，1825，т. 101，стр. 311.

**俄国工业政策（19世纪20－50年代）**

成俄国建设铁路的论据充分的文章。根据他的观点，建造铁路的相关问题应该在俄国得到更多的关注，"俄国的交通道路迄今仍在阻碍国内产品的流通和销售，同时，极大地阻碍了工业的发展进程"①。Н. П. 谢格洛夫认为国内工业和农业的发展与铁路的建造存在直接联系。他论证了铁路相对于公路的经济优势，认为新型的、更加快速且廉价的交通方式有助于国内摆脱饥饿，消除俄国各省之间存在的巨大的粮食价格差异。为引起工商界以及政府对铁路建设的兴趣，他援引了欧洲各国以及北美各州在这一领域的成功。他写道："这一消息似乎应该引起俄国对此对象的关注。"② Н. П. 谢格洛夫在铁路方面的观点，得到了一些交通领域的官员和学者的支持。如，交通学院的教授 П. П. 梅利尼科夫少校（19世纪60年代的交通大臣）在学生面前和刊物中为蒸汽机在运输中的应用做辩护。他在文章《关于在普通道路上使用的可移动蒸汽机》中，预见了未来的大型蒸汽机。他写道："英国非常积极地从事可移动蒸汽机的改良……迄今为止已经取得了积极成果，并认为这种交通工具将在短期内得到更广泛的传播。"③

但是铁路的重要性以及益处在俄国仅被少数人所承认。铁路建设的反对者人数众多且颇有威望，包括交通部的官员、政论家以及政府成员。在 Н. П. 谢格洛夫、П. П. 梅利尼科夫表达个人主张的同时，期刊也发表了包含其他观点的文章，其作者试图驳斥铁路相对于水路和公路交通的优势。1810年，于俄国任职的法国工程师 М. Г. 杰斯特列姆对 Н. П. 谢格洛夫的文章做了回应，他在交通学院发表了名为《有关运河和轨道道路相对利益的一般意见》的公开演讲（随后被刊登在《交通杂志》上），在演讲中他试图论证在具备广阔运河线路、较低人口密度以及恶劣气候条件下的俄国，经营铁路是无利可图的。④ 他写道："我们的气候不具备建造铁路的条件，土地时而潮湿，时而冻结，时而干枯，铺设铁路即使并非完全不可能，但也非

---

① «Северный муравей», 1830, No 1.
② Там же.
③ «Журнал путей сообщения» (ЖПС), 1835, кн. тридцать четвертая, стр. 36.
④ ЖПС, 1831, кн. двадцать первая, стр. 1－90.

常困难且花费昂贵。"自由经济协会的成员、政论家纳尔基兹·阿特列什科夫支持 M. Г. 杰斯特列姆的观点。在其文章《关于俄国铁路的建造》中，他承认铁路为西欧国家带来的益处，但断言，"目前在俄国广阔的空间内修建铁路是完全不可能的，显然毫无益处且无利可图"①。他解释了国内气候和经济的特殊性：部分地区沼泽化、丰富的河流与丘陵、严寒的冬季、各城市之间遥远的距离、较低的人口密度以及衰弱的贸易。发表在《公益新闻》上的一篇文章也谈到了与纳尔基兹·阿特列什科夫相似的有关铁路对俄国无用的观点，据称这篇文章是代表农民—马车夫这一团体撰写的。该作者写道："有传言说，我国一些富有的先生们受国外异想天开的想法吸引，计划在圣彼得堡、莫斯科以及下诺夫哥罗德之间铺设铁制轨道，利用蒸汽无形的强制力带动火车车厢移动。"② 该作者认为俄国铁路问题的提出只是对西欧国家的简单模仿，并可资借鉴地指出，并非国外的一切事物都对我们有益且合适。他指出："即使是英国自身，如您所见，也并非所有的想法都来自人民内部。"他仿佛代表人民发言，铁路建设将不可避免地减少马车运输业的活动，这本来应该反映人民的福祉。他悲痛地感叹道："如果我们这样做，那么贫困的人们到时该如何栖身呢？该如何赚取应该上缴的赋税和代役租呢？……如果我们实施上文所谈到的国外的想法，那么俄国的整个世界将天翻地覆。"

  铁路建设的积极反对者在很大程度上正是解决这一问题主要依赖的人，其中就包括交通管理总局局长 К. Ф. 托利伯爵。19 世纪 30 年代，国有资产大臣 П. Д. 基谢列夫十分谨慎地对待这一问题，他担心铁路会"导致驿站车夫人口的不利转变"，以及为给蒸汽机车做燃料而破坏森林。③ 铁路建设最坚决且强烈的反对者是财政大臣 Е. Ф. 康克林。他写道："铁路，并不总是

---

① 《Сын отечества》, 1835, № 42, стр. 361.
② 《Журнал общеполезных сведений》, 1835, № 18, стр. 31–32.
③ См. И. Е. Гронский. Очерк возникновения и развития железных дорог в России. 《Записки Московского отделения императорского русского технического общества》, вып. 4. М., 1886, стр. 10.

自然需要的结果,而经常是一种人造的必需品或奢侈品,增加了从一个地方到另一个地方不必要的移动趋势,这是19世纪非常突出的特点,同时也增加了不必要的公众花费。"① 根据他的观点,铁路使人口和资本远离耕作,导致小型城市的衰落。②

并非只有俄国的政府活动家们对铁路的建设持怀疑态度。在一些工业发展水平更高的欧洲国家,新型的交通工具同样遇到了来自政府方面的一些反对者。工程师 B. M. 韦尔霍夫斯基谈到欧洲铁路建设初期时写道:"当时大部分的国务活动家,他们认为铁路带有某些革命性的东西,不仅会损害人民的福祉,破坏现有的劳动分配秩序,取缔一些部门的收入,而且还将动摇国家独立的基础。"③

西方铁路的建设开始于19世纪初,初期采用的是马拉铁路的形式。英国的第一条铁路——达林顿铁路采用的是蒸汽牵引,开通于1825年。英国于1830年建造的曼彻斯特—利物浦铁路吸引了世界各国国务活动家的关注,推动了铁路建设的进一步发展。但是它没能消除政府官员、地主、蒸汽船和帆船所有者们的怀疑。俄国工程师 П. П. 梅利尼科夫于1838年首次游历西欧,记载了统治阶级对这一新型交通方式的怀疑。他指出:"1838年,即曼彻斯特—利物浦铁路开通8年后,整个欧洲大陆建造的蒸汽铁路不超过400俄里。"④ 尽管在英国,铁路由私人资金建造,但建造许可证由议会颁发,而议会并不总是满足申请者的要求。如,达灵顿—伯明翰铁路方案两次被议会否决,1833年才予以批准。⑤

铁路建设的反对者梯也尔在游历英国之后于1834年声称,"铁路是游手

---

① ЦГИАЛ, ф. 560, оп. 38, д. 402, л. 9 (об.). Общий отчет по министерству финансов за 1838 г.

② См. Е. Ф. Канкрин. Экономия человеческих обществ и состояние финансов. «Библиотека для чтения», 1846, т. 76, июнь, раздел IV, стр. 41.

③ В. М. Верховский. Краткий исторический очерк начала и распространения железных дорог в России по 1897 г. включительно. СПб., стр. 1.

④ П. П. Мельников. Сведения о русских железных дорогах. «Красный архив», 1940, т. 2 (99), стр. 137.

⑤ См. И. Б. Розенфельд. Первая железная дорога в России. Петрозаводск, 1925, стр. 4.

好闲之人的消遣,只有在极为特殊的情况下才是有益的。"① 法国人 Д. Ф. 阿拉戈是享有世界声望的学者,他同样试图论证铁路对人民福祉的有害影响。1838 年,他作为议会代表发言,讥笑了那些认为仅凭"两条平行铺设的铁条就能改变加斯科涅平原的人们"②。德国和奥地利的铁路建设同样遭到了政府和商人的反对。巴伐利亚的主要医学委员会担心,铁路不仅会使旅客感染疾病,也会使"外部群众"受到影响,建议使用较高的围墙将铁路的轨道围住。③

正如所有新发现一样,铁路的出现也引起了世界各国政府的怀疑和猜忌。有影响力的政府官员的反对和争议虽然持续至 19 世纪 40 年代,但这并未阻止西欧的银行家和企业主将自己的资本投放到铁路建设上,实践证明了铁路的价值。19 世纪上半叶,铁路才将英国、法国、德国、奥地利、比利时和美国的各主要的工业中心连接起来。而直至 50 年代中叶,俄国国内仍仅有两条具有工业价值的铁路线路:圣彼得堡—莫斯科和华沙—维也纳。1855 年,俄国铁路总长度达 986 俄里,而同一时期,英国的铁路总长度达 13314 公里,法国的达 5614 公里,德国和奥地利的达 10000 公里。④

俄国铁路建设的迟缓可以解释为,国内经济的普遍落后、农奴制的存在、资本的缺乏、铁路技术的生疏以及政府的保守。六品文官安德烈·别斯图热夫于 1834 年 4 月提出了关于在伏尔加河与顿河之间建造马拉铁路的建议。⑤ 提交者本人并不打算建造铁路,而是仅就可能的建造来源提供意见。

---

① 《Записки Московского отделения императорского русского технического общества》, вып. 4, М., 1886, стр. 2.
② 《Наша железнодорожная политика по документам Архива комитета министров》. Исторический очерк, составленный начальником отделения канцелярии Комитета министров Н. А. Кислинским. СПб., 1902, стр. 9.
③ См. Б. Великин. Петербург—Москва. Из истории Октябрьской железной дороги. 《История фабрик и заводов》. Л., 1934, стр. 10.
④ 《Записки Московского отделения императорского русского технического обществ》, вып. 4. М., 1886, стр. 3.
⑤ См. И. П. Боричевский. Предложения частных лиц об устройстве железных дорог, поступившие в Главное управление путей сообщения и публичных зданий. ЖПС, 1863, кн. первая, т. 39, стр. 127.

**俄国工业政策（19 世纪 20—50 年代）**

他提议由乌拉尔和靠近穆罗姆的舍佩列夫斯基官营工厂提供材料，而建设所需的货币资金则通过募集贵族和商人的捐款来获取。安德烈别斯图热夫的报告没有提出任何技术方面的估算，这使得交通总部委员会以其推论的"不确定性"否决了他的提议。

随着维也纳工学院教授、捷克工程师 Ф. А. 盖斯特纳于 1834 年抵达俄国（在此之前，他在奥地利布达斯与林茨之间建造了长达 20 公里的马拉铁路），有关铁路问题的讨论才重新开始。Ф. А. 盖斯特纳应采矿工程师团参谋长 К. Д. 切夫金的邀请来到这里，以了解乌拉尔采矿厂的情况。在完成了全国的旅程后，Ф. А. 盖斯特纳作为精明强干且极富经验的实业家确定了在俄国建造铁路的可行性和营利性。与 К. Д. 切夫金和矿厂主 С. 马尔采夫（Ф. А. 盖斯特纳在奥地利与后者相识）的交谈证实了他的这一想法。1835 年 1 月 6 日，他向尼古拉一世提交了书面报告，叙述了在俄国推行铁路的益处以及圣彼得堡—莫斯科、莫斯科—诺夫哥罗德、诺夫哥罗德—喀山、莫斯科—敖德萨或塔甘罗格之间线路所具有的特别价值。Ф. А. 盖斯特纳希望自己的提议既能够得到政府的支持，也能够得到工商界的支持。谈到俄亚贸易的重要性，他认为，连接圣彼得堡、莫斯科与国内南方港口和省份的铁路有助于扩展俄国与亚洲国家的贸易，并加强俄国与英国和亚洲市场的联系。为迎合俄国政府的意愿，Ф. А. 盖斯特纳强调了铁路的战略意义：其对领土广阔的国家非常重要，如俄国。他要求在俄国所有铁路线的建设中享有 20 年的特权，同时保留对建造的垄断权，坚持免费转让建设铁路将要使用的国有土地，以市场价购买私人土地，并向政府收取其价格的 20% 的补贴费。根据该报告，铁路线路的方向由特权所有者决定，同时，他要求免税从国外进口轨道。[①]

Ф. А. 盖斯特纳在书面报告中论述的关于铁路军事战略价值的部分引起了沙皇的关注，该报告被提交给交通管理总局审议，交通管理总局成员构成了由鲍迪埃中将领导的委员会。为讨论 Ф. А. 盖斯特纳方案而组建的委员会

---

① См. В. М. Верховский. Ук. соч., стр. 21 – 23.

是俄国第一个讨论铁路问题的特别委员会。

直至1835年1月29日，以К.Ф.托利为首的委员会成员们才发表了自己的意见，承认在俄国建造铁路的可行性。在交通管理总局委员会的报告中，К.Ф.托利指出，俄国糟糕的气候条件——积雪和严寒——并不是建造铁路的障碍，而平原地区则有助于它们的建造。谈及铁路的经济价值，委员会的成员们断言，它们将恢复国内工业和贸易的繁荣，有助于农业的发展。同时，他们否决了Ф.А.盖斯特纳提出的一些不合理的具体建议。委员会成员之一的П.П.梅利尼科夫将Ф.А.盖斯特纳评价为"大骗子"[1]。

委员会的结论被呈递给尼古拉一世后，К.Ф.托利伯爵立即指出，针对之前由交通管理总局审议的铁路问题，他决定不赞成铁路的建设，因为俄国拥有设备完善的水陆交通。[2]但这一次К.Ф.托利的意见并没有对这一事件的进程造成任何严重的影响。为进一步研究铁路问题"对俄国的重要性"，政府成立了以国务会议主席Н.Н.诺沃西利采夫为首的俄国铁路建设委员会，其成员包括交通大臣К.Ф.托利、军部大臣А.И.切尔内绍夫、内务大臣Д.Н.布卢多夫、财政部大臣Е.Ф.康克林、常任上级顾问М.М.斯佩兰斯基、法律大臣П.М.沃尔孔斯基以及第三厅厅长А.Х.本肯多夫。М.А.科尔夫被委任为委员会的办事员，其保留了有关委员会工作的书面报告。该委员会会议召开之前（1835年2月17日），交通大臣向沙皇提交了Ф.А.盖斯特纳方案的最终的俄语书面文本，并指出Ф.А.盖斯特纳的特权不应该涉及西伯利亚，"我们的工厂已经建造了一些铁路"[3]。К.Ф.托利的意见非常重要。他证明了政府对工厂在西伯利亚建造铁路十分了解，并注意到了它的价值。

1835年2月28日，在由尼古拉一世主持的委员会第一次会议上讨论了

---

[1] П. П. Мельников. Сведения о русских железных дорогах. «Красный архив», 1940, т. 2 (99), стр. 143.

[2] См. В. М. Верховский. Ук. соч., стр. 23.

[3] «Записки главноуправляющего путями сообщения графа Толя от 17 февраля 1835 г.». «Красный архив», 1936, т. 3 (76), стр. 96.

**俄国工业政策（19世纪20—50年代）**

两个问题：俄国引进铁路的益处和 Ф. А. 盖斯特纳提议的合理性。尼古拉一世召开的会议，正如 М. А. 科尔夫所撰写的那样，指出了俄国建设铁路的利润，尤其强调了其在"突然和快速的转移军队"方面的优势。① 因此，沙皇主要从军事战略的视角看到了铁路建设的合理性。在谈及第一个问题时，Е. Ф. 康克林试图证明，该提议包括建设覆盖俄国的铁路网甚至计划建设一条连接喀山的公路，这些计划现在都还为时过早。他认为，引进蒸汽牵引的铁路会破坏森林，对"民族工业"产生消极影响，并将破坏西伯利亚工厂现有的铁路。② Е. Ф. 康克林的观点没有得到委员会成员们的支持，他们认为铁路建设是一项有益的举措。

该委员会的成员们发表了一系列涉及技术和财政方面的意见，其中包括关于在俄国国内筹集必要建设资金的可能性，然而他们也并不反对从国外筹集资金。Е. Ф. 康克林和 П. М. 沃尔孔斯基认为，铁路的建造只能依靠国内资金，因为吸收外国资本会导致铁路收入流向国外。相反，尼古拉一世和 М. М. 斯佩兰斯基确信，投入铁路建设的国外资本会"留在我们的人民当中"③。在讨论 Ф. А. 盖斯特纳的方案的过程中，该委员会提出了关于建设所需人员的问题。沙皇建议，在征得 А. Х. 本肯多夫的同意下，由 Ф. А. 盖斯特纳自主招募外国工程师，并指出，"保证其中不存在任何一个法国公民：我不需要这些先生"④（尼古拉一世对1830～1831年由法国的革命导致的沙皇制度的动荡仍记忆犹新）。

为彻底解决将特许权交付给 Ф. А. 盖斯特纳的相关问题，尼古拉一世成立了由 К. Ф. 托利担任主席的特别委员会，其成员包括 Н. Н. 诺沃西利采夫、М. М. 斯佩兰斯基和 М. А. 科尔夫（财政大臣不在其列）。К. Ф. 托利不参与委员会的工作，由 М. М. 斯佩兰斯基直接与 Ф. А. 盖斯特纳交涉。

---

① Барон Корф. Император Николай I в совещательных собраниях. РИО, т. 98, СПб., 1898, стр. 125.
② См. П. П. Мельников. Сведения о русских железных дорогах. «Красный архив», 1940, т. 2 (99), стр. 145.
③ Барон Корф. Ук. соч., стр. 127.
④ Там же, стр. 128.

М. М. 斯佩兰斯基于 1835 年 7 月写给 Ф. А. 盖斯特纳的一封信无疑十分重要，М. М. 斯佩兰斯基在其中第一次反驳了有关铁路问题的提出应归功于 Ф. А. 盖斯特纳的普遍观点。他写道："在您提交有关这一问题的书面报告之前，政府就谈论过，对于像俄国这样领土广阔的国家从铁路建设中可以获取的所有益处，但当时也指出，这一事业应属于私人企业家活动的领域，而不是国家直接管理的范畴。"① 在这封信中，М. М. 斯佩兰斯基不仅指出在 Ф. А. 盖斯特纳到来之前俄国就已经提出过铁路问题，更为重要的是，他强调了铁路建设的问题不是由政府提出，而是需"向政府请示"。众所周知，在俄国的资产阶级文献中，关于政府在提出铁路问题方面的主动性的观点占主导地位。② М. М. 斯佩兰斯基还在这封信中对沙皇在铁路问题方面的规划进行了说明。他提请 Ф. А. 盖斯特纳注意，"如果资本家的公司有足够的资本和贷款来进行两国首都之间或更远距离的铁路建设"③，那么沙皇将不会拒绝给予 Ф. А. 盖斯特纳符合帝国法律的优待。

因此，1835～1841 年，政府仍然没有完全相信铁路建设的益处，并没有将其作为国家的重要任务，并且将这一问题的主动权转交到私人手中。政府没有承担建造铁路的责任，只是扮演了记录员和旁观者的角色。为了解根据 Ф. А. 盖斯特纳的方案用于建造布达斯和林茨之间马拉铁路的技术和资金费用，政府委派交通学院的毕业生 Н. О. 克拉夫特中校于 1836 年前往奥地利，他报告了不利于 Ф. А. 盖斯特纳的消息。Н. О. 克拉夫特表示，建造铁路所花费的资金比之前预计的更多，而且建造质量并不高。

无论是在俄国，还是国外，Ф. А. 盖斯特纳都没有找到愿意加入股份公司建设圣彼得堡—莫斯科铁路的人。Ф. А. 盖斯特纳的技术预算被俄国专家驳斥。然而，他没有放弃自己的初始计划，而是建议在圣彼得堡和皇村之间建造一条铁路"作为实验"，随后将其扩展至巴甫洛夫斯克。1836 年，以

---

① «Первые железные дороги в России». Публикация М. И. Крутикова. «Красный архив», 1936, № 3 (76), стр. 101.
② См. работы А. А. Головачева, В. М. Верховского, Н. А. Кислинского и др.
③ «Красный архив», 1936, № 3 (76), стр. 101.

**俄国工业政策（19世纪20—50年代）**

К. Ф. 托利为首的特别委员会在一次会议上讨论了 Ф. А. 盖斯特纳的新建议以及他的报告《俄国建设铁路的利润》。沙皇预先了解了 Ф. А. 盖斯特纳的报告，将其转交给委员会并批示道："我十分认真地阅读了这份报告，同以前一样确信这一事业的益处，但仍不确定 Ф. А. 盖斯特纳能否征集到足够的资本开始这项庞大的工程。"[1]

通过尼古拉一世的建议和他对铁路建设的最新态度，我们可以推断出，同他的大臣们一样，他并不是铁路建设的反对者。但在19世纪30年代上半期，在欧洲也刚刚开始建设铁路的时期，他不能确定铁路建设是否能为俄国带来利益。С. 马尔采夫是著名的炼铁厂工厂主，他在回忆录中谈到其于1835年自英国旅行归国后同沙皇的交谈，尼古拉一世在铁路建设利益的问题上扮演了一个怀疑者的角色："那雪呢？你忘了我们国家有六个月不能行驶吗？"他以此回应 С. 马尔采夫有关铁路收益的观点。过了一会儿，沙皇向 С. 马尔采夫指出："你将对我感到满意，我相信，我们能够像多雪的美国一样建造铁路，我们会建造，我将派人检查并开始建设。"[2] 1836年3月，政府批准给予 Ф. А. 盖斯特纳建造圣彼得堡—皇村铁路为期10年的特权。

重要著作《我们的铁路政策》的作者建议将 Ф. А. 盖斯特纳的特权限制为10年，而圣彼得堡—皇村（代替圣彼得堡—莫斯科铁路）铁路的建设由 К. Ф. 托利和 Е. Ф. 康克林完成，这与尼古拉一世的计划背道而驰。[3] 然而，这一建议并不具备说服力。众所周知，俄国的大臣们在政策的实施方面没有自主权。各个部门的重大措施均需经过沙皇的同意和批准。尼古拉一世没有从原则上反对建造铁路，但也没有急于广泛实施，并且怀疑获取必要资金的可能性，其在报告中的批注可以证明这一点。我们的观点与 В. М. 维尔霍夫斯基的观点更为接近，其认为，Ф. А. 盖斯特纳的建议发生变动的这一特征恰恰证明其初始计划的盲目性。的确，19世纪30年代，铁路建设才刚

---

[1] См. Н. А. Кислинский. Ук. соч., стр. 5; В. М. Верховский. Ук. соч., стр. 29.

[2] С. И. Мальцов. Из воспоминаний. «Записки Московского отделения императорского русского технического общества», вып. 4. М., 1886, стр. 39—40.

[3] См. Н. А. Кислинский. Ук. соч., стр. 11.

刚开始，Ф. А. 盖斯特纳实施的宏伟计划十分冒险，更不用说其提出的特许权条件本身十分严苛且有损于俄国的体面，因为他将铁路问题的所有政策都从属于外国企业家的利益。П. П. 梅利尼科夫就 Ф. А. 盖斯特纳特许权的初始方案讽刺地指出："这一为期20年的微不足道的专营权享有俄国铁路的长期占有权，即 Ф. А. 盖斯特纳本人认为这些铁路一定会对国家产生巨大的影响，这证明了俄国这位未来的恩人来到这里的意图，以及他认为我们是怎样一种野蛮人，决定实施类似严苛的提议。"①

根据沙皇批准的关于皇村铁路的条例，它的建设将由一家私人股份公司来完成，该公司的资本额为300万卢布，且有权根据需要通过发行债券的方式将其再增加50万卢布。该公司的创始人包括亚历山大·A. A. 博布林斯基伯爵、银行家贝内迪克特·克拉默、俄国第一消防保险公司经理、伊万·康拉德·普利特、法兰克福领事和弗朗茨·盖斯特纳。

政府批准的经营权的条件对该公司十分有利，政府免除其成员缴纳国家费税的义务，该公司获得自主决定铁路乘车和运输费用金额的权利。任何一个欧洲国家都没有给予过这样的优惠条件。即使在铁路主要由私人资本建造的英国，也是铁路乘车的费用由政府自主决定。皇村的这条铁路被确认为该公司所有，政府没有设定将其转交给国家的日期，虽然所有后续的私人租让公司都将国家道路的赎回日期或无偿转交列为强制性条件。皇村铁路如此优惠且独一无二的建设条件证明了政府规划在铁路问题方面的盲目冲动性，当时俄国政府还没有形成针对铁路建设的明确计划。

皇村铁路的长度为25俄里，以较快的速度于1837年10月30日建造完成。其行驶起初依靠马力和蒸汽牵引，自1838年1月30日起完全依靠蒸汽牵引。俄国和奥地利的工程师参与了此次建设，建造所必需的机车车辆、轨道和铁均免税从国外进口。皇村铁路的铺设开启了俄国铁路建设的历程。它证明了建设铁路交通的可能性与气候条件和季节无关。

但皇村铁路不具备任何严肃的贸易和工业价值，而主要成为圣彼得堡贵

---

① П. П. Мельников. Ук. соч., стр. 144.

族的娱乐工具，这反而成为铁路反对者们的口实，其中包括 Е. Ф. 康克林，他诋毁这条铁路"使首都变成了小酒馆"①，强调其对国民造成的有伤风化的影响。皇村铁路的成功经营并没有改变政府官员们对待铁路建设的态度，他们仍然确信，铁路的成本在很大程度上超出了它们带来的利益，而俄国的气候条件永远也不会使铁路交通变为大众交通方式。著名的经济学家 И. С. 布利奥赫曾阐述俄国改革前政府官员的保守性："当时俄国的国务活动家，在已经形成的农奴制概念中被培养起来，他们深信普通大众特别是俄国民众的不成熟，他们代表的群体不仅没有考虑将欧洲的改革应用到俄国，也没能足够冷静地讨论因循守旧的经济和行政制度将在不久的将来带给俄国的后果。"②

但是加入世界经济体系，发展工业、农业和国内外贸易的诱惑迫使政府与个别官方人物的主张相反，考虑在国内建设铁路的合理性。出于这一目标，尼古拉一世于1837年将交通部工程师 П. П. 梅利尼科夫和 С. В. 凯尔贝季派往欧洲，他们证明了国外铁路建设的巨大成功。尼古拉一世的战略性观点对铁路问题的最终解决具有决定性的意义：铁路使部队能够快速集合并被调遣到需要的方向。列宁写道："俄国修筑铁路，主要出于军事目的。"③根据沙皇的观点，铁路应该有助于加强国家的战斗力和专制制度，但客观上它们也加速了资本主义的发展，推动了农奴制的灭亡。

在完成皇村铁路的修建后，Ф. А. 盖斯特纳请求批准建造莫斯科—科洛姆纳的铁路，尼古拉一世对此指示道："这件事并不急切。"④ Ф. А. 盖斯特纳不满足于将自己的特权限制在皇村一条铁路上，甚至没有等到铁路完全运行就于1838年离开俄国前往美国，并于1840年去世。

与大部分的政府官员不同，俄国的工业团体十分关注1837年开通的第

---

① РИО，т. 98，стр. 128，примечание.
② И. С. Блиох. Влияние железных дорог на экономическое состояние России, т. V. СПб., 1878, стр. 2.
③ 《Ленинский сборник XIX》，1932，стр. 55.
④ В. М. Верховский. Ук. соч., стр. 42.

一条铁路。自那时起，关于铁路建设方面的私人请愿书和书面报告显著增加。五品文官 А. В. 阿巴扎关于圣彼得堡—莫斯科铁路建设的第一份方案就是其中之一，该方案被提交给莫斯科军事总督 Д. В. 戈利岑公爵，后者于 1838 年 3 月 21 日在信中将此方案告知尼古拉一世，并提出将 А. В. 阿巴扎的申请提交给特别委员会审议。从莫斯科至圣彼得堡的铁路经过特维尔和上沃洛乔克，А. В. 阿巴扎认为其在工业、贸易和农业方面的作用非常大。对于圣彼得堡远离国家中心这个问题，А. В. 阿巴扎写道："蒸气的力量就像一双强大的手将圣彼得堡放在国家中心，并使两个首都紧密相连，它将获得所有阶级之间无法估量的财富和繁荣的新来源。"① А. В. 阿巴扎谈论了铁路的益处，其节约时间，有助于将国外交易的货物运进圣彼得堡，使工业和贸易得以复苏，并加速资本的周转。他同样强调了铁路的战略价值，其有助于政府在短时间内将大量军队从国内边远的省份集中至圣彼得堡。他将圣彼得堡至莫斯科铁路的价值确定为 12000 万卢布，建议由国库出资进行建造。为研究欧洲铁路事业的经验，А. В. 阿巴扎建议从交通团中选出一名专业的军官派往国外。

为审议 А. В. 阿巴扎的方案政府成立了一个特别委员会，К. Ф. 托利和 Е. Ф. 康克林参与了其中的工作。该委员会的成员们没有提出以前反对铁路建设的论点（随着皇村铁路的开通，许多反对铁路建设的建议被驳回），然而 К. Ф. 托利和 Е. Ф. 康克林以各种借口否决申请人的计算和具体建议，其反对意见主要集中在财政方面。在对 А. В. 阿巴扎方案所做的附注上，К. Ф. 托利写道，对于俄国贸易来说最重要的不是运输的速度，而是低廉的价格，因此连接圣彼得堡和内部城市的水路完全符合国家的要求。他写道："……现在还不是建立这类企业的时候，这些企业建立在完全不同的规则的基础上，它们只适用于某些例外的情况，而不是大部分的贸易关系。" К. Ф. 托利认为，在俄国当前的工业生产情况下，圣彼得堡—莫斯科铁路的收入难以偿还国家为建造这条铁路而花费的 12000 万卢布。Е. Ф. 康克林的反对意

---

① 《Красный архив》，1936，т. 3（76），стр. 109.

见也大致相同。他怀疑俄国能否募集到用于铁路建设的12000万卢布，并认为求助于国外银行家对俄国有害。①

该委员会的成员除 К. Ф. 托利和 Е. Ф. 康克林外，还包括内务大臣 Д. Н. 布卢多夫、宪兵长 А. Х. 本肯多夫和省长 А. П. 叶尔莫洛夫。他们没有否定铁路的益处，主要关注了其运载乘客的用途，但对圣彼得堡—莫斯科铁路的经济潜力的更多效益表达了怀疑。他们认为 А. В. 阿巴扎的财政预算是"模糊和推测的"，认为铁路的建造和维持将比 А. В. 阿巴扎的预算更加昂贵，可能会为股东带来亏损。该委员会的成员们否决了 А. В. 阿巴扎的方案，并将自己的意见转交给沙皇，沙皇认可了这一决议。

退伍中尉戈利耶夫斯基的方案（1837年12月）遭遇了同样的结果，二等文官诺夫哥罗德省省长 Н. 穆拉维约夫的五份申请书（1838年12月）都遭到了否决，他们建议由国家出资和贵族捐款来建造圣彼得堡—莫斯科铁路。К. Ф. 托利条理清晰地否决了这些铁路建设方面的方案，以水路优于铁路的论据来表明自己的决议，他认为后者适用于工业国家，而不是农业国家。② 还应看到，私人提交的许多方案在技术方面都是考虑不周的，没有包含必要的计算，这恰恰证明了他们对评判对象认识的不成熟。大臣委员会于1839年1月审议了 Н. 穆拉维约夫的一份书面报告，建议将这一方案延期2~3年再做讨论。沙皇批准了这一决议，并在报告上批注："但是，现在委派 К. Ф. 托利先生处理从雷宾斯克至圣彼得堡的铁路建设的所有必要考虑并不是多余的，因为这条铁路的益处似乎是无可争辩的。"③

尽管尼古拉一世对所有问题的判断通常都十分坚决，但他在铁路问题上表现得十分谨慎，并且信任大臣们，经常赞同他们的建议。沙皇的这种犹豫不决被铁路的反对者们所利用。如，К. Ф. 托利就圣彼得堡—雷宾斯克铁路建造合理性的建议向沙皇报告（1839年3月），其再一次重复了这一论点，即对于俄国而言，水路要比铁路更具优势，因为货物的运输主要不在于速度

---

① 《Красный архив》，1936，т. 3 (76)，стр. 118.
② 《Красный архив》，1936，т. 3 (76)，стр. 125 – 126.
③ Там же，стр. 152，примечание 20.

而在于其价格的低廉。为了更具说服力，他引用了作家米歇尔·谢瓦利埃对待铁路的态度，即在铁路中看到了"可以想象得到的能够改变国家的最民主的制度"。他写道："皇帝陛下，我向您坦白，我认为这位作家的意见是完全正确的。"[1] К. Ф. 托利借此提醒，由铁路导致的"国家民主化"，这似乎对尼古拉一世尤为重要：圣彼得堡—雷宾斯克铁路的问题更加不可能再被讨论了。

在否定了由国家出资建造铁路的相关建议后，政府批准了一些符合沙皇要求的私人公司的方案。1838年6月，沙皇批准了以 П. 施泰纳勒为首的波兰银行家们成立的股份公司。这一公司拥有资本2100万卢布，同意建造自华沙至奥地利边界的铁路，这一路线对沙皇而言具有重要的战略价值。尼古拉一世批准了该公司的方案，并请求波兰事务局主要从财政方面审议该方案。他写道："我阅读了相关方案，但我认为这件事太重要了，无法直接解决。"[2] 经过进一步的计算，1839年1月该公司通过了关于建立华沙—维也纳铁路股份公司的条例，其依据的是对公司有利的政府担保，金额为固定资本的4%。[3]

俄国政府给予公司的保障，主要是为铁路建设吸引私人资本，保障向其所有者提供与将其资本投入其他机构时所获得的相同收入。此外，俄国政府对私人公司给予保障的年代是19世纪30年代末，当时欧洲还没有停止对铁路益处的讨论，这证明俄国政府认可了铁路建造为国家带来的益处，并试图对私人建设实行一定的监督。因此，政府要求公司在一定时间内将私人铁路移交给国家。如上所述，在1836年批准皇村铁路建设方案时，政府还没有提出类似的条件，当时还未明确铁路建设合理性的相关问题。

虽然华沙—维也纳铁路的条件有利于股份公司，然而在1842年，该公司成员列举了铁路建设中大量的额外支出而拒绝建造。政府支付给股份公司

---

[1] ЦГИАЛ, ф. 207, оп. 4, д. 14, 1839, л. 9.

[2] В. М. Верховский. Ук. соч., стр. 50.

[3] 在成立该公司时，俄国和西欧不存在任何一家由政府担保资本的私人公司。См. Н. А. Кислинский. Ук. соч., стр. 20－21.

### 俄国工业政策（19 世纪 20－50 年代）

4％的补给费，1843 年由国家出资继续建造。沿帝国边界修建，这一铁路线路对于国家来说，不仅具有经济意义，还具有战略价值。

1839 年为研究北美的铁路事业（与俄国在领土和气候方面相似的国家），政府派遣了两位工程师——П. П. 梅利尼科夫和 Н. О. 克拉夫特前往美国。1840 年 6 月，他们返回俄国，提供了支持铁路建设的合理性证据以及俄国应尽快建造铁路的必要性。两位工程师都详尽地研究了铁路的特征、建造技术以及财政方面的问题，特别关注了轨道、站台、车厢的建造，以及维修服务的组织等。① 他们的报告证明了铁路的光明未来，以及欧洲和美国在铁路建设方面的成功，促使政府从对铁路用途的普遍讨论向铁路建设的期限、路线以及特征等具体问题的解决方面迈进。

自 19 世纪 40 年代起，政府关于铁路问题方面的政策开始过渡到新的阶段，并于 50 年代中期结束。这一新阶段的转折点是向国家建设的过渡，其表现为具有重大工业价值的圣彼得堡—莫斯科铁路的建设。研究俄国铁路建设的一位苏联研究员 М. И. 克鲁季科夫以 П. П. 梅利尼科夫的回忆录为基础，将 19 世纪 40 年代初政府在铁路问题上的政策转变与莱比锡银行家久富尔和加尔科尔特的提议联系起来，即在授予他们建造圣彼得堡—莫斯科铁路特许权的同时，附加了 5％ 的政府担保的条件。他们建议成立由外国银行家，主要是德国人组成的公司，同时公司的会议转移至莱比锡，而铁路管理局位于圣彼得堡。莱比锡的银行家们在报告中论述了圣彼得堡—莫斯科铁路交通对所有俄国公司团体的重要性。他们指出："世界上所有现存的铁路没有一条能够与圣彼得堡和莫斯科之间拟议的铁路线路相比，因为其靠近两个首都，有利于临近莫斯科的省份的农业、工业和贸易的发展，同时，政府可以对帝国的某些地区进行严密的监督，并极大地便利了军队的转移。最后，两个首都的特殊地位，其人口、它们之间的货物运输量为希望加入该公司的资本家提供了最坚定的希望。"②

---

① ЖПС, 1842, кн. вторая, т. 3. Из отчета путешествия полковника Мельникова в Америку, стр. 85－157.

② ЦГИАЛ, ф. 869, оп. 1, д. 204, лл. 68－68 об.

М. И. 克鲁季科夫认为，有经验且具备偿还能力的外国银行家不惧资本的风险，致力于建造俄国铁路的态度，迫使政府积极参与铁路问题的讨论，并成立特别委员会探讨圣彼得堡—莫斯科铁路建设的合理性以及建造来源等关键事项。①

不可否认，在建设铁路方面富有经验的外国人的态度及相似的建议在加速有关铁路收益的旷日持久的讨论中起到了促进作用，其大致印证了我们的观点，恰恰是这一事实促使俄国政府做出由国家建造铁路的决定。应该指出，尼古拉一世与 Е. Ф. 康克林和 К. Ф. 托利不同，他不是铁路建设的反对者。他曾于 1835 年召开的特别委员会的会议上表达了对他们的支持。但他拖延了最后的决定，当时欧洲和美国铁路建设的实干家以及国家的内部需求并没有迫使他做出明确的决定。

久富尔和加尔科尔特的书面报告被呈递给各部门的高级官员审议。财政副大臣 Ф. П. 弗龙琴科实质上赞同 Е. Ф. 康克林的政策，他承认铁路的利润，然而却认为，与英国、比利时等工业发达且人口密度较大的国家相比，它为俄国带来的价值有限。他指出，在圣彼得堡—莫斯科铁路之外还有更富裕的省份，"在首都之间，很少有重要的城市和工厂可以直接参与沿线的移动"②。Ф. П. 弗龙琴科不反对吸收俄国资本家投入铁路建设，他认为，他们不能直接参与铁路的建设和管理，其资本的投入不是出于建设的利益，而是来自政府对他们投入的保障。③ 最后，财政副大臣建议采纳银行家们的计算，并做出"必要补充和更改"，考虑他们提出的其他问题。因此，以需进一步审议莱比锡企业家们的建议为借口，Ф. П. 弗龙琴科试图无限期推迟对俄国铁路建设问题的解决。

内务部官员 А. Г. 斯特罗加诺夫伯爵的意见也大致相同，内务大臣 Л. А. 佩罗夫斯基支持他的观点。④ А. Г. 斯特罗加诺夫以肯定铁路为"19

---

① «Красный архив», 1940, т. 2（99）, стр. 32.
② ЦГИАЛ, ф. 869, оп. 1, д. 204, л. 70（об.）.
③ Там же, лл. 70（об.）—73.
④ ЦГИАЛ, ф. 869, оп. 1, д. 204, л. 256.

世纪最重要的新设施之一"① 作为其书面报告的开端。但是其似乎以此为借口，要求以"冷静和谨慎的态度看待铁路"，必须查明"蒸汽机的价值以及它带来了什么"，他写道，几年后，铁路建设的热潮将在欧洲逐渐退却。他认为，俄国还没有进行统计和政治经济计算，"因此，不能判断圣彼得堡—莫斯科铁路的潜力和收益，也无法做出批准这类企业的最终决定，更不可能开始实施"②。他认为，铁路的收益仅可能发生在工业达到高度发达水平的国家，就铁路建设而言，俄国还没有发育成熟。他总结道："穿别人的衣服，既不符合我们的生活方式，也不符合我们的习惯。"③ А. Г. 斯特罗加诺夫建议，在俄国铁路的收益问题最终被查明之前不要急于做出决定。

1841年3月，尼古拉一世批准成立委员会以"从技术和商业方面初步起草和审议圣彼得堡—莫斯科铁路的方案"。由 А. Х. 本肯多夫领导委员会，其成员包括 К. Д. 切夫金少将、А. А. 博布林斯基伯爵、А. Г. 斯特罗加诺夫伯爵、交通副督办 Г. А. 杰维亚特京以及工程师 П. П. 梅利尼科夫和 Н. О. 克拉夫特。此外，该委员会还邀请了圣彼得堡和莫斯科的商人代表，如有必要，他们将提供从雷宾斯克和伏尔加河上游码头至圣彼得堡之间的贸易数据。④ 该委员会的成员构成值得关注，其中不包括关于铁路建设的最有力的反对者——К. Ф. 托利和 Е. Ф. 康克林，虽然凭借他们的职位应该参与其中。该委员会的工作带有保密性质，其结果越过大臣委员会和交通督办直接呈报给沙皇。商人参与了委员会在商业方面的计算。⑤ 圣彼得堡—莫斯科铁路方案的技术工作被委托给 П. П. 梅利尼科夫和 Н. О. 克拉夫特，他们负责统计建造成本和铁路未来收入方面的初步数据。在经过半年细致且复杂的工作后，1841年9月中旬，该委员会的成员们向政府提交了一份详细的报告，其中充分论证了圣彼得堡—莫斯科铁路的益处，对建造的费用进行了大致的

---

① Там же, л. 88.
② Там же, л. 90.
③ Там же, л. 90 (об.).
④ «Красный архив», 1936, т. 3 (76), стр. 126.
⑤ «Красный архив», 1940, т. 2 (99), стр. 169.

计算并就路线的方向提出了建议。他们计划建造以蒸汽机车为动力的双轨铁路，并计算了最短路线，即越过诺夫哥罗德可将路程缩短至 590 俄里（取代原来的 675 俄里）。① 与早期铁路作为乘客运输工具的主要功能的结论不同，文件中引用了英国煤炭的运输，谈到了铁路对货物运输的重要性。② 作为铁路益处的结论之一，该委员会的成员们提出其有助于"防止工厂人口的有害集中"，因为"（铁路）沿线建造的工厂将保留方便快捷的沟通带来的所有好处，同时消除了首都高成本和不道德行为带来的不便"③。该委员会成员提出的论据本身就证明了当时俄国对"工人问题"的重视。④

为审议委员会的方案，尤其是技术方面的计算结果，政府成立了以工程师 М. Г. 杰斯特列姆为首的交通管理总局特殊技术委员会，М. Г. 杰斯特列姆于 19 世纪 40 年代放弃了他原来对铁路所持的虚无主义观点，现在支持圣彼得堡—莫斯科铁路的建设。他写道："铁路对贸易额的增长以及工业企业的发展都具有非常积极的影响。"⑤

该技术委员会由国务会议成员 А. Г. 斯特罗加诺夫伯爵、罗科索夫斯基中将以及工程师 С. В. 凯尔贝季组成。该技术委员会的成员们赞同委员会的主要结论，从财政方面提出了有关铁路建设的一些意见。1841 年 12 月末，该技术委员会的报告被提交给尼古拉一世，随后大臣委员会举行了一次特别会议（1842 年 1 月 13 日），尼古拉一世及其王位继承人亚历山大出席了这次会议，并重新讨论了圣彼得堡—莫斯科铁路建造的合理性以及其存在的必不可少的资金问题。大臣委员会绝大部分意见认为，尽管 П. П. 梅利尼科夫和 Н. О. 克拉夫特提供了令人鼓舞的信息，但圣彼得堡—莫斯科铁路的建设是"不可能且无益的"⑥。К. Ф. 托利认为，由于诺夫哥罗德的沼泽无法

---

① 《Красный архив》，1936，т. 3（76），стр. 127.
② Там же，стр. 141.
③ Там же，стр. 144.
④ 详见关于工人问题的政府政策一章。
⑤ ЦГИАЛ，ф. 869，оп. 1，д. 204，л. 301（об.）.
⑥ 《Краткий исторический очерк развития и деятельности ведомства путей сообщения за сто лет его существования（1798—1898）》，СПб.，1898，стр. 78.

通行，同时要面临穿越瓦尔代山和河流泛滥的困难，当地的障碍将无法克服。他再次重申了自己的意见，对内贸易需要的仅是运输价格的低廉，而不是运输的速度，因此水路交通比铁路更加合适。Е. Ф. 康克林表达了自己的担忧，认为铁路建设的支出将超过其带来的收入。①

内务大臣 Л. А. 佩罗夫斯基确信，铁路将会促进外国有害习气在俄国的扩展，因为"莫斯科与圣彼得堡、沿海港口的联系……将这一外国的影响扩散至莫斯科"②。仅国家财产部大臣 П. Д. 基谢列夫表达了支持铁路建设的论据充分的言论。他说："两个首都的联合，我认为是有希望且有益的"③。他指出，新型交通的实施对于像俄国这样水路不足的国家来说是非常重要的。铁路，根据 П. Д. 基谢列夫的论证，使莫斯科成为内省贸易的中心，并使后者更加靠近圣彼得堡。他认为，铁路的建设会在"全国范围内散布资本"，"而政府将有办法更加容易地收取欠款和税款"④。

听取大臣们的意见后，尼古拉一世提出了由国家出资组织铁路建设的方案，提议立即展开对于建设十分必要的技术方面的勘察。⑤ 国家建设的决定源于尼古拉一世的整体政策，尼古拉一世是政府集中化的拥护者。西方和俄国铁路路线的不同轨距增加了它们的战略价值。

1842 年 1 月 25 日，由于圣彼得堡—莫斯科铁路建设问题的解决，尼古拉接见了以圣彼得堡市长 В. Г. 茹科夫为首的圣彼得堡商人代表团，其成员表示愿意帮助建造铁路。⑥ 1842 年 2 月 1 日其颁布了关于成立由王位继承人亚历山大担任主席的圣彼得堡—莫斯科铁路委员会的政府命令，这表明了沙皇在铁路问题上对其大臣的不信任。与此同时，该铁路委员会还由铁路建设的反对者们构成——К. Ф. 托利、Е. Ф. 康克林、内务大臣 Л. А. 佩罗夫斯基。除此之外，该铁路委员会成员还包括国家财产部大臣 П. Д. 基谢列夫、

---

① Там же.
② ЦГИАЛ, ф. 869, оп. 1, д. 204, л. 259.
③ Там же, л. 104.
④ Там же, л. 105.
⑤ «Красный архив», 1936, т. 3 (76), стр. 145 – 146.
⑥ См. В. М. Верховский. Ук. соч., стр. 59.

А. Х. 本肯多夫伯爵、А. Ф. 奥尔洛夫伯爵、В. В. 瓦列绍夫伯爵、П. А. 克莱因米歇尔伯爵、М. Г. 杰斯特列姆中将、吕滕贝格公爵、К. Д. 切夫金少将、А. А. 博布林斯基伯爵。① 1842 年 2 月 1 日法令叙述了政府在铁路问题方面的政策简史，指出收集外国铁路资料的重要性，即"以便确定这些铁路对于俄国的优点、最佳的应用和最便捷的技术形式的衡量标准"②。该法令指出，以其他国家为例在俄国建设铁路，圣彼得堡—莫斯科铁路由国家出资建造，"以便于永久地将其掌握在政府手中，并且有利于普遍的交通，这对整个工业以及国家的活跃生活是如此的重要"③。

该铁路委员会负责监督建造，管理铁路事务。该铁路委员会还组建了由 А. Х. 本肯多夫担任主席的建造小组，П. А. 克莱因米歇尔、М. Г. 杰斯特列姆、К. Д. 切夫金、А. А. 博布林斯基、Н. О. 克拉夫特、П. П. 梅利尼科夫参加了这一小组，其成员负责制定预算和建造方面的经济支出。该铁路委员会和建造小组中有三名来自商人阶层的成员，"与这一阶层进行商议是必要的"④。这一事实证明，政府尝试考虑资产阶级的利益，然而没有进一步授予商人发言权。

工程师 П. П. 梅利尼科夫负责铁路北线的所有技术工作（自圣彼得堡至博洛戈耶），而 Н. О. 克拉夫特负责南线（自莫斯科至博洛戈耶），交通学院的学生们同 П. П. 梅利尼科夫和 Н. О. 克拉夫特一同承担铁路建造方面受人尊敬且责任重大的工作，著名的桥梁建筑师 Д. И. 茹拉夫斯基、工程师 Н. И. 利平、С. В. 凯尔贝季，他们在实践中展现了高超的技术修养和深厚的建造业知识。

1842 年 8 月，交通管理总局成立了由 К. И. 费希尔司长领导的铁路司，负责管理所有铁路的建造，同时撤销了建造小组（圣彼得堡—莫斯科铁路委员会被保留下来，直至 1858 年才被取消）。

---

① ПСЗ. Собр. 2，т. 17，№ 15265.
② Там же.
③ Там же.
④ Там же.

该铁路委员会的成员们没能就圣彼得堡—莫斯科路线方向问题达成一致。一派（П. Д. 基谢列夫、Л. А. 佩罗夫斯基、А. Ф. 奥尔洛夫、В. В. 列瓦绍夫）认为铁路必须经过诺夫哥罗德；另一派（皇太子亚历山大、Е. Ф. 康克林、К. Ф. 托利、А. Х. 本肯多夫）认为应该建造经过特维尔至莫斯科的直线。国家财产部大臣提出了特别的意见，他对反对派建议的方向表示反对。П. Д. 基谢列夫写道，诺夫哥罗德居民达到17000人，其本身拥有交换和消费的地点，铁路绕过诺夫哥罗德，在很大程度上不仅不会促进城市的发展，"还会阻碍其在未来的发展"①。他认为，铁路是贸易所必需的，"特别是在农村工业领域"②，他将城市的发展视为"开放农产品销售的手段"③。П. Д. 基谢列夫坚决主张，圣彼得堡—莫斯科铁路应向人烟稠密的地方延伸，如诺夫哥罗德方向。他写道："铁路的铺设，不仅是为了两个地点的利益和应用，而且是为了整个国家，工业和人口福利的增加不是铁路建设的最终目标。"④

在沙皇的支持下，另一派代表认为，经过诺夫哥罗德的铁路将增加成本和运输费用。此外，尼古拉一世在1843年2月22日的书面报告中反驳了П. Д. 基谢列夫，他写道，"诺夫哥罗德居民使用水路交通和莫斯科公路，得益于停留过夜的来往车队，铁路的铺设只会造成损失，因为两者都将放弃公路而乘铁路出行。而这条铁路的首要优势是旅行速度，但是很明显，没有人会在诺夫哥罗德停留，而是希望在4个小时内到达圣彼得堡，或者在3个小时内到达莫斯科。"⑤ 铁路委员会的成员们最终做出了绕过诺夫哥罗德沿直线铺设铁路的决议。

圣彼得堡—莫斯科铁路的建造需要大量的物资投入。俄国政府希望得到采矿企业主的帮助，要求他们开始供应"铁路建造所必需的铁轨数量"。为

---

① ЦГИАЛ, ф. 248 Комитета железных дорог, оп. 1, д. 6, лл. 57—58.
② ЦГИАЛ, ф. 219, оп. 1, д. 80, л. 5.
③ ЦГИАЛ, ф. 248, оп. 1, д. 6, л. 58.
④ Там же, л. 59.
⑤ ЦГИАЛ, ф. 248, оп. 1, д. 6, лл. 62 - 62 об.

了表达对沙皇的感激之情，企业主们请求政府允许他们在各自的环境中成立一个委员会和一个特别委员会。后者的任务是建立一个生产铁轨的"示范性机构"，并寻找措施"以成功和最便宜的方式为铁路供应所需的金属"，以便在"没有任何失败顾虑"①的情况下与国库缔结合约。但是采矿企业主并没有对铁轨的供应时间和数量做出任何具体的承诺。因此，政府要求国外的贸易公司供应铁轨，并接受了英国供应商格斯特的提议，其承诺于1843～1845年将所需数量的铁轨运送至喀琅施塔得，价格为每普特77戈比～82戈比。②

"为了不中断施工进程"，在向国外购买铁轨的同时，政府并没有放弃与俄国采矿企业主的交涉。代表采矿企业主进行谈判的省长 H. O. 苏霍扎涅特告知铁路委员会的成员，成立于1843年的采矿企业主协会"在采取一切措施的情况下"也只能于1843年末或1844年初开始供应铁轨。谈到价格，采矿企业主确定每普特不少于5纸卢布（1卢布50戈比银币），并且拒绝明确铁轨的供应数量。③虽然该协会成员们提出的价格并不优惠，但铁路委员会接受了提议，并批准其按照每普特1卢布43戈比的"上述生产标准"供应铁轨，即高出国外价格的50%。但在经过两年的通信之后，该协会以只同意供应5万普特铁轨，而不是所需的500万普特铁轨结束了此事。④这再次显示了俄国社会经济的落后性以及农奴制和垄断的阻碍作用。建设开始于政府官员对铁路的怀疑，其没有必要数量的、装备完善的工厂以及足够的技术人员和技师。国有亚历山德罗夫斯克铸造厂已被移交给交通管理总局，不太适合解决新问题。为重新装备工厂，政府邀请了来自美国的工程师威斯特勒、机械师韦纳斯和戈里森。政府与他们签订了一份合同，包括生产必要数量的火车头和运输设备，以及培训驾驶蒸汽机车的技工。为培训机械师、司炉、列车员，政府在附属于工艺学院的采矿学校中开设了一个专门的班级，

---

① Там же, лл. 19 – 20.
② Там же, л. 40.
③ ЦГИАЛ, ф. 248, оп. 1, д. 6, л. 40.
④ Там же, л. 124.

主要由强制兵的孩子们组成。①

圣彼得堡—莫斯科铁路的总负责人是 П. А. 克莱恩米歇尔，阿拉克切耶夫军屯的原参谋长，他不学无术，粗野且高傲，利用沙皇对他的充分信任。与他长期共事的工程师 A. 杰利维格这样评价他："П. А. 克莱恩米歇尔不仅一点都不了解铁路建设方面的财政和技术问题，而且教育的缺乏使他永远也不会对它们有任何了解。"②

铁路的建造开始于1843年，结束于1851年。自建造开始，政府就加强了其对国外铁路行业理论和实践方面的调查。政府特别研究了铁路公司的章程、建造的性质和技术、西方国家的政策，并摘录了与俄国政府的政策密切相关的文章，因为所有这些问题在俄国都具有实际意义。英国的一份官方文件曾经谈道："铁路是公共财产。它对人民是如此的重要，正如他们呼吸的空气一样。""在英国，自古以来，交通道路的控制权就属于作为国家代表的国王，而政府只是短暂地、在某些条件下将其部分权力移交给个人，但是他们所拥有的这一部分权利并非永久性的。政府始终有权监督那些受委托管理道路的人，并会酌情剥夺他们的管理权。"③

俄国驻伦敦大使馆发给圣彼得堡的另一份文件指出，为了公共福利，政府必须始终保有对普通大道的所有权，更为重要的是，政府拥有控制其铁路的唯一权力，因为它们是"最好的交通方式"④。俄国委员会成员选出的所有外国文件都是为了证明俄国政府旨在进行国家建设的方针是正确的。西方的许多国家在近些年加强了政府对铁路的管理。如，在19世纪40年代之前，法国的私人建造并不受国家控制。根据1842年法令，政府自费建造铁路路基和一些建筑物，然后将道路移交给公司，由公司完成并仅在一定时间内使用。⑤众所周知，英国的铁路由私人出资建造，并且被授予"永久"的

---

① ЦГИАЛ, ф. 219, оп. 16, д. 25536, л. 1.
② А. И. Дельвиг. Мои воспоминания, т. 2. М., 1912, стр. 10.
③ ЦГИАЛ, ф. 219, оп. 16, д. 25536, л. 168.
④ Там же, л. 169.
⑤ ЦГИАЛ, ф. 219, оп. 1, д. 90, л. 106.

第三章　19世纪20～50年代俄国的铁路问题

经营权。1844年，英国政府指出，公司被赋予了"过于广泛的权利"，而这些权利被用来谋取利益。英国政府认为，"铁路的永久占有"是"新型的封建制度"，决定将这一私人占有权缩减为21年，在这之后政府有权购买道路。① 交通部的一位官员瓦格纳曾前往普鲁士和奥地利出差，他写道，德国的很多官员都对政府没能完全参与铁路建设表达了惋惜。他指出："与此相反，应当赞美俄国，它除了国有铁路外不存在其他的形式，不管其他巨大的优势如何，这不仅不会降低土地所有权的价值，甚至会增加它的价值。"瓦格纳写道，普鲁士的政府"开始思考国家建设"②。

　　除了了解铁路公司的章程和西方大国的政策外，由政府派遣到国外的交通部官员还研究了铁路方面的管理活动、车站职务的组织以及列车时刻表，同时也关注了车站安全的保卫、货物的有序运输以及乘客的安置等。③ 铁路司就这些报告进行了讨论，并根据铁路司成员的建议将其应用到俄国的铁路当中。在研究国外铁路规则和章程的同时，铁路司下属的特别委员会还审议了私人建造铁路的请求。该特别委员会成立后，于1842年10月收到了八等文官萨夫罗诺夫提交的第一份书面报告《关于铁路建造》。萨夫罗诺夫认为糟糕的交通方式是工业和贸易发展缓慢的主要原因。根据他的观点，铁路应该将最重要的内部省份与对外港口联系起来。他认为，在圣彼得堡—莫斯科铁路建造完成后，首先应该建造的是莫斯科—萨拉托夫线路，该路线将中部与最肥沃的区域和水路命脉——伏尔加河联系起来，并经过卡马河及其他河流与西伯利亚、里海相连，同时"将莫斯科变成圣彼得堡的郊区，坦波夫变成欧洲的粮食商店，萨拉托夫变成主要的国内市场"④。其次应该建造连接敖德萨和里加的线路；最后应该建造连接华沙和莫斯科的线路。⑤ 根据萨夫罗诺夫的建议，这三条线路必须由国家出资建造，花费将高达1.5亿卢

---

① ЦГИАЛ, ф. 219, оп. 1, д. 139, л. 139.
② ЦГИАЛ, ф. 219, оп. 1, д. 22, лл. 30 – 31.
③ Там же, лл. 1 – 2.
④ ЦГИАЛ, ф. 219, оп. 16, д. 23537, лл. 1 – 6.
⑤ Там же, л. 9.

139

布。① 因为其"既没有依据，也没有经过准确的核算"，所以该特别委员会的成员们并没有将这一方案付诸实施。

1843年1月，三名重要官员请求批准成立一家负责在伏尔加河和顿河之间修建铁马道路的股份公司，以完成马和犍牛的重物搬运。政府于1843年7月批准了这条线路的建造。1855年，该公司坚信这一事业无利可图，于是出售了财产并销毁了道路。② 1844年（4月），四名萨拉托夫商人建议依靠私人资金建造从埃利通盐湖至尼古拉耶夫码头的铁路。财政部否决了这一请求，理由是出售盐的资本将不会流向国家，而是流向公司。③ 1845年3月，五等文官纳雷什金、少校工程师陶布以及其他代表提交了关于依靠私人资本建造自圣彼得堡至奥拉宁鲍姆，以及更远至喀琅施塔得的铁路的书面请求，以"缩短并扩展圣彼得堡港口的国外贸易周期"④。

上任不久的财政大臣 Ф. П. 弗龙琴科还不具备其前辈 Е. Ф. 康克林的权威，在铁路问题方面实际上继承了 Е. Ф. 康克林的政策。他就纳雷什金的建议谨慎地指出："只有经验可以准确地指出从圣彼得堡至喀琅施塔得的铁路将为贸易带来怎样的变化，而目前预测所有的变化是不切实际的，此外，我们现在仍然无法得知从圣彼得堡至莫斯科正在修建的铁路将对贸易产生怎样的扩展。"军部大臣更加明确地指出，喀琅施塔得具有重要的防御价值，他认为不可能将这一要塞转交到私人手中。⑤ 政府做出了更为谨慎的决议。其同意建造自圣彼得堡至奥拉宁鲍姆的铁路，允许在建造结束后提交修建至喀琅施塔得的铁路的方案。⑥ 1846年，该公司的成员们起草了公司章程⑦，而至1848年，其创始人拒绝在没有完成必要资本积累的情况下进行

---

① Там же, л. 12.
② См. И. П. Боричевский. Ук. соч. ЖПС, 1863, кн. первая, т. 39, стр. 148–149.
③ См. там же, стр. 151.
④ ЦГИАЛ, ф. 219, оп. 1, д. 52, л. 62.
⑤ ЦГИАЛ, ф. 219, оп. 1, д. 52, л. 100.
⑥ Там же, л. 4.
⑦ ЦГИАЛ, ф. 219, оп. 1, д. 39, л. 43.

建设。①

1845年，利巴瓦的商人们向铁路委员会请求建造自利巴瓦至于尔堡的铁路。该委员会的成员们认为，铁路具有"国家和社会价值"②，建议在1845年之内提交方案、预算和公司章程。但直至1848年，利巴瓦商人一直未向交通部提交任何文件，理由是"西欧的政治变革阻碍了工业和金融结算，切断了所有的信贷关系，最重要的贸易公司破产，公共资金和铁路股份下降"③。这使他们无法在国外为利巴瓦—于尔堡铁路增加股东，也就无法建造铁路。

1852年，科丘别伊公爵提出了关于在政府的担保下成立私人公司的建议，以建造从哈尔科夫至费奥多西亚的铁路。这一请求得到了铁路委员会的支持。П. А. 克莱因米歇尔赞同这一路线的方向并写道："俄国南部边区铁路的建造将为南部产品销往国外以及西部和北部省份开辟便利的交通，毫无疑问将推动俄国南部工业的发展以及国民财富的增长。"④ 但至1853年1月，该公司的创始人在政府批准后放弃了自己的企业。⑤

1834~1860年，俄国共做出过86项关于由私人资本建造铁路的提议。⑥而且在19世纪50年代之前，每年申请的数量不超过3~4份，但在克里木战争结束后，政府和社会已经意识到俄国的经济和交通明显地落后于西欧国家，申请的数量开始大幅增长。仅于1856年政府就收到了由私人提交的16份书面报告。⑦

大部分的方案，特别是19世纪30~40年代，政府主要以如下两个理由

---

① См. П. И. Боричевский. Ук. соч. ЖПС, 1863, кн. первая, т. 39, стр. 156.
② ЦГИАЛ, ф. 248, оп. 1, д. 6, лл. 146 – 146 об.
③ ЦГИАЛ, ф. 1272 Комитета, высоч. учрежденного для рассмотрения предложений о сооружении железных дорог, оп. 1, д. 4, лл. 99 – 100.
④ ЦГИАЛ, ф. 1272, оп. 1, д. 1, л. 79.
⑤ См. И. П. Боричесвский. Ук. соч.; ЖПС, 1863, кн. вторая, т. 40, стр. 272.
⑥ См. А. И. Штукенберг. Из истории железнодорожного дела в России. «Русская старина», 1885, май, стр. 311.
⑦ См. И. П. Боричесвский. Ук. соч.; ЖПС, 1863, кн. вторая, т. 40, стр. 293 – 318 (подсчеты мои. —Н. К.)

俄国工业政策（19 世纪 20—50 年代）

否决。一方面，政府急于维护国家对交通方式的监督，此外，沙皇十分重视铁路的战略价值。П. Д. 基谢列夫写道："欧洲普遍倾向于由私人公司来发展铁路，这激起了俄国私人建造这种道路的进取心。但是，这些私有道路必须为政府的整体利益服务且符合其目标。"① 另一方面，否决申请的理由在于书面报告的表面性以及考虑不周，缺乏精确的路线方案和预算。同时由于缺乏货币资本，俄国资本家的守旧性以及企业主自身对铁路建设的不信任，一些已被政府批准的方案也没能付诸实践。在铁路建设问题上非常明显地表现出俄国经济的落后和国家机构的阻碍作用。俄国几乎与西欧国家以及美国一同开始建造铁路，但到了 19 世纪 60 年代却变成了解决交通问题方面最落后的国家之一。俄国建造铁路的价格成本本身要高于国外。Д. И. 茹拉夫斯基在其书面报告《关于影响铁路建造价格的环境》② 中谈到了这一问题，并写道，由于俄国工业发展不足，因此建造铁路所需的大部分材料必须从国外进口。与英国本土相比，从英国订购的铁轨在到达俄国港口时其价格要高出 20%，而运输到俄国内部时，其价格则增加了 40%，其他材料的价格也有相同程度的增加。此外，俄国熟练掌握建造技能的人才很少，而雇佣国外的工程师价格昂贵。Д. И. 茹拉夫斯基在结尾处写道："因此，与其他国家相比，俄国的铁路建设成本更高。" 其缺乏建造所必需的廉价的设备、仪器和材料，专家人数较少以及政府对他们中许多人的不信任，最后，恶劣的气候条件，建造技能的缺乏，所有的这些因素导致在 1851 年后没有额外工作的情况下，圣彼得堡—莫斯科铁路的成本高达 6680 万卢布。③ 国内沉重的财政状况、长期的赤字使沙皇不可能依靠国内的资本来建造铁路。在建造铁路期间，政府共发行了 5 次公债（1842 年、1843 年、1844 年、1847 年和 1849 年），总额为 4200 万卢布。④

---

① ЦГИАЛ，ф. 219，оп. 16，д. 23532，л. 51.
② ЦГИАЛ，ф. 207 Главного управления путей сообщения，оп. 1，д. 321，лл. 6 - 9.
③ См. П. И. Георгиевский. Исторический очерк развития путей сообщения в XIX в. СПб.，1893，стр. 72. Н. А. Кислинский оценивает стоимость дороги в 76 млн. руб.，125 тыс. за версту. См. Н. А. Кислинский. Ук. соч.，стр. 58.
④ С. А. Уродков. Петербурго-Московская железная дорога. Изд-во ЛГУ，1951，стр. 93.

自 1851 年 11 月 1 日起，圣彼得堡—莫斯科铁路正式开放定期交通，铁路全长为 656 千米，在当时是欧洲最长、技术最先进的铁路。它有力地证明了铁路建设对俄国的经济重要性。《奥格斯堡公报》指出："它的价值在于将帝国的两个首都，如此重要地，变为一个。它将使莫斯科和圣彼得堡完全和解并面向亚洲……它将以便宜的价格将粮食运送至圣彼得堡……它将使人们更容易进入欧洲和俄国内陆地区，反之亦然，这将为其在欧洲铺设最便利、最短程的道路。"① 圣彼得堡—莫斯科铁路的开辟具有重大的工业和贸易价值，即使它在经营的第一年亏本，但仍使政府确信有必要在俄国建设铁路网络，而不仅仅是建造一条单独的铁路线路。

1851 年 2 月，政府下达命令，使用国库资金建造具有重要战略价值的圣彼得堡—华沙铁路。1853 年 11 月，在将铁路铺设至加契诺之后（41 俄里），由于克里木战争的爆发，政府暂时终止了这条铁路的建造。直至 1857 年，该铁路才由俄国道路总协会恢复建造。但关于由国库出资建造圣彼得堡—华沙铁路的决议并不代表俄国政府今后将继续严格遵守国家建造的意图。相反，用于建造圣彼得堡—莫斯科铁路的高昂费用，以及对国外银行家的欠款促使政府重新考虑铁路建设的性质问题。

Л. В. 坚戈博尔斯基于 1852 年呈递给尼古拉一世的书面报告《关于帝国铁路建造的资金》② 是这一时期官员团体对待铁路建设态度的显著标志，Л. В. 坚戈博尔斯基明确地表达其坚信铁路建设对于所有国家的合理性。他写道："目前，铁路的重要性和益处已经被经验所证实和普遍承认，现在的问题仅在于根据交通需求建设所有的线路，以及为此需要使用所有的公共和私人信贷手段。"他试图揭示俄国在铁路建设中的财政能力及其实施方式。提到西方铁路建设行业的历史，Л. В. 坚戈博尔斯基写道，英国完全依靠私人资本进行建设，没有任何的国库支持，而欧洲大陆，这里的资本家更少，距离更长，需要国家的介入。但是，他认为政府对私人公司的支持不仅仅是

---

① ЦГИАЛ, ф. 219, оп. 16, д. 23532, лл. 32–33.
② ЦГИАЛ, ф. 207, оп. 1, д. 16, лл. 3–43.

由于私人资本的短缺，也是政府希望为建设提供必要的国家规划。由于这些原因，法国、奥地利、普鲁士以及其他的德意志国家发展了铁路建设的国家—私人体系，使国营和私营工业的资金能够集中到"为全体国民谋福利这一个目标"上。Л. В. 坚戈博尔斯基指出，与国有道路相比，私有道路建造和维护的成本更加低廉，它发挥了企业主的主动性。但私有道路存在严重的缺陷，主要可以归纳为缺乏管理和职务组织的一致性。Л. В. 坚戈博尔斯基谈到俄国倾向于由国家建造铁路。他写道："私人公司体系与其他国家相比，其在俄国的应用将面临更大的困难。"[①] Л. В. 坚戈博尔斯基认为，俄国铁路建造的主要障碍在于缺乏自由资本以及其与"我国放款银行"的冲突。建造所必需的资本规模，根据他的意见，将会造成信贷机构的"空竭"，为了避免这种情况发生，他建议使用外债。[②] Л. В. 坚戈博尔斯基认为，俄国股东的影响不够广泛，因此应"吸引国外的投机商人"，并举例说明了利巴瓦—于尔堡公司的创始人未能将贷款出售给国外的情况，没有一份股票被出售到"国外"。他认为，在俄国的现实条件下，政府自身必须提供外国贷款并与股东进行协商。

因此，Л. В. 坚戈博尔斯基并不否定私人建造，其认为在国外银行家的参与下，私人建造要比国家建造更具优势。早在克里木战争期间，Л. В. 坚戈博尔斯基的论断就引起了沙皇政府的关注。考虑到政府在铁路问题上的政策方案，亚历山大二世于1856年3月22日下令，Л. В. 坚戈博尔斯基的建议"在讨论补充帝国铁路网的一般措施时应予以考虑"[③]。

克里木战争激发了私人在铁路问题方面的主动性。这一时期，俄国政府正经历着沉重的财政困难，考虑到社会的意愿，最终确认了开展私人建造的必要性。1853年，国内的赤字共计108829卢布，而1856年已达258374卢布。[④] 在克里木战争期间，建议依靠私人资本在俄国建造铁路的第一个外国

---

① Там же, лл. 8–8 об.
② ЦГИАЛ, ф. 207, оп. 1, д. 16, лл. 15–15 об.
③ Там же, л. 18 об.
④ Там же, л. 53.

第三章　19世纪20～50年代俄国的铁路问题

企业家是美国电报公司的秘书沙夫纳，其于1854年就已撰写了书面申请。尼古拉一世建议沙夫纳前往圣彼得堡，商讨租让合同的条件。1855年5月，后者撰写了补充说明，建议建造规模的总额为2.66亿银卢布①，包括桥梁、必要建筑的建造以及轨道的运送。

他同意在5年内建造从莫斯科至敖德萨的铁路（以及自哈尔科夫至费奥多西亚的支线），其中经过卡希拉、图拉、奥廖尔、哈尔科夫、波尔塔瓦和克列缅丘格。沙夫纳所做工作的成本由俄国政府以国家债券的形式支付给他，这带来了6%的收入。Ф. П. 弗龙琴科去世后，1850年继任的财政大臣П. Ф. 布罗克认为沙夫纳的建议对俄国不利。根据他的计算，在接受沙夫纳条件的情况下，政府每年要支付后者1300万卢布以上的利息，而且沙夫纳要求对这条铁路享有为期20年的经营权，那么政府将向其支付超过2.6亿卢布的利息。此外，П. Ф. 布罗克认为不能接受沙夫纳方案的另一个原因在于，他"没有提供任何保证金来确保其义务的认真履行"②。铁路委员会支持财政大臣的论断，在沙夫纳提供方案和预算前推迟问题的解决，否则"无法确定合同金额"③。1856年另外两名外国人提交的建议也被政府否决，因为他们要求的条件不符合俄国的利益。④

1856年，由 Л. Н. 施蒂格利茨男爵出资开始建造彼得戈夫—圣彼得堡铁路，并于1857年完工。根据合约的条件，政府有权在15年后出于国家利益将铁路赎回。

1856年10月，Л. Н. 施蒂格利茨男爵和来自巴黎、阿姆斯特丹、伦敦、比利时以及华沙的银行家们向政府提交了关于成立俄国铁路总公司的方案，得到了沙皇和大臣委员会的一致认可。1857年1月26日沙皇批准了总公司的章程，⑤ 同意其将公司的资本确定为2.75亿卢布，并通过发行125银卢布

---

① ЦГИАЛ, ф.1272, оп.1, д.5, лл.1－4.
② ЦГИАЛ, ф.1272, оп.1, д.5, л.10.
③ Там же, л.32.
④ См. Н. А. Кислинский. Ук. соч., стр. 64－65.
⑤ ПСЗ. Собр. 2, т. 32, № 31448.

145

的股票逐步筹集资金，共计 7500 万卢布。1857 年 1 月 28 日，政府向参政院发布了关于建设第一个铁路网的法令。① 该法令简短地介绍了铁路建造的历史，指出铺设圣彼得堡—莫斯科铁路的重要性，并证明了"这一新型交通方式的显著益处，其在和平与战争时期的全部必要性"；谈到铁路"曾被许多人质疑，但如今所有阶层都已认可其对帝国的必要性，并已成为一种人民的需求，一个共同的愿望，一项紧迫的任务"②。同时该法令指出，战争结束后，针对铁路问题的全面讨论证明，"为了方便和速度，应借鉴所有其他国家的例子，最好转向国内外的私营工业，对于后者……，应利用其在西欧数千俄里铁路建设中获得的丰富经验"。这些意见清晰且明确地指出政府在铁路问题方面的新方案——在俄国和外国资本的帮助下依靠私人建造铁路，区别于 1842 年 2 月 1 日旨在由国家完成建造的政府法令。

大臣委员会在了解了许多外国银行家的建议后，认为以 Л. Н. 施蒂格利茨男爵为首的由俄国和国外资本家成立的公司提交的方案最佳。根据章程，该公司承诺在 10 年内自费建设铁路，并在随后的 85 年内负责维护约 4000 俄里的铁路网，在政府的保证下，从确定的建设总额中收取 5% 的收入，以便在此之后将整个铁路网免费移交给国库。这些铁路应该连接圣彼得堡与华沙和普鲁士的边界，应该连接莫斯科和下诺夫哥罗德，应该经过库尔斯克和第聂伯河下游地区的莫斯科与费奥多西亚，以及能够自库尔斯克或奥廖尔经过迪纳堡到达利巴瓦。这些路线经过了 26 个省份，将圣彼得堡、莫斯科、华沙 3 个首都，主要通航河流，产粮丰富的地区与黑海和波罗的海的港口连接起来，因此保障了俄国商品和内部粮食的出口。③ 该公司所在地是圣彼得堡，但军务管理总局设在巴黎委员会中。该公司为管理建设事务成立了一个由 20 人组成的委员会，其中一半是俄国国民，并任命法国工程师科利尼奥尔为铁路网络建设的总负责人。铁路的建造既要依靠俄国的力量，也要依靠国外的力量来进行，但主要依靠法国的工程师和技术人员来进行。由于对俄

---

① ПСЗ. Собр. 2, т. 32, № 31448.
② Там же.
③ ПСЗ. Собр. 2, т. 32, № 31448.

国了解不足，资金管理不善，独立于国家控制的公司自治，大量的物质建设支出，早在1858年第一次发行股票时获取的7500万卢布已经被消耗殆尽，必须发行更多的债券。公司管理委员会将物质困难归因于欧洲金融市场的极端困难。公司在第一年主要从事两条线路的建造：自圣彼得堡至华沙以及其经过科夫诺至普鲁士的支线，另一条线路自莫斯科至下诺夫哥罗德。由于物质方面的限制，公司摆脱了建造费奥多西亚至利巴瓦线路的责任，这导致俄国铁路总公司的章程于1861年11月6日发生了变化。关于总公司建设和活动的进一步研究不在我们这本著作的时间框架之内。

我们的总结如下。

铁路的出现是工业和农业发展、国内外贸易扩展以及城市数量增加的结果。就其本身而言，铁路加快了封建主义的瓦解，促进了资本主义的确立。铁路问题在俄国政府范围内的提出源于国家的内部状况，源于国家所面临的任务。列宁写道："铁路是资本主义工业最主要的部门即煤炭工业和钢铁工业的结果，是世界贸易和资产阶级民主文明发展的结果和最显著的标志。"[①]

俄国的铁路建造始于19世纪30年代中期，几乎与西欧国家和美国的铁路建设同时开始。但是俄国的建设速度明显落后于欧洲，到了60年代，它几乎落在了所有欧洲大国的后面。俄国铁路建设速度缓慢的根源在于其自身的农奴制度、经济的落后、货币资本的短缺以及官员的反对。

根据政府对待铁路建设的态度以及实施的特征，我们可以将铁路政策分为三个阶段。第一个阶段为1835～1842年，这一时期的俄国政府在铁路问题方面并没有提出具体的方案，对铁路的重要性也没有明确的了解。铁路在当时被视作私人事业而非国家事业。在这一阶段，俄国社会的先进阶层比政府更加了解铁路的广阔前景，他们迫使后者重新讨论铁路问题。第二个阶段开始于1842年关于建造圣彼得堡—莫斯科铁路的政府法令，并一直持续到克里木战争时期。由于内部原因以及对欧洲和美国铁路建设实践的详细了解，政府开始认识到铁路对俄国的显著益处，理解了铁路对于国家的重要

---

① В. И. Ленин. Полн. собр. соч. , т. 27, стр. 304.

性。政府注意到铁路在解决国内战略、警察任务中的主要职能，同时也害怕放开自己手中的交通管理线，政府开始转向国家建设。这一阶段的关键环节是建设对俄国具有重大经济价值的圣彼得堡—莫斯科铁路。但是该铁路的建设耗费了巨大的物质支出，这促使政府开始思考改变铁路建造的性质，开始思考吸引国外资本完成私人建造的合理性。克里木战争阻碍了这一问题的解决。随着战争的结束，俄国的经济开始崩溃，原有的交通方式完全不再适用，沙皇做出了决议，即不应只是建造一条单独的铁路线路，而是必须建造能够将俄国最重要的经济中心与港口连接起来的铁路网络。国家缺乏足够的资金进行这样大范围的建造，需要俄国和外国银行家的帮助。在不放弃对铁路建设进行监督的情况下，俄国政府将国内的铁路建设移交到私人手中。第三个阶段开始于俄国铁路总公司的成立（1857年）并持续至改革后。

政府内部关于铁路建设问题的讨论表明了国家显贵对待铁路问题的谨慎、犹豫与怀疑，这其中也包括沙皇、贵族、地主的阶级利益有时会主宰国家的利益，因此新技术想要在农奴制俄国开辟一条道路将十分困难。

在研究了工业发展的一般性问题、关税和铁路政策后，我们将在下面几章中研究工业政策的各个领域。

## 第四章
## 工场手工业和商业会议的建立及其活动

19世纪20~50年代，工业在国家经济中的比重有所增长，这迫使政府开始考虑俄国资产阶级的利益。此外，政府不能再局限于自身的命令和建议，需要专门的机构来集中管理工业和贸易。

国内资本主义关系的发展，监督企业主的活动并向他们提供帮助的需要是工场手工业和商业会议形成的主要原因。它是咨议性质的机构，其中有资产阶级的代表参加。

工场手工业和商业会议形成以及活动的历史被逐渐遗忘在我们的文献当中。在A. B.普列捷琴斯基撰写了有关工场手工业会议的文章之后，再也没有出现有关该主题的任何作品。[①] 关于苏联历史的一般性著作仅简略地提到了这个机构，并没有就其实际活动展开任何研究。当然，不应过高地评价这个机构，但在研究俄国工业政策的过程中也不能回避这一问题。

对工场手工业和商业会议的研究有助于揭示政府政策在工业领域和企业主之间的矛盾。此外，熟悉这个机构的工作将有助于我们了解新兴资产阶级的意识形态、它的作用以及改革前其在俄国的地位。

在正式宣布成立工场手工业会议（1828年）之前，政府官员和私人已经开始就改善工业管理措施提出了自己的建议。由于1810年12月开始实行

---

① См. А. В. Предтеченский. История основания Мануфактурного совета. «Известия Академии наук СССР», Отделение общественных наук, 1932, № 5.

俄国工业政策（19世纪20－50年代）

保护主义关税，亚历山大一世政府委派参政员 И. 阿尔舍涅夫斯基调查"俄国伏尔加河中部和南部省份"①的工业情况。调查成果被该参政员写成了报告，内务大臣 О. П. 科佐达夫列夫根据这份报告撰写了《关于俄国手工工场目前的情况》一文，并于1812年在《北方邮政》上刊载。② 这篇文章报告了国家工业发展的成功，没有批评政府和工厂主的内容。

除官方报告外，И. 阿尔舍涅夫斯基还撰写了两份书面报告（未注明日期），并将其提交给内务大臣 О. П. 科佐达夫列夫。③ 一份报告名为《关于阻碍俄国工场手工业发展的问题》；另一份报告名为《关于俄国工场手工业调查成果以及消除其工作缺陷的措施》，他标注的日期为1816年，所包含的信息要比前一份报告少得多。两份报告以及 О. П. 科佐达夫列夫的附函于1816年8月19日被提交给军队呢绒供应委员会主席 Е. В. 卡尔涅耶夫。内务大臣注意到 И. 阿尔涅舍夫斯基所提问题的重要性，建议"居住在工场手工业中心莫斯科"的 Е. В. 卡尔涅耶夫了解莫斯科工厂主们对该问题的意见，"考虑工场手工业的状况以及它们为国家带来的利益与好处"，撰写结论并将其提交给内务大臣。④ 在书面报告《关于俄国工场手工业调查成果以及消除其工作缺陷的措施》的起始部分，И. 阿尔舍涅夫斯基论述了工业发展对国家繁荣的重要性。他指出："现在已经没有人会怀疑工场手工业对每一个国家的益处；所有开明的民族都已坚信这样一个事实，即对每个国家来说，在家中采办好无须停止其他工作或副业的产品，就能够做些更有益的事情。"⑤ 他认为，俄国工场手工业的奠基人是理解工业对国家的重要性的彼得一世。随后对19世纪初的工业进行了分析，И. 阿尔舍涅夫斯基写道，俄国的工场手工业"远远落后于设备完善的外国企业"。他认为落后的原因

---

① Государственная публичная библиотека (ГПБ) в Ленинграде им. М. Е. Салтыкова-Щедрина. Рукописный отдел, ф. 337 (фонд Карнеева), д. 3, л. 1.
② Подробнее об этом см. : А. В. Предтеченский. Ук. соч.
③ Обе записки сенатора Аршеневского в настоящее время находятся в ГПБ, ф. 337 (подлинник).
④ См. А. В. Предтеченский. Ук. соч. , стр. 386.
⑤ ГПБ, ф. 337, д. 3, л. 3.

"在于工厂主之间缺乏教育",以及缺少国家对工业企业的日常监督。И.阿尔舍涅夫斯基建议,为了使知识渊博的人们团结一致改善工厂现状,政府应该为企业主提供帮助,为其提供贷款,为每一个工业生产部门颁布法律和规则,以柯尔培尔时代的法国为例管理工业。他认为,监督工业并为企业主提供帮助的机构不应该位于圣彼得堡,而应位于"工场手工业的中心"莫斯科,并且应该由"精通工场手工业各个领域"的人员组成。这一建议获得了政府的支持,根据И.阿尔舍涅夫斯基的方案,工厂主将免于承担各种国家责任。И.阿尔舍涅夫斯基将新机构称为工场手工业会议,其成员应该是"从工厂主自身的范围中选择的具备丰富知识和经验的人员"[①]。该会议包括"常任"成员——应从"贵族工厂主"中选出(不超过10人),履行分配给会议的所有职责,"名誉成员"——应主席特别邀请出席会议的工业顾问和科学技术专家。

该会议的职责包括对工场手工业发展进度的总体监督,修补缺陷,审议方案和预算,为工厂主提供帮助;开办新企业以及改进旧企业,首先在制呢厂中引入机器;采取措施将外国的原料和产品替换为俄国的原料和产品;编制技术类丛书,出版并翻译书籍和期刊以及关于工厂主的报告;向企业主转交发明的图示和模型;通过报纸向公众介绍最佳产品及其制造方法;审理工厂主和工人之间的争讼;如果政府向工厂主发放补助金,则在企业家中进行分配。

工场手工业会议的权利和责任,根据И.阿尔舍涅夫斯基的方案,反映了一部分资产阶级的利益,他们对政府的支持感兴趣,但也不希望失去其原有的企业管理的自主性。

И.阿尔舍涅夫斯基的另一份书面报告《关于阻碍俄国工场手工业发展的缺陷》重复了前一份报告中的很多观点,其中包括政府为企业主提供帮助的重要性。但是其注意力主要集中于工业组织的缺陷。他写道:"我们的工场手工业直到今天为止,一个世纪之前它们所建立的生产方式仍然得以大

---

① Там же.

俄国工业政策（19世纪20-50年代）

部分保留，而所有的外国机构都得到了很大程度的改进。"①他以大雅罗斯拉夫工厂的工作为例，在这里通过日光而不是化学方法进行麻布的漂白，使用灰烬鞣制皮革，这种旧方法导致其质量下降，在手工工场中，尤其是在制呢厂中机器应用不善。И. 阿尔舍涅夫斯基认为，工厂主的教育以及政府的帮助是提高工业生产必须采取的手段。他写道："如果政府不积极地为他们提供教育补助金，俄国的工厂就不可能取得大幅度的进步。"② 根据他的意见，这些问题应该由社会来解决，其必须"采取措施简化和改进工人的工作内容，并向工厂提供必要的信息"。

这就是 И. 阿尔舍涅夫斯基提交给内务大臣的另一份书面报告的内容，同前一份一样，被交由军队呢绒供应委员会主席 Е. В. 卡尔涅耶夫审理。А. В. 普列捷琴斯基认为，Е. В. 卡尔涅耶夫秘密答复了 О. П. 科佐达夫列夫的提议。③ 我们成功地在圣彼得堡萨尔特科夫－谢德林图书馆手稿部找到了 Е. В. 卡尔涅耶夫的档案，在题目《关于在俄国建立工场手工业部门的讨论》④ 之下并没有注明其书面报告的日期。但通过比较该报告与 И. 阿尔舍涅夫斯基的两份报告，我们可以看出这是对内务大臣要求的答复。该报告撰写于19世纪10年代末至20年代初，Е. В. 卡尔涅耶夫被任命为矿务和盐务司司长之前（1824年）。该报告是大篇幅的手写文章（共68页），由三章组成：《俄国工场手工业的简短历史与一般认识》《改进工厂设备的方法》《政府对工场手工业的管理》。

同 И. 阿尔舍涅夫斯基一样，Е. В. 卡尔涅耶夫认为俄国工业开始于彼得一世时期，但是与 И. 阿尔舍涅夫斯基相比，他更加详细且长篇地描述了那段历史。Е. В. 卡尔涅耶夫将俄国工业的历史分为三个时期：他认为第一个时期开始于彼得一世，第二个时期开始于叶卡捷琳娜二世以及第三个时期是从保罗一世至今。Е. В. 卡尔涅耶夫将彼得一世的保护工业政策

---

① А. В. Предтеченский. Ук. соч., стр. 378.
② А. В. Предтеченский. Ук. соч., стр. 380.
③ Там же, стр. 386.
④ ГПБ, ф. 337, д. 2. В деле она ошибочно датирована второй четвертью XIX в.

视为18世纪工场手工业获得成功的原因。他指出,平民知识分子与贵族在工业活动中的"平等"是一个积极因素。① 叶卡捷琳娜二世时期,虽然出现了"大量的手工工场",但是根据 E. B. 卡尔涅耶夫的意见,产品的质量在恶化,这降低了人民的需求,一些"当时的工厂已经陷入衰败"。他将后一种情况发生的原因归结为1779年工场手工业委员会的被废除以及政府对工业企业扶持力度的减弱。保罗一世重新建立了工场手工业委员会,允许商人购买农民的工厂,这有利于工业的发展。随着各部门的建立,工场手工业委员会的职责已被转交给工业和国内贸易司,E. B. 卡尔涅耶夫在其活动中看到了严重的缺陷。他认为,"工场手工业仍然处于萌芽期"。

同 И. 阿尔舍涅夫斯基的观点一样,E. B. 卡尔涅耶夫认为,管理工业的机构应该位于"拥有最多工厂"的地方,即位于莫斯科,否则其将既没有权力也没有资金来帮助企业主,将他们引向共同的利益,并为其提供所有必要的资助。E. B. 卡尔涅耶夫将缺乏监督工业活动的机构视为工场手工业管理的根本缺陷。同 И. 阿尔舍涅夫斯基的观点一致,他认为,政府必须"逐渐摆脱对外国人的依赖性",为此应发展国内工业。为反驳自己的反对者,他写道,工场手工业"既不会破坏也不会减缓畜牧业和渔业的发展"。继 И. 阿尔舍涅夫斯基之后,E. B. 卡尔涅耶夫断言,俄国的人民"还没有接受过良好的教育,工业和贸易也还没有那么广泛",为此工场手工业缺乏来自政府方面的管理,其应为工业指出方向。②

为了捍卫资产阶级的利益,E. B. 卡尔涅耶夫建议授予工厂主不曾享有的特殊权利和优势,并保护他们的"重要利益"。但是他认为工业的发展不是以资产阶级为基础,而是建立在旧的封建基础上。俄国的大部分人民都是从属于贵族的农奴,他论述道,"这不是工厂的特征",俄国的自由工人很少,那么对于工业的发展来说,需要授予非贵族出身的工厂主购买有地或无

---

① ГПБ, ф. 337, д. 2, л. 3.
② Там же, л. 12 (об.).

地农民的权利。① 他建议政府加强自身对工业企业的帮助。他首先提请政府注意的是那些在国内可以获得原料的企业,即麻布、呢绒、玻璃以及其他企业。

他在该报告中提出了在 И. 阿尔舍涅夫斯基的书面报告中没有涉及的一些问题。其中,他建议建立一种"特殊的工厂主类别",包括所有已获准开办工厂的自由人。这里可以包括贵族、商人、小市民以及其他阶层的代表。这一类别的权利应该由资本的数额来确定,即纯粹的资产阶级原则。他认为第一等级的工厂主应该拥有不少于 20 万卢布的资本,第二等级的不少于 10 万卢布,第三等级的不少于 5 万卢布,第四等级的不少于 2.5 万卢布。②

工厂主的权利取决于资本的数额。第一等级的代表在工业和国内贸易司成立的会议中拥有表决权;第二等级的代表仅被授予参与会议的权利;第三和第四等级的成员不能出席会议。③ 以贵族和商人为例,他们的活动由首席贵族和市长领导,Е. В. 卡尔涅耶夫向工厂主建议引入由工厂主推选的长官职位,由其担任企业主与政府之间的中间人。长官的职责是收集其所在省份 2/3 地区的领有制工厂的信息,其中包括工厂中技师和农民的数量,生产产品的质量以及机器的需求。长官有权检查工厂,监督工人的工资,但是他们被禁止"参与所在地区工厂的经济指令,以及干涉企业主的私人事务"④。

Е. В. 卡尔涅耶夫担心的是为工业提供长期工人的问题。因此,他建议"加强"对工人的政治监督,使其完全无法在没有身份证的情况下生活,并与工厂主签订协议,使工人"在没有按照期限完成任务的情况下无法转移到另一工厂中"⑤。Е. В. 卡尔涅耶夫竭力挑选出技能熟练的上层工人,工厂的管理机构能够以此为依据更加成功地培养干部以及进行警察监督。这一夹

---

① ГПБ, ф. 337, д. 2, л. 12(об.). 众所周知,早在 1801 年,秘密委员会就讨论了 Н. С. 莫尔德维诺夫关于允许非贵族商人、小市民和国家农民购买无人居住的土地的方案。1801 年 12 月,这一方案生效。Е. В. 卡尔涅耶夫进一步向秘密委员会建议将这一法律扩展至农奴的土地。
② Там же, л. 23.
③ Там же, л. 24.
④ ГПБ, ф. 337, д. 2, лл. 25 - 27.
⑤ 后一项建议反映在政府的 1835 年法律中,该法律调整了雇佣工人和工业企业主之间的关系。

层，根据 Е. В. 卡尔涅耶夫所说的专有名词，应该是"工厂技师阶层"，他们是在几年内经过培训、通过了工场手工业会议的考试并了解自身行业的代表。①

Е. В. 卡尔涅耶夫没有坚持废除农奴制，而是建议设定一定的期限，如20年，在此之后所有的工厂主都应满足于自由劳动力。② 为管理工业，Е. В. 卡尔涅耶夫认为有必要在工业和国内贸易司下成立一个会议，并从工厂主中推选代表参加。该会议应该为不同的生产部门制定精确的分别应用于呢绒、丝绸、印花布工厂的规则。但是这些规则，根据 Е. В. 卡尔涅耶夫观点，"在任何情况下都不应该涉及工厂内部的指令，特别是在货币流通之前，因为财产是每个人不可侵犯的权利"③。Е. В. 卡尔涅耶夫认为，工业和国内贸易司有必要提供"促进工业发展的资金、力量和权利"。但是当工业和国内贸易司位于圣彼得堡时，它不能监督分布于内部各个省份的工厂。因此，Е. В. 卡尔涅耶夫建议将工业和国内贸易司转移至"我们工厂的中心"莫斯科（И. 阿尔舍涅夫斯基也提出了同样的观点），认为该司的一项特殊职责是"努力增加自由工厂中技师的数量，为他们开设记名账户，并将他们置于自己的保护之下免受冒犯"④。因此，Е. В. 卡尔涅耶夫不仅认识到了自由劳动力与农奴相比的优势，而且还看到了雇佣工人取代农奴的必然性。

Е. В. 卡尔涅耶夫在其报告中大篇幅地界定了工业和国内贸易司的职责，包括从国外订购机器和产品样品，出版技术类书籍并将它们推荐给工厂主，以及监督企业的工作。鉴于这些新职责，他建议增加该司学术委员会的成员。

继 Е. Ф. 康克林之后，И. 阿尔舍涅夫斯基和 Е. В. 卡尔涅耶夫的方案都提请政府注意增加人们对技术教育问题的兴趣，非此就不能想象工业的进一步发展。

---

① Там же, л. 29.
② Там же, л. 35.
③ ГПБ, ф. 337, д. 2, л. 50.
④ Там же, л. 57.

俄国工业政策（19 世纪 20－50 年代）

  在我们发现的 Е. В. 卡尔涅耶夫的书面报告中没有详细地研究工场手工业会议的活动计划，鉴于该报告与日期标注为 1820 年 12 月 17 日的另一份报告相似，А. В. 普列捷琴斯基非常令人信服地将其作者归为 Е. В. 卡尔涅耶夫。① 从军队呢绒供应委员会中获得的最后一份文件已被移交给财政部，其中包含了成立工场手工业会议的方案，并在很大程度上重复了 И. 阿尔舍涅夫斯基的提议。该文件指出，军队呢绒供应委员会的成员们就"这一问题与当地重要的工厂主进行联系，根据他们的要求和意见制定了关于成立特别工场手工业会议的方案"。②

  根据 Е. В. 卡尔涅耶夫的方案，工场手工业会议的职责范围如下：其成员应该收集关于工厂、制造厂以及手工业的工作信息；"了解工厂主的所有需求"，并向政府提出关于它们的申请；考虑工场手工业以及国内外贸易的完善；推动青少年教育。根据方案，工场手工业会议的职权范围由其成员确定，即资产阶级代表。

  莫斯科商人答复了政府关于贸易衰落原因的询问，同时"商人资本家"制定了内容丰富的"草案"③，其中一项关于发展工业和贸易的举措建议组织工场手工业和商业会议。④ 工场手工业会议应该由"被登记在协会中的企业主和工厂主"（贵族和商人阶层）以及荣誉商人组成。该会议的职责包括监督工业和贸易活动，为工厂主提供帮助，为政府提供关于贸易、工业以及商人权利的信息，为商人阶层的教育以及贸易公司的建立给予协助。该会议成员的主要目标可以归纳为保护和捍卫商人的权利。莫斯科商人的这一请求得到了莫斯科军事总督 Д. В. 戈利岑的支持。

  代表工厂主和商人利益的机关刊物《工业和贸易杂志》，也非常重视在工业发展中建立工业贸易机构。在这方面，该杂志刊载的一篇有关普鲁士工业

---

① См. А. В. Предтеченский. Ук. соч.，стр. 387.
② См. А. В. Предтеченский. Ук. соч.，стр. 387.
③ 该文件的全文已由 В. Н. 斯托罗热夫公布。См. «История московского купеческого общества»，т. 2，вып. 1. М.，1913.
④ См. В. Н. Сторожев. Ук. соч.，стр. 318.

## 第四章 工场手工业和商业会议的建立及其活动

状况的文章非常有趣,其作者主要提请关注普鲁士政府的工业政策。① 他认为普鲁士经济落后的原因在于缺乏管理工业的国家制度。随着普鲁士于1801年开设化学实验室,以及出版名为《皇家技术代表》和《工场手工业会议》的工业杂志,他认为情况得到了改变。19世纪20年代,普鲁士的政府活动尤为活跃。在这一时期,其成立了工业和贸易部,重新审查了工场手工业和手工业章程,在柏林开设工艺学院,以及扩展工场手工业会议的活动范围。这篇文章以及其他类似文章的出版情况,证明了读者对工业和工业政策问题的兴趣,以及希望在俄国建立一个有助于国家工业发展的机构。

1828年4月,莫斯科棉纺织、丝绸、毛纺织以及其他企业的企业主第二次请求政府帮助他们购买各种仪器和机器。他们在申请中谈道:"但是为更好地了解工厂数量以及在其基础上生产的商品的数量和质量,有必要在莫斯科成立一个工场手工业委员会……只有在这种情况下,政府才能获取有关工厂及其生产商品数量的准确信息。署名:季托夫、科热夫尼科夫、特列季亚科夫、舍格洛夫、孔德拉舍夫、П. 罗戈任兄弟等。"②

在此之前,1827年12月,国务会议经济司审议了财政部的报告,其中论证了成立工场手工业会议的合理性。财政大臣提请注意,目前缺乏有效的监督以及关于工业企业数量和装备程度的准确信息。现有的监督制度不能准确地呈现各工业部门的情况,因为一些省长在提供信息方面过于迟缓且不够全面,其他省长则根本没有提供相关信息,因为工厂主们担忧新的赋税,拒绝向省长提供这些数据。③

为组织工业并监督它的发展,财政大臣认为成立工场手工业会议是合理的,作为从属于工业和国内贸易司的机构,它可以协助其管理工业企业。政

---

① «Что сделано в Пруссии в последние годы для распространения и усовершенствования мануфактур». ЖМТ, 1827, № 11.
② ЦГИАЛ, ф. 1152, оп. т. I , д. 39, л. 14.
③ ЦГИАЛ, ф. 1152, оп. т. I , д. 39, 1828, л. , 2.

157

府还提到了莫斯科军事总督的意见。① 国务会议认可了财政大臣制定的方案，认为这一机构有助于政府获取关于私有工厂的信息并管理它们。②

因此，工场手工业会议组织的发起者是资产阶级和资产阶级化的贵族阶层的代表。政府同意建立这样一个机构，并竭尽所能剥夺其独立性。

1828 年 7 月 11 日，沙皇批准了成立工场手工业会议的方案。③ 工场手工业会议负责监督工业的发展；在工厂主建立工业企业时为其提供物质支持并协助其产品的销售，通过《工业和贸易杂志》向工厂主们介绍来自国外的新发现、书籍以及通信；推荐新的机器和熟练技师。反之，工厂主有义务向"工业长官"报告关于工场手工业的进程、发展或衰落的特别意见。受财政部委托，工场手工业会议负责审议有关专利权、商品的产地和质量、工厂主与工人的相互关系的问题，举办工业展览会，监督国外工业代理人的工作。这是工业和国内贸易司下属的咨议性质的机构，仅讨论政府提出的问题（不同于 Е. В. 卡尔涅耶夫的方案，在该方案中工场手工业会议被赋予了独立的地位）。

工场手工业会议包括出身于贵族和商人的工厂主，每个阶层至少有 6 人，还有两名化学教授、两名机械师以及一名技术专家。工场手工业会议在莫斯科军队呢绒供应委员会下设有分部；在拥有大量工厂的省份中设有省委员会，以及设立位于县城的工场手工业通讯员。工场手工业会议、莫斯科分部、省委员会的成员以及工场手工业通讯员的职务都是名誉职务，他们没有从国库中获得任何薪水；国库仅给化学教授、机械师和技术专家的职务支付薪水。工场手工业委员会由出身于贵族和商人的工厂主组成，每个阶层至少 3 名成员。省委员会的成员和工场手工业通讯员由财政部根据工业和国内贸易司的提议以及地方长官的推荐任命；工场手工业会议及其莫斯科分部的成员由财政大臣任命并由沙皇批准。④

---

① ЦГИАЛ, ф. 1152, оп. т. I, д. 39, лл. 3 – 5.
② ЦГИАЛ, ф. 560, оп. 38, д. 249, л. 40.
③ ПСЗ. Собр. 2, т. 3, № 2146.
④ ПСЗ. Собр. 2, т. 3, № 2146.

工场手工业委员会和通讯员的职责包括收集关于省手工业工场和工厂的详细信息，并将其提交给工场手工业会议及其莫斯科分部。工场手工业会议及其省级机构不是行政机构，并不拥有行使权。他们不能要求工厂主为其提供所需的材料，并且只能在工厂主自愿和同意时采取行动，希望"他们出于政府的意愿不会拒绝就此问题进行合作"①。新机构单纯的咨议性特征阻碍了它的工作，特别是在边区。工厂主们认为自己没有义务完成工场手工业委员会的指示，经常拒绝向委员会提供必要的信息。

尽管根据法律，工场手工业会议应包括相同数量的贵族和商人（强调会议中两个阶层的平等）。但实际上这项规定并未得到遵守。在其活动的最初几年里，贵族和官员在封建俄国的工场手工业会议中一直占据主导地位。如第一年，工场手工业会议由19名成员构成，其中16名是贵族和官员代表，只有3名是商人出身。② 工场手工业会议莫斯科分部的14名成员中，包括9名贵族和官员，只有5名工厂主是商人出身。③ 政府试图通过任命工业和国内贸易司司长为会议主席来实现贵族在这一资产阶级工业机构中的领导地位，而在莫斯科分部则由军队呢绒供应委员会主席担任主席。

1828年，政府在9个省份中成立了工场手工业委员会：弗拉基米尔、沃罗涅日、卡卢加、库尔斯克、利夫兰、下诺夫哥罗德、奔萨、图拉、雅罗斯拉夫，以及向26个县城派遣了工场手工业通讯员。当地的工厂主和商人被任命为工场手工业委员会成员和通讯员。

在俄国的工业中心莫斯科，组织一个特别部门尤为重要。莫斯科分部的活动尤为活跃，这绝非偶然。在莫斯科分部工作的莫斯科资产阶级和贵族与政府和首都的官员有些疏远，与在圣彼得堡参加会议并经常受到政府监护的工场手工业会议相比，他们在工作中表现出更多的独立性和主动性。工场手工业会议及其莫斯科分部的活动范围非常广泛且多样。这些组织的成员负责

---

① Там же, §15.
② ЖМТ, 1828, № 10, стр. 139–140. 在随后的几年中，工场手工业会议的社会构成朝着资产阶级要素加强的方向发生了变化。
③ ЖМТ, 1829, № 1, стр. 120.

俄国工业政策（19 世纪 20－50 年代）

收集并核对工业企业主提供给民事长官的信息，检查工业企业，审理工人和企业主之间的冲突，审议关于组织工业和贸易协会、工业展览会的提议，讨论促进工业发展的一般性措施，向工厂主介绍从国外获取的发明、书籍、产品样品。工场手工业会议中设有一个俄语和外语技术文献图书馆，其中还包括期刊，各种有效发明的模型、图示和说明书以及"最好的外国工业产品"的样品。政府每年拨给其 17500 卢布用于维持工场手工业会议。① 每年，莫斯科分部通过莫斯科民事长官提交关于该省当年工业发展的详细概述，包括新开办的以及停业的企业，包括手工业在内的一省工业企业的数量。在某些情况下，莫斯科分部的成员提出了不在其职权范围内的问题进行讨论。如，商人 И. 雷布尼科夫建议修改 1822 年保护关税，认为完全禁止外国商品进口到俄国是合理的。② И. 雷布尼科夫的意见未经分部讨论就被转交给工场手工业会议，然后又从那里被转交给工业和国内贸易司。这一建议没有得到任何的实际结果。但他证明了年轻的俄国资产阶级向政府提出自己的建议的愿望。工场手工业会议及其莫斯科分部的成员积极参与《工业和贸易杂志》以及《工业和矿业消息报》的出版，向"工厂主先生们展示这些出版物的益处"③。

1829 年，在工场手工业会议莫斯科分部的第一次会议上听取了曾身处荷兰的俄国官员的意见，他提出了向荷兰派遣工业代理人（以英国和法国为例）以了解西欧国家工业发展情况的合理性，建议由莫斯科的手工工场主支付这一花费。④ 分部成员工厂主 П. 罗戈任和 Г. 乌鲁索夫并不反对该官员的提议，认为应向国外派遣两名代理人，一名前往英国，另一名前往法国和荷兰。但他们也谈到了代理人的物质支出问题，并认为这些支出"不应

---

① ЖМТ，1828，№7.
② Фундаментальная библиотека общественных наук （ФБОН）《Журнал Московского отделения Мануфактурного совета за 1829 г.》，лл. 47（об.），48.
③ ФБОН.《Журнал Московского отделения Мануфактурного совета за 1843 г.》，л. 53（об.）.
④ ФБОН.《Журнал Московского отделения Мануфактурного совета》，1829，лл.，2（об.）—3.

仅由莫斯科工厂主承担，而是应该由俄国所有的工厂主来分担"①。根据分部成员的意见，代理人的职责包括：关注外国的工业进程；报告与西方相比国内工业存在的缺陷；向俄国邮寄新的机器以及附带详细说明的图示以指导俄国技师工作；提交关于原料、半加工材料以及机器的价格、将技师雇佣至俄国所应支付工资的信息；报告新的发明、工厂的管理、雇佣规则以及工人和工厂主之间的关系。由于工场手工业的主要部门集中于莫斯科，在此基础上，代理人的选择应交由莫斯科的工厂主决定。

П. 罗戈任和 Г. 乌鲁索夫的建议得到了分部成员们的支持，随后该建议被提交给工场手工业会议，工场手工业会议赞同工厂主们的提议，要求分部成员"寻找候选人"以担任代理人。分部的成员商人 И. 雷布尼科夫、勃兰登堡、Г. 乌鲁索夫仍然建议"考虑联合工厂主以建立一个国外代理人维持协会"②。然而物质支出（两个代理人每年花费2.5万卢布）对于莫斯科工厂主而言似乎过于沉重（在收益不明确的情况下），他们拒绝建立协会。该决定还受到以下事实的影响，即工场手工业会议拒绝了莫斯科分部成员的请求，他们希望在代理人任命后的两年内，只有该协会的成员才能使用外国的发明。③

莫斯科工厂主拒绝通过私人资金来维持工业代理人，这迫使政府决定由国库来支付这些开支。1829年8月，在外交使团驻法国期间，财政部任命了负责工业的代理人。④ 1830年，政府在维也纳、柏林、汉堡，以及随后在伦敦、伯尔尼、布拉格、君士坦丁堡、大不里士以及其他西欧工业中心和东方国家委派了代理人。工业代理人的职责包括向俄国工厂主介绍国外的工业以及技术创新情况，协助俄国的企业家获取机器、产品样品以及雇佣技师。代理人处于工业和国内贸易司的管理之下，而他们通过工场手工业会议及其莫斯科分部与工厂主和制造厂主联系。关于新发明和发现的信息被刊印在

---

① Там же, лл. 10-11.
② ФБОН. «Журнал Московского отделения Мануфактурного совета за 1829 г.», л. 29.
③ Там же, л. 16 (об.).
④ ПСЗ. Собр. 2, т. 4, № 3080.

161

**俄国工业政策（19世纪20—50年代）**

《工业和贸易杂志》上，而纺织品样品、机器模型则通过市长转交给工厂主。反之，工厂主在指定的时间内前往工场手工业会议及其莫斯科分部，了解所接收的样品，并据此自费订购所需的产品、机器，雇佣技师。

工业代理人不仅为俄国工厂主介绍其被派往国家的新发明和新发现，而且包括其他欧洲国家的发明。法国的工业代理人是最积极的，其原因不仅在于这一国家位于欧洲中心，也在于俄国贵族需求较多的那些工业部门在该国的成功发展。仅在1834年，位于巴黎的代理人 A. K. 迈恩多夫（后来担任了工场手工业会议莫斯科分部的主席）就向俄国转交了5000件产品样品，订购了31.7万卢布的机器。[①]

1839年，A. K. 迈恩多夫根据政府的指令游历英国。他负责收集关于工业领域最新改进的相关信息，同时了解指定供与东方进行贸易的商品种类。为与外国产品进行比较，A. K. 迈恩多夫带来了俄国的产品，它们得到了外国专家的高度评价。[②]

A. K. 迈恩多夫的短期出行对俄国的企业主而言具有实际的价值。他报告了关于棉纺织和毛纺织工业情况的信息，详细描述了对俄国尤为重要的精纺机，因为俄国棉纺织业的发展自19世纪30年代起形成了广泛的规模。通常，公费购买的机器被安装在莫斯科和圣彼得堡最好的企业中进行试验，随后出售给工厂主。国外最先进的商品样品在俄国得到了实际应用。关于所获得的样品信息被刊印在《工业和贸易杂志》以及《莫斯科公报》上。根据外国样品制造的产品和机器同样在俄国的工业展览中得到了展出。然而，在莫斯科分部分发西欧产品样品的过程中，工厂主之间经常因为竞争而发生严重冲突，莫斯科企业主对此提出了控诉。莫斯科分部审理了这些控诉，建议放弃将样品平等地分发给所有的工厂主的做法。莫斯科分部认为，分发的目的在于，"确保样品在工厂主之间以及最初在那些已经知名的、已经公开证明其技术的企业中普及，因为这些企业拥有更多的方法来生产更为完善的产

---

① ЦГИАЛ, ф. 560, оп. 38, д. 344, л. 17.
② ЦГИАЛ, ф. 560, оп. 38, д. 425, лл. 36—41. 特别是，应一位与巴西进行贸易的英国商人的要求，在普罗霍罗夫兄弟工厂制造的300条围巾被送到伦敦并出售至巴西。

第四章　工场手工业和商业会议的建立及其活动

品，从而最好的样品能够被更快且更准确地应用……相反……如果最复杂的产品落到了缺乏经验的工厂主手中，或者所谓的手工工场主手中，那么工业将很难获益"①。

因此，莫斯科分部支持分部成员所属的最有影响力的莫斯科工厂主群体的需求，而不是小企业主和手工业者的需求。分部将莫斯科工厂主使用后剩余的外国商品样品分发到其他省份。俄国的外国工业代理人不仅关注工业领域中的新发现和改进并将其介绍给工厂主，他们还通过《农业报》转达关于农业中采用的新方法以及农业技术领域发明的信息。

除了了解西方国家的工业情况，工场手工业会议及其莫斯科分部还在寻找与东方国家发展贸易的途径。在1833年2月11日的会议上，莫斯科工业分部的成员了解了骑兵大尉H.舒宾关于与东方国家人民进行贸易的书面报告，其中，他建议在那里建立一个办事处并了解当地人民的喜好。② 在1833年11月14日的另一次会议上，分部的成员审议了在东方需求量很大的土耳其纺织品和器皿，以此为依据生产产品销往土耳其。③

工场手工业会议第一年的活动，在其会议上讨论的主要问题可以归纳为向工厂主转交从国外寄来的纺织品样品、完善有关工业的信息以及授予专利权。这些问题在工场手工业会议及其莫斯科分部的后续工作中占据了重要位置。但在19世纪40~50年代，与10年前相比，政府将更多的注意力集中于重工业和铁路运输的发展上，减少了对纺织业的保护，特别是将用于购买外国不同材料样品的拨款缩减了一半以上（从每年的1100卢布缩减至500卢布），由此，"随着工业的发展，工厂主开始自主订购样品"④。

当然，政府在政策方面的这些变化不能不影响到工业代理人的活动。如果说在19世纪20~30年代，通常他们都会邮寄纺织业方面的产品样品、书

---

① Московский областной государственный исторический архив（МОГИА），ф.616，оп.1，д.16，1830－1831，л.41.
② ФБОН.《Журнал Московского отделения Мануфактурного совета》，1833，л.，7.
③ ФБОН.《Журнал Московского отделения Мануфактурного совета за 1833 г.》，л.7，л.80.
④ ЦГИАЛ，ф.40，оп.1，д.15，л.54.

俄国工业政策（19世纪20—50年代）

籍、机器模型和图纸，那么到了40~50年代，他们主要对矿业、金属、化学工业和交通方面的发明、机器和著作感兴趣。

　　1854年，由于克里木战争以及俄国与英国和法国外交关系的破裂，伦敦和巴黎的工业代理人的职务被取消了。同时，他们在布鲁塞尔成立了一个代办处，根据政府的意见，"提供一切手段来监视英国和法国的工业成就"①。

　　政府开始实施旨在减少工业监管和给予企业主更多主动性的政策。为此，它减少了购买外国产品样品的拨款，压缩国外代理人的工作，将他们的职责转交给领事。同年，它将受工场手工业会议管辖的省机械师从政府部门转移到私人机构，关闭了一些星期日绘画学校，修改了展览会规则等。然而，在采取了这些限制工业代理人活动的措施之后，工厂主们仍在继续了解外国的发明，尤其是金属加工和化学工业的发明。

　　工业代理人的活动帮助工厂主了解欧洲和近东国家的工业发展情况，以及技术发明和西欧学者的文章，促进了技术的进步。

　　工场手工业会议职权范围内的另一个重要问题是专利权问题。专利权制度是政府的保护措施之一，促进了工业的发展，在大部分的欧洲国家中被实施。对专利权授予问题的研究有助于揭示政府对国内各生产部门的态度。此外，它展现了生产力发展和国家技术状况的许多特征。

　　1812年6月17日，政府批准了俄国第一份关于发明和发现专利权的宣言。② 根据宣言规定，任何提交相关文件的人，无论申请者的社会属性如何，只要其发明对国家有利，都可以获得专利权。获得专利权的人，有权在文件指定的期限内将发明视作自己的财产，将其应用到生产中，出售发明或转交专利权。为获得专利权必须向政府提交有关本人发明的准确描述以及平面图和图示，并支付专利权的税费。除了独创的发明外，政府还向那些外国的，但在俄国并不知名的发明和发现授予专利权。

---

① ЦГИАЛ, ф. 560, оп. 38, д. 648, л. 28.
② ПСЗ. Собр. 1, т. 32, № 25143.

## 第四章 工场手工业和商业会议的建立及其活动

专利权的办理过程如下。想要获得专利权必须向内务部（自 1817 年起变为财政部）提交申请书，附件中应包含对本发明益处的解释。内务部审议申请，之后将其转交给国务会议批准。授予专利权的期限分为 3 年、5 年和 10 年，相应需缴纳 300 卢布、500 卢布和 1500 卢布的税费。① 专利权在如下情况下将被终止：到期；在法院已经证明该专利权的申请之前已经获得公布或生效的条件下；实践并未证实该专利权的益处。专利权期满的信息将公布在两个首都的《公报》上。工场手工业会议成立后（1828 年），关于专利权的事务在其会议上进行讨论。

专利权如何促进工业的进步和发展？1826 年，印花布工厂主奥斯捷里德向工业和国内贸易司提交了申请，要求授予其改良印花机的专利权。这一申请引发了政府对 1812 年法律的修订，该法律最初只为发明授予专利权。新法律的准备工作被委托给工业和国内贸易司，为详细了解这一事务，工业和国内贸易司仔细拟定了一系列的问题，工场手工业会议和莫斯科分部的成员们对此做出了详细的答复。工业和国内贸易司指出，有必要修改之前的专利权规则，理由是它们没有区分发现、发明和改良，对于侵犯专利权和对他人专利权的错误指控也没有规定任何追究责任的措施；对于申请专利权的发明的不完整描述和解释，没有追究任何责任。工业和国内贸易司建议在某一发明获得专利权后，立即附加一份关于发明的详细描述和平面图并在专业的出版物中公布，认为有必要规定在 1812 年规则中没有确定的对国内外发明专利权之间的区分。②

由于新规则的制定，1829 年 11 月 27 日，工场手工业会议建议其莫斯科分部就工业和国内贸易司提出的主要问题做出回答。问题如下。（1）总体来看，专利权的授予是否有益，应该授予哪种发明以专利权，授予的期限

---

① ПСЗ. Собр. 1, т. 32, № 25143.
② МОГИА, ф. 616, оп. 1, д. 2, 1828 – 1830, лл. 1 – 1 об. См. также публикацию: А. Шапиро. К вопросу о привилегиях на изобретения в России в 30 - х годах XIX в. «Красный архив», 1939, № 5, стр. 151. Ссылки на архив вызваны тем, что публикация А. Шапиро не исчерпывает привлеченных документов ( соображения Гагарина, Вагнера, Урусова в публикации отсутствуют).

165

应多长？（2）是否有必要授予从国外引进的改良发明专利权？（3）第三方在授予专利权方面所发挥的作用是否恰当？（4）如果因自己的发明而获得专利权的人在未来进一步改良了这一发明，该如何处理？（5）在授予专利权之前公布专利权申请是否有益？（6）在授予其专利权之后能否公布该发明的说明书？（7）专利权生效的最长期限应该是多长？（8）能否延长专利权的期限？（9）对所授予的专利权征税是否有益以及它们的范围应该是什么？（10）哪种情况和哪些人可以被授予专利权？（11）获得专利权的人享有哪些权利？（12）如果他们的权利受到侵犯，那些享有专利权的人能获得什么补偿？[①]

关于专利权的合理性及其新规则问题的讨论在工场手工业会议及其莫斯科分部中引起了争论。莫斯科分部成员 C. 加加林公爵在针对该司所提问题的书面意见中指出了授予专利权的益处，实施专利权的相关国家的经验证明了这一点。他指出，在没有授予专利权的地方，很少有新的发现，而且存在于秘密中的发现经常会随着发明人的去世而消失。由此，C. 加加林做出结论，"授予专利权是有益的，应该将其扩展至除有害健康和道德之外的所有种类的发明中"。C. 加加林认为，如果一项发明未在其生产国公布，并且在俄国也不为人所知，则应为其授予专利权，但期限要短于国内的发明。关于授予改进发明专利权的可取性，他认为，如果它能及时获得收益，那么可以向曾获得过初始发明专利权的人授予新的专利权。C. 加加林反对对专利权进行预先公布，因为这一程序只是延缓了专利权办理手续的过程。他坚决主张专利权在被授予之后再被公布，因为这有助于禁止任何人剽窃和使用他人发明的可能性。关于专利权的期限，C. 加加林认为，授予发明和改进的专利权期限不应超过 10 年，将国外发明引进到俄国的专利权期限为 5~6 年。加加林提出："所有的阶层，没有例外都可以获得专利权，其中也并不排除农奴。"[②]

---

① «Красный архив», 1939, № 5.
② МОГИА, ф. 616, оп. 1, д. 2, лл. 4 – 5.

工场手工业会议莫斯科分部的成员,五品文官瓦格纳在回答相同问题时肯定地说,专利权不仅有益,而且也是必要的,并以其他国家的法律为例。他写道:"英国自 1623 年起开始授予专利权,法国自 1791 年起以其为榜样进行效仿,美国各州也将专利权纳入其法律制度当中。"① 根据瓦格纳的观点,如果它是新的,且"在不违反国家法律:不危害健康和道德"的情况下,所有的发明都应当获得专利权。关于为外国的发明以及改进发明授予专利权的问题,瓦格纳支持 C. 加加林的观点。他认为,为改进发明授予专利权应该打开"发明工业的自由进程"。瓦格纳建议将专利权的期限限定为 10 年,在特殊情况下为 15 年,而将外国的发明的专利权期限限定 5 年。他指出"将专利权的期限延长,将使它们接近于垄断,是有害于社会的。"瓦格纳认为,有必要对专利权进行征税:10 年为 1000 卢布,6 年为 750 卢布,5 年为 600 卢布,3 年为 300 卢布。针对有资格获得专利权的居民等级问题,瓦格纳认为不应对其做出任何限制。他写道:"所有人都拥有智慧,在下层阶级中,我们发现那些值得尊敬的人,不但在艺术方面,而且在科学方面也拥有杰出的才能。在机械、化学和文学作品领域,农民是值得同代人以及后辈的孩子们所感激的。"C. 加加林和瓦格纳关于专利权益处的观点得到了 А. Г. 斯特罗加诺夫伯爵、В. 弗谢沃洛日斯基、Ф. 萨马林、工业顾问 И. 雷布尼科夫、工厂主 Г. 乌鲁索夫、骑兵大尉 Н. 舒宾的支持。

E. B. 卡尔涅耶夫、H. 波列夫、И. 米亚特列夫在专利权的问题上发表了另一种观点。莫斯科分部成员、《莫斯科电报》的出版者、二等商人 H. 波列夫的意见尤其值得注意,他就专利权的部分问题发表了自己的看法,从根本上捍卫了资产阶级的社会改造计划。他主张企业主活动的自由以及个人的主动性,反对各种形式的保护,其中就包括专利权。H. 波列夫的观点证明了资产阶级意识形态的形成,证明了资产阶级对政府工业政策的一些否定态度。他写道:"专利权这一单词,意味着授予某人只为自己的利益而生产某样东西的权利。因此,任何有法律批准和保护的垄断实际上都是专利

---

① Там же, лл. 6 – 8.

权。"H. 波列夫试图从历史的角度论证专利权的出现、其在过去的相对利益以及其对新时代的危害。他指出"专利权和垄断,从最初至中世纪,当时由于国家的混乱、法律的无能、经营手段的薄弱,企业主的每一个企业都是稀有的珍品,需要巩固。"国家在工业和贸易方面的干涉,引入专利权制度,建立国有工厂,确立等级限制,所有这些活动,根据 H. 波列夫的观点,都是中世纪秩序的残余,对工业有害。H. 波列夫指出,专利权,同国有工厂的存在一样,"是灾难性的,只有旧的习惯才不鼓励消除它们"。他表达了自己的观点,在私人的帮助下,政府的经营比保留国有企业更加有利可图。他指出,欧洲国家实施的专利权是属于私人的。他写道:"这种专利权的基础由所有权组成,神圣且不可被剥夺……发明人毋庸置疑拥有其发明的全部所有权。发明人可以要求,没有支付其报酬的任何人无权使用其发明。实际上,这一思想并非源于某一发明人。它是时代的产物、发明家前辈的劳动成果,社会有权要求为此付款,在这种情况下作为定金交付给发明人。"[1]

但是,在回答工场手工业会议提出的关于实施专利权合理性的具体问题时,他肯定了发明的版权,H. 波列夫指出,"如果人类的思想和活动可以不受任何个人利益动机支配,那么不为其授予专利权是完全明智的选择。但这并不存在,也不可能存在……专利权是一种借助于小小的邪恶获取大量财富的手段。因而,它是必要的。"[2] 在后一个回答中,他实际上赞成 C. 加加林、瓦格纳、Г. 乌鲁索夫等的观点,捍卫专利权的利益。H. 波列夫的论断的矛盾性,正如我们所见,是由专利权在农奴制俄国中的双重性和矛盾作用引起的:一方面,专利权为企业主和技术知识分子做出发现和发明提供了动力;另一方面,获取它们的需求以及垄断使用阻碍了对发明的广泛应用。H. 波列夫对被封建社会法律加固的专利权的广泛批评,反映了正在形成中的俄国资产阶级的观点,他们对贵族的阶级特权感到不满,同时又对政府的

---

[1] МОГИА, ф. 616, оп. 2, д. 2, лл. 28 – 31.

[2] «Красный архив», 1939, № 5.

第四章　工场手工业和商业会议的建立及其活动

保护主义政策十分感兴趣。

　　工场手工业会议的另一名成员 И. 米亚特列夫对专利权的益处表达了强烈的反对。他认为，为促进俄国工业发展和实现人民富足而实行的专利权并没有达到其目的。"专利权被授予绝对的权利，并使其适用于整个俄国，这是一个虚假的指令，不会也不可能被执行"。他举了韦伯和比捷帕什被授予圆柱体印花机专利权，从而阻碍了相似机器在生产中的推广的例子。И. 米亚特列夫认为，专利权的授予应被限制在两个首都之内或由申请人自己指出的那些地方，因为专利权在整个国家的扩展只能限制工业和贸易的营业额。为了证明自己的判断，И. 米亚特列夫指出，同一种发明可以在莫斯科、喀山、奥伦堡、阿斯特拉罕人的头脑中出现。但是在整个俄国，仅靠近首都的发明人可以获得专利权，而其他人则失去了这个权利。他指出，俄国工业的快速发展与"农业产业衰落"导致的粮食价格下降关系密切。И. 米亚特列夫指出，在整个俄国授予专利权可能会阻碍发明。① 同 Н. 波列夫一样，И. 米亚特列夫支持个人的主动性，反对政府微不足道的保护，高度评价了俄国人民的智慧与勤劳。

　　就工场手工业会议所提问题的讨论远远超出了与专利权授予问题相关的框架。实际上，讨论的内容包括政府制定工业政策的主要方针是保持政府对工业发展的监护制度，还是向自由的企业经营和竞争过渡。仅有一小部分正在形成的俄国资产阶级坚持第二条道路。但是这一派的力量还过于薄弱，人数较少，他们的声音犹豫不决且畏畏缩缩，政府没有将他们的意见考虑在内。关于发明专利权的问题，它虽然引起了严肃的争论，但最终参与讨论这一问题的绝大多数人都赞成保留专利权。

　　1833 年 11 月 22 日，在工业司和国务会议赞成该法律草案后，沙皇批准了关于专利权的新法律。② 新法律中关于发明人权利的第一项条款重复了1812 年宣言的内容。任何获得专利权的人在规定的期限内拥有某一发明或

---

① 《Красный архив》, 1939, No 5, стр. 167 – 171.
② ПСЗ. Собр. 2, т. 8, No 6588.

改进的全部权利，不允许其他人使用这一发明或改进。因此，专利权的所有者能够在整个期限内从其发现的应用中获得收入。由于国内工业和技术的发展，关于外国发明的专利权的条款出现了一些变化。① 新条例指出，只有在外国发明人所享有的专利权期限仍然有效的情况下，俄国才可以批准外国发明的专利权。一些无足轻重的发现、发明和改进不能保证为国家带来任何实质性的利益，所以不能为其授予专利权。②

新条例根据工场手工业会议及其莫斯科分部的提议做了一些补充。根据新法律的第 10 章，俄国人民和外国人都有权获得专利权。专利权授予制度仍被维持原状，新条例仅改变了部门的名称（财政部取代内务部着手解决关于专利权的问题）。希望获得发明或发现的专利权的人必须向工业和国内贸易司提交一份申请，说明专利权的期限和益处，并通过平面图和图示对发明本身进行详细的描述。说明书必须使用俄文书写，务必按照原文进行翻译。

工场手工业会议审议提交给财政部工业和国内贸易司的授予专利权的申请书，并邀请了该申请所属部门的某司司长出席会议。后者的出席是为了确定以前是否就同一对象授予过专利权，是否对发明做了准确且全面的描述，以及其是否有益。为解决发明对人体健康影响的问题，工场手工业会议征求了医学委员会的意见。在就所有这些问题进行讨论并得出肯定的决议之后，工场手工业会议将自己的决议报告提交给财政部及其他部门，即相应的司。国务会议做出最终决议并由沙皇批准。工场手工业会议根据发明所属工业部门的条例确定专利权的期限。换言之，在授予专利权时要考虑到发明对工业部门的重要性和益处。如果工场手工业会议得知申请批准专利权的发明已经被公布或投入使用，那么它将否决申请人的请求。由于叙述模糊或说明不完整而被否决的申请人可以再次提交需要的说明和补充，并要求照常讨论自己的申请。工场手工业会议及其莫斯科分部讨论所有与专利权和指控伪造有关

---

① Там же, §7.
② Там же, §9.

的争议性问题。为农业领域的发明和改进授予专利权的程序是一样的。专利权的期限维持原状——3年、5年和10年。外国发明专利权的授予期限不超过6年,或不超过发明人所属国家的专利权授予期限。专利权的期限不应当被延长。

对专利权征税的规定如下:3年为90卢布,5年为150卢布,10年为450卢布。对外国发明的专利权征税规定如下:1年为60卢布,2年为120卢布,3年为130卢布,4年为240卢布,5年为300卢布,6年为360卢布。税费属于授予专利权的部门。专利权的信息被刊印在其所属部门的杂志上,以及两个首都的《公报》上。获得专利权的申请人必须在文件规定的1/4期限之内使其发明生效,然后在6个月内向授予专利权的该司提交地方长官的证明书,证明其专利权已生效。① 专利权允许被转让给另一个人,但其需在相应的政府机构办理手续。同时,对那些已获专利权的发明做出重要改进的人也被授予专利权。如果改进发明是由其他人做出的,则未经获得第一项专利权的发明人的同意,不能授予其专利权。该法律的这一条款确定了发明人对专利的所有权。工场手工业会议及其莫斯科分部以及工场手工业委员会负责审议这些关于专利权的争端。这就是1833年新法律的内容。与原法律相比,它更加精确,规定了专利权方面的公文处理,引入了有关改进专利权的新条款,规定了专利权授予方面的部门差异。

但是新法律并未完全消除专利权授予过程中复杂的官僚主义作风。所有提交给工业和国内贸易司的关于专利权的申请都被分送到各个部门进行研究,随后转交给工场手工业会议。工场手工业会议的决议在财政大臣会议上进行讨论后,由国务会议和沙皇进行批准。并非偶然,自19世纪50年代起,申请专利权的数量大幅增加,工场手工业会议及其莫斯科分部的成员难以在一年之内审议关于专利权的全部申请,只能把讨论推迟到下一年。如,1857年,在173项关于专利权的申请中,共有72项没能得到审议,② 而在

---

① ПСЗ. Собр. 2, т. 8, № 6588, §27.
② ЦГИАЛ, ф. 560, оп. 38, д. 684, л. 2.

1859 年，138 项申请中共有 116 项被推迟审议。① 公文处理的复杂性使工场手工业会议及其莫斯科分部的成员们监督发明在生产中的应用，以确认其有效性这项工作受到阻碍。在一些情况下，获得专利权的发明并未在生产中得到应用。这些事实导致自 1852 年 7 月 7 日起政府颁布了一项关于取消专利权的补充条例，即如果工业和国内贸易司没能获得关于已获专利权的发明被投入生产的信息，那么将取消该发明的专利权。②

自 1812 年颁布关于专利权的第一项法律起，至 1833 年新法律得以批准之日止，俄国共授予了 80 项专利权，其中授予机器的专利权达 25 项。③ 通过对 19 世纪前 30 年所授予的专利权进行分析，结果表明，它们主要涉及农业工具、纺织工业和水陆交通的机器。在化学和金属加工工业领域完全不存在任何专利权。大部分的专利权被授予外国人。

随着工业的发展和技术的改进，发明的数量以及有关授予专利权的申请数量也随之增加。1835 年，俄国共授予了 11 项专利权；④ 1839 年共授予了 30 项，其中授予各种机器的专利权达 13 项，其余的专利权被授予钢琴、灯泡和马车构造的改进。来自新兴工业化学领域的四项发明被授予了专利权，一项专利权被授予"用于近距离运输重物的轻便铁路"⑤。1844 年俄国共授予了 23 项专利权。⑥

关于专利权的申请与其所属工业部门的发展情况紧密相关。如，莫斯科工业区缺乏燃料，特别委员会对该问题进行了调查，这导致提出改进火炉建议的申请数量增加。可以说，俄国工业的年轻部门——甜菜制糖业也是如此，它自 18 世纪末才开始发展起来。19 世纪 30~50 年代，它经历

---

① ЦГИАЛ, ф. 560, оп. 38, д. 721, л. 2 (об.).
② ЖМТ, 1852, № 3, стр. 148.
③ ЖМТ, 1835, № 4.
④ ЦГИАЛ, ф. 560. оп. 38, д. 362, л. 10. По «Указателю хронологическому, предметному и алфавитному привилегий с 1814 по 1871 г.» (СПб., 1871) за 1835 г. значится 12 привилегий.
⑤ ЦГИАЛ, ф. 560, оп. 38, д. 425, л. 3.
⑥ ЦГИАЛ, ф. 560, оп. 38, д. 489, л. 2 об.

第四章　工场手工业和商业会议的建立及其活动

了上升期，人们尝试进一步改进它，由此一系列关于专利权的申请被提出。相反，在国内高度发展的工业部门，如棉纺织工业，在 19 世纪 30 ~ 50 年代几乎已独立发展，无须政府的保护。随着 1827 年韦伯和比捷帕什的印花机专利权期限的终止，政府不再为这一工业领域的机器授予专利权。至于棉纺织工业的其他部门（纺纱、织造），政府主要为企业中现有的和自由安装的机器的改进发明授予专利权。1849 年，俄国共授予了 22 项专利权，① 其中一项专利权用于在叶尼塞河上建立并维持一家拖曳轮船公司，以加强其与图鲁汉斯克边区的交通往来。这项专利权的授予与人们在西伯利亚地区定居和开发西伯利亚地区密切相关，源于俄国政府扩展亚洲贸易的渴望，这在国内市场狭窄的条件下尤为重要，同时也有助于其在远东站稳"脚跟"。

1853 年，克里木战争前夕，俄国共授予了 23 项专利权，其中 5 项被分别授予棉制品、毛线、丝绸、亚麻工业中纺纱和加捻机器的改进发明和发电机、化学设备以及化学生产中的改进发明；8 项专利权被授予各类机器的发明，其中包括蒸汽机等。② 1856 年，俄国共授予了 24 项专利权，③ 其中 12 项被授予各类机器的发明，4 项被授予化学产品和化学生产中的改进发明。

1858 年，俄国共授予了 64 项专利权，④ 其中 16 项被授予蒸汽机、蒸汽机车、车厢、轨道的发明和改进，7 项被授予熔炉和加热炉，4 项被授予制糖生产中的技术改进，2 项被授予织布机。在授予的 64 项专利权中，16 项属于俄国国民，48 项属于外国人，主要是法国人。⑤ 1859 年，俄国共授予了 52 项专利权，其中 18 项被授予蒸汽机、蒸汽机车、车厢以及化学制品和化学设备的发明和改进，5 项被授予制革、书写纸、硬脂生产中的改进。在授予的专利权中，14 项属于俄国国民，38 项属于外国人。⑥ 1860 年，俄国

---

① ЦГИАЛ, ф. 560, оп. 38, д. 574, л. 43.
② ЦГИАЛ, ф. 560, оп. 38, д. 629, лл. 3 – 5.
③ ЦГИАЛ, ф. 560, оп. 38, д. 663, л. 2.
④ По «Указателю привилегий . . . » – 63，привилегии.
⑤ ЦГИАЛ, ф. 560, оп. 38, д. 701, л. 4.
⑥ ЦГИАЛ, ф. 560, оп. 38, д. 721, л. 3.

**俄国工业政策（19 世纪 20－50 年代）**

共授予了 70 项专利权①，其中 25 项被授予各类机器及它们的改进发明、铁路和水路交通以及化学工业领域的发明、用于矿业的鼓风机、"莫尔斯"电报机的技术改进等。在 70 项专利权中，38 项属于俄国国民，32 项属于外国人。

自关于专利权的新法律颁布以来（1833 年）至 1860 年俄国共授予了 709 项专利权，而 1812～1833 年仅授予 80 项。

专利权作为奖励制度在欧洲国家已众所周知，其在美国也得到了应用。在工业发展的早期阶段，伴随西欧国家的激烈竞争，工业资产阶级的软弱，俄国的专利权促进了工业的发展。专利权制度奖励发明，激发人们的创造性并推动了技术的进步。而后期，随着居民整体文化水平的提高，技术的进一步发展，授予个人长期所有权的专利与垄断类似，往往阻碍了工业的发展。

俄国政府广泛应用专利权制度，希望借助这种途径促进工业向其所需的方向发展。19 世纪前 30 年，专利权被主要授予属于农业生产以及纺织业领域的发明，而这之后，专利权涵盖了化学、甜菜制糖和金属加工工业。50 年代，我们可以观察到各类机器发明及技术改进被授予的专利权的数量日益增加。在交通工业部门，水路交通领域的发明专利被铁路交通领域的专利所取代。由此可见，专利权的性质随工业的发展而不断变化。但无论是在 20 年代还是 50 年代，大部分的发明都属于国家经济生活中次要的、微不足道的工业部门（乐器、马车、灯泡和蜡烛）。

我们应该关注以下事实，即大部分的专利权是由外国人获得的。这是因为，通常，俄国技工的总体教育水平是低于外国人的。很多自学成才的发明家不能条理通顺地说明其发明活动的原理以及将它书写在纸上，并画出必要的平面图，因此国内的许多发明仍然不为人所知。此外，外国人广泛利用了在俄国还不为人熟知的外国发明获得专利权。

与政府的其他保护性措施相比较，我们分析 19 世纪 20～50 年代的专利权制度，有助于确定政府工业政策的统一路线——减少对那些获得成功发展的工业部门的保护，鼓励薄弱的生产部门。

---

① 《Указатель привилегий …》, стр. 91－99.

第四章　工场手工业和商业会议的建立及其活动

工场手工业会议及其莫斯科分部致力于组织工业生产。工场手工业会议及其莫斯科分部经常通过《工业和贸易杂志》向工厂主们介绍新开办的企业，试图以此使其他的手工工场主了解这些企业。① 在《工业和贸易杂志》上刊登有关工厂的通知，这些工厂接受各种机器、"整个工厂设备"、"蒸汽机和火车头"、各种工具和涡轮机的生产订单②。工厂主向工场手工业会议及其莫斯科分部求助，以解决与工人的冲突、雇佣技师以及向技师和工人追讨欠款等问题。③

随着工业的发展，尤其是俄国中部省份的快速发展，政府开始担忧它的位置以及监督的可能性。1833 年 9 月 22 日，它批准了适用于圣彼得堡的新条例，④ 根据这一条例，将所有位于首都的企业分为三个等级。表面上，这一划分是以企业对人类健康的影响为基础。第一等级包括对人类健康无害的企业，其被允许开设在城市的所有区域。第二等级包括可以安置在城市人烟稠密的区域，但是在建立的过程中需遵守特别预防措施的企业。第三等级包括不能建立在城市人烟稠密区域的企业：化学企业和榨油企业。这些企业被允许开设在距圣彼得堡居民区 50 俄仗以外的区域。

1833 年条例中包含了关于在圣彼得堡建立工业企业的规则，这妨碍了首都的工业建设。显而易见，该条例的颁布不仅是出于保护圣彼得堡居民健康的目的，政府还希望借助这种方式阻止工人在大型企业中的聚集，以及更进一步来预防集体行动的可能性。政府的这一路线——将工业管理的所有环节掌握在自己的手中，不允许工业和工人集中到几个大型城市中——表现了19 世纪上半叶政府政策的特征。在这方面，1848 年政府成立了一个特别委员会负责审议圣彼得堡及其附近地区的手工业工场和工厂的分布问题，这一事实充分证明了这一点。⑤ 该委员会的工作与莫斯科军事总督起草的关于在

---

① ФБОН. «Журнал Московского отделения Мануфактуного совета», 1829, л. 4 (об.).
② ЖМТ, 1839, № 12; ЖМТ, 1845, № 3 и др.
③ См. главу по рабочему вопросу.
④ ПСЗ. Собр. 2, т. 8, № 6431.
⑤ ЦГИАЛ, ф. 560, оп. 38, д. 560, л. 58.

175

莫斯科建立新的工业企业的法律草案同时进行。①

自关于在圣彼得堡建立工业企业的 1833 年条例颁布之日起，工场手工业会议的成员们开始着手审议工厂主和企业主的申请，其内容涉及开设新的企业以及将企业从一个等级过渡到另一个等级。仅 1844 年，工场手工业会议的成员们就在圣彼得堡调查了 89 座工厂建筑，并撰写了关于它们仍维持原址的可能性的相关文件。② 1845 年，工场手工业会议为 39 名企业主颁发了允许在圣彼得堡建设工厂的证书，还解决了将工业企业从一个等级过渡到另一个等级的事务。③ 19 世纪 50 年代，由于在企业中使用蒸汽机的情况比以前更加普遍，关于开办工业企业的申请数量随之增加，而且只有在工场手工业会议及其莫斯科分部的成员们进行特别调查之后，省长才能许可企业安装蒸汽机。

工业组织活动范围的扩展以及政府对"工人问题"的关注的增加促使财政部早在 1835 年就请求沙皇委派一名主要处理分部事务的负责人担任工场手工业会议莫斯科分部的主席，同时增加该分部的成员。第一位专职主席是莫斯科的学区督学 А. Г. 斯特罗加诺夫伯爵。④ 1843 年 2 月，由于在蒸汽机安装和工作过程中发生的事故日益增多，引起了工人的不满和骚动，政府颁布了特别预防规则，其执行情况由工业机构进行监督。

因此，由于工业的进一步发展，国家面临的新挑战影响了工场手工业会议活动的变化。19 世纪 20~30 年代，工场手工业会议及其莫斯科分部的大部分事务可以归纳为对产品样品的分配以及通过工业代理人订购外国商品，而 40~50 年代，其大部分任务是直接调查工业企业，安装蒸汽机和锅炉，调解企业主和工人之间的矛盾。⑤ 在改革前的最后几年，工场手工业会议及

---

① МОГИА，ф. 16，оп. 16，связка 2594，д. 11770. Подробнее об этом см. гл. VII .
② ЦГИАЛ，ф. 560，оп. 38，д. 499，л. 5 об.
③ ЦГИАЛ，ф. 560，оп. 38，д. 516，л. 4.
④ ЦГИАЛ，ф. 40. Всеподданнейшие отчеты министра финансов по департаменту мануфактур и внутренней торговли，оп. 1，д. 12，лл. 86（об.）—87.
⑤ ЦГИАЛ，ф. 18，оп. 2，д. 1310. Отчеты Московского отделения Мануфактурного совета 1848 - 1854.

第四章　工场手工业和商业会议的建立及其活动

其莫斯科分部不但审议由工业和国内贸易司提出的问题，而且提出了自己的问题，财政部通常接受这些问题并进行讨论。此外，工场手工业会议的成员们被纳入政府委员会中，参与了与工业和贸易发展相关问题的讨论。1850年，根据工场手工业会议的建议，政府成立了一个委员会以制定划分工业和手工业的标准。其由财政部、内务部以及工场手工业会议的成员们组成。①资产阶级的代表参与了 1850~1857 年新税率的制定。他们在向政府提交的书面报告和刊物中表达了对税率问题的立场。②

1849 年，在莫斯科军事总督的领导下，莫斯科成立了工厂警察组织委员会，其中包括一名莫斯科分部的成员。③ 文件并不总是反映资产阶级代表在这些政府委员会中的作用，但是他们的一些批评性言论，特别是关于关税政策和专利权的问题，以及反对讨论莫斯科军事总督 A. A. 扎克列夫斯基关于减少在莫斯科建设工业企业的建议等，表明了资产阶级与政府在个别工业政策上的分歧。

19 世纪 20~50 年代，工场手工业会议及其莫斯科分部改变了它们的社会构成。通常，其任命资产阶级代表而不是贵族取代离开的成员。④ 出身于商人的工厂主们（Н. 波列夫、П. 韦烈坚尼科夫、普罗霍罗夫、П. 罗戈任、Г. 乌鲁索夫）积极参与工场手工业会议莫斯科分部的工作。⑤

1859 年，为重新修订工业和手工业章程而成立的委员会的成员们，提议将工场手工业会议转变为工业会议，其职责不仅针对工厂，还包括为手工业提供帮助和监督。这一建议在当时并没有得到正着手进行"农奴制"改革的政府的支持。直至 1872 年，原有的工场手工业会议和商业会议才合并

---

① ЦГИАЛ, ф. 560, оп. 38, д. 588, л. 7 об.
② См. главу о таможенной политике.
③ ЦГИАЛ, ф. 18, оп. 2, д. 1373, л. 1.
④ ФБОН. «Журналы Московского отделения Мануфактурного совета», 1843, л. 49; за 1858 г. заседание от 31 мая（в деле нет нумерации листов）; ЦГИАЛ, ф. 560, д. 607, оп. 38, л. 12; д. 471, л. 7（об.）.
⑤ ФБОН. «Журналы Московского отделения Мануфактурного совета» за 1829, 1833, 1843, 1858 гг.

为工商业会议。

仔细研究在农奴制俄国存在 30 年以上的工场手工业会议及其莫斯科分部的各方面活动，不能不注意到这些组织逐渐增加的主动性，其行动变得不那么胆怯，其意见也在政府讨论国家重要的经济问题时被考虑在内。所有这些变化是俄国资产阶级显著增加的标志，其机构是工场手工业会议。

与工场手工业会议及其莫斯科分部相比，建立于大型工业中心的工场手工业委员会的组织活动要少得多。省工场手工业委员会负责审查并整理城市和地方自治委员会收集的关于各省工厂的资料，并澄清这些信息，因为企业主，尤其是小企业主，试图逃避新的赋税，并未在公报中列入其企业。工场手工业委员会同样负责在工厂主中推广书籍、产品、发明，普及企业组织的新方法。但是政府并不重视工场手工业委员会和通讯员的工作，这是外省工业发展薄弱的一个显著标志。政府很快就忘记了其建立的这些地方机构。直至 40 年代末，它才要求民事长官上报关于工场手工业委员会和通讯员的工作。①

正如民事长官所报告的那样，大部分的工场手工业委员会和通讯员根本就不存在。其在他们所处的那几个省市和地方城市中没有开展任何工作，通讯员向圣彼得堡和莫斯科寄出的大部分申请是请求解除他们的职务。在这方面，波尔塔瓦通讯员的申请书值得关注。他写道，在他被委派这一职务的四年中没有收到任何来自工业和国内贸易司的指示和命令，他不知道自己是否是通讯员。现在他年岁已高，请求解除职务。② 根据叶卡捷琳诺夫卡民事长官的报告，1835 年该省任命的工场手工业通讯员没能完成自己的直接职责，因此省长同意工业和国内贸易司免除其职务。③ 沃罗涅日民事长官报告，委员会的五位成员中仅有一位还健在。政府还未委派新的成员，为此建议废除本省的委员会。④ 奔萨、图拉、喀山、西伯利亚和其他省份委员会的情况也

---

① ЦГИАЛ, ф. 18, оп. 2, д. 1262, л. 1.
② ЦГИАЛ, ф. 18, оп. 2, д. 1262, л. 25.
③ Там же, л. 26.
④ Там же, л. 41.

第四章　工场手工业和商业会议的建立及其活动

大致相同①。一些民事长官，如奔萨的民事长官认为，该省不需要工场手工业委员会。其他省份，特别是喀山的民事长官指出："喀山的工业得到了显著且多样化的发展。这里不需要工场手工业委员会。"②

经过这次由政府组织的特殊检查之后，至19世纪40年代末，一些仍然保留的工场手工业委员会和通讯员的工作变得更加活跃。在工场手工业会议于1828年成立后，其建立了由民事长官领导的绩效最好的里加工场手工业委员会。③里加委员会监督并补充关于手工业工场和工厂的信息，在工厂主和地主中推广新的书籍和发明，向工厂主转交从国外获得的产品样品。此外，它参与组织俄国以及地方的工业和农业展览会。1838年，里加举办了第一届地方展览会。④边区的工厂主和地主积极参与了这次展览。

俄国亚麻工业的衰落迫使政府借助优惠和奖励制度刺激它的发展。如，工业和国内贸易司通过里加工场手工业委员会向地主传达了为经过改良的亚麻种植提供奖金的信息。此外，政府拨出1000卢布用于奖励各省愿意采用新的、经过改良的方法种植亚麻的农民。⑤里加工场手工业委员会同样参与了利夫兰省工业企业的检查，并将其关于边区城市的工业进一步发展的结论提交给工业和国内贸易司，⑥就发明和专利权的性质和益处问题发表了自己的观点。⑦19世纪40~50年代，同工场手工业会议及其莫斯科分部一样，里加工场手工业委员会参与审理了工人与工厂主之间的矛盾。1845年，它为利夫兰工厂警察和地方法官编撰了条例。⑧自1843年引入了关于使用蒸汽锅炉和蒸汽机的预防措施条例后，里加工场手工业委员会十分重视对工业企业的检查，蒸汽机和锅炉的安装，即其完成的工作与工场手工业会议及其

---

① Там же, лл. 15, 21, 50, 97.
② Там же, л. 21.
③ Центральный государственный исторический архив в Риге (ЦГИАР), ф. 107, оп. 3, д. 33, л. 1.
④ ЦГИАР, ф. 107, оп. 3, д. 6, л. 3.
⑤ ЦГИАР, ф. 107, оп. 3, д. 45, лл. 8-9.
⑥ ЦГИАР, ф. 412, оп. 1, д. 2168, л. 2.
⑦ ЦГИАР, ф. 107, оп. 3, д. 43, л. 2.
⑧ Об этом см. главу VII о политике правительства в рабочем вопросе.

莫斯科分部从事的工作接近。

其他工场手工业委员会的工作就没那么显著了。他们没有将自己的工作与工场手工业会议联系起来。它们在边区工业发展中的作用是微不足道的。

商业会议负责处理贸易问题，政府于1829年10月28日批准了该会议的章程。根据章程，政府在圣彼得堡成立商业会议，并在莫斯科、里加、阿尔汉格尔斯克、敖德萨、塔甘罗格以及"在今后将被认为有益的地方"[①]建立分部。商业会议的建立是为了促进国内外贸易的发展，并将其作为财政部下属的咨议性机构。它应根据财政部的要求就与贸易相关的问题给出自己的意见，提出促进其完善的建议，通过与分部的通信从他们那里获取需要的信息或者向他们传达必要的指示。在讨论同时涉及贸易和工业的相关问题时，举行工场手工业和商业会议的联席会议。它们的总体意见被提交给财政部。

工业和国内贸易司司长以及对外贸易司司长应当出席商业会议。会议的主席由沙皇任命。商业会议的成员由商人协会从经营国内外贸易的24名俄国商人和外国批发商中选出（16名俄国商人，8名外国商人）。根据沙皇的批准，在当选的24人中，12人被任命为商业会议的成员。此外，财政大臣有权自行决定从以大额贸易额而闻名的商人中任命成员。由6人组成的分部成员的选择同样依据这一原则：从第一等级、第二等级以及外国商人中进行选择。这一数字可以由地方长官自行决定增加，但不能超过两倍。由民事长官或市行政长官担任分部的主席，其批准分部成员，随后报告给财政大臣。同工场手工业会议一样，商业会议和分部成员的职务是名誉上的，不能获得任何收入。

如前文所述，工场手工业和商业会议的建立使政府比以往更加有效地控制和组织工业和贸易的发展，获取工业整体发展以及各个部门发展的准确信息，协调国内外贸易。但是，两个会议的组成、重要性和权力各不相同。工场手工业会议由贵族和商人组成，其成员由政府任命，而商业会议完全是从商人中选出的，因此这些机构的决议具有不同的效力。虽然两个机构都带有

---

① ПСЗ. Собр. 2，т. 4，№ 3250.

## 第四章　工场手工业和商业会议的建立及其活动

咨议性质，但与商业会议相比，工场手工业会议由于其贵族资产阶级成分而拥有更多的可能性去捍卫自己的观点。对不同部门的从属地位也不利于这些机构的一致性。工场手工业会议隶属于工业和国内贸易司，而商业会议则接受财政部的直接管辖，不隶属于任何部门。它是为讨论贸易问题而设立的。

1830 年，商业会议的第一次会议在圣彼得堡召开。政府对扩展俄亚贸易的兴趣促使商业会议的成员寻找方法，以发展与高加索、波斯和土耳其的联系。其中，第一次会议审议了摩尔达维亚和瓦拉几亚公国政府机关主席 П. Д. 基谢列夫于 1830 年 4 月 26 日提交的关于俄国与公国贸易利益的书面报告。П. Д. 基谢列夫发现向摩尔达维亚和瓦拉几亚派遣由工厂主和商人组成的委员会以了解该地区的工业是有益的。商业会议讨论了这份书面报告，反对将工厂主和商人派往公国，因为那里已经有财政部的官员为商人提供关于摩尔达维亚和瓦拉几亚的必要信息。为更全面地了解公国，商业会议的成员建议将 П. Д. 基谢列夫的书面报告以文章的形式刊登在《工业和贸易杂志》和《商业报》上。但在文章被发表，并于 1830 年 12 月在工场手工业会议的会议上被讨论之后，工厂主和商人借口俄国的工业中心远离摩尔达维亚和瓦拉几亚，反对与公国进行贸易往来，根据他们的意见，"与公国之间的贸易是无利可图的"[①]。俄国商人的这种惰性思维不仅是 19 世纪 30 年代的特征。在随后的几年中，大部分的商人仍然保持被动，虽然个别商人和工厂主开始到东方国家进行远途旅行，在那里开设自己的贸易站，并成立私人公司。[②] 资本与商船的缺乏以及其他原因促使俄国商人会优先考虑国内贸易，而不是对外贸易。这在很大程度上解释了俄国政府对外国贸易资本和批发商的广泛吸引力。外国人对俄国对外贸易的参与影响了商业会议及其分部的活动。

除了就扩展与东方国家联系的问题进行讨论外，商业会议及其分部还负

---

[①] ЖМТ, 1832, № 1, стр. 117.

[②] Подробнее об этом см. в книге М. К. Рожковой «Экономическая политика царского правительства на среднем Востоке во второй четверти XIX в. и русская буржуазия» (М., Изд-во АН СССР, 1949).

俄国工业政策（19 世纪 20 – 50 年代）

责审议交易所委员会的申请和提议，制定经纪人的权利和职责，产品质量的检验、私人贸易中的舞弊行为以及其他涉及国内外贸易组织本身的问题相关的章程。① 商业会议的职责还包括为贸易教育机构的毕业生制定规则和指南。如，在 1847 年 1 月 14 日召开的一次商业会议的会议上，其讨论了为从商业航海学校毕业的俄国私人商船船长、领航员以及他们的雇主所制定的指南，并提请注意加强学校的实践基础。② 商业会议审议了商人提交的关于提高个别商品种类关税的申请，并将其转交给对外贸易司。

19 世纪 40 ~ 50 年代，随着贸易公司和贸易站的出现，与它们的开设和活动相关的问题开始引起商业会议的关注。如，商业会议曾于 1847 年召开的一次会议上，通过了只允许在市杜马管辖下的地方财政厅的许可下开设贸易公司的决议。③ 商业会议的全部活动旨在保护等级商人的利益以及限制农民的贸易。1848 年，由于莫斯科军事总督的呼吁，在商业会议的一次会议上审议了内务大臣和财政大臣的报告《关于在莫斯科及其他城市和村镇制止工业品非法贸易的措施》。④ 由商业会议成员组成的委员会仔细考虑了这一问题，通过了禁止小贩在城市和村镇进行"流动"贸易的决议。该委员会建议禁止销售未征税的外国商品以及在莫斯科饭店中进行的贸易。除已做出的决议外，莫斯科军事总督还建议对那些允许在其场所中进行小贩买卖的饭店和大车店的老板处以罚金。根据证明书进行贸易的农民和小市民被允许在其所属城市进行小贩贸易，但交易对象仅限于农民和农业产品。⑤ 因此，根据商业会议的决议，工业产品的垄断权掌握在商人的手中。

直至 19 世纪 40 年代初，商业会议及其莫斯科分部的会议与工场手工业会议及其莫斯科分部的会议是完全分开的。40 ~ 50 年代，由于它们的活动在一定程度上是相近的，因此根据财政大臣的提议，政府决定就最重要的贸

① ЦГИАЛ, ф. 18, оп. 1, д. 7, 8, 9, 10, 11.
② ЦГИАЛ, ф. 18, оп. 1, д. 7, л. 56.
③ ЦГИАЛ, ф. 18, оп. 1, д. 7, лл. 1 – 3.
④ ЦГИАЛ, ф. 18, оп. 2, д. 1260, лл. 13 – 16.
⑤ Там же.

易和工业问题举行工场手工业和商业会议及其莫斯科分部的联席会议。① 应该指出，联席会议通常提出与商业会议活动有关的问题，但是地主和工业资产阶级对这些问题的解决很感兴趣。如，在1848年的一次联席会议上讨论了羊毛贸易的问题。② 为详细审议这个问题，政府成立了一个特别委员会，其成员为商人和地主提供了关于改进羊毛分拣、加工和清洗的建议。该委员会的成员通过《商业报》将大量的建议传达给商人、工厂主和地主。商业会议及其莫斯科分部还向商人传达涉及贸易的政府决议。

商业会议同工场手工业会议将大量的注意力集中于展销会贸易的发展上，尤其是伊尔比特展销会，因为俄国政府高度重视将边区纳入帝国的贸易中。在伊尔比特展销会进行贸易的商人，为获取更多的利益，向财政部申请将其开放的日期从2月15日提前到2月1日，这样他们就可以在春季道路泥泞之前完成其活动，并将商品运送到目的地。但是这些改变损害了在秋明展销会上进行贸易的商人的利益，因为他们的工作日期是从1月15日至2月15日。将伊尔比特展销会的开放日期从2月15日修改为2月1日，自然，将会对以满足地方居民需求为主的秋明展销会的贸易额产生消极影响。彼尔姆民事长官并不倾向于支持在伊尔比特展销会进行贸易的商人的请求，他认为，即使在原来的日期下，其贸易额也在不断增长。他指出，西伯利亚居民的人数不断增加，正在开发中的金矿吸引了大量来自俄国中部的企业主。仅25年，自1820年至1845年，伊尔比特展销会的贸易额就增加了1800万银卢布（从1820年的200万卢布增加至2022.5万卢布），几乎占帝国对外贸易商品价值总额的1/4，与此同时，秋明展销会的贸易额仅占伊尔比特展销会贸易额的3%。③

负责审议这一问题的工场手工业和商业会议，支持在伊尔比特展销会从事贸易的商人的请求。其在决议中写道："伊尔比特展销会与俄国重要的贸易和工业利益联系密切，是涉及整体利益的国家事务，而秋明展销会由于其

---

① ЦГИАЛ，ф.40，оп.1，д.14，лл.333–334.
② ЦГИАЛ，ф.18，оп.1，д.8，л.33.
③ ЦГИАЛ，ф.18，оп.1，д.8，л.109.

贸易的局限性，应该更多地归因于这座城市的地方利益。"① 工场手工业和商业会议的成员认为根据商人的需求将伊尔比特展销会的开放日期确定为2月1日至3月1日是必要的。②

因此，工场手工业和商业会议在这一问题的解决过程中，同许多其他人一样，支持中部省份的等级商人，损害在秋明展销会上从事贸易的地方资产阶级和农民的利益。俄国政府批准工场手工业和商业会议的建议再一次证明，其关于边区命运与那里工业和贸易发展的所有"担忧"，都是由将它们变为俄国中部地区的销售市场和原料产地的唯一愿望引起的。

商业会议的分部建立在莫斯科和其他大型港口城市——阿尔汉格尔斯克、里加、列维尔、敖德萨、塔甘罗格。它们从事有助于扩展帝国对内和对外贸易的工作。对外贸易额的增长促进了商业会议分部，尤其是敖德萨分部的积极活动。后者每年向民事长官递交关于敖德萨港口贸易以及粮食贸易情况的相关信息，其规模在19世纪上半叶得到大幅增长，监督敖德萨交易所的活动、贸易以及交易所经纪人的票据交易额，从事港口的装备，③ 担任了敖德萨和新罗西斯克边区商人之间的中介。④ 与扩展外国批发商在俄国对外贸易中的权利相关的一般性问题在商业会议敖德萨分部的工作中占据了重要位置，根据敖德萨港口的法规，自1817年起，其变为免税—交货口岸。俄国南部的商人在向敖德萨分部提交的请愿书中提议限制免税—交货口岸，其认为，自由的贸易损害了俄国的贸易额，阻碍了南方工业的发展。但在敖德萨分部中影响较大的外国商人并没有考虑这些请求，并试图证明免税—交货口岸刺激了俄国南部出口的增长。⑤ 商业会议的其他分部——里加、列维尔、塔甘罗格、阿尔汉格尔斯克向民事长官报告了关于通过其港口的贸易进

---

① Там же, л. 109 об.
② Там же, л. 110 об.
③ ЦГИАЛ, ф. 18, оп. 2, д. 170, О действиях отделений Коммерческого совета за 1834 г., л. 7.
④ ЦГИАЛ, ф. 560, оп. 38, д. 737, 1861, л. 46.
⑤ См. В. А. Золотов Внешняя торговля южной России в первой половине XIX в. Ростов-на-Дону, 1963, стр. 145.

第四章　工场手工业和商业会议的建立及其活动

展情况，组织商业航海学校，并为这些学校的学生提供指导，解决了与商品种类及其变化可行性有关的问题。①

与改革前俄国所有工业组织中最活跃的工场手工业会议莫斯科分部相比，商业会议莫斯科分部的工作表现不佳。这在很大程度上是由于，尽管它本应处理对外贸易和国内贸易问题，但却将主要注意力集中于海上对外贸易上。因此，远离海岸的莫斯科难以在商业会议的活动中扮演重要角色。如，商业会议莫斯科分部1834年的总结中写道，分部没有收到任何来自商业会议的书面指示，也没有收到来自地方长官和其他分部的任何提议，因此"不具备充分的活动"。莫斯科分部的成员要求商业会议报告"涉及莫斯科贸易"的问题，以及工作性质可能发生的变化。② 由于缺乏来自圣彼得堡的指示，商业会议莫斯科分部的成员不得不处理与工业分部有关的国内贸易问题，尤其是寻找"避免"商人与经商农民之间竞争的方法。这就是1843年任命工场手工业和商业会议总主席的原因之一。工场手工业和商业会议的密切关系对商业会议的活动产生了积极的影响，是它们最终于1872年合并为工商业会议的基础。

因此，与工场手工业会议相比，商业会议的活动范围更加狭窄。这是由会议的任务本身决定的，其被要求主要解决对外贸易问题，而与国内贸易相比，对外贸易在俄国处于次要地位。此外，商业会议仅由商人代表组成，为此，贵族政府经常将次要事务转交给其审议。然而它的决议和建议保护了等级商人的利益，其目的在于振兴贸易，设法扩大与东方国家的联系，提高产品质量与生产技术。

在工业和国内外贸易发展的条件下，政府成立了负责监督和扶持工业和贸易的机构——工场手工业和商业会议。提出这些问题的倡议来自资产阶级和资产阶级化贵族的代表。两个机构客观上促进了国内资本主义关系的巩固和发展。工场手工业和商业会议的自身结构，在县城中设立的分部、委员会

---

① ЦГИАЛ, ф.18, оп.2, д.710, лл.11–14, 65–62.
② ЦГИАЛ, ф.18, оп.2, д.710, лл.62–63.

和通讯员，都表明了这些组织的成员希望将所有的工业和贸易纳入自己的职权范围当中。对俄国以及外国新的技术经验、发明和发现的宣传几乎在工场手工业会议的活动中占据了主要位置。专利权制度、对参加工业展览会的奖励以及商业和工业杂志与报纸的开办都促进了这一活动。

两个资产阶级组织的建立——工场手工业和商业会议——是政府对国内资本主义因素重要性的认可。但在采取这一步骤的过程中，沙皇竭力削弱这些组织对工业和贸易政策方针的影响。他赋予它们咨议的性质并剥夺其行政权。根据关于组织工场手工业会议的条例来看，它由相同数量的贵族和商人代表组成。但实际上，在工场手工业会议活动的早期，大部分的职位是属于贵族的。贵族在工场手工业会议中的主导作用还取决于有影响力的国家要员被任命为工场手工业会议及其莫斯科分部的主席。尽管存在这些来自政府方面的限制，工场手工业和商业会议已经成为国家公共生活中的一个显著现象。

不仅在改革前，这些组织在改革后期也长期存在和活动，这一事实表明，它们不是"死胎"[①]，它们的出现是由它们所服务的工业企业的增长引起的，并且其活动与技术革命有关。同时，在改革后保留这些机构是专制的封建俄国和资本主义俄国经济政策连续性的证明之一。

---

[①] И. Ф. Гиндин. Государственный капитализм в России домонополистического периода. «Вопросы истории», 1964, № 9.

# 第五章
# 工业展览会概况

　　工场手工业会议最重要的职能之一就是组织工业展览会。俄国的经济发展促使政府和资产阶级产生了举办展览会的想法。这一问题是在讨论振兴工业的必要措施时被提出来的。19世纪初，参政员 И. 阿尔舍涅夫斯基建议成立"工厂主会议"，起草了组织工场手工业会议的方案，并得到了商人的支持。1824年，军事总督 Д. В. 戈利岑满足了莫斯科企业主们的愿望，向财政部提交了关于在莫斯科成立工场手工业协会的方案，"目标是培养有能力管理工厂的人才以及具备必要技术知识的各类工匠，向工厂主提供有关该领域发明的信息……最后，鼓励工厂主公开展示他们的产品，并为成绩卓著者颁发奖章"[①]。因此，在 Д. В. 戈利岑的方案中，工场手工业协会的职责包括组织公开展览。

　　1825年2月，在大臣委员会的会议上，Д. В. 戈利岑建议制定详细的协会章程，并通过大臣委员会将其呈递给沙皇批准。[②] Д. В. 戈利岑的方案没有被批准，原因在于资产阶级自身的惯性。由于国内工业发展缓慢，资产阶级自身对成立莫斯科工场手工业协会的兴趣不大，"而成立协会的初步行动需要其成员提供服务"，以及政府颁布政策，而政府当时认为成立这样一个协会是不合时宜的。

---

① ЦГИАЛ，ф. 560，оп. 8，д. 208，л. 2.
② ЦГИАЛ，ф. 1263，оп. алф. 24，д. 501，л. 491.

俄国工业政策（19 世纪 20 – 50 年代）

1828 年 7 月，政府颁布了关于成立工场手工业会议的法令，其职责包括组织工业展览会。① 俄国政府将展览会视为促进工业和贸易发展的方式之一。在国内市场狭窄的情况下，对销路的担忧也极大地困扰着俄国的统治者。在谈到展览会的组织时，《商业报》对此十分重视并非偶然。"圣彼得堡的展览会非常重要，因为它为政府提供了最便捷的机会，使政府看到了国内工业的逐步成功，并使曾在该首都生活过的许多外国批发商和旅行者了解我们的工业产品，通过这一方式开辟了新的对外销售方式，有助于直接增加国民财富。"② 工业展览会激起了企业主之间的"竞争精神"，促进了工业和贸易的发展。

展览会的开办取决于国内资本主义关系的发展。与俄国相比，其更早出现在西欧国家，这并非偶然。③ 展览会是政府经济政策的重要组成部分。研究展览会，为我们理解和评价俄国政府的工业政策提供了广泛而多样化的材料。在我们研究的时期内，政府共举办了 12 次工业展览会：5 次在圣彼得堡，4 次在莫斯科，3 次在华沙。

展览会目录是研究工业展览会最重要的史料，其中指出了展出者的姓氏、他们提供的产品、企业成立的地点和年份以及装备程度。这类史料有助于我们查明展览会的参与人数、参与者的社会构成、展览产品的种类，确定参与展览的省份。展览会目录按照展览部门列举产品清单。的确，展览会目录数据没有被进行过科学、系统的整理，因此在处理这些材料时我们必须进行专门的计算。这一史料并不包含产品质量和价格的相关信息。此外，应该指出，并非所有的展览会都设有目录。我们没能找到三届（1841 年、1845 年、1857 年）华沙展览会的目录以及 1839 年圣彼得堡展览会的目录。大量的展览会说明书是对目录的重要补充，它们被刊登在《工业和贸易杂志》《商业报》《莫斯科公报》《圣彼得堡公报》以及其他定期出版物上。它们有助于我们揭示农奴制俄国各工业展览会之间的普遍性和差异，有助于评价

---

① ПСЗ. Собр. 2，т. 3，№ 2146.
② «Коммерческая газета»，1832，№ 94.
③ 1795 年，西欧在巴黎举办了第一届工业展览会。

产品的质量。然而应该指出，这些简评的作者通常会夸大工业展览的价值和国内工业发展水平。

一些历史学家将工业展览会的材料作为研究工业的史料之一。[①] 但在 19 世纪 60 年代之前，展览会本身并不是研究的对象。1961 年，А. И. 米哈伊洛夫斯基发表了文章《19 世纪上半叶俄国工业展览会的历史（第一批全俄工业展览会）》。[②] 他没有研究 19 世纪上半叶所有的工业展览会，仅研究了前两届展览会：圣彼得堡（1829 年）展览会和莫斯科展览会（1831 年）。并且他是从俄国博物馆历史的角度，而不是将其作为政府政策来研究其优势。但即使没有完整地涵盖这一课题，其作为研究该问题的第一本科学著作也值得关注。该文中关于展览会职能的一般性结论和主要观点，以及它们在国家公共生活中的地位是正确且具有说服力的。该文中的个别观点引起了反对意见。关于展览会的组织，А. И. 米哈伊洛夫斯基谈到政府在这个问题上实行的谨慎而缓慢的政策，着重讨论了它如何阻碍莫斯科军事总督 Д. В. 戈利岑的建议，后者提议成立工场手工业协会。这种判断需要澄清。我们认为，Д. В. 戈利岑的建议未获通过的责任不应仅归咎于政府，还在于资产阶级本身，他们拒绝将自己的资本投入正在计划建立的协会中。在组织建立莫斯科工艺学院的过程中，资产阶级也采取了大致相同的立场，阻碍了它的开办。А. И. 米哈伊洛夫斯基在文中也没有论证 Д. В. 戈利岑的活动与 Е. Ф. 康克林的立场之间的鲜明对比。虽然他们在个别问题上存在一些分歧，但他们的政策未必存在根本性的差异。

# 19世纪20年代末～30年代中期的工业展览

1828 年 10 月，工场手工业会议在其一次会议上批准了关于在圣彼得堡

---

[①] «История Москвы», т. 3. М., Изд-во АН СССР, 1954; М. К. Рожкова. Экономическая политика царского правительства на Среднем Востоке во второй четверти XIX в. и русская буржуазия. М., Изд-во АН СССР, 1949; К. А. Пажитнов. Очерки истории текстильной промышленности дореволюционной России. М., Изд-во АН СССР, 1955, 1958.

[②] «Очерки истории музейного дела в России». М., «Советская Россия», 1961.

组织工业品展览的规则,制订了组织计划,确定了举办日期。政府决定提前公布举办展览会的消息,以便使每位参展者都有充足的时间准备"一些优秀的产品"①。虽然此后,在几乎所有的展览会说明中,政府都提请参与者注意不仅要展出模范产品,还应展出拥有最大销量的中等质量的产品,但通常情况下,展览会所呈现的产品仍然是国内生产的最佳样品。第一届圣彼得堡展览会定于1829年5月9日至6月1日开办,并决定在两三年后举办下一届展览会。此外,政府还决定在莫斯科举办展览会。但关于莫斯科展览会的举办日期还未确定。根据展览会的规则,允许展出各类产品,即工业、手工业产品,但"笨重且庞大的物品除外",并且无须支付任何行会费用。所有被展出的商品都应该带有商标和标记,以便证明它们的俄国出身。对于那些在圣彼得堡没有熟人的工厂主,政府可以为其提供经纪人。如果工厂主向展览会寄送了很多展品,那么他必须派遣一名店员。展览会的直接监督权被委托给工场手工业会议,其组成了一个特别委员会,主席由财政大臣任命。展览组织委员会的成员负责监督展览会的内部布置,观察物品的接收以及摆放情况,并进行书面记录,参与颁奖活动。为最佳产品授予如下奖励:金制或银制奖章;在展览会说明书中对其进行公开的称赞和认可;为家庭生产的优秀产品授予货币奖金。货币奖金通常由工场手工业会议酌情发放给来自手工业者和行会成员之列的低收入展览者。工场手工业会议关于奖励和奖金的报告需要提交给财政大臣审议,并由沙皇批准。

因为1829年之前俄国并没有举办过工业展览会,所以工厂主们对圣彼得堡展览会即将到来的通知的态度非常冷淡。一位莫斯科工厂主记述了企业主面对展览会的心情:"不相信其益处。没有公开竞争的普遍愿望。大部分人决定不寄送自己的产品,而一些人虽然寄送了产品,但并不是有意准备的,所以无论现场发生了什么事,他们也不关心进一步的结果。"② 1829年5月15日,圣彼得堡举办了第一届工业展览会,展览会持续至6月8日。

---

① ПСЗ. Собр. 2, т. 3, № 2367.
② «Московский телеграф», 1830, № 9, стр. 38.

第五章　工业展览会概况

它的举办激起了商人、贵族和手工业者对这一创举的兴趣。展览会在第一天公布了《展览会展出商品的目录》，随后公布了《目录附录》。来自俄国33个省份的工厂主和手工业者参与了第一届工业展览会。① 展览会的商品来自16家国有工厂和296家私有企业。② 在地域上，它们的分布情况如下：一半以上的工厂主（150）来自圣彼得堡，33名工厂主来自莫斯科，其次是弗拉基米尔、沃罗涅日、维堡、维亚特卡、沃伦、沃洛格达、格罗德诺、比亚韦斯托克、利夫兰、卡卢加、库尔斯克、科斯特罗马、下诺夫哥罗德、奥洛涅茨基、奥伦堡、奥廖尔、彼尔姆、奔萨、坦波夫、特维尔、切尔尼戈夫、梁赞、第比利斯、萨拉托夫、莫吉廖夫、雅罗斯拉夫。该展览会的大部分参与者由商人构成（65%），其次是小市民、行会成员、地主、农民（不能完全确定关于展览者社会构成的准确数据，因为展览会的目录有时并不包含关于他们社会属性的信息）。这一情况是农奴制俄国所有展览会的普遍特征。

　　圣彼得堡展览会在交易所委员会的11个大厅中举行。产品按照15个部门进行布置。超过10万人参观了这次展览，③ 即占圣彼得堡1/3的人口。在展览会的最后几天，每天的参观人数超过1万人。④ 除周二和周五外，准许所有阶层的公民在每周的任何一天参观展览会，而周二和周五仅允许持有展览委员会发放的特殊入场券的贵族和商人参观。因此，即使官方为参观者提供了参观展览会的公开渠道，政府也没有忽略等级原则。

　　展览组织委员会中包括一名工业和国内贸易司的官员，他作为政府权力的代表，负责指导和监督展览会的工作，并根据政府的需要撰写关于展览会的工作报告。一些与政府关系密切的官员也参与了综述报告的编纂以及展览会的组织工作，如 Л. 萨莫伊洛夫、А. 舍列尔、А. 布托夫斯基、Ю. 哈格迈斯特等。19世纪30~50年代，这些报告被发表在杂志和报纸上，并发行

---

① ЖМТ, 1829, № 4, стр. Ⅳ.
② «Дополнение к росписи вещам, представленным на мануфактурную выставку 1829 г.». СПб., стр. Ⅰ—ⅩⅩⅥ. В описании выставки, помещенном в «Журнале мануфактур и торговли», указано 326 фабрикантов (ЖМТ, 1829, № 5, стр. 28).
③ ЦГИАЛ, ф. 18, оп. 2, д. 637, л. 1.
④ ЖМТ, 1829, № 5, стр. 28.

191

了单行本。60 年代，这些报告经过简略修改后被收录在《俄国工场手工业各部门综述报告》中。

在圣彼得堡展览会开幕的前几天，政府就为最重要的几个工业部门指派了具有代表性的专家。他们关于产品的意见被报告给工场手工业会议的成员。在开幕前夕其召开了专家会议，其中讨论了关于展览会的组织问题：展品的布置、它们的保管和销售、展览会的外部装饰。这些专家和工场手工业会议的成员必须每天在大厅中工作，听取参观者的意见，并提供解释。他们还在展览会上放置了意见簿。

该展览会的第一个部门展出了国有和私有工厂的机器、设备、数学和物理仪器。圣彼得堡和亚历山德罗夫斯克铸造厂展出了功率为 2 马力的蒸汽机和水压机。位于圣彼得堡附近科尔皮诺镇的海军部伊若拉工厂展出了磁铁、气压计、指南针、温度计等物理仪器；以及用于绘制卵形线的仪器、抽水机和绘图设备。海军部伊若拉工厂展出了 158 件产品。[1] 维什涅夫斯基、哈梅尔院士、奥伯－伯格迈斯特·索博列夫斯基等专家指出，"伊若拉工厂的产品……制作精良。该工厂制造的指南针和其他用于航海的仪器以及物理设备应当得到特别的重视。"[2] 该展览会在其说明中对国有工厂的产品给予了高度评价，尽管综述报告的作者也指出，"我们国家的机械工厂仍然很少……我们工厂需要的大部分机器和设备都是从国外订购的"[3]。国有亚历山德罗夫斯克工厂展出了应用于棉纺和亚麻工厂的机器，共 40 件产品。圣彼得堡的一些工匠展出了钳工虎钳、车床以及表轮切齿机。

从展览会的目录中可以看到，机器部门的大部分产品都是由圣彼得堡的国有工厂和一些私有工厂生产的。这一事实也是圣彼得堡在俄国机器制造业的发展中占据主导地位的证明之一。[4] 我们应当关注圣彼得堡和亚历山德罗

---

[1] «Роспись вещам, представленным на мануфактурную выставку 1829 г.», отд. l. СПб., 1829.
[2] ЦГИАЛ, ф. 18, оп. 2, д. 635, лл. 2 – 3.
[3] ЖМТ, 1829, № 5, стр. 36 – 37.
[4] См. В. К. Яцунский. Роль Петербурга в промышленном развитии дореволюционной России. «Вопросы истории», 1954, № 9.

夫工厂展出的蒸汽机。同时代的人很好地理解了它对于工业发展的价值。工场手工业会议的一位成员 В. С. 佩利钦斯基写道:"蒸汽力量的发现改变了一切。"① 应该指出,机器部门以及展览会上的其他部门还远远不能反映各个部门的整体发展水平。该展览会的一位评论员写道:"众所周知,我们拥有很多能生产各类精良机器和设备的能工巧匠。谁不知道贝尔德市的产品,从最大的蒸汽机到小型且简单的起重器?遗憾的是,它没有展出任何产品。"② 但是蒸汽机在展览会上出现的事实本身就是俄国机器制造业开始发展的标志。应该指出,展览会综述报告的作者着重宣传机器生产,而非手工生产。展览会在说明中写道,"任何一家手工工场,一种技艺,一件手工制品,都将从机械中获得最大收益。"③ 展览会上也陈列了国外生产的机床,获得了专家们的认可。《工业和贸易杂志》指出,"一些工厂主已经据此绘制了图纸,而其他工厂主也决定如法炮制。这些机器被绘制为模型后将被运往莫斯科,以便任何有此意愿的人都可以根据它们的模型制造相同的机器。"④

第二个部门是化学部门,该部门的展览者很少。共有 12 名工厂主提供了展品,其中 6 名来自圣彼得堡。参观者可以看到英国人订购的氰化钾,以及莫斯科商人彼得提供的人造明矾和木醋石灰;⑤ 来自特维尔的展览者展示了氰化钾、木醋酸、氯化铵和硫酸盐。在圣彼得堡工厂主的商品中,漂白工匠柯切托夫的产品值得特别关注,该工厂的"漂白业务组织得十分出色"⑥,这证明国内工匠和化学家十分重视染色生产的发展,其对于纺织业而言是必不可少的。

金属产品占据了展览会的第三个部门。同第一个部门一样,国有工厂的产品在这里占据主导地位。位于彼得罗扎沃茨克的奥洛涅茨基工厂、海军部

---

① ЖМТ, 1829, № 10, стр. 30.
② ЖМТ, 1829, № 5, стр. 47.
③ «Описание первой публичной выставки российских мануфактурных изделий, бывшей в Петербурге в 1829 г.». СПб., 1829; ЖМТ, 1829, № 5, стр. 36.
④ ЖМТ, 1829, № 6, стр. 130.
⑤ ЖМТ, 1829, № 5, стр. 49.
⑥ ЖМТ, 1829, № 6, стр. 77.

伊若拉工厂、亚历山德罗夫斯克铸造厂和下塔吉尔矿厂的工厂主提供了各种类型的铁、制成薄片的铜、生铁丸以及炮弹。弗谢沃洛日斯基等工厂代表私有企业也参与其中。该部门还展出了钢制品——外科器械、剃刀和刀片。谈到产品的质量，评论员们指出了"精加工的精确度和做工的纯正"①。遗憾的是，图拉的工匠没有参与该部门的展览。②

第四个部门展出的羊毛以及毛织品在第一届展览会上的代表性很弱。展出的羊毛来自三个绵羊饲养场，分布在中部省份和圣彼得堡。俄国南部的绵羊饲养场没有参展。因此，无法通过第一届圣彼得堡展览会来评价绵羊饲养业的成功与否，虽然政府付出了大量的精力来推动这一部门的繁荣。众所周知，19世纪20年代在莫斯科附近建立了一个绵羊饲养场，而安哈尔特·科腾斯基公爵从政府那里获得了塔夫利达约43000俄亩的土地用于养殖萨克森品种的绵羊。③ 评论员指出，"缺乏机械和化学知识以及精良的机器是国内毛纺织业落后的原因之一。我国的呢绒还不能在'没有进口关税的帮助下'与外国产品竞争"④。13名来自圣彼得堡、莫斯科、格罗德诺、切尔尼戈夫、图拉、奥廖尔和比亚韦斯托克地区的工厂主和地主（主要是后者）提供了羊毛和呢绒产品。

国内最年轻的棉纺织业部门在展览会上得到了最全面的展览。评论员们注意到了它的成功。⑤ 这一部门（第五个部门）展出的产品来自33名参展者，其中绝大部分是私有企业。其地域分布情况如下：13名来自莫斯科的工厂主参与了展览，12名来自圣彼得堡，3名来自弗拉基米尔，2名来自里加，1名来自扬堡，1名来自图拉，1名来自尤里耶夫。⑥ 仅亚历山德罗夫工

---

① ЖМТ, 1829, No 5, стр. 41.
② Там же, стр. 95.
③ ЦГИАЛ, ф. 560, оп. 38, д. 349, л. 7.
④ ЖМТ, 1829, No 5, стр. 104.
⑤ Там же, стр. 117.
⑥ «Роспись вещам, представленным на мануфактурную выставку 1829 г.» и «Дополнение к росписи вещам, представленным на мануфактурную выставку 1829 г.» (подсчеты мои. ——Н. К.).

厂作为国有工厂展出了自己的产品。莫斯科商人展出了带有各种花纹的印花布，主要是手工制作的印花布；圣彼得堡工厂主展出了机械印花布和手工印花布；里加商人主要展出了为售往中国而生产的棉绒和半天鹅绒织品；舒亚商人展出了细平布、未漂白的和漂白的细棉布。该展览会在说明中指出，棉纺织品的质量很高，并且价格相对便宜。[1] 圣彼得堡工厂主比捷帕日和韦伯的产品，以及莫斯科工厂主季托夫的产品从展览会展示的印花布中脱颖而出，他们的企业采用机器生产。

29家企业提供的亚麻、大麻及其制品构成了第六个部门，其中仅4家是私有企业。莫斯科、卡卢加、莫吉廖夫、沃洛格达、切尔尼戈夫、弗拉基米尔以及圣彼得堡参与了这一部门的展览。该展览会在说明中指出了细麻布制品的贫乏，并谈到了棉布的竞争，这对亚麻工业的发展产生了不利影响。[2]

第七个部门展出30名工厂主提供的丝和丝织品，其中有20名工厂主来自莫斯科。位于梯弗里斯的卡斯吉洛和K⁰工厂为展览会提供了最好的生丝。在所有的丝织品中，莫斯科商人的锦缎和带有花纹的纺织品引起了参观者们的特别关注。花纹织物的质量很高是因为工厂主引入了"提花机"。

第八个部门展出皮革以及革制品，其主要来自圣彼得堡以及莫斯科、喀山、萨兰斯克和其他城市。我们从展览会的说明中可以注意到皮革加工的缺陷，这与俄国工厂化学知识的薄弱有关，因此，外国人更倾向于购买俄国的未加工皮革，然后自己加工原料。

第九个部门展出玻璃、陶瓷和彩瓷；第十个部门展出青铜制品；第十一个部门展出帽子；第十二个部门展出文具用品；第十三个部门展出铁皮和装饰物品；第十四个部门展出糖。8家工厂为展览会提供了糖，其中5家展出了甜菜糖，俄国在19世纪初才掌握了这种生产方法。此次展览会反映了这一新型工业部门的发展。第十五个部门展出乐器、家具、烟草、蜡烛和

---

[1]　ЖМТ，1829，№ 5，стр. 126.

[2]　Там же，стр. 6.

俄国工业政策（19世纪20—50年代）

服饰。

圣彼得堡的第一届工业展览会展现了俄国工业的巨大成就，特别是棉纺织业，其产品质量很高且价格相对便宜。这一工业部门由私人企业主代表，他们在所有的部门中都占据了主导地位（机器部门除外）。此次展览会引起了工厂主之间的竞争，有助于企业主们彼此了解，并在一定程度上展现了各省工业的发展情况。同时，它揭示了一些滞后的工业部门——亚麻、呢绒工业，向工厂主展示了发展化学工业的重要性，该部门的滞后阻碍了印花、染色、书写用纸以及其他生产的发展。我们对展览会成果的喜悦与政府和新闻界不同，应该指出，圣彼得堡的工业展览会，同此后举办的所有展览会一样，在国家工业和贸易的发展中发挥了明显的积极作用，因为它推广了最先进企业的经验。① 此次展览会反映了19世纪初资本主义结构的发展，展示了机械生产相较于手工生产的优势。《圣彼得堡公报》的评论员写道，"展览会证明俄国已经拥有很多熟练的工匠和工厂主，他们只是缺乏与优秀的外国同行并驾齐驱的名声……它最终动摇了有害且根深蒂固的成见，有利于整个海外贸易的发展"。②

由于圣彼得堡展览会的举办，刊物上再次提出了俄国未来发展的道路问题：它是一个农业国家，还是一个工业国家。《圣彼得堡公报》谈道，"历史证明，最繁荣的国家是那些国民工业的所有部门都受到同等尊重的国家。"③

此次展览会参展者的社会构成并不单一。他们大部分是商人、小市民、行会成员和农民的代表。贵族的比例超过10%。贵族企业在呢绒、矿产和制糖工业中占据优势，而采用雇佣劳动的商人和农民工厂在棉纺织、丝纺织和化学工业中占据优势。

因此，圣彼得堡展览会证实了俄国工业的真实情况，即资本主义企业逐

---

① ЖМТ, «Коммерческая газета», «Северная пчела», «Московский телеграф», «С.-Петербургские ведомости» за 1829–1830 гг.
② «С.-Петербургские ведомости», 1829, № 72.
③ «С.-Петербургские ведомости», 1829, № 72.

渐取代了封建类型的企业。此次展览会最后以为210名参与者（从326名参与者中选出）授予奖励而结束。所有的贵族参展者都获得了奖励。15名工厂主获得了大型的金质奖章，其中5名展出了棉布，5名展出了高质量的铁及铁制品，其余的工厂主展出了呢绒、锦缎和水晶玻璃。①

圣彼得堡展览会的成功促使莫斯科工厂主请求在莫斯科组织工业产品展览会。1829年8月5日，莫斯科军事总督Д. В. 戈利岑公爵在寄给御前大臣Н. 穆拉维约夫的信中（该信将被转交给尼古拉一世）请求获得财政大臣的批准，以便在莫斯科为俄国工厂的产品举办工业展览会。Д. В. 戈利岑认为，与圣彼得堡展览会相比，在国内工业中心莫斯科举办展览，有助于更多南部省份的工厂主们参与其中。此外，他指出，莫斯科展览会可以展示分布在莫斯科附近的"中等"和小型企业。Д. В. 戈利岑指出，正因如此，莫斯科展览会将为我们提供一个"全面且准确了解国内工业现状"的机会。② 他建议在下诺夫哥罗德展销会结束后，于1830年秋季在莫斯科贵族会议的建筑内举办展览会。实际上，财政大臣并不反对Д. В. 戈利岑的申请，并建议他将组织莫斯科展览会的详细方案提交给负责展览会的机构工场手工业会议。与此同时，工场手工业会议还收到了一份未署名的书面报告，题为《关于在莫斯科举办展览会的一些意见》，标注日期为1829年9月28日。毫无疑问，这份书面报告的作者是Е. Ф. 康克林，因为在1830年3月18~28日举行的大臣委员会的会议上，其被称为Е. Ф. 康克林的书面报告，此外它的内容与财政大臣的观点一致。③

Е. Ф. 康克林援引了几位莫斯科工厂主的意见，他指出，莫斯科展览会与圣彼得堡展览会相比具有不同的意义，因为它将带有地方性质，即使没有展览会，莫斯科的工业也为当地的工厂主们所熟知。此外，他反对向莫斯科展览会的参展者授予与圣彼得堡展览会相同的奖项，认为三年内颁发两个相同的奖项对于国家而言太过昂贵了。如果完全不为莫斯科展览会设置奖励，

---

① ЦГИАЛ, ф. 1152, оп. т. 3, д. 190, лл. 10 (об.).
② ЦГИАЛ, ф. 18, оп. 2, д. 636, лл. 2-3.
③ Там же, л. 27.

Е. Ф. 康克林认为，那么很多工厂主将不会参与这次展览会。Д. В. 戈利岑的反对者也不赞同将第一届莫斯科展览的举办日期定为 1830 年秋季，认为莫斯科展览会与圣彼得堡展览会（1829 年春季）的举办日期间隔过短，可以预料工业在这段时期内难以发生实质性的变化。Е. Ф. 康克林认为，莫斯科展览会仅是圣彼得堡展览会的准备阶段（"初期"）。他认为，如果第二届圣彼得堡展览会于 1832 年 5 月举办，那么应将第一届莫斯科展览会推迟至 1831 年 10～11 月。关于对莫斯科展览会参与者的奖励，他建议仅授予有限数量的荣誉奖章和公开赞扬，将莫斯科展览会最"优秀的产品"运往圣彼得堡。因此，根据 Е. Ф. 康克林的意见，莫斯科展览会应该是局部展览，而非全俄展览。为鼓励莫斯科工厂主参加圣彼得堡展览会，他建议为莫斯科工厂的产品留出一个特殊的位置。[①]

1829 年 10 月，工场手工业会议以 Е. Ф. 康克林的意见为基础，为莫斯科展览会制定了规则，根据规定，只允许莫斯科展览委员会对优秀产品给予公开表扬，以及为工厂主和手工业者颁发证书，使其有权将这些产品送往位于圣彼得堡的主要展览会。莫斯科军事总督了解了这些规则后，在 1829 年 11 月寄给财政大臣的信中表达了自己的反对意见，他认为莫斯科展览会绝对不能被视为圣彼得堡展览会的一部分或准备阶段。财政大臣将该问题提交到 1830 年 3 月的大臣委员会上进行讨论。后者认为根据工场手工业会议提出的条件在莫斯科举办展览会是合理的，除奖状和公开认可外，不允许为他们颁发任何奖励。仅圣彼得堡展览会有权为工厂主授予荣誉奖章、奖金、勋章以及国徽。[②] 莫斯科军事总督负责指挥举办莫斯科展览会的一切事务。大臣委员会将这一决议提交给沙皇批准，沙皇要求提供有关莫斯科展览会的更多信息。尼古拉一世建议大臣委员会在莫斯科军事总督出席的情况下再次审议有关莫斯科展览会的问题。在 1830 年 6 月举行的会议上，大臣委员会重新批准了关于将莫斯科展览会作为局部展览会的原有决议。作为对原有决议

---

① ЦГИАЛ, ф. 18, оп. 2, д. 636, 1829, лл. 7 – 9.

② Там же, л. 27.

的补充，其建议将银质和小型的金质奖章颁发给不参加后续圣彼得堡展览会的工厂主。①

决定于 1830 年 9 月在莫斯科举办展览会。政府为组织展览会成立了一个委员会，成员包括工场手工业会议莫斯科分部的成员、对外贸易司的官员 Л. 萨莫伊洛夫、莫斯科商人 П. 韦烈坚尼科夫、Н. 波列夫、И. 雷布尼科夫等（共 12 人），任命 С. И. 加加林公爵担任该委员会主席。该委员会的成员由财政大臣批准。莫斯科军事总督承担该展览会的主要责任。

虽然沙皇批准了大臣委员会的决议，决定将莫斯科展览会作为地方展览会举办，但这一规则从一开始就没有得到遵守，因为圣彼得堡和莫斯科工业展览的性质没有本质的区别，政府不得不承认这一事实。②

Е. Ф. 康克林和 Д. В. 戈利岑之间关于莫斯科展览会的性质的分歧很可能是出于财政方面的考虑，即 Е. Ф. 廉克林希望缩减组织莫斯科展览会的费用。此外，上述官僚担心莫斯科地区的工业与圣彼得堡的竞争，以及他们希望提高圣彼得堡作为帝俄首都的地位都是造成分歧的重要因素。

为了更好地组织展览会并对其进行描述，政府从圣彼得堡派遣了熟悉首都展览的特派官员 П. А. 维亚泽姆斯基公爵和八品文官 В. С. 佩利钦斯基。政府责成后者帮助莫斯科工厂主熟悉外高加索和比萨拉比亚以及摩尔多瓦和瓦拉几亚的工业，以便激起中部省份的工厂主与帝俄南部地区和邻国进行贸易的兴趣。于 1830 年席卷全国的霍乱迫使政府将展览会推迟至 1831 年春季举办。

1831 年 5 月 17 日至 6 月 6 日政府举办了第一届莫斯科展览会。其中展出了来自 531 名企业主和手工业者的产品。③ 国内有如下城市和地区参与其中：莫斯科、圣彼得堡、米塔瓦、雅罗斯拉夫、卡卢加、基辅、西伯利亚、克里木、高加索。国内共计 32 个省份参展（圣彼得堡展览会参与者共计 33

---

① ЦГИАЛ, ф. 18, оп. 2, д. 636, л. 96.
② ЦГИАЛ, ф. 1152, оп. т. 3, д. 190, 1829, лл. 8 – 9.
③ ЦГИАЛ, ф. 560, оп. 38, д. 297, л. 26.

个省份）。① 该展览会开放期间共接待了125000人（圣彼得堡展览会共接待107228人），其中包括官员、企业主、学生、工匠和工人。

  该展览会非常全面地展出了莫斯科的工业产品。在展览会上的所有产品被划分为34个部门，分别被安置在莫斯科贵族会议的18个大厅里。同圣彼得堡展览会一样，莫斯科展览会的每一组商品都被标注了企业主和产品价格。政府不希望将不同的阶层混杂在一起，故同圣彼得堡展览一样，当其他的参观者可以不凭入场券直接参观莫斯科展览会时，"平民"和下层军官只被允许在一周的特别几天中参观展览会。

  莫斯科展览会的布置与圣彼得堡展览会不同，这不仅仅是因为场所的特征，更是因为产品种类的差异。羊毛（来自5家绵羊饲养场）、不同尺寸的毛纱、亚麻纱和棉纱以及生丝原料被放置在第一个大厅中。与1829年的圣彼得堡展览会不同，其展出的棉纱仅来自3家企业，而莫斯科展览会的棉纱来自八家企业：亚历山德罗夫斯克棉纺厂和七家私有棉纺厂。其中，最好的棉纱来自亚历山德罗夫斯克棉纺厂、范德图赫特—普列特尔和波赫维斯涅夫工厂。П. 韦烈坚尼科夫撰写了关于棉纱的综述报告，他指出，俄国的纱线质量很高，但引进机器的速度相对缓慢，他认为这与机械纺纱设备的复杂性以及需要大量的资本支出有关。为此，工厂主们更倾向于加工外国棉纱，从而降低价格。同时，П. 韦烈坚尼科夫表达了希望国内棉纺业进一步发展的愿望。②

  金属被分配到了同一部门，包括来自私有和国有工厂的生铁、钢、熟铁和金属制品。与圣彼得堡展览会不同，莫斯科展览会更加全面地展现了国内各个省份的私有工厂，而不只是乌拉尔的大型国有企业。如，大部分的生铁由俄国中部省份图拉、圣彼得堡和下诺夫哥罗德等的工厂提供（正如前文所述，图拉的金属部门并没有参与1829年的圣彼得堡展览会）。展出的铸铁来自两家国有工厂和六家私有工厂。展览会上最好的钢材样品是来自兹拉托

---

① ЖМТ, 1835, № 6, стр. 79.
② «Коммерческая газета», 1833, № 48.

乌斯特和卡马河—沃特金斯克国有工厂的铸钢，特别是前者。共有八家工厂提供了钢材样品。

第二个部门包括羊毛、半毛和绒毛制品。共有37家私有工厂和2家国有企业参与了这一部门。在这37家私有企业中，莫斯科企业占了19家。但制呢业发达的西部省份没有一家企业参与此次展览（其原因在于1830~1831年的波兰起义和霍乱）。该展览会展出了不同品种和花色的呢绒、羊毛披肩、开司米、地毯和其他产品。И. И. 罗扎诺夫在关于1831年莫斯科展览会呢绒部门的综述报告中指出，呢绒的精加工和染色有所改善。同时，他也注意到薄呢绒的生产质量较差。

第三个部门展出了来自56家企业的棉和半棉制品（圣彼得堡展览会有33家），其中属于莫斯科商人的企业有27家，莫斯科终身行会成员1家，小市民2家，农民1家，属于舒亚商人的企业有6家，里加商人2家，圣彼得堡商人2家，雅罗斯拉夫商人1家，基涅什马商人1家，阿斯特拉罕商人1家，其他12家。① 在参与棉制品生产的工厂主中，莫斯科和弗拉基米尔的工厂主们主要生产细平布、开司米和细棉布。

第四个部门展出了来自科斯特罗马、弗拉基米尔、雅罗斯拉夫、莫斯科、阿斯特拉罕、圣彼得堡和比亚韦斯托克地区的亚麻、半亚麻和大麻制品。此部门的参展者共有45人（圣彼得堡展览会为29人），其中绝大部分是商人，仅有两人是来自阿尔汉格尔斯克的农民。展品中，质量最好的亚麻布来自亚历山德罗夫斯克工厂。在展览会的说明中，人们注意到亚麻的加工过程存在很多问题，机器使用率很低。关于亚麻生产的综述报告的作者指出，亚麻工业的衰落不仅是因为棉纺织工业的竞争，也是因为亚麻生产的缺陷。②

第五个部门展出了来自42名工厂主的丝和半丝制品（圣彼得堡展览会为30名工厂主），其中有35名工厂主是莫斯科企业主（包括1名行会成

---

① 《Указатель произведений отечественной промышленности, находящихся на первой Московской выставке 1831 г.》. （Подсчеты мои. —Н. К.）.

② 《Коммерческая газета》, 1833, № 45-46.

员）。五等文官 Л. 萨莫伊洛夫撰写了制丝部门的综述报告，他指出俄国工厂主在丝织品生产特别是单色纺织品的生产方面获得成功。

第六至第十一个部门展出了鬃毛、漆布和皮革制品、书写用纸以及印花壁纸、刀、餐叉、螺栓、珠宝制品。第十五个部门展出了来自两家国有企业和 13 家私有企业的机器和仪器。两家国有企业是指亚历山德罗夫斯克工厂和海军部伊若拉工厂，他们提供的展品与 1829 年在圣彼得堡展览会上展出的产品相差无几。例如，亚历山德罗夫斯克工厂提供了梳理机、走锭纺纱机、车床、织袜机、提花机和钢筘展品。正如机械部门综述报告的作者所指出的那样，"在参观者中，大部分工匠和手工业者都聚集在机械展厅。我国的工匠和普通百姓的智慧和模仿能力以及他们善于通过眼睛参习的习惯都说明了这一点"①。其他评论员指出："昨天来了很多的平民百姓、手工业者和工人，很高兴看到他们主要聚集在机器和模型展品周围。"②

第十七个部门展出了来自 8 名参展者的物理和数学仪器，其中 5 名参展者来自莫斯科。参观者可以看到经纬仪、分度仪、复写玻璃、气压计、地球仪、计时器、指南针和其他物品。这些仪器的质量和外观与在圣彼得堡展览会的展品相差无几。第十八至第二十三个部门展出了外科器械、枪、计时器、马车、家具和乐器。同圣彼得堡展览会一样，第二十四个部门展出了来自 12 名展出者（其中 8 名来自莫斯科）提供的化学制品，其产品种类更加丰富。③ 在展览会的说明指出，化学产品质量很高且价格适中，工厂主在展览会期间达成了高达 75000 卢布的订单足以证明这一点。④ 这种情况并不单一。莫斯科工厂主、化学家 Е. О. 贝萨的产品值得特别关注，他提供了 30 多种化学产品，其中包括白矾、盐酸、糖二酸、铜酸、硝酸、草酸、铅酸、盐和氯化铵等。其他企业主提供的产品种类较少。В. С. 佩利钦斯基报告道：

---

① «Коммерческая газета», 1831, № 46.

② «Коммерческая газета», 1831, № 42.

③ «Указатель произведений отечественной промышленности, находящихся на первой Московской выставке 1831 г.».

④ ЦГИАЛ, ф. 18, оп. 2, д. 637, 1831, лл. 15 – 16.

"五年内生产的化学产品的数量增加了五倍。"①

与圣彼得堡展览会相比，在莫斯科展览会上展出的染料类型更加多样，这是因为莫斯科纺织生产的快速发展加速了染料产业的发展。第二十九至第三十四个部门展出了肥皂、油脂制成的蜡烛、火漆、糖和糖浆、烟草，以及图画、雕塑品、石印品和其他产品。②

莫斯科展览会无论是在参展者人数（531 人），还是在展品种类和参观者数量（125000 人）方面都比圣彼得堡展览会规模更大。这是由许多原因导致的：莫斯科位于工业区中心。还有一个很重要的事实是，第一届圣彼得堡展览会激发了工厂主们参加工业展览会的兴趣。所以以下这一观点完全被推翻，即认为莫斯科展览会只具有狭窄的地方性质，不会引起全国工厂主的兴趣。В. С. 佩利钦斯基在写给 Е. Ф. 康克林的信中谈到了它的成果："莫斯科展览会给参观者带来了惊喜，获得了他们的普遍赞赏，他们第一次看到国内工业的财富如此集中，对其未来的发展寄予厚望。"③

除政府的官方刊物外，像《莫斯科电报》等文学与政治类出版物也将莫斯科展览会描述为"发生在莫斯科的重大事件"④。综述报告的作者在《莫斯科电报》中将展览会评价为俄国的工业盛典，指出其对俄国社会各个阶层的实际意义。而在比较圣彼得堡和莫斯科展览会时，他写道："圣彼得堡展览会更加华丽和辉煌，而莫斯科展览会更加凸显本质，更为稳固。"⑤

此外，莫斯科和圣彼得堡展览会总结了工业的发展成果，使大家了解了更先进的企业和示范性产品，促进了工业的进一步发展，并为国内外贸易的发展做出了贡献。在莫斯科展览会上，В. С. 佩利钦斯基说服俄国的工厂主和手工业者们相信与外高加索、波斯、摩尔达维亚和瓦拉几亚建立贸易关系的好处，向他们介绍了当地居民的喜好与产品价格。他亲自邀请工厂主普罗

---

① Там же, л. 16.
② «Указатель произведений отечественной промышленности, находящихся на первой Московской выставке 1831 г.».
③ ЦГИАЛ, ф. 18, оп. 2, д. 637, 1831, л. 105.
④ «Московский телеграф», 1831, № 6, стр. 268.
⑤ Там же, стр. 270.

俄国工业政策（19 世纪 20－50 年代）

霍罗夫、卡特尔尼科夫、Г. 乌鲁索夫、切罗科夫、Н. 戈列林、巴布林和波瑟林与外高加索和东方国家进行贸易。①

工业展览会有助于工厂主们了解工业的优势和劣势，通过购买机器改进生产，签订重要化学产品和染料的生产合同。正如同时代的人所指出的那样，展览会"生动地描述了当前的情况并预测了未来的改进方向"②。

同圣彼得堡展览会一样，莫斯科展览会呈现了俄国工业的成功与缺陷。并非偶然，莫斯科展览会的纺织部门比金属、机器制造和化学部门展现得更加全面且丰富，这表明俄国重工业发展薄弱。莫斯科展览会表明，必须更加精细地加工产品，以及改进化学生产，尤其是染料生产的重要性。同圣彼得堡展览会一样，莫斯科展览会也带有展销会的特点。展览会上展示的大部分产品都卖给了参观者。

莫斯科展览会的闭幕以为其参与者授予奖励为标志。虽然大臣委员会关于禁止为莫斯科展览会颁发任何奖励的决议已被沙皇批准，但工场手工业会议莫斯科分部于 1831 年 6 月 2 日向莫斯科军事总督提交了关于授予奖励的报告。Д. В. 戈利岑审议后，该报告被寄给财政大臣批准。莫斯科展览会共有 531 名参展者，其中 304 人获得了奖励。③ 绝大多数获奖者是莫斯科商人（在金质奖章的 10 名获奖者中，9 人是莫斯科商人）。304 名获奖者中仅两人是农民。④ 珠宝、皮革、呢绒等各类产品都获得了奖励，但棉织品占多数。

在讨论第一届莫斯科展览会的成果时，新闻界提出了关于组织展览会的合理性及其职能的问题。对举办展览会持反对意见的人认为，展览会仅仅是"所有人装饰起来的一个全景，难以借此看到事情的真实本质，因为这里的每个人都想炫耀自己的产品，很多人欺骗参观者，他们在展览会上展示高质

---

① ЦГИАЛ，ф. 18，оп. 2，д. 637，л. 104.
② «Коммерческая газета»，1833，№ 46.
③ ЦГИАЛ，ф. 18，оп. 2，д. 637，л. 148.
④ Там же，л. 188.

量的产品并为其制定了便宜的价格,而实际上却生产低质量的产品并高价售卖"①。而在《莫斯科电报》上发表综述报告的作者反对这一观点,他认为,展览会是必要的,但也指出它应该展现"普通的产品"。根据他的观点,展览会"并非闲游,而应该是对工业成果的检验"②。其他评论员也支持该作者的意见,写道,"展览会证明了国家的富有,帮助我们了解自己,并向我们展示我们可以做得更好"③。

1832年春季,刊物上刊登了圣彼得堡将于1833年5月举办第二届工业展览会的通知。并再次总结了前两次工业展览会的成果。④ 回顾前两次展览会的成功是为了使工厂主们相信这一政府活动的重要性以及"俄国工业阶层"广泛参与其中的必要性。第二届圣彼得堡展览会的通知指出了在首都举办展览会的特殊意义,即有助于"政府在最便利的情况下看到国内工业的逐步成功"⑤。

1833年5月11日,政府在交易所委员会的建筑中举办了第二届圣彼得堡展览会,其中展出了来自622名工厂主的产品(1829年展览会为326名参展者)。⑥ 42个省份(1829年展览会为33个省份)参加了此次展览,其中的叶尼塞斯克、托木斯克、奥伦堡、叶卡捷林诺斯拉夫卡、赫尔松和比萨拉比亚没有参加莫斯科展览会。⑦ 第二届圣彼得堡展览会的说明指出了在莫斯科展览会上没有展出的新产品:二等文官弗谢沃洛日斯基的工厂在西伯利亚制造的高压蒸汽机和计时器;莫斯科工厂主贝萨的化学产品;莫斯科工厂主古奇科夫兄弟和粗毛线产品工厂协会的精梳羊毛纱;⑧ 五等文官 А. Ф. 列布罗夫的工厂生产的高加索生丝及其制品;普罗霍罗夫工厂专为中亚生产的

---

① 《Московский телеграф》, 1831, № 7, стр. 418.
② Там же, стр. 421.
③ 《Моковские ведомости》, 1831, № 49.
④ 《Коммерческая газета》, 1832, № 28.
⑤ Там же, № 95.
⑥ ЦГИАЛ, ф. 1152, оп. т. 3, д. 190, л. 11 (об.).
⑦ ЖМТ, 1835, № 6, стр. 79.
⑧ 精纺毛不是使用针布,而是使用梳子进行梳理,用于制造光滑的无绒织物。精纺毛需要长纤维羊毛。

俄国工业政策（19 世纪 20－50 年代）

印花纺织品等。①

官方综述报告的作者们明显夸大了国内的工业成果，他们写道："自 1829 年展览会以来，俄国的工业……成功地使其产品达到完美的程度，受到了各国的尊重，最近在机械和化学这一领域也有所建树……"② 但是，在热烈评价俄国工业成就的同时，我们也可以听到工厂主们理性的观点，他们认为，俄国在工业领域与西方国家相比仍有一段距离。③

在圣彼得堡举行的 1833 年展览会反映了工业中的一些改进和创新，其中羊毛生产加工的改进值得特别关注。这得益于在莫斯科建立的整理和分拣羊毛的新企业，以及在敖德萨、赫尔松和波尔塔瓦附近建立的清洗羊毛的新企业。来自 C. 加加林绵羊饲养场的羊毛样品被评为最佳。奥哈津斯克的工厂主科马罗夫斯基的产品在薄呢绒产品中名列第一。总体而言，与 1829 年展览会相比，1833 年展览会的薄呢绒质量更好。1833 年圣彼得堡展览会第一次展出了由古奇科夫兄弟工厂生产的国产精梳羊毛纱。此外，里加工厂主皮赫劳展出了国外的精纺毛制品。

在第一届圣彼得堡展览会过去的几年中，丝线的加工技术也有所改进，其中 А. Ф. 列布罗夫企业的缫丝和加捻采用了机器加工。但绝大部分的丝线加工企业仍然采用手工生产。此次展览会展出了两台用于缫丝的机器。同以前一样，1833 年展览会全面地展现了棉纺织生产。其大部分产品来自莫斯科、弗拉基米尔和卡卢加。此次展览会的述评中特别指出了扩展俄国与近东国家和中国贸易的重要性。④

与纺织业部门相比，1833 年展览会的综述报告对机器制造和金属加工部门的描述更加简略。该报告仅提到了"高质量的生铁制品"和钢材生产的改进，以及工艺学院毕业生的展品。⑤ 展览会的产品布置以及综述报告作

---

① «Коммерческая газета», 1833, № 57.
② Там же, № 70.
③ Там же, № 60.
④ «Коммерческая газета», 1833, № 76, 77.
⑤ Там же, № 80.

者对轻工业和重工业产品的不同态度,都证明了后者发展的薄弱。

圣彼得堡展览会自 1833 年 5 月 11 日开始持续至 6 月 1 日。在此期间,其共接待了 14 万名参观者(138827 人)(第一届圣彼得堡展览会共接待 107000 人,莫斯科展览会共接待 125000 人)。①

根据《商业报》的报道,展览会上来了很多手工业者和工匠,他们"仔细检查机器、设备和各种产品"②。工业和国内贸易司在关于 1833 年展览会的报告中指出,与第一届展览会相比,许多工业产品质量有所改善,同时出现了一些新产品,其中包括精纺毛制品、各类机器、专为亚洲贸易准备的单独的产品集合,以及从奢侈品到"日常生活所需产品"的各类展品。③第二届圣彼得堡展览会有 340 名参展者获得了各种奖励:包括授予荣誉官衔称号和现金奖励。

1833 年第二届圣彼得堡展览会的成果在各类刊物中被广泛讨论,部分文献也就此进行了阐述,主要探讨展览会与扩展国内外市场之间的联系。Л. 萨莫伊洛夫写道:"很多工厂,其产品在圣彼得堡并不为人所知,但却收到了大量的订单。展览会有助于建立工厂主之间的贸易联系。"④ 为了证明政府关注国内工业的发展,尼古拉一世在展览会举办期间组织了一场宴会,居住在圣彼得堡的俄国和外国工厂主、领事、代理人、展览委员会以及工场手工业和商业会议的成员都参加了这次宴会。⑤ 沙皇向工厂主们宣布:"建立并扩大您的企业。如果您有所改进,我将提高所有外国产品的关税。"⑥

1834 年 5 月,莫斯科军事总督向财政大臣呈递了书面报告,其建议在圣彼得堡展览会结束两年后,即 1835 年在莫斯科举办展览会。Е. Ф. 康克林向沙皇报告了此事,随后获准于 1835 年 6 月 2 日至 25 日在莫斯科贵族会议大厅内举办第二届工业品展览会,并拨出 18000 卢布用于支付举办展览会的

---

① ЦГИАЛ, ф. 560, оп. 38, д. 327, л. 25.
② «Коммерческая газета», 1833, № 66.
③ ЦГИАЛ, ф. 560, оп. 38, д. 327, л. 26.
④ «Коммерческая газета», 1833, № 66.
⑤ «Русский архив», 1891, кн. 3, стр. 563 – 569.
⑥ ЦГИАЛ, ф. 1152, оп. т. V, д. 82, ч. II, л. 309 (об.).

俄国工业政策（19世纪20—50年代）

各项开支。共有644名企业主参与了第二届莫斯科展览会（531名企业主人参与了第一届莫斯科展览会），其产品按照13个部门进行布置（上述展览会的部门数量达到25~34个，故与以前的展览会相比，第二届莫斯科展览会更加集中）。

第一个部门展出了来自48名企业主的原料和半加工材料（羊毛绒、呢绒纱、毛线、羊绒、生丝、染色丝样品、棉纱、麻纱、油脂、蜡），其中27名企业主来自莫斯科，4名来自弗拉基米尔，3名来自卡卢加，3名来自高加索，2名来自圣彼得堡，2名来自萨拉托夫，奥伦堡、叶卡捷琳诺斯拉夫卡、乌克兰—斯洛博茨科伊、特维尔、阿斯特拉罕、塔甘罗格、华沙各1名。[①] 第二个部门展出了来自24家企业的各种棉布，其中20家企业来自莫斯科，2家来自圣彼得堡，2家来自弗拉基米尔。该部门的所有产品都由商人提供，仅一组商品由贵族提供。第三个部门展出了来自15家企业的披肩和手帕，其中9家企业来自莫斯科。第四个部门展出了来自39名参展者的丝线和半丝产品，其中23人来自莫斯科。

第五个部门展出了来自莫斯科和科洛姆纳的10名企业主的锦缎。第六个部门展出了来自40家企业的毛织品，其中27家企业来自莫斯科，弗拉基米尔和里加各有2家企业，圣彼得堡、格罗德诺、莫吉廖夫、叶卡捷琳诺斯拉夫卡、赫尔松、梁赞、切尔尼戈夫、下诺夫哥罗德、雅罗斯拉夫各有1家企业。第七个部门展出了来自45名工厂主的棉织品，其中23名工厂主来自莫斯科，15名工厂主来自弗拉基米尔，其余工厂主来自科斯特罗马、萨拉托夫、喀山、罗斯托夫以及其他省份。

第八个部门展出了金属、金属制品、计时器、物理仪器、乐器、麻布和地毯。这一部门共有来自图拉、坦波夫、梁赞、弗拉基米尔、下诺夫哥罗德、圣彼得堡、卡卢加、诺夫哥罗德、彼尔姆、库尔斯克和莫斯科的233名参展者。此次展览会展示了各种类型的铁和钢。展出的金属制品包括来自工

---

[①] «Указатель произведений отечественной промышленности, находящихся на выставке 1835 г. в Москве». М., 1835; «Дополнения к произведениям отечественной промышленности, находящимся на выставке 1835 г. в Москве». М., 1835. Подсчитано мной. —Н. К.

匠 A. C. 特伦金（莫斯科）企业的电机（遗憾的是，出版物和档案都没有描述这台重要的机器）、金属和制图仪器。

第九个部门展出了化学、糖果、点心、酒精、伏特加酒等产品。该部门的产品来自71名参展者，其中32人属于化学部门（17人来自莫斯科）。莫斯科工厂主贝萨的化学制品引起了参观者们的特别关注，他提供了硫酸、硝酸、盐酸、醋酸、木酸、酒石酸、硫酸钾、硫酸钠、明矾、硫酸铁（共34种）。

第十个部门展出了来自22家企业的机器、模型、轻便马车和轿式马车。其中，莫斯科宫廷建筑学校提供了建筑技术领域的各类模型；服务于莫斯科农业协会的机械师布特帕诺兄弟提供了马力磨粉机、马力脱粒机、马力榨油机以及个人发明的犁；莫斯科技工学校提供了铡草机；莫斯科机械师 И. 加尔穆特提供了精纺机；来自卡卢加的 E. 比巴尔索夫提供了水压机；来自莫斯科的格拉西莫夫兄弟提供了用于织造图案的提花机；圣彼得堡工艺学院提供了蒸汽机、车床、织布机、钢筘、脚蹬式纺车、棉织品和丝织品；莫斯科技工学校提供了各类农业工具和机器。

第十一个部门展出了皮革以及皮革制品、漆器、机器、棉织品和丝织品。这一部门共有72名参展者，其中34名来自莫斯科。除莫斯科外，圣彼得堡、喀山、下诺夫哥罗德、伊尔库茨克、斯摩棱斯克、雅罗斯拉夫、阿尔扎马斯、利夫兰也派来了参展者。第十三个部门展出了来自34名参展者的书写纸、烟草和其他产品，其中17人来自莫斯科。[①] 绝大多数参展者（大约为65%）是商人出身。

在《工业和贸易杂志》、《商业报》以及其他定期出版物中刊登了俄国人和外国人为莫斯科展览会撰写的综述报告。遗憾的是，这些报告没有全面地展现所有部门。工业和国内贸易司的官员 Л. 萨莫伊洛夫在其详细的综述报告中仅介绍了展览会的纺织业部门，主要是棉纺织部门。他写道，展览会的棉纺织业部门超出了所有参观者的期待，以前的圣彼得堡和莫斯科展览会

---

① «Указатель выставки», раздел XIII.

都没能像第二届莫斯科展览会那样呈现如此多样化的棉织品,以及专为亚洲国家生产的产品。① 透花纱和花边的生产取得了巨大的成功,这些产品曾在1831年的莫斯科展览会上首次亮相。这些商品的生产主要由圣彼得堡的工厂主们完成。

与以前主要展示"模范"商品的那些展览会不同,此次莫斯科展览会的棉纺织部门展出了很多质量普通的产品和原料。如,工厂主 Н. А. 沃尔科夫本可以展示薄纱,但却展出了那些更为俄国工厂所需要的产品。他的纱线能够与英国最好的工厂竞争。Л. 萨莫伊洛夫指出了国内染色工业的成果,这些成果在展览会上得到了体现。两名移居莫斯科的外国人弗朗茨和路德维希·拉贝内克向俄国工匠传授染色技术。他们的产品与 В. Р. 哈尔德的棉纱被公认为一流产品。

在1835年的《工业和贸易杂志》上,杂志编辑 И. 布希茨基发表了一篇文章《就参观莫斯科展览谈谈我对俄国工业的看法》,其中简要地分析了纺织业各个部门的发展情况,特别是呢绒和棉纺织业,并提出了关于展览会如何反映俄国工业发展的问题。②

与 Л. 萨莫伊洛夫非常理想化的概述不同,И. 布希茨基更加冷静地评价展览会,并就其缺点提出了客观意见。他特别指出手工业工场主和工厂主参与展览会的比例很低。他注意到,俄国在19世纪30年代共有680家绵羊饲养场,而莫斯科展览会展出的羊毛样品不超过5家,因此,不能根据展览会来评价俄国羊毛的质量。呢绒部门也同样如此,虽然展览会上呈现了所有种类以及不同价格和花色的样品,但在从事毛纺织生产的417家企业中,仅40家企业为展览会提供了呢绒。И. 布希茨基还指出了展览会几乎没有展出普通呢子的缺陷。他写道:"重点不是生产最贵重的产品,而是生产最有利可图的产品。"③ И. 布希茨基公正地指出,制呢业没能像棉纺织业一样增加产量。人们对廉价棉纺织品的需求促使 Л. 萨莫伊洛夫建议重新调整棉纺织

---

① 《Коммерческая газета》, 1835, № 103.
② ЖМТ, 1835, № 8, стр. 56 – 169.
③ ЖМТ, 1835, № 8, стр. 132.

生产，增加生产印花布的企业的比重，满足俄国中下阶层以及亚洲国家人民的需求。由此，他将弗拉基米尔的"俄国的曼彻斯特"舒亚县以及那些莫斯科的工厂主们放在了第一位，他们主要生产国内所有阶层人民都买得起的廉价印花布。①

同一杂志还刊载了一位外国人的文章，虽然作者对莫斯科展览会的印象比较零散，但仍然具有一定价值。该作者认为，在评价展览会时，应特别重视那些在俄国可以获得原料的生产部门。制呢业就是这样的生产部门。根据外国人的意见，为中国生产的呢绒，无论是质量还是价格都没有什么值得改进的地方；至于薄呢绒，它们质量较差。他认为薄呢绒生产滞后的原因是羊毛加工工艺不完善（清洗、分拣、纺纱和染色），因为这些企业中只有少数所有者"自身是知识渊博的工厂主"②。然而，他认为，总体而言，制呢业取得了明显的进步，其价格的下降更是证明了这一点。他指出："呢绒在6年前的售价为16卢布，如今低于11卢布。"根据他的描述，丝织业同样发展得非常成功：丝织品和花纹生产有所改善，但在丝织品的精加工方面仍然存在一些缺陷。谈到棉纺织业的发展，他指出，与莫斯科相比，弗拉基米尔的棉纺织生产发展得非常迅速，"伊万诺沃和舒亚，在产品的生产和印花方面迅速超过了莫斯科"③。他认为，在展览会上的金属部门中，来自舍佩列夫斯基工厂的生铁制品质量最佳。他高度评价了展览会的皮革、玻璃和陶瓷制品。但是对于机械和化学等部门，他在综述报告中甚至没有对其做出简略评价。与前几届展览会相比，我们可以观察到这些工业部门取得了一些进步：机器的数量日益增加且种类更为多样化，工艺学院和莫斯科技工学校提供产品的比重也不断增加。

在莫斯科展览会结束时，其大部分参展者获得了奖励。这是农奴制时期所有展览会中获奖人数最多的一次。其中，5人获得了大型的金质奖章；28人获得了小型的金质奖章；73人获得了大型银质奖章，89人获得了小型银

---

① «Коммерческая газета», 1835, № 105.
② ЖМТ, 1835, № 8, стр. 46.
③ Там же, стр. 54.

质奖章；17 人获得奖金，每人获得 100～520 卢布不等。荣获公开表扬的有亚历山德罗夫斯克工厂、圣彼得堡工艺学院、伊若拉海军工厂、莫斯科技工学校。① 529 名获奖者中，仅有 15 人凭借机器获得奖励，14 人凭借化学产品获得奖励，7 人凭借金属和金属制品获得奖励，80 人凭借"纺织生产"获得奖励。在展览会所有部门的获奖者中仅有 17 人是农民。②

在 1835 年的《北方蜜蜂》上刊载了尼古拉一世参观莫斯科展览会并在克里姆林宫接见莫斯科商人的消息。这一事实本身并不新鲜：在 1833 年举办圣彼得堡展览会时，政府也组织了类似的招待会。但这次不同，政府除了发表将对俄国工业和商人给予保护的一般声明外，尼古拉一世还提请俄国工厂主们注意，必须更加集中地发展俄亚贸易，以便取代欧洲商品完全占领亚洲市场。此外，他指出了"监督工人道德"③ 对工厂主的重要性。这是其在 1835 年 5 月 24 日批准的《关于工厂主与雇佣工人之间关系》的法律被颁布之前谈到的。④

在财政部讨论关于 1835 年展览会奖励的问题时，Е. Ф. 康克林建议将圣彼得堡和莫斯科展览会的时间间隔从两年延长至四年，他认为为展览会参与者授予的奖励导致了工业的过快发展，甚至超过了消费的增长。⑤ 工业和国内贸易司在其 1837 年的总结中同样将展览会视作国内工业发展的加速剂："自从 1829 年在两个首都举办国内产品的展览会以来，工业的发展尤为迅速。"⑥

财政大臣的建议于 1835 年 12 月交由大臣委员会审议，并于 1836 年 1 月被沙皇批准。⑦ 根据工业展览会的新条例，规定四年后在圣彼得堡和莫斯科轮流举办第五届展览会。除国库的原因外（举办展览会对于国库而言确

---

① ЖМТ, 1836, № 1－2.
② Там же. Подсчеты мои. ——Н. К.
③ «Северная пчела», 1835, № 117.
④ ПСЗ. Собр. 2, т. 10, № 8157.
⑤ ЦГИАЛ, ф. 1152, оп. т. 3, д. 190, л. 2.
⑥ ЦГИАЛ, ф. 560, оп. 38, д. 394, л. 1.
⑦ ПСЗ. Собр. 2, т. 6, № 8755.

第五章 工业展览会概况

实过于昂贵），还有其他的原因促使政府做出了这一决议。两年举办一次展览会，过渡期过于短暂，并不能展现工业发展的实质性变化。此外，政府担心工业的快速发展将超过国内市场的发展，并导致大量工人集中在大城市。

鉴于王位继承人亚历山大即将于1836年前往俄国各地游历，内务部向各省省长和首席贵族分发了一份关于组织各省展览会的总体计划。根据计划，地方展览会主要负责解决两个任务：使皇太子了解俄国各省的经济情况以及促进地方工业和贸易的发展。与首都的工业展览会不同，地方展览会被故意设计成永久性的展览会（博物馆类型），它不仅展出工业产品，也展出农产品。1837年，俄国有32个城市举办了地方展览会：阿尔汉格尔斯克、比亚韦斯托克、彼得罗扎沃茨克、克拉斯诺亚尔斯克、下诺夫哥罗德、赫尔松、斯塔夫罗波尔、特维尔、辛比尔斯克、弗拉基米尔以及其他城市。[①] 弗拉基米尔展览会展出了土壤样品、各色花岗岩、白垩、雪花石膏、矿石以及来自舍佩列夫工厂的铁、铜和生铁制品等，其中皮革、亚麻制品质量最佳。在喀山展览会上，皮革和皮革制品的质量最佳。[②] 报纸和期刊上发表了关于省展览会的说明[③]。然而，在皇太子游历之后，地方展览会便不复存在，这是由于许多省份工业发展缓慢以及展览会的组织不力所致。直到19世纪40年代末，在制定首都工业展览会的新条例时，政府再次讨论了举办地方展览会的合理性问题。财政大臣反对组织地方展览会，他认为在组织首都工业展览会的情况下，地方展览会是没必要存在的。[④]

然而，根据利夫兰总督的申请书，1847年9月在里加举办了工业和农业产品展览会，并且举办得非常成功。利夫兰总督在向财政大臣递交的报告中论证了在其他地方组织类似展览会以促进当地工业发展的合理性。1849年1月，国务会议审议并批准了财政大臣关于组织地方工业和农业展览会的

---

① ЦГИАЛ, ф. 1152, оп. т. 3, д. 190, лл. 12 – 13. 在工业和国内贸易司1837年的总结中（ф. 560, оп. 38, д. 394, л. 7）谈到了38个省份的展览会。
② ЖМТ, 1837, № 12.
③ ЖМТ за 1838 г.
④ ЦГИАЛ, ф. 1152, оп. т. 3, д. 190, л. 27.

213

提议。1848年1月21日，除公布了关于圣彼得堡、莫斯科和华沙工业展览会的条例外，政府还决定自1850年起允许工业品和手工艺品参加当地的农业展览会。① 这一决议与边区工业的持续发展密切相关。此外，在其中，我们也可以看到政府的意图，即政府希望将工业从中部省份分散到边区，这在19世纪40年代末表现得最为明显。改革前，工业的快速发展以及中部省份企业中聚集的大量工人为政府带来了严重的危险。

## 19世纪30年代末~40年代的工业展览

1838年7月，在1830~1831年波兰起义被镇压后，政府首次在华沙举办了波兰的产品展览会（俄国中部省份没有参加这次展览）。华沙展览会十分全面地展现了波兰的主要工业呢绒工业，以及棉纺织业。除纺织业产品外，该展览会还展示了金属制品、外科仪器、青铜制品、机器（包括两台蒸汽机）、化学制品、皮革、书写纸、玻璃以及其他产品。该展览会上展出的产品共计400件，其中大部分展品被立即销售出去。

1838年2月，政府公布了将于1839年5月在圣彼得堡举办工业产品展览会的决议。与以往的展览会一样，它接受国有企业、私有工厂主、手工业者和"技术艺术家"的产品。举办该展览会的目的是"展示各个工业部门所取得的成就，优先考虑使用国内材料制成的产品，取代外国进口的产品"。此外还应指出，"为了满足人们对奢侈品和经过初等加工的原材料的需求"②，该展览会准许各类产品参展。因此，该展览会不仅应使参观者了解国内工业的最佳样品，还应向其介绍能够满足劳动阶层需求的普通产品。但实际上，该展览会所展示的恰恰是专门为其生产的各类产品的最佳样品。这是展览会不能反映真实的工业发展水平，只能反映发展方向的原因之一。

1839年5月30日至6月3日，政府在贵族委员会的大楼内举办了圣彼

---

① ЦГИАЛ, ф. 560, оп. 38, д. 560, л. 23.
② «Коммерческая газета», 1839, № 22; ЖМТ, 1838, № 4, стр. 142.

得堡展览会。与以前仅展示国产商品的展览会不同，该展览会还展出了外国商品。自从俄国举办工业展览会以来，国内的定期出版物开始发表关于巴黎、柏林和维也纳展览会的文章。这些出版物资料有助于读者比较西欧展览会与俄国展览会在目标、特征和组织方面的差异。但是这些描述未能直观地呈现外国产品。为了在俄国工厂主与西欧工厂主之间建立更加稳固的贸易关系，并帮助他们了解外国商品，1839年圣彼得堡展览会订购了来自法国、普鲁士和比利时的292个企业的各类产品和原料。

在第一个原料部门中，外国人展出了13件亚麻和亚麻制品。在描述外国部门的文章中，该作者提请工厂主注意使用机器加工的亚麻，并指出可以从国外购买这些机器。在展览会展出的外国亚麻样品中，弗拉芒的产品脱颖而出。为改进亚麻加工工艺，该作者建议俄国工厂主邀请几个弗拉芒家庭定居俄国，就像爱斯特兰的A. K. 迈恩多夫和雅罗斯拉夫的 E. 卡尔诺维奇所做的那样。工业和国内贸易司负责邀请外国人的事务。

在第二个部门中，西方的工厂主们展示了来自意大利和法国的18件大麻以及大麻制品。此外，还展示了大麻的代用材料——芦荟（马尼拉麻），其产品以美丽的图案和高质量的面料脱颖而出。比利时公司的办公厅主任建议俄国企业主在圣彼得堡建立一家马尼拉麻绳厂。①

第三个部门展出了精梳、粗梳、未加工羊毛以及毛织品，共收到了28件来自法国、萨克森和西班牙的羊毛样品。在比较俄国羊毛与西方羊毛时，评论员指出两者虽然价格相近，但国外羊毛的加工更加精细，尤其是在羊毛的清洗和分拣方面。在比较专为东方贸易生产的俄国中等呢绒与西方呢绒时，其更喜欢俄国呢绒。法国大工厂主多姆非常了解棉纺业，并改进了毛纺提花机，他建议效仿英国、法国和比利时，在莫斯科或圣彼得堡成立一家毛纺厂公司。

法国、意大利和黎凡特展出了20件丝和丝制品。其中意大利丝被公认为质量最佳，而黎凡特丝的质量最差。专家认为，俄国外高加索丝的质量与

---

① ЖМТ，1839，№ 7.

黎凡特相当，但加工工艺却落后于西方。由工艺学院展出的外高加索染色丝质量上乘，并不逊色于西方样品。

皮革和皮革制品部门展出了 36 件样品。在皮革和上等羊皮革的加工方面，俄国技师与外国技师旗鼓相当，但在皮革的鞣制方面，则略逊一筹。

该展览会的金属部门展出了来自法国和比利时的生铁、铁和钢样品。西方企业的机械化程度最高，并且靠近销售市场，这降低了他们的生产成本。为展览会外国部门撰写综述报告的作者提请俄国工厂主注意使用锌电镀铁制品的好处，这种方法有助于避免生锈，而这对于炮弹、铁制屋顶、钉子、螺栓以及其他产品都极为重要。①

西欧企业主参加圣彼得堡展览会具有一定的积极意义：俄国的工厂主不仅可以了解外国生产的样品，还可以了解其生产技术，通过俄国与外国商品的比较，揭示国内工业的弱点，特别是产品加工的落后，并与邻近国家建立更加紧密的经济联系。俄国评论员写道，"该展览会首次展示了国外主要原料和产品的样品……希望通过具有启发性的实践活动来丰富我们生产者的知识与经验……俄国与外国产品的比较反映了各个工业部门仍需改进的程度，以及它们在经济和商业关系中对于整个国家的利益是多么重要。"②

遗憾的是，1839 年的圣彼得堡展览会没有保存目录，因此我们只能参照展览会的说明，其作者像往常一样主要关注轻工业部门。档案资料在一定程度上弥补了这一缺陷。1839 年展览会展示了来自 1019 名企业主的产品（农奴制时期所有展览会中参加人数最多的一次）。其参观者达 18 万人。③

该展览会第一个部门展出了来自库尔斯克、卡卢加、奥廖尔、图拉、斯摩棱斯克和切尔尼戈夫 10 名企业主的亚麻、大麻及其制品。外国和俄国大麻的比较凸显了后者的优势：俄国大麻的纱线比西方纱线更加光滑且坚固。但在展览会上展出的俄国亚麻对于薄亚麻布而言过于粗糙。因此，俄国专家的首要任务是提高亚麻质量。为该部门撰写综述报告的作者费舍尔以农业为

---

① Там же.
② «Коммерческая газета», 1839, No 73.
③ ЦГИАЛ, ф. 560, оп. 38, д. 425, л. 53.

第五章　工业展览会概况

例，介绍了利夫兰 A.K.迈恩多夫的领地和雅罗斯拉夫地主 E.卡尔诺维奇、自由农民 H.季哈诺夫的企业的情况，他们在领地和企业中分别雇佣来自弗兰德斯的技师，建立专门的漂白作坊，咨询亚历山德罗夫斯克工厂的专家，致力于改进亚麻加工技术，提高亚麻质量。所有亚麻纺纱企业的普遍缺陷是亚麻和大麻的手工加工。仅亚历山德罗夫斯克工厂、维亚兹尼基商人叶利扎罗夫的工厂以及圣彼得堡股份合伙制的亚麻纺纱和亚麻织布厂除外。这些企业都在此次展览会上展示了自己的纱线。① 最好的亚麻制品来自亚历山德罗夫斯克工厂以及布留兹金、雅科夫列夫、萨佐诺夫、赫列布尼科夫等人的企业。

在描述黏土和玻璃制品时，费舍尔指出，为提高瓷器、陶瓷和玻璃产品的质量需要采用化学成果。② 他将新型硬脂生产的成功与化学成就联系起来。

谈到该展览会的皮革部门，费舍尔指出，皮革部门同其他工业部门一样技术革新十分缓慢。但他也列举了一些已经采用蒸汽机生产的制革企业（位于阿尔扎马斯的 П.И. 波德索索夫的工厂、位于穆罗姆的 Е.И. 卡兹洛夫的工厂）。

在描述毛纺织业时，费舍尔指出国内外市场羊毛贸易的增长与粮食价格的下跌息息相关，因为这"迫使人们思考不依附于耕种而能维持农村收入的方法"③。

工业和国内贸易司的档案资料有助于我们了解首次在 1839 年圣彼得堡展览会上展出的一些产品。如弗谢沃洛日斯基工厂生产的蒸汽机车，参展者认为，这台蒸汽机车的制造和加工完全不亚于最新样品。④ 为奖励在弗谢沃洛日斯基工厂制造蒸汽机车的机械师，政府为其颁发了金质奖章。⑤ 这一事

---

① «Коммерческая газета», 1839, № 76.
② Там же, № 98.
③ Там же, № 153.
④ ЦГИАЛ, ф.18, оп.2, д.970, л.70.
⑤ Там же, л.166.

217

实值得特别关注。B. B. 丹尼列夫斯基的著作《俄国的技术》以及 B. C. 维尔京斯基的著作《俄国铁路的诞生》都指出,切列帕诺夫为1839年的圣彼得堡展览会生产了蒸汽机车模型,但在将其运送到首都的过程中,由于"没有容纳"模型的空间,最终没能被运送至圣彼得堡。① 然而这些书中并没有提到由弗谢沃洛日斯基工厂生产并首次在1839年圣彼得堡展览会上展出的蒸汽机车。此外,还有一种观点认为,切列帕诺夫的发明没有超出他们工作的下塔吉尔工厂的范围,② 俄国蒸汽机车制造的起源可以追溯至19世纪40年代,并且与圣彼得堡—莫斯科铁路的建设有关。③ 我们发现的文件纠正了这一观点:它证明了,俄国的机车制造早在19世纪30年代就已经取得了一些成就。

莫斯科商人 H. 列皮奥什金的化学工厂的产品获得了参观者的高度评价。企业主有权在自己的产品和企业招牌上绘制国徽。④ 该展览会首次展出了使用机器加工的细平布。⑤

共有1019名工厂主参与了1839年展览会,其中495人获得了奖励:获得"工业顾问"称号的有8名工厂主,获得勋章的有31人;获得大型金质奖章的有18人,大型银质奖章的有83人,小型银质奖章的有65人。42名工厂主获得了公开赞扬,43位曾获往届奖项的工厂主也获得了表扬;获得奖金的有21人(总额为17000卢布)。⑥ 向该展览会寄送产品的外国工厂主没有获得奖励。

1839年的圣彼得堡展览会是以往所有展览中规模最大的展览会,这可能是由于展览会之间的间隔期更长(4年),组织得更为完善,邀请外国工厂主参加展览增加了人们对它的兴趣。

---

① См. В. В. Данилевский. Русская техника, изд. 2. Л. , 1948, стр. 186 – 187.
② См. В. С. Виргинский. Возникновение железных дорог в России до начала 40 - Х годов XIX в. М. , Трансжелдориздат, 1949, стр. 92.
③ БСЭ, изд. 2, т. 32, стр. 142.
④ ЦГИАЛ, ф. 18, оп. 2, д. 970, л. 103.
⑤ ЖМТ, 1844, № 1 – 2, стр. 95.
⑥ ЖМТ, 1839, № 7.

第五章 工业展览会概况

两年后，即1841年6月，华沙市政自治机关的大厅内举办了工业品展览会。与带有地方性质的1838年展览会不同，这是一个全俄国的展览会，虽然俄国中部省份的代表性很弱（187名波兰企业主和57名俄国企业主参与了这次展览会）。该展览会分为两个部门：第一个部门展出了手工艺品、艺术品和工场手工业产品（纺织品）；第二个部门展出了机器和农业工具。①

第一个部门展出了来自12名波兰工厂主和1名莫斯科工厂主的毛织品。波兰与俄国呢绒在价格方面差别不大，但波兰呢绒的加工工艺更加完善。华沙展览会展出的棉纺织品由11名波兰企业主和10名俄国工厂主提供。在波兰的棉纺织品中，罗兹工厂主加耶尔的印花布和奥斯特罗文卡工厂主邦季的细纱尤为突出。在俄国的产品中，普罗霍罗夫兄弟的农民手帕取得了特别的成功。波兰的丝织业发展薄弱，因此仅俄国的10名工厂主向展览会寄送了丝织品。如展览会的说明所述，波兰的亚麻制品在漂白和加工方面并不逊色于外国产品，俄国的亚麻工厂主也很少参与该部门的展览。

第二个部门是机器部门，该部门展出了来自国有和私有企业的产品：蒸汽机和水压机、经过改良的脱粒机、粮食研磨机、铡草机等。波兰工厂的化学产品以高质量著称，它不仅为波兰的工业提供产品，也为俄国的中部省份供应产品。俄国的化学产品同样获得了参观者的高度评价。波兰产品在展览会上的出售额约为8000卢布，俄国产品的出售额超25000卢布。② 共有57名俄国工厂主参与了华沙展览会，其中21人获得了奖励。③ 华沙工业展览会促进俄国中部省份与波兰建立更加紧密的贸易联系。

根据1836年1月7日颁布的工业展览会的新条例，1843年7月在莫斯科举办了第三届莫斯科展览会，除中部省份和波兰的企业主外，首次允许芬兰大公国参加展览。共有794名工厂主参加了这次展览会。④ 该展览会在贵

---

① ЖМТ，1842，№6.
② ЖМТ，1842，№8，стр. 490.
③ ЦГИАЛ，ф. 560，оп. 38，д. 471，л. 64.
④ ЦГИАЛ，ф. 560，оп. 38，д. 484，л. 50.

俄国工业政策（19世纪20—50年代）

族会议的23个大厅中举行。① 棉纺织工业得到了最全面的展现。机器、模型和农具等笨重展品占据了两个大厅，化学产品和矿产品被放置在一个大厅中，而棉纺织品被分配到四个大厅中。在展览会亚麻部门的说明中，企业家采用机器生产的经验得到了广泛的宣传。如，А.И布托夫斯基在其报告中向工厂主们论证了采用机器加工亚麻的益处。他提请工厂主注意改善亚麻初等加工（浸渍、晒干、打麻）工艺的必要性以及从国外订购用于梳理亚麻的梳刷器样品的合理性。②

27名企业主寄送的棉纱在展览会上得到了充分展示（其中13名来自莫斯科，4名来自弗拉基米尔，2名来自波兰，3名来自特维尔，2名来自圣彼得堡，1名来自芬兰，1名来自图拉，1名来自阿斯特拉罕）。它比早期展览会上展出的纱线质量更好。到了19世纪40年代，那些生产低质量纱线的企业几乎消失了。与以往的展览会相比，该展览会更加全面地展现了丝织业产品。在外高加索成立的养蚕业推广协会促进了这一国内生产部门的发展，这在展览会上展出的丝织品中得到了体现。展览会共展出了12件丝线样品：7件来自莫斯科，4件来自外高加索，1件来自斯塔夫罗波尔。丝线染色工艺得到了很大程度地提升。③ 共有29名工厂主展示了丝织品（其中23名来自莫斯科，4名来自圣彼得堡，1名来自雅罗斯拉夫，1名来自梁赞）。从该展览会的说明中，我们可以看出丝织品部门的发展以及花纹的多样化。

该展览会共展出了33件羊毛样品，主要来自波罗的海沿岸的省份，以及西伯利亚、莫斯科、诺夫哥罗德、坦波夫、哈尔科夫、沃罗涅日和库尔斯克。同往年一样，俄国南部的地主很少参加展览会。④ 1843年展览会表明，西部省份的羊毛加工质量特别高。然而，与1833年和1835年展览会不同，

---

① «Указатель произведений к третьей в Москве выставке российских мануфактурных изделий 1843 г.». М., 1843.
② «Указатель произведений к третьей в Москве выставке российских мануфактурных изделий 1843 г.», отд. «Сырые материалы»; ЖМТ, 1844, No 4, стр. 93.
③ ЖМТ, 1844, No 1–2, стр. 137.
④ «Московские ведомости», 1843, No 75.

该展览会没有展出任何一件精纺毛和纱线的样品。① 该展览会展出了大量的呢绒产品，51 名工厂主提供了呢绒产品，其中，有 21 名工厂主来自波兰，有 16 名工厂主来自莫斯科。应该指出，波兰工厂主广泛参与莫斯科展览会是俄国展览会的新现象。大部分参展者是企业主，他们在与农奴制企业主竞争中获得成功。②

该展览会还展出了来自 18 名工厂主的毛织品（其中 12 人来自莫斯科）。17 名工厂主（10 人来自莫斯科，3 人来自波兰，1 人来自里加，1 人来自萨拉托夫，1 人来自梁赞，1 人来自奔萨）展出了半毛制品和半丝制品。这是俄国一个新型的工业部门，其产品因美观、价格低廉且经久耐用迅速获得了人们的认可。

同以往一样，棉纺织部门仍然得到了最全面的呈现。该部门展出了来自 73 家企业的产品，其中 33 家企业来自莫斯科，21 家来自弗拉基米尔，4 家来自波兰，5 家来自圣彼得堡，5 家来自科斯特罗马，2 家来自里加，1 家来自芬兰，1 家来自喀山，1 家来自沃洛格达。该部门参展者的社会构成与毛纺织部门大致相同：75 名参展者中有 3 名贵族，1 名行会成员，1 名地主农民，2 名国有农民，其余都是商人。③ 棉纺织品不仅种类多样，还以优雅和品位独具一格，这与国内染色生产的发展以及俄国绘画学校学生的风格培养密切相关。П. 韦烈坚尼科夫在《商业报》中写道："我们拥有非常优秀的美术家，他们在 А. Г. 斯特罗加诺夫伯爵建立的优秀学校中接受了教育。"④ П. 韦烈坚尼科夫同时指出，也存在一些生产低质量商品的工厂主，他们降低了俄国纺织品在国内外市场中的价值。该展览会上仅展示了一小部分拥有广泛销路的细平布和黄色土布，但展出了很多为富人设计的带有丰富花纹的细纱。根据统治阶层和劳动人口的不同需求，俄国通过不同的方式组织棉纺织品的生产。与那些专为满足劳动阶层需求而建立的企业相比，服务于有产阶

---

① ЖМТ, 1844, No 3, стр. 356.
② Там же, стр. 347.
③ «Указатель выставки», залы Ⅶ - Ⅹ.
④ «Коммерческая газета», 1843, No 79.

级的工厂往往装备更加精良。А. 舍列尔写道："除了一些从事大规模生产并且实施了最新工艺的工厂外，总体而言，大部分企业没有足够的资金用于生产高质量的产品。此外，他们必须设法降低产品的价格。因此，产品使用的染料并不持久，印刷效果也不稳定，加工技术也不是最现代化的。"① 他建议俄国的工厂主们研究化学工艺，并充分信任"致力于化学研究的"② 国内专家和工艺学院的毕业生们。

233家企业（包括4家国有企业）为此次展览会提供了金属制品（刀片、剃刀、斧子、大镰刀、铸钢、外科仪器、乐器、物理仪器、数学仪器和青铜制品），它们分别来自图拉、莫斯科、圣彼得堡、下诺夫哥罗德、彼尔姆和波兰。按照阶层划分，233名参展者中，包括4名行会成员，3名农民，10名技师和1名贵族，其余都是商人③。1843年展览会首次展出了使用电镀方法制造的镀金和镀银产品，其由圣彼得堡绘画学校电铸系提供。

由76名企业主提供的化学产品得到了全面的展现，其中一半以上的企业主来自莫斯科和圣彼得堡（莫斯科37人，圣彼得堡10人）。该展览会的评论员们指出，化学产品的质量"完全令人满意"。但同时也指出，与西方的产品相比，国内产品价格更高，但生产却不完善。1843年，А. 海曼教授开始为莫斯科工厂主做工业化学方面的公开讲座，他介绍了1835~1843年化学生产所取得的成功："我完全可以肯定，我们的化学工厂主在过去的八年中以令人难以置信的速度取得了巨大的成就。1843年展览会展出的化学产品与我们工厂主在1835年展出的产品有很大的不同，质量上的优势甚至是纯粹的化学名称的准确性，都可以证明我们的工厂主受到了更多的教育。"④

与以往的展览会相比，生铁和钢的质量有所提高，种类也不断增加。正

---

① ЖМТ, 1844, № 1–2, стр. 115.
② Там же, стр. 110.
③ «Указатель выставки», отдел XI.
④ «Московские ведомости», 1843, № 150.

如该展览会评论员所指出的那样，与英国相比，来自卡马河—沃特金斯克工厂的搅炼铁质量更高。① 最坚固的钢来自下塔吉尔的杰米多夫工厂。为提高铁和钢的加工质量，评论员认为应该利用鼓风炉子来冶炼生铁，使用蒸汽取代马力来驱动机器。② 5 名来自莫斯科、卡卢加和维亚特卡的工厂主展出了铁和钢制品。圣彼得堡工艺学院展出了机器和机器模型；莫斯科技工学校展示了用于切割圆筒的机器、铸铁压力机、棉纺机和钻孔机模型。布江奥波夫兄弟企业寄来了割草机、铡刀、簸扬机、燕麦粉碎机、榨油机以及机器模型。波兰的工厂主们展出了熬糖和酿酒设备。这一部门共有 47 名参展者参加，其中 34 名来自莫斯科，4 名来自圣彼得堡，3 名来自波兰，2 名来自下诺夫哥罗德，1 名来自图拉，1 名来自塔甘罗格，1 名来自西伯利亚，1 名来自雅罗斯拉夫。③ 他们的社会构成如下：除商人外，还有 3 名小市民，1 名行会成员和 2 名机械师展出了自己的产品（后者的社会属性未知）。④ 但是，无论机器制造厂和展览会上展示的机器数量增加了多少，机器制造业仍旧不能满足国内的生产需求。

  А. 马克西莫维奇撰写了有关机器的综述报告，他认为机器制造业发展缓慢的原因在于：一方面，国外进口机器价格的下降促使俄国的工厂主们购买国外机器，而不关心国内机器制造业的发展；另一方面，国内金属价格高昂并远离消费地点。

  А. 马克西莫维奇认为，机器制造业发展薄弱的主要原因在于莫斯科及其周边地区没有模范性的机械制造企业。"工厂主们花费数百万卢布来建造机器，但却没有修理它们的车间。"⑤ А. 马克西莫维奇对国内机器制造业发展缓慢的原因的思考并非没有道理。但他没有指出主要原因：农奴制，在这种情况下使用机器将会损害他们的经济利益。

---

① ЖМТ, 1844, No 4.
② Там же.
③ 《Указатель выставки》, отделы XIII и XIV.
④ Там же.
⑤ ЖМТ, 1844, No 4, стр. 116－118.

俄国工业政策（19世纪20—50年代）

　　与1839年圣彼得堡展览会相比，1843年莫斯科展览会展出的农业机器数量更少，虽然它们的质量很高。斯卡隆撰写了关于该部门的综述报告，他谈到广泛利用国内专家的必要性，这些专家是来自圣彼得堡工艺学院和莫斯科技工学校的毕业生。他写道，"持有证书的外国人更是夸夸其谈，建立不符合当地情况和利益的企业，并开办毫无价值的工厂。外国人已经完成了自己的工作！赚了钱，他们心满意足地返回家乡。我们还是过于信任这些外国人，而忽视了我们每年从工艺学院毕业的优秀技师。"①

　　同时代的人对1843年莫斯科展览会的总体印象是非常好的。他们指出，此次展览会呈现了工业的发展现状和企业的装备程度，展现了已经取得的成就，其中包括许多稀有精美的产品。但对模范产品的追求导致了这样一个事实，即展览会上很少展现在国内外市场拥有广泛销路的原料，以及朴素且廉价的棉纺织品。这一缺陷是所有展览会的特征之一。② 参加1843年展览会的794名工厂主中，326人获得了奖励。③

　　大臣委员会在讨论为1843年莫斯科展览会授予奖励的问题时（最初有397名工厂主获得提名），建议修改展览会和奖励的相关规则，仅在详细检查企业之后，才为优秀产品授予奖励。其建议不仅应该考虑展品的优点，也应重视工厂主和手工业者在改善生产和降低产品价格方面的成果，即考虑消费者的利益。大臣委员会在经过初步讨论后认为有必要重新修订关于展览会的1836年条例。④ 1844年6月，沙皇批准了大臣委员会关于修订展览会规则的提议，并要求财政部的负责人提交关于展览会的新方案。为了解西方国家组织展览会的情况，政府开始通过财政部的国外代理人收集西欧展览会的相关信息。《工业和贸易杂志》以及《商业报》介绍了关于巴黎、柏林、维也纳和其他城市展览会的详细信息。当然，俄国的工厂主们不仅阅读了这些

---

① Там же, стр. 138.
② «Коммерческая газета», 1843, № 95.
③ ЦГИАЛ, ф. 1152, оп. т. 3, д. 190, лл. 10 об. —11.
④ ЦГИАЛ, ф. 560, оп. 38, д. 545, л. 37.

报道，甚至还亲自前往国外参观了这些展览会。①

以下数据展现了俄国与外国展览会的对比情况：1844 年的巴黎展览会共展出了 3348 件产品，1790 人获得了奖励；同年，柏林展览会展出了 3140 件产品，1346 人获得了奖励；维也纳展览会展出了 1865 件产品，830 人获得了奖励，即西方国家展览会的获奖人数与参与者比例大约为 1∶3。俄国展览会的参展人数和获奖人数的比例大致相同。② 仅个别展览会上出现了 2/3 以上的参展者获奖的情况（如，在 1835 年莫斯科展览会中，644 名参与者中的 529 人获得了奖励）。在讨论新规则的过程中，大臣委员会决定举办俄国工厂主自 1841 年起就开始参与的华沙展览会，将其与圣彼得堡和莫斯科展览会纳入同一行列，并修改它们的举办日期。国务会议审议了关于圣彼得堡、莫斯科和华沙工业展览会的新条例，并于 1848 年 1 月 21 日获得沙皇批准。③ 根据新条例，展览会每五年一次在圣彼得堡、莫斯科和华沙轮流举办。允许帝国、波兰和芬兰大公国的居民参加展览会。允许拥有私人企业的工厂主和手工业者的产品免费参加圣彼得堡和莫斯科展览会。除工业产品外，华沙展览会还允许农业产品参与其中。

送往展览会的产品均附有工厂的商标和证明其原产地的标志，并附有民事长官的证明，其中指出了工厂主的身份、名、父名和姓；企业工人的数量以及企业的技术装备程度（机器、车床、熔铁炉的数量等），自上次展览结束后企业实施的改进措施；企业为其所在地带来的收益；工厂主获得的奖励，以及获得奖励的时间和具体内容；为企业发展做出贡献并且表现优秀的工匠和工人的名字。展览会不接收没有商标的产品。未获得民事长官证明的产品虽然可以被送往展览会，但没有获得奖励的权利。此外，工厂主应该提供关于产品年产量和价格的信息；它们在国内外的销售情况；企业需要的原料数量和种类；在家做工的工人数量。这些补充信息应该附有企业主的签字，如果信息有误，企业主将被剥夺获奖的权利。在为工厂主颁

---

① ЖМТ, 1845, № 1–2, стр. 28.
② ЦГИАЛ, ф. 1152, оп. т. 3, д. 190, л. 24.
③ ПСЗ. Собр. 2, т. 23, № 21914.

发证明后，省长有义务向财政大臣或莫斯科军事总督或华沙政府内务部委员会提交他们对于该省工业企业的意见，并指出在改进生产技术的同时，能够"照顾技师并关心其日常生活条件的改善，同时为工人提供帮助他们摆脱贫困的收入"的企业主。

为了讨论产品的优劣，根据参加展览会的主要工业部门的数量组织了专家委员会。该委员会包括知识渊博的工厂主，以及接受了技术教育的专家们。在讨论产品时，他们重点关注它们的质量、价格、产品所属企业的技术条件，以及该企业为其所在省份带来的收益。在讨论奖励时，他们应考虑这一企业所在生产部门的重要性；其对当地或外国原料的应用；企业的工人数量；它在何种程度上取代了同一部门的外国产品；新机器的引进；对工人状况的"关心"等。符合以下条件的技师和工人可以获得奖励：第一，改善生产组织，成功管理任何一个单独的工厂部门；第二，工作熟练并且长期在企业中表现优异。

该委员会应将其选择的获奖产品报告给位于圣彼得堡的工场手工业会议，位于莫斯科的工场手工业会议莫斯科分部，位于华沙的展览委员会。后者负责审议委员会的报告并为工厂主和手工业者授予发不同的奖励。工厂主可以在展览会说明中获得公开赞扬和认可、奖金、奖章；在招牌和产品上应用国徽的权利；"沙皇的赏识"；佩戴在脖子的奖章和勋章。工匠和工人可以获得奖状和奖章，做出特殊功绩的人还可以获得佩戴在襻儿上的奖章；奖金（主要授予有家眷的工人）。新条例指出了在授予奖励时遵守渐进性原则的必要性——从称赞到货币奖励。应该表扬那些证明了自己愿意改进生产的参展者；小工厂主通常会获得奖金，主要是那些需要资金的手工业者；使用国徽的权利仅被授予那些在以往展览上已经获得奖励的参展者；可佩戴的奖章被授予展示重要工业部门的优秀产品，新发明的机器，以及超过 200 人从事的任何新生产中的发现。

财政大臣和波兰的总督批准了如下奖励：公开表扬、奖金、奖章以及使用国徽的权利，这一结果被转告给沙皇。沙皇批准了"皇帝的赏识"、授予勋章以及可佩戴的奖章等奖励。工业和国内贸易司为在圣彼得堡和莫斯科展览会上获得奖章的参展者颁发奖状。华沙展览会上的奖状则由政府的内务和宗教事务委员会颁发。①

通过比较1828年颁布的展览会规则与1848年条例，政府政策向限制工业奖励措施方面的转变显而易见。随着生产的进一步发展，城市的扩展以及工业企业中工人数量的增加，政府消减了原本就微不足道的工业资金。政府对展览会的态度反映在限制展览会参与者名额的政策中：根据展览会的新条例，允许拥有私人企业的工厂主和手工业者的产品参加展览会。根据1828年条例，允许所有愿意参加展览会的人参与其中，无论其阶层和财产状况如何。1848年条例明显地偏向于工厂产品，而不是手工业产品。新条例还包括以下规定：允许附有民事长官证明的产品参加展览会，证明上需要指出工厂主的姓名和企业的情况。政府希望通过这种方式不仅可以掌握工业发展的整体情况，还能掌握各个工业部门和企业的相关数据。新条例还包括有关工厂主关心工人日常生活和劳动的专门条目，这与工业无产阶级的形成和"工人问题"产生的初始阶段密切相关。

新条例正式强调了工厂主、工匠和工人在奖励方面的差别，这在1828年条例中是没有的。与1828年条例相比，1848年条例中关于奖励的条目更加严格。总体而言，与20年前相比，1848年条例对工业和工业展览会实行了更加严格的规定。同时，其不仅对参展产品的质量实行更严格的控制，而且对企业自身的状况及其技术装备进行更严格的控制，这在一定程度上促进了技术进步。

## 19世纪40年代末~50年代的工业展览

以新条例为基础，1849年5月在圣彼得堡举办了展览会。该展览会允许帝国、波兰以及芬兰大公国所有的工业部门参加，既满足了社会上层的需求，也满足了广大劳动阶层的需求。即将举办展览会的通知被刊登在所有核

---

① ПСЗ. Собр. 2，т. 23，№ 21914 § 36.

心期刊和省公报上。农业生产者也被邀请参加展览会。因此，莫斯科农业协会委派其成员 M. B. 托尔斯托姆负责展览会农业部门的组织工作，① 而国有财产部的官员也加入了展览委员会，负责评估农业展品。② 为了吸引更多从事亚麻和大麻生产的企业主参加展览会，政府允许没有工厂商标的国有农民展出亚麻、大麻和其他原料。③

19世纪40~50年代，政府开始将注意力转向那些处于萧条状态的工业部门，并给予它们各种奖励。1849年2月，为组织展览会召开了委员会。根据1848年条例，只有在民事长官证明了工厂主的姓名及其企业状况后，其产品才能被送往展览会。但鉴于很多工厂主因为这一规定的新颖性没能收到此类证明，因此在沙皇的批准下，允许圣彼得堡和莫斯科的工厂主在一年之内无视这项规定，并呈交带有个人签名的企业状况证明。莫斯科和圣彼得堡工厂主的例外是为了不干扰展览会的顺利开展，因为大部分产品都是从这些省份寄出的。

共有653家工厂和30家国有企业参加了1849年的圣彼得堡展览会。参观人员超过了19万人。④ 撰写此次展览会的综述报告的作者、工场手工业会议的工艺师 A. 舍列尔认为，与1843年莫斯科展览会相比，1849年圣彼得堡展览会的参与者人数下降，导致这种情况的原因在于政府实施了限制接收手工制品的新条例。此外，他的确非常模糊地指出了促使很多人放弃参加展览会的"不利情况"。这里指的是，西欧的1848~1849年革命，以及俄国在1848年发生的霍乱和歉收，这都导致了国内外贸易的大幅缩减。A. 舍列尔指出，由于参加展览会的企业主人数减少，他无法评价国内的工业成果，尽管他认为工业的发展非常成功。⑤ 参观1849年圣彼得堡展览会的维也纳工厂主们也指出，它不能全面地展现俄国工业的发展现状，因为很多工

---

① ЦГИАЛ, ф. 18, оп. 2, д. 1363, ч. II, л. 32.
② Там же.
③ ЦГИАЛ, ф. 560, оп. 38, д. 560, лл. 20 – 21.
④ Там же, л. 13.
⑤ ЖМТ, 1850, № 1, стр. 20.

业部门没有得到充分的反映。他们认为"俄国的工业在过去十年中取得了巨大的成就",但同时也指出,俄国产品的装饰不够优雅和美观,与奥地利相比,其价格也更为昂贵。

在早期的展览会中,纺织业部门种类丰富且数量众多,而1849年的圣彼得堡展览会则更加单一且无趣。亚麻部门看上去十分贫乏。为《商业报》撰写综述报告的作者将原因归结为1848年实施的新条例,其禁止家庭生产的产品参加展览会,而当时工厂生产的亚麻工业还没有达到高度完善的水平。[①]

棉纺织生产展现得较为充分:在俄国的50家棉纺织企业中,一半以上的企业参加了展览会。一些首次参加展览会的工厂向圣彼得堡寄送了产品:莫斯科的C.马祖林工厂(成立于1843年)、梁赞的赫鲁多夫兄弟棉纺厂(成立于1844年)、圣彼得堡的涅夫斯基棉纺厂等。参加展览会的老企业包括帝国亚历山德罗夫斯克工厂和俄国棉纺织品公司。棉纺织部门的全部产品由47家工厂提供,其中大部分工厂来自莫斯科。[②]

A.舍列尔在综述报告中指出了棉纺织品生产中形成的阶层划分。如,普通的棉纺织品:细平布、黄色土布、红布主要由农民和农民出身的工厂主生产。在这方面,大型工厂的佼佼者Г.乌鲁索夫的企业是俄国成立最早的企业之一(成立于1792年),它采用手工劳动和机器,此外还包括科申和特列季亚科夫的企业,以及弗拉基米尔的梅尼希科夫、H.戈列林和巴布林工厂,里加的博恰尔尼科夫工厂,莫斯科国有农民莫索洛夫的工厂等。圣彼得堡和部分莫斯科工厂主主要生产精美的棉纺织品。该展览会展出了莫斯科工厂主波波夫的产品(该企业成立于1838年),其率先在莫斯科生产白色和方格薄纱以及凸纹布。波波夫常年雇佣一位国外通信员,向他报告有关改进薄纱和凸纹布加工方面的最新消息。[③] 总体而言,与1843年展览会相比,1849年展览会的棉纺织部门无论在产品的质量还是种类方面都略逊一筹。

---

① «Коммерческая газета», 1850, № 85.
② ЦГИАЛ, ф. 18, оп. 2, д. 1363, л. 46.
③ ЖМТ, 1850, № 1, стр. 59 – 60.

**俄国工业政策（19世纪20—50年代）**

　　该展览会上展出的丝织品和毛织品甚至还不如棉纺织工业全面。俄国共有250家丝织品企业，但参加展览会的企业不超过20家。同时，自上次莫斯科展览会以来，在丝织品加工方面，国内的养蚕业取得了巨大的成功。"丝织品向前迈出了一大步。"① 展览会上的一位专家写道。参加展览会的主要是国有企业和养蚕业协会。如，外高加索养蚕业推广协会提供了从意大利和中国的种子中获得的丝和茧的样品。为与高加索进行比较，展出了意大利和中国茧的最佳样品。专家指出两者在质量方面大致相当。② 该展览会上还展出了来自比萨拉比亚园艺学校、辛菲罗波尔桑园和君士坦丁堡苗圃的丝和茧。其中，来自外高加索养蚕业协会的丝质量最佳。在1849年展览会的说明中，私人企业以各种方式推广了А.Ф.列布罗夫的经验，这证明了在俄国繁殖外国蚕种的可能性。根据专家的意见，А.Ф.列布罗夫提供的丝的质量并不逊色于外国样品。该展览会上还展出了圣彼得堡工厂主的产品，这些产品专门以外国原料为基础进行生产并接受商人的订单，而由俄国丝制成的廉价产品"主要面向中等阶层"。但是，该展览会上没有展出圣彼得堡最重要的企业——圣彼得堡丝织品协会的产品。总体而言，与以前的展览会（以及其他部门）相比，1849年展览会的丝织品部门较为贫乏，虽然专家们指出在俄国丝线加工工艺和织物装饰方面得到了显著发展。

　　毛纺织部门的情况也大致相似。这一部门的发展主要依靠南部和西部省份。同以前一样，该展览会的说明指出了羊毛拣选和加工方面的落后。与未加工的羊毛和纱线相比，该展览会上展出的呢绒和羊毛制品数量更多。与波兰手工工场主竞争的波罗的海沿岸地区的呢绒工厂值得特别关注。根据专家的意见，1849年展览会展出的呢绒制品，根据质量和加工水平可以分为4个等级。波罗的海沿岸工厂主的产品属于第一等级，"其无论在加工质量、产品的耐久性还是价格方面都达到了高度完善的水平，与欧洲一等工厂的产品在各个方面都不相上下"③。专家指出，那些成立于19世纪30~40年代、

---

① ЦГИАЛ, ф.18, оп.2, д.1374, л.51.
② ЖМТ, 1850, № 1, стр.82-83.
③ ЖМТ, 1850, № 1, стр.124.

以机器技术为基础的企业已经进入先进企业的行列当中，取代了那些主要以手工劳动为基础的手工工场。里加工厂主皮克劳的工厂被称为中等企业，但早在20~30年代，它曾被公认为最先进的企业之一。专家们注意到中等呢绒生产中的缺陷，指出机器使用不善以及技师的疏忽大意。①

19世纪40年代末，与推行新技术和工厂主自身的技术培养相关的问题已成为人们关注的焦点。因此，并非偶然，它们在展览会的说明中受到了很多关注。如，呢绒部门的综述报告指出，莫斯科工厂主诺维科夫的工厂为展览会提供了与中国进行贸易的商品，工厂技师伊万·马津发明了"非常值得奖励"的自动织布机。但遗憾的是，它们并没有被其他呢绒工厂主们接纳。②

除莫斯科、波兰和波罗的海沿岸的企业外，圣彼得堡、图拉、库尔斯克、切尔尼戈夫、哈尔科夫和梁赞也参加了展览会的呢绒部门。至于光面毛织品的生产，由于材料价格昂贵，它的发展仍然薄弱。这种织物生产所需的大部分毛线来自国外。迄今为止，规模最大的光面织物加工企业是古奇科夫兄弟工厂。1840年，他们建立了一个装备有124台精梳机和精纺机的纺纱厂。机器通过水车和蒸汽动力驱动。工厂有1600至2000名工人。此外，还有1000人在农村工作。自1834年起，Я.罗什福尔成为古奇科夫兄弟在光面织物生产方面的竞争者。

与19世纪30~40年代初的展览会比较，1849年圣彼得堡展览会上展出的光面精纺毛织品更加丰富。虽然参加展览会的大型毛纺织工厂主人数很少，但毛纺织部门在整体上证明了毛纺织工业技术的进一步完善，特别是精加工。然而，之前指出的羊毛分拣和加工方面的缺陷仍然没有得到修复。

亚麻、大麻及其制品的部门，同以前一样，非常贫乏。А.舍列尔认为原因在于大部分的亚麻和大麻企业属于手工业类型，"它们畏惧公开竞争"。但是那些由工厂生产的亚麻和大麻产品也不完善，而且数量有限。③ 来自维

---

① ЦГИАЛ, ф.18, оп.2, д.1374, л.50.
② ЖМТ, 1850, № 1, стр.124.
③ Там же, стр.156.

也纳的外国代理人也指出了同样的缺陷,他写道,虽然亚麻和大麻数量丰富,但亚麻和大麻产品的加工无法和德国、英国、爱尔兰和法国达到同样的高度。[1] 普斯科夫的亚麻种植者展出了最好的亚麻样品。首次参加展览会的利夫兰地主沃尔弗提供的亚麻质量也很好。亚历山德罗夫斯克工厂和工艺博物馆展出了大麻。私人企业中,仅有一件来自特维尔的大麻纱样品。[2] 亚麻和大麻产品的数量同样很少。该展览会展出了来自科斯特罗马、雅罗斯拉夫、弗拉基米尔、卡卢加、图拉、莫斯科和波兰的产品,主要是中等和粗糙的麻布。来自维也纳的外国通讯员以该展览会展出的产品为根据,指出,俄国的亚麻工厂主要生产帆布、弗兰芒麻布和粗帆布,这些产品销往国外,因此俄国进口的薄麻布数量应该很多。[3] 俄国的评论员 A. 舍列尔也描述了类似的情况,他指出,大麻工业的工厂生产仅扩展到帆布的生产。私有企业中质量最好的产品来自科斯特罗马商人布留兹金的工厂,该工厂从事帆纱的化学漂白。一些英国公司"为布留兹金"[4] 工作。

同其他工业部门一样,化学生产也没能在展览会中得到充分的展现。100 家化学企业中仅有 13 家企业展示了自己的产品。莫斯科列皮奥什金兄弟工厂成立于 1846 年,它的产品吸引了参观者的特别关注。该工厂拥有高压力的蒸汽机和 100 名工人,每年生产的化学产品总额达 12 万银卢布。自 1845 年上一届华沙展览会以来,列皮奥什金企业的产品已经证明了化学生产的进一步发展。[5]

基伯(莫斯科的县)的化学展品同样吸引了参观者的注意,它在展览会上展出了硫酸、酒石酸、铁氰化钾。化学媒染剂的质量非常突出,在其帮助下能够获得鲜艳且持久的颜色。基伯工厂装备了现代化的技术。在圣彼得堡的化学企业中,涅夫斯基化学厂和一些小型企业展出了自己的产

---

[1] «Коммерческая газета», 1850, № 47.
[2] ЖМТ, 1850, № 1, стр. 164 – 165.
[3] «Коммерческая газета», 1850, № 47.
[4] ЖМТ, 1850, № 3, стр. 263.
[5] Там же.

品，其中包括工艺工程师日丹诺夫兄弟的工厂，它向展览会提供了高质量的硝石和纯樟脑样品。兄弟二人是工艺学院的毕业生，他们用实践证明了这一学校的价值。化学部门综述报告的作者 И. 伊利莫夫教授写道："很多杰出的人才，组成了这个学院。例如，苏奇科夫以及他的学生，拥有出色的工厂运营能力的列皮奥什金先生们。"在圣彼得堡的企业中，涅夫斯基化学企业和拉斯捷利亚耶夫的古图耶夫斯基工厂具有最大的工业价值。他们展出的产品丝毫不逊色于莫斯科的产品。除莫斯科和圣彼得堡的工厂主外，来自坦波夫和爱斯特兰的企业主们也参加了该展览会。该展览会的专家连年坎普夫指出，展览会上的化学产品整体而言是出色的。① 该展览会的综述报告、关于技术学校活动的报告以及关于各个部门工业发展的文章都将注意力转向了化学产品的特殊价值，特别是对其他工业部门发展尤为重要的染料。

与化学部门相比，该展览会没能全面展现金属和金属制品部门的发展现状。金属部门综述报告的作者写道："这些部门的大部分企业主似乎在回避公开，不想把他们的产品提交给同胞们评判。圣彼得堡展览会仅展示了一小部分采矿和机械部门的产品。"② 除坐落于乌拉尔的国有工厂外，俄国中部和北部的铸铁工厂主们也参加了展览会，这些企业属于私人所有。采矿顾问尤林（芬兰）的私人菲斯卡工厂展出了高质量的铸铁。三家国有工厂和三家私有工厂提供了锻铁样品。如，卡马河—沃特金斯克工厂展出了使用精炼法和搅炼法生产的铁，用于建造轮船的钢绳钢以及首次在工厂建造的轮船模型。伊若拉海军工厂在展览会上展出了各种类型的铁。此外，还有一部分铁来自圣彼得堡、芬兰和诺夫哥罗德的私有工厂。专家们特别指出私有工厂的最佳产品来自圣彼得堡的贝尔德工厂。③ 该部门展出的少量产品不利于我们以此为依据评价采矿业和金属工业的发展现状。

金属部门综述报告的作者将国内金属加工业发展薄弱的原因归结为

---

① ЦГИАЛ，ф.18，оп.2，д.1374，л.50.
② ЖМТ，1850，№ 5，стр.35.
③ ЦГИАЛ，ф.18，оп.2，д.1374，л.50.

233

"俄国的保守性"。他写道："我们的企业主一旦习惯于以某种方式加工铁制品，就慢慢开始依赖这一曾经引进的方式，因此，他们没有考虑到一个活跃的工业部门不断变化的要求和新的需求。"①

19世纪上半叶，铸钢工业取得了一些成功，它主要集中于两个地区：下诺夫哥罗德附近和乌拉尔。随着国内机器制造业的发展，它的比重也随之增加。该展览会在一定程度上反映了这一点，自19世纪30年代起，钢样品开始和生铁和铁样品一同被展出。1849年展览会展出的钢仅来自下诺夫哥罗德的两家工厂。评论员们指出，农奴舍列梅捷夫—扎维亚洛夫、А.维雷帕耶夫和Ф.维雷帕耶夫、戈尔什科夫等的钢制品（锯、斧、刀片、剃刀）质量很高。

俄国的炼铜厂分布在乌拉尔、阿尔泰、高加索和芬兰。该展览会上的铜由三家工厂提供：彼尔姆国有工厂以及芬兰的尤林私有工厂。

锡和铝首次出现在1843年的莫斯科展览会上。1849年展览会分别展示了这些金属的样品。国有企业为展览会提供了用于制造炮弹的金属样品：海军技术学校和伊若拉海军工厂。同以往一样，工艺学院提供了大量的机器，包括8马力的蒸汽机、汽锤、切铁机、金属刨床、亚麻纺纱机等。② 此外，它们还展出了水车和带有煤水车和两节车厢的机车，该机车的制造参考了在建圣彼得堡—莫斯科铁路的蒸汽机车时采用的系统。

与以往的展览会不同，1849年专门为农业机器和工具划分出一个特别的部门。评论员毫不夸张地写道："这一部门的大量机器证明我们的农业得到了逐步的完善。在此之前的25年中，现在许多农民所熟悉的机器和工具在当时都是稀有的，只有富裕的地主才能拥有。"③ 不仅是农奴制俄国，即使在资本主义国家中，机器对农民来说也是罕见的。但是，通过改革前的工业展览会，我们能够看到农业技术取得了一些进步。农民M.格沃兹科夫展示了自己发明的机器：脱粒机，用于清洁池塘和修剪草坪的机器，以及用于

---

① ЖМТ, 1850, № 5, стр. 35.
② ЦГИАЛ, ф. 18, оп. 2, д. 1362, л. 42.
③ ЖМТ, 1850, № 5, стр. 147.

连根掘出树桩的机器。格沃兹科夫发明的所有机器都在展览会上获得了奖励。① 国有农民特拉佩兹尼科夫展示了收割机和脱粒机。② 该展览会上还展出了来自里加的脱粒机以及来自圣彼得堡的犁、清粮机和收割机。工艺学院展示了脱粒机、草甸铲土机、碎谷机、簸谷机、亚麻纺纱机,以及农业工具和机器模型的集合。亚历山德罗夫斯克工厂展示了纺纱机和织布机。

该展览会上展出了来自 8 家国有和私有企业的数学、物理和光学仪器。莫斯科最古老的地理和物理仪器工厂主 A. C. 特伦金展示了以国外光学玻璃为基础,在他的作坊中经过打磨和抛光的仪器。但是他没有分度机来制造大地测量学仪器,这影响了他所展示的产品。

圣彼得堡、喀山、莫斯科、塔夫利达、特维尔和巴赫奇萨赖地区展出了皮革。俄国作者在其描述 1849 年圣彼得堡展览会的笔记中指出,皮革加工很差,这使得生皮的价值至少降低了 20%。因此,软皮主要出口到国外。文章的作者马克西莫维奇提请俄国的工厂主们注意皮革机械化生产的必要性。③

该展览会出现了一个新型的生产部门——古塔波胶和橡胶制品。古塔波胶和橡胶的初步加工集中于外国人 A. E. 基尔施泰因位于圣彼得堡的工厂中,随后其他企业主也参与其中。除来自基尔施泰因企业的产品外,该展览会还展示了商人 И. A. 丘里洛夫提供的橡胶套鞋和靴子。

与以往的展览会不同,1849 年展览会除工业产品外,还展示了农业产品——面粉、烟草、芥末、醋、菊苣。与以前的展览会相比,该展览会更加全面地展示了蔗糖和甜菜糖。10 家工厂提供了蔗糖样品,其中四家蔗糖的精制生产是通过蒸汽加热,其余工厂则使用火力。

与 1843 年莫斯科展览和 1839 年圣彼得堡展览相比,1849 年圣彼得堡展览会展现出机器制造,特别是农业机器制造领域的一些进展,对生产技术问题的更多关注以及化学领域的显著成功。至于产品的加工和装饰,正如

---

① Там же, стр. 147 – 148.
② Там же, стр. 151.
③ ЖМТ, 1850, № 5, стр. 333.

俄国工业政策（19 世纪 20－50 年代）

1849 年展览会的专家连延卡姆夫指出的那样，"与以往的展览会相比，艺术和品位方面的变化不大"①。

在该展览会结束后，工场手工业会议以专家委员会的报告为基础向财政大臣提出了关于奖励问题的建议。后者在收到工场手工业会议推荐的获奖人选后，通过大臣委员会提交最高奖项供沙皇批准。尽管授奖制度复杂，但获奖人数仅略有减少。在 683 名参展者（以及国有企业）中，319 人获得了奖励（1843 年莫斯科展览会共有 794 名参与者，其中 326 人获得奖励）。79 名工厂主获得了公开表扬，其中包括纺纱、织造和染色的工厂主 7 人，亚麻生产的工厂主 6 人，软皮的工厂主 6 人；其余奖励授予呢绒、丝织品和糖制品的工厂主。获奖者中包括 1 名国有农民和 2 名行会成员。6 人获得了大型金质奖章，32 人获得小型金质奖章，21 人获得大型银质奖章，57 人获得小型银质奖章，16 人获得皇帝的赏识。②

应该指出，在 319 项奖励中，只有一项是颁发给"配备最新机器的工厂的示范性建设"。在纺织业中，棉纺织业获得的奖励最多。然而从展品数量与获奖数量的比例来看，较为落后的生产部门所占比例更高，如亚麻和呢绒工业。这是因为，政府希望通过奖励措施帮助它们恢复活力。在新型的工业部门中，特别关注化学生产的发展，这一点从获奖数量的增加中可见一斑：13 家企业参与了 1849 年展览会，其中 5 家获得了奖励。

1850 年 2 月，关于英国政府计划于 1851 年上半年在伦敦召开世界工业博览会的消息在俄国变得众所周知。英国的企业主和商人作为展览会的组织者，追求纯粹实用的宣传目标。他们试图揭示"国内外工业的真实情况，指出哪些国内产品将长期在国外市场销售，以及哪些工业产品将受到其他国家的威胁"③。英国政府邀请所有国家参加博览会。

---

① ЦГИАЛ, ф. 18, оп. 2, д. 1374, л. 50.
② «Коммерческая газета», 1850, № 118 – 122.
③ «Обозрение лондонской всемирной выставки по главнейшим отраслям мануфактурной промышленности», СПб., 1852, стр. 3（далее"Обозрение…"）.

工场手工业会议讨论了这个问题，得出了俄国有必要参加世界博览会的结论。会议的成员们认为，该展览会对国内工业是有益的，因为它能激发俄国手工工场主之间的竞争，有助于它们了解英国和其他西欧国家的工业发展情况。为此，工场手工业会议认为有必要为这些希望参加博览会的俄国工厂主们提供帮助，1850 年 3 月，沙皇批准了关于在圣彼得堡成立一个特别中央委员会的决议，以便挑选产品样品并将其寄送至世界博览会。其任命国务会议二等文官 Л. В. 坚戈博尔斯基担任委员会主席。该委员会包括工场手工业和商业会议的成员们。此外，位于敖德萨的俄国南方农业协会成立了一个特别委员会作为圣彼得堡委员会的分部，负责挑选南方最好的产品并将其从敖德萨港口寄送至伦敦。圣彼得堡中央委员会和英国的联络由财政部在伦敦的代理人负责。来自俄国中部、波兰和芬兰的农业和工业产品在圣彼得堡接受初步检查后，将被送往博览会。①

共有 413 名俄国工厂主和地主参加了伦敦的世界博览会，展出的产品总额达 388528 卢布 44 戈比。② 该博览会上共展出了来自 17000 名参展者的产品。③ 为参观展览会并为其撰写说明，委派五等文官 A. 舍列尔和工场手工业会议莫斯科分部主席 Л. 萨莫伊洛夫从圣彼得堡启程前往伦敦。俄国驻伦敦通讯员负责与伦敦展览委员会联络并在展览会上接收俄国产品。此外，国有财产部的官员被派往伦敦，担任各个展览委员会的陪审员。

1851 年召开了伦敦世界博览会，展览会上展出的俄国产品可以分为 30 类。第一类来自 25 名企业主的矿物和金属，其中大部分来自西伯利亚；第二类来自 22 名工厂主的化学和染色产品；第三类来自 45 名地主、商人和农民的食品（黑麦、小麦、面粉、米、甜菜糖）；第四类来自 50 名企业主的原料（大麻、亚麻、刚毛、细毛、羊毛、丝、棉布和不同品种的木材样品）。机器类包括国有亚历山德罗夫斯克工厂的 4 台小型机器；7 家俄国企业提供了数学、物理、音乐和外科仪器。伊若拉海军工厂

---

① ЦГИАЛ, ф. 560, оп. 38, д. 588, лл. 39–44.
② ЦГИАЛ, ф. 560, оп. 38, д. 602, л. 23.
③ «Коммерческая газета», 1851, № 124.

的数学仪器和华沙提供的计算机质量特别好。有两家企业展出了棉纱和细平布（来自舒亚和芬兰）。20名工厂主提供了毛纱、呢绒和毛织品。毛织品得到参观者和专家的一致认可。13名企业主展出了绳、麻布和索；35名工厂主展出了皮革。根据俄国通讯员的意见，染色和印花产品完全有能力与奥地利、瑞典和比利时工厂主进行竞争。由孔雀石、碧石、镶嵌块、青铜、陶瓷、白银和钻石制成的产品引起了参观者的特别关注。该展览会上还展出了地毯、刺绣、毡靴、鼻烟盒、刀片、轻便马车和镶木块。

由俄国专家撰写的关于伦敦博览会的新闻材料和评述、俄国展出者的展览目录——所有这些资料描述了产品的种类，以及伦敦社会对博览会俄国部门的态度。评述详细介绍了纺织品和机器部门（按照国家）。至于冶金、化学、重工业部门，对它们的描述非常简要，主要反映欧洲轻工业的整体发展情况。众所周知，这种情况是资本主义工业化的共性。俄国在这方面也不例外。但与西欧国家使用机器生产的亚麻、大麻产品不同，俄国通常手工生产这些部门的产品，其价格要贵于外国产品。在伦敦博览会的评述中引用了英国报纸《早报》在1851年的一份声明，其称"由于缺乏改进机器的方法，俄国注定要永远将亚麻运往英国，并从英国购买亚麻制品作为交换"[1]。A. 舍列尔为亚麻生产撰写了综述报告，他反驳了英国刊物的类似观点，强调俄国的亚麻工厂主正在向亚麻和大麻的机器化加工过渡。A. 舍列尔指出，英国的亚麻制品是按照俄国样品生产的，但由于英国商品的价格便宜，后者"在许多外国市场上完全淘汰了俄国商品"[2]。

通过比较博览会上的英国部门与其他国家的部门，评论员指出英国工业产品在博览会上的优势地位，特别是机器部门。"在英国之后的展览会上，其他工业国很难在机器领域脱颖而出，可以称其为机械师的祖国……因此，

---

[1] «Обозрение лондонской всемирной выставки по главнейшим отраслям мануфактурной промышленности», СПб., 1852, стр. 114.

[2] Там же, стр. 130.

其他国家在机器方面的参与度较低。"① 在参展产品的数量方面，紧随英国之后的是法国。然而，根据评论员的意见，法国在商品装饰的优雅方面要胜过英国，特别是毛织品和丝织品。② 法国之后是奥地利、德意志关税同盟国家、俄国。通过比较展览会上的毛织品和俄国样品，评论员写道："实际上，奥地利的呢绒展览证明，我们俄国人不仅没有在这一生产部门落后，还在许多方面超过了他们。"③ 该展览会的说明中特别提到了波兰工厂主菲德勒的薄呢绒，"他的两半呢绒在展览会的同类展品中名列首位"④。丝织品和锦缎获得了高度评价。俄国的通讯员写道："伦敦的工厂主们惊讶于俄国锦缎的完美，更重要的是其价格便宜。工业顾问孔德拉舍夫的产品尤为出色。"⑤ 一位评论员写道："我们的工业以合适的方式呈现在世界博览会上。"⑥ 在棉纺织部门中，根据展览会的说明来看，俄国的产品在质量方面甚至不逊色于英国。但俄国的细平布在价格方面要比英国产品高约45%。⑦ 但"莫斯科工厂主普罗霍罗夫兄弟的宝蓝色印花布、盖布、长袍、披肩得到了参观者和专家的一致认可，这不仅是因为国外几乎不存在这种特殊的生产方法，更在于其便宜的价格。"⑧ 该展览会的综述报告中写道，俄国的陈列厅里总是挤满了很多参观者。⑨

东方国家与欧洲和美洲国家（包括南美）一同参加了1851年的伦敦博览会：中国、印度、突尼斯、阿尔及利亚、埃及、波斯、土耳其。评论员写道，"世界博览会是所有国家的竞赛。它可以提供有启发性的结果，指出在

---

① «Обозрение лондонской всемирной выставки по главнейшим отраслям мануфактурной промышленности», СПб., 1852, стр. 18.
② Там же, стр. 97.
③ Там же, стр. 104.
④ Там же, стр. 54.
⑤ ЖМТ, 1851, ч. 2, № 4－6, стр. 273.
⑥ Там же, стр. 290.
⑦ «Обозрение лондонской всемирной выставки по главнейшим отраслям мануфактурной промышленности», СПб., 1852, стр. 54.
⑧ Там же, стр. 55.
⑨ «Краткий обзор русского отдела всемирной выставки». СПб., 1851, стр. 182.

哪些对象下以及在何种程度上对外合作（竞争——H. K.）对某一工业部门而言或多或少是危险的。"① 17000 名参展者参加了此次博览会，170 人获得了一等奖，其中 3 人来自俄国（他们展出了珠宝制品）；3918 人获得了二等奖，其中 60 名工厂主来自俄国，提供铜、铁、毛织品、锦缎等展览品的工厂主获得奖励；67 名俄国企业主获得了高度评价。② 评述中包含了大多数参观者对俄国产品的良好印象，以及"少数参观者的负面评价"③。同时指出，参与博览会的俄国企业主人数较少，产品价格过高，以及展品加工不善。④ 评论员们指出，俄国的工业落后于西方，他们认为原因在于俄国"缺乏专门从事工业的特定阶层"⑤。

世界伦敦博览会对世界所有国家的企业主而言具有巨大的积极意义。它有助于企业主们了解其他国家的工业发展情况，扩展国家之间的贸易关系。伦敦博览会，就其展品而言，显然具有贸易和商业意义，主要展出了他们想要展示的内容。

1853 年 4 月至 6 月，在俄国举办下一届工业展览会之前，政府重新提出了关于为工业展览会授予奖励的问题。国务会议经济司讨论了这一问题，责令财政大臣在授予奖项时，不应只关注产品的某项优点，"更要考虑产品在整体质量方面的实际改进程度，以及为维护消费者的利益而降低的产品价格"⑥。沙皇于 1853 年 6 月 29 日签署了这项法令。

自 1829 年举办工业展览会以来，这是第四项修改奖励规则的条例。多次修改的目的是通过设置更多的障碍来减少奖励的数量，这与财政方面的考虑有关。然而，在授予奖励时不仅要考虑产品的质量，更要考虑产品生产的

---

① «Обозрение лондонской всемирной выставки по главнейшим отраслям мануфактурной промышленности», СПб., 1852, стр. 2.
② Там же, стр. 208.
③ ЖМТ, 1851, ч. 2, № 4 – 6, стр. 265 – 266.
④ «Обозрение лондонской всемирной выставки по главнейшим отраслям мануфактурной промышленности», СПб., 1852, стр. 2.
⑤ «Коммерческая газета», 1851, № 42.
⑥ ЦГИАЛ, ф. 1152, оп. т. 4, д. 93, лл. 19 – 20.

改进，这项要求本身是正确的。它推动工厂主实施技术革新。

1853年5月31日，莫斯科举办了例行的展览会，616名工厂主参与其中，展品总额超过50万卢布。① 该展览会被布置在莫斯科贵族会议的21个大厅中。А. 舍列尔为1853年莫斯科展览会撰写了一篇述评，试图追溯俄国各个工业部门在过去10年中的发展情况，以便揭示最近的莫斯科展览会如何反映了这些变化。А. 舍列尔主要关注纺织业的发展情况。他特别指出，毛纺织生产的发展，特别是精梳羊毛的加工工艺取得了很大进步。在古奇科夫兄弟率先使用机器生产精梳羊毛之后，圣彼得堡工厂主萨姆普松耶夫和莫斯科商人迈科夫开始发展这一工业部门（此次展览会上展出了他们的产品）。在过去10年中，А. 舍列尔指出，呢绒的价格大约下降了25%，而且质量大幅提高，这主要是因为采用了来自国外的新机器。

在呢绒部门中，利夫兰呢绒工厂在莫斯科展览会中占据了首位。А. 舍列尔写道："他们的大部分商品与外国的精选商品处于同等水平。"② 在谈到丝织品生产时，А. 舍列尔指出了该部门的一些成果，特别是俄国引入了以前被丢弃的碎丝纺纱。③ 20名企业主为展览会提供了生丝，而丝织品则由40名企业主提供。该展览会上的丝织品比以前更加多样化，以精致的图案，有趣的色彩组合为特色。自上届圣彼得堡展览会（1849年）至莫斯科展览会（1853年）期间，据А. 舍列尔言，光面丝织品的价格下降了10%~12%。但是，俄国丝织品的质量仍然落后于外国产品，这在很大程度上是因为加工的简陋、薄弱的机械化生产以及缺乏专门的染色设备。④

亚麻和大麻生产取得了一些成功。在1840年将机械化纺纱引入私有企业的首次尝试失败后，工厂主H. 梅尔特瓦格开始研究国外亚麻纺纱机的工作，并于1851年成功地在其位于莫斯科的工厂中实现了亚麻的机械化纺纱。赫鲁多夫兄弟、乌萨乔夫以及大乌斯秋格—格里巴诺夫也紧随其后建立了亚

---

① ЦГИАЛ, ф. 560, оп. 38, д. 629, л. 29.
② ЖМТ, 1853, № 9, стр. 16.
③ ЦГИАЛ, ф. 18, оп. 2, д. 1447, л. 134.
④ ЖМТ, 1853, № 9, стр. 38-56.

麻纺纱厂。该展览会上展出了 3 件由机器制造的亚麻纱样品（1843 年莫斯科展览会上展出了 2 件）。① 23 名亚麻和大麻企业主展示了各自的产品，但其中仅有 3 人展示了薄亚麻、弗拉芒亚麻和粗帆布。同以往的展览会一样，莫斯科展览会全面地展示了棉织品和棉纱。30 名工厂主提供了印花和染色部门的产品。其中罗什福尔、钦德尔和普罗霍罗夫兄弟的产品质量最好。

染色、漂白和印花生产的成功很大程度上取决于化学生产的发展，而 1853 年莫斯科展览会就是一个标志。A. 舍列尔认为，俄国化学家的功劳在于使用俄国茜草取代了外国茜草，从中获取茜红染料。这就导致国内的茜草生产取代了国外的染剂。1853 年，俄国有几家从事国内茜草生产的化学企业。② 基伯、别斯、什利佩、列皮奥什金的企业被公认为是最好的化学工厂。莫斯科大学教授 A. 海曼在为工厂主所做的一场公开讲座中指出了展览会的实际价值，在莫斯科展览结束后不久，位于莫斯科县的一家化学企业就收到了为国外工厂生产染剂——茜草染剂的大量订单。③

机器部门包括剪毛机、擀毡机、制带机、榨油机、梳棉机、机器模型、图纸以及应用于纺织品的图案。为《商业报》撰写综述报告的作者指出了机器和模型部门的精密性，特别是圣彼得堡工艺学院、莫斯科技工学校以及炮兵技术学校的产品。评述的作者在《当代人》中写道："那些由手工业企业展出的机器获得了支持，工厂主们购买了所有机器的事实可以证明这一点。由此可见，这些企业是在了解工厂主需求的情况下进行生产的。"④ 同时，评论员对工厂主和技师缺乏技术方面的培训表达了惋惜。"几乎没有新的发明，这不能不让人感到遗憾……发明才能的培养需要具备数学和自然科学知识……但是实践与科学同等重要。掌握科学之后，也需要拿起工具进行工作。"⑤ 该作者公正地指出，为了发展工业必须建立理论与实践之间的紧密联系。

---

① «Современник», 1853, No 9, стр. 6.
② ЖМТ, 1853, No 9, стр. 115 – 116.
③ «Московские ведомости», 1853, No 147.
④ «Современник», 1853, No 10, стр. 105.
⑤ «Коммерческая газета», 1853, No 88.

钢、生铁、各种铁制品、铜、金属制品、物理和数学仪器都获得了展览会参观者们的高度评价。综述报告的作者在《商业报》上谈到物理、光学和数学仪器的质量很高，但也指出其应用不力，这是由物理学、天文学和数学等科学的发展薄弱所致。1853 年的莫斯科展览首次展出了电报机。[①]

总而言之，1853 年莫斯科展览会除证明了印花，染色和化学部门的飞速发展外，与 1829 年第一届圣彼得堡展览会相比并没有什么新的变化。该展览会的一个严重弊端是俄国边远省份的参与度过低（共有 20 个省份参加了展览会，即与 1829 年第一届圣彼得堡展览会相比，减少了 13 个省份）。[②]

该展览会结束后，工场手工业会议莫斯科分部向莫斯科军事总督 A. A. 扎克列夫斯基伯爵提交了关于奖励的报告。后者没做任何修改就将报告转交给财政大臣审议。莫斯科分部在初始方案中请求为 353 名工厂主授予奖励（616 人中）。财政大臣根据展览会的新规则审议了莫斯科分部的报告，将获奖人数缩减至 189 人，其中仅 33 人需经沙皇批准。[③]

农奴制时期的最后一届展览会是 1861 年 6 月举办的圣彼得堡展览会，它总结了改革前国家发展的全部成果。莫斯科大学工艺学教授 М. Я. 基塔雷为 1861 年展览会撰写了综述报告，他试图揭示与以往的展览会相比，展览委员会在材料选择和系统化方面增加的新内容。这一新内容是成立了特别委员会，其成员包括工场手工业会议的成员们，并邀请了大学教授和从业人员。委员会的目标是消除在以往展览会中存在的评估产品的任意性。其成立了如下几个委员会：由 А. 舍列尔领导的纤维纺纱和纺织品委员会；由工场手工业会议成员 К. Ф. 布捷涅夫领导的金属、金属制品和机器委员会；由 К. Ф. 瓦西里耶夫领导的矿物和建筑材料委员会；由 А. И. 科万科夫领导的化学、动物和植物制品委员会等。[④]

---

① «Коммерческая газета», 1853, № 81.
② ЦГИАЛ, ф. 560, оп. 38, д. 656, л. 25.
③ Там же, лл. 25 об. —26.
④ См. М. Я. Киттары. Обозрение Санкт-Петербургской выставки русской мануфактурной промышленности 1861 г. СПб., 1861, стр. 53.

243

俄国工业政策（19 世纪 20 – 50 年代）

1861 年圣彼得堡展览会的另一个特点是免除参加者向展览委员会提交地方长官关于其生产规模的证明的义务。基塔雷写道，"现在，这项义务已经失去了它之前所具有的激励作用。目前，产品的所属权由参展商的签名证明。"① 由于参展者的人数在实施了 1848 年新规则后大幅缩减，政府在工场手工业会议莫斯科分部的建议下实施了这项修改。

1018 名工厂主和企业主参加了 1861 年的圣彼得堡展览会，展出的产品共计 14000 件（比上届 1853 年莫斯科展览会多出 402 人）。回顾一下，共有 326 名工厂主参加了第一届圣彼得堡展览会，531 人参加了第一届莫斯科展览会。通过比较，我们可以看到参展人数不断增加的趋势。里加工厂主季洛在呢绒工厂主中名列第一。总体而言，利夫兰和爱斯特兰呢绒工厂主的产品质量很好并且主要满足统治阶级的需求。在俄国中等呢绒生产领域，莫斯科在展览会中占据首位。

除莫斯科、圣彼得堡、利夫兰外，来自西伯利亚、基辅以及波兰的工厂主们也参加了展览会的呢绒部门。可以注意到，展览会的大部分参与者——工厂主来自成立于 19 世纪 40～50 年代的工厂：谢利维奥尔斯托夫、列韦、克列缅茨、Л. Н. 施蒂格利茨等。这些新出现的企业大部分以雇佣劳动和机器技术为基础，有能力与陈旧的封建制企业竞争，而这些旧企业在参加 40～50 年代展览会时实力相对较弱。

1861 年圣彼得堡展览会的呢绒部门展出了新产品——军用呢绒、半棉丝绒、恰克图的德拉德达姆呢，以及由各类零碎材料制成的呢绒。除呢绒外，该展览会还展出了棉纺织品。旧企业主中的斯韦什尼科夫、特列季亚科夫、普罗霍罗夫兄弟、谢里科夫、Г. 乌鲁索夫、Н. 戈列林以及他的儿子们参加了展览会；企业成立于 19 世纪 30～50 年代的工厂主中，参加展览会的有久布涅尔、钦杰利、祖布科夫、梅尼希科夫等。应该指出，参加展览会的大部分棉纺织工厂（20 家中的 13 家）成立于 19 世纪 30～50 年代。棉纺织品图案多样，颜色鲜艳，但花样老旧。尽管如此，外国人仍心甘情愿地购买

---

① Там же, стр. 3.

俄国的棉纺织品。如，普罗霍罗夫工厂的手帕销往华沙，而睡袍被运往美国。①

种类丰富的纸张展览证明了书写用纸工业的快速发展。来自圣彼得堡、喀山、莫斯科、科斯特罗马、特维尔、维亚特卡、沃洛格达、阿尔汉格尔斯克、奥尔洛夫、切尔尼戈夫和波兰的皮革以及皮革制品在展览会上占据了大量的空间。② 一部分皮革工厂拥有蒸汽机（喀山制革厂公司、莫斯科舒瓦洛夫兄弟工厂、И. 巴赫鲁申的企业等）。

机器部门在基塔雷撰写的展览会说明中占据了重要位置。工艺学院提供了30台机器和模型，其中，汽锤、带泵蒸汽卧式机、离心泵、卷纬机、剪棉机以及车床的设计和加工值得特别关注。基塔雷写道："学院的模型非常出色，学院的展览在各个方面都为它带来了荣誉。"③ 莫斯科技工学校提供了5~8马力的蒸汽机和水压机。基塔雷指出："莫斯科技工学校的展品，明确表达了推广有益改进的愿望。"④ 波罗的海铸铁和机械工厂展出了15马力的蒸汽机，1853年成立于圣彼得堡的叶梅利亚诺沃私人工厂展出了4马力和6马力的蒸汽机、圆锯、起重器。来自圣彼得堡的十二级文官切孔因展出了自己发明的1.5马力的蒸汽机。该展览会上还有来自圣彼得堡工厂的农业机器和工具：脱谷机、清粮机、块根切碎机。

乌拉尔工厂的金属和金属制品部门非常多样化：下伊谢季采矿厂专为军事部门生产铁制品，П. 和 С. 雅科夫列夫的工厂展出了铁、钢、钉子。巴塔舍夫的尼科利斯基工厂（诺夫哥罗德）展出了铁丝和钉子；18世纪末成立于下诺夫哥罗德和坦波夫的希波夫工厂展出了条铁和钉子；杰米多夫的列符金采矿厂（彼尔姆）是唯一一家展出镍矿样品的工厂。波兰国有采矿厂展出了锌矿和镀锌铁皮。共有16名参展者在展览会上展示了铁和钢，共有5名参展者展出了铜矿。

---

① См. М. Я. Киттары. Ук. соч. , стр. 156.
② Там же, стр. 195 – 200.
③ Там же, стр. 318.
④ См. М. Я. Киттары. Ук. соч. , стр. 319.

**俄国工业政策（19世纪20—50年代）**

如果说此次展览会纺织业部门的大部分产品来自成立于19世纪30~50年代的企业，并且装备了新技术，那么重工业部门展出的产品则主要来自成立于17世纪末~18世纪的乌拉尔工厂，它们同时采用农奴和雇佣工人。重工业的大部分新企业成立于圣彼得堡。

化学部门在展览会上占据了重要位置。基塔雷提请注意化学生产规模的增长以及产品的多样化。他在综述报告中提到了新的化学工厂，特别是希波夫和乌沙科夫的工厂。后者成立于19世纪50年代。基塔雷注意到高质量的酸和盐，并指出了首次展出的新产品——品红。① 该展览会上设置了由基塔雷教授领导的莫斯科技工学校的技术实验室。

1861年同样展出了农业食品：鱼子酱、面粉、淀粉、可可粉、原糖和砂糖。后者由16名工厂主提供，而方糖则由13名工厂主提供。②

在总结展览会的全部成果时，基塔雷指出："大众消费品没有发生变化；棉纺织品，同20年前一样，还是同样的花色和粗劣。但是那些更加成熟、文化水平更高、更为富有的少数人所消费的产品以更为多样化的形式出现在展览会上，它们精致、华丽且高效，达到了足以与西方竞争的程度，这意味着在社会发展的同时，那些满足其要求的工业部门也在迅速向前发展。"③ 他本着忠诚的精神撰写了展览会的综述报告，同时准确地定义了政府工业政策的方针，这在展览中得到了体现：首先关心那些满足统治阶级需求的生产类型的发展。

政府没有考虑到那些很少参加工业展览的人民的需求。在特权阶层参观展览会时，普通工人无权参观展览，该展览会的规则明确指出了这一点。并非偶然，该展览会的所有说明都特别详细地阐述了珠宝和水晶制品、丝绸、锦缎和呢绒产品，仅在综述报告的结尾快速地谈及了各国发展的基础——机器和金属部门。

根据基塔雷的统计，1861年展览会共有来自52个省份的1018名企业

---

① См. М. Я. Киттары. Ук. соч., стр. 246.
② Там же, стр. 256.
③ Там же, стр. 330.

第五章　工业展览会概况

主参加，共展出了 17500 件不同的产品。① 在展览所涵盖的省份中，大部分代表来自圣彼得堡（425 名企业主）和莫斯科（193 名参与者），共有 618 位参与者，即占参与者总数的一半以上。除圣彼得堡和莫斯科外，50 个省份中仅有 10 个省份送来的产品来自 10 家以上的工厂。13 个省送来的产品仅来自 1 家企业，3 个省份来自两家企业，18 个省份来自 3～10 家企业。该展览会上 3/2 的产品均来自圣彼得堡。基塔雷指出："展览会的主要参与者是圣彼得堡，该展览会并没有引起俄国其他地区的热情参与，虽然参与人数超过了以往的展览会。"② 就参加展览的省份和参展商的数量而言，1861 年圣彼得堡展览会的规模最大，这证明边远省份在国内工业生活中的参与度相对较高。但这只是表面现象。实际上，大部分边远省份的代表都微不足道。同以往一样，俄国首都和其他中部省份决定了展览会的面貌，它们反映了国内的工业状况。帝俄边远地区的工业发展十分缓慢。

与以往的展览会相比，农奴制俄国的最后一届展览会在展品质量和种类方面呈现了更加多样化的特点。同以往一样，纺织工业，特别是棉纺织工业得到了最全面的展现，这是由该工业部门的发展状况决定的。

1861 年圣彼得堡展览会共有 1018 名参与者，其中 663 人获得了奖励。"纤维、纺纱和织造产品"部门获得奖励的数量最多（189 项），97 项奖励被颁发给机器、金属和金属制品部门，187 项奖励被颁发给"化学和动物制品以及化妆品"部门，其余奖励被颁发给"食品""特殊品味的物品"部门。③ 值得注意的是，机器和化学部门获得奖励的数量有所增加。应该指出，大部分成立于 19 世纪 40～50 年代的企业都获得了奖励，其技术装备比 20～30 年代成立的企业更为先进。我们没能掌握有关 1861 年圣彼得堡展览会参观人数的准确信息。工业和国内贸易司的报告仅仅指出，持有入场券的参观人员高达 43000 人。该报告指出，"此外，允许所有学校以及工厂的工

---

① См. М. Я. Киттары. Ук. соч., стр. 325.
② Там же, стр. 326.
③ «Статистические сведения о фабриках и заводах экспонентов, получивших награды по мануфактурной выставке 1861 года». СПб., 1862.

### 俄国工业政策（19世纪20—50年代）

匠和工人免费参观，这样一来，参观者的总数将远远超出上述数字。"①

在国家经济发展的整体进程中，新兴资本主义发展的需要使俄国的工业展览焕发了活力。工业展览和农业展览同时出现在俄国并非偶然。工业和农业之间总是保持联系并相互影响。没有工业方面的成功，农业的进步是不可想象的。这两个国民经济要素的发展需要广泛的交流，企业主之间的相互了解，先进生产方法的普及和宣传。因此，展览会代表了国家资本主义发展的重要证据。它们于18世纪末～19世纪上半叶出现在西欧国家和俄国充分证实了这一点。展览会的主要参与者是私人企业家和工业企业的所有者。

俄国的工业展览会是国内社会生活中的大事。它们吸引了俄国社会各阶层的关注。同时代的人将展览会评价为"俄国的工业盛典"。工业展览的举办与工业革命的起始密切相关，组织展览会的倡议来自莫斯科商人。展览会反映了俄国工业在研究年代中的技术变革。它们加速了新的生产方法的推广。此外，展览会有助于西方资产阶级了解俄国的工业成就和技术思想，有助于在俄国资产阶级和外国工厂主之间建立更为紧密的联系。在后续的展览中可以看出，俄国工业企业的数量显著增长，配置了更好的技术设备，机器数量增加且质量提高，同时社会对技术教育的重视程度也在显著增加。

同时，展览会表明在农奴制俄国的条件下技术进步的可能性有限，揭示了政府工业政策的不稳定性。贵族政府为巩固国家政权不得不适应资本主义的发展需求。通过为工厂主提供贷款、特权，组织工场手工业会议，实施保护主义税率和其他措施促进工业的发展。

但是俄国政府并没有连续地贯彻自己的政策。它担心，工业的快速发展可能会超过狭窄的国内市场的需求。此外，它担心无产阶级在大城市中聚集的可能性以及随之而来的革命动乱。政府工业政策的这种波动性反映在其对待工业展览的态度上：一方面，政府奖励积极进取的工厂主，这在一定程度上促进了技术进步；另一方面缩减用于发展技术教育，组织展览会的资金，增加展览会的间隔时间，使农村工业产品的接收变得更为困难。

---

① ЦГИАЛ，ф.560，оп.38，д.739，л.17.

但是，总体而言，工业展览会是俄国政府奉行的保护主义政策的组成部分。有关展览会的规定，特别是1829年展览会，明确指出必须优先考虑使用国产材料而非外国材料制成的产品，这绝非偶然。在比较政府的关税政策与展览政策时也可以看出这一点。如，在根据1850年税率降低棉纺织品关税的同时，其也减少了对展览会棉纺织部门的奖励，当时政府认为没有必要积极鼓励棉纺织工业，转而关注其他欠发达的工业部门（亚麻、大麻和化学部门）。

无法具体地追溯展览会对工业发展的影响。然而，以下一些事实证明了它的积极作用。在工业展览会上，签订了生产某些类型商品的合同，购买了机器，通过出版展览会说明并将其分发给工厂主来推广先进企业家的经验，根据参展产品绘制图案和平面图，授予奖励。此外，工业展览会推动了国内外贸易的发展，起到了展销会的作用。在展览会上，政府官员向工厂主们介绍了波斯、土耳其、外高加索和中国居民的需求，这对俄亚贸易的发展产生了积极影响。

正如上文所述，工业展览会并不能反映国内工业的发展水平：参加展览会的主要是先进企业；并非所有工业部门都得到了同样充分的展现。通常，在农奴制时期的所有工业展览中，尽管边远省份的参与程度很高，但绝大部分产品都由圣彼得堡、莫斯科、弗拉基米尔、波罗的海以及一些其他省份提供。在最好的情况下，参展企业与现有企业数量的比例是1∶10（以下工业部门的代表性更低，如亚麻、机器制造、金属部门）。但展览会是发展趋势的标志。棉纺织业充分地证明了这一事实，后来的呢绒、丝织、化学工业，以及发展薄弱的亚麻、大麻和机器制造业都证实了这一点。

至于参展者的社会构成，并没有得到严格的统计，因为并非所有的展览会目录和说明都包含了关于参展者社会属性的信息。工业展览的主要参与者是商人即企业主（大约占参与者总数的65%~75%）。其余参与者是手工业者、地主和农民。参与展览会的大部分农民展出了农业机器以及亚麻、棉纺织、皮革和金属生产部门的产品。他们中的一部分人获得了奖励。农奴制时期的第一次工业展览和后续展览在这方面并不存在本质区别，只有1849和1853年的两次展览除外，当时实施了关于展览会的新规则（1848年），极

249

### 俄国工业政策（19世纪20—50年代）

大地限制了手工业的代表性。

追溯整个研究期间工业产品种类的变化非常有趣。自农奴制俄国举办的第一次工业展览会至最后一次展览会，它们的特征取决于纺织品。在展览会展出的全部商品中，它们约占70%。但是它们的质量和种类发生了很大变化。这主要适用于棉纺和毛纺生产。如果说第一届工业展览会的评论员注意到国内棉纺业以及羊毛的手工加工和整理发展薄弱，那么后续展览会的说明则表明，棉纺厂的数量显著增加，棉纱的质量有所提高，商人毛纺厂中广泛使用机器，这有助于商品种类的多样化以及提高产品质量。

机器和机械部门同样在研究时期内发生了变化，但是与纺织生产部门相比变化较小。第一届展览会的机器部门展出了按照外国样品生产的几十台机器，而在后续展览会上则出现了原创的机器，并且数量大幅增加。机器制造部门在圣彼得堡展览会上得到了最广泛的呈现，反映了圣彼得堡作为未来国内机器制造业中心的趋势。

在展览会的技术部门中，化学部门在上述时期变化最大。在第一届展览会中，该部门的参展人数为12~13人，而在最后一届展览会中，参展人数已经增长至76人。在相同时期内，产品的种类也发生了变化，它变得更为多样化，特别是染色部门。

在研究时期内，参与展览会的省份数量出现了大幅增长。1829年第一届展览会共展出了来自33个省份的产品，而最后一届展览会（1861年）展出的产品来自52个省份。第一届展览会仅有3个南方省份参加，而最后一届展览会共有9个南方省份参与。这体现了俄国南部省份工商业的快速发展。在第一届展览会上，西伯利亚地区的省份没有参展，但在最后一届展览会上，两个西伯利亚省份——叶尼塞和伊尔库茨克展示了它们的产品。第一届展览会没有来自芬兰的产品，但1861年展览会收到了来自3个芬兰省份的展品。

随着参与省份数量的增加，参展人数也发生了变化。第一届展览会共有326名工厂主参加，而最后一届展览会的参展人数已经达到1018人。由于实施了1848年的新规则，1849年和1853年展览会的参展人数出现了大幅度地缩减（从 1843 年的 794 人缩减至 1853 年的 616 人）。1861 年一些展览会规则的默认变化促进了展览会的复苏。

通过了解整个农奴制时期的工业展览会，我们发现俄国许多工业部门的发展取得了一定的成功。但很明显，展览会，特别是农奴制俄国时期的展览会并不能全面地展现工业的发展状况，无论是在数量方面（展览会不能反映生产规模），还是在技术方面。但它有助于我们了解主要工业部门的发展方向，展现国内所拥有的最好的工业部门，研究社会对国家工业发展问题的态度。

对改革前俄国工业展览会的研究，为我们补充了关于资本主义结构在封建制度内部形成的信息，有助于我们揭示政府的工业政策，了解那个时代的人对国家经济发展问题的态度。

# 第六章
# 19世纪20～50年代技术教育领域的政府政策

19世纪20～50年代，工业生产的发展迫切地提出了关于技术工人、工匠和工程师的人才问题。俄国政府并没有表现出对人民教育问题的担忧。Е.Ф.康克林写道："一个普通人，为了自己的幸福和安定，不应该太聪明。"[1] 中学和高等学校的大部分教师是外国人。俄国大企业中的机械师、技工和管理人员也都是外国专家。但随着工业的发展，他们已经不能满足国家对有经验的人才日益增长的需求。他们中的一些人对俄国工厂的技术装备和技术教育问题不感兴趣。并非所有外国专家都能胜任自己的职务。他们中的一些人能力平庸，为改善自己的财务状况而来到俄国。

19世纪20年代，鉴于国内工业发展薄弱，技术教育问题未能成为政府广泛讨论的对象。直到30年代～40年代初，由于棉纺织、化学、机器制造以及其他工业部门的快速发展，在刊物的页面上，在递交给政府的书面报告中，与培训工业技术人员相关的问题开始变得极为重要。《莫斯科公报》指出，"国家工场手工业的历史就是它的教育史……在那里，科学的基础已经建立，手工艺和艺术蓬勃发展，手工业工场和工厂不断完善……铁路也在建

---

[1] Е. Ф. Канкрин. Очерки политической экономии и финансии. СПб., 1894, стр. 176.

设中。"① 机械师 A. C. 叶尔绍夫教授也提出了同样的观点。他说："工业有可能在没有科学的情况下发展吗？只有那些不了解机械和化学生产现状的人才能断言这种可能性。"②

俄国新兴资产阶级的经济缺陷，它的消极性，整体较低的文化水平使其无法成为组织技术教育和工业改革的发起者。因此，贵族政府不得不考虑现实的需求，采取特别的措施，激起工厂主对技术革新的兴趣。俄国的财政大臣写道："在直接为发展工业而采取的措施中，推广技术教育无疑是最有益的。"③

俄国现有的技术教育机构在培养高等专业人才方面发挥了重要作用。成立于1773年的矿业学院为矿业部门培养了工程师和政府官员。这是国内最大的教育机构之一，招收年龄为14~16岁的贵族和军官子弟。禁止小市民、商人和平民知识分子的孩子进入矿业学院。年龄在12岁以上的一等商人子弟除外。④ 教育期限为8年。所有毕业生都有义务在矿业部门任职不少于5年。后者减少了寄宿生（自费学习的学生）进入学院的可能性。大部分学生的学费都由国库承担。8年的教育课程分为预备课程或者中学课程，以及毕业课程或者矿业课程。预备班的学生学习俄语、德语、法语、俄国语法、文学、历史、数学、自然和一些军事学科。矿业班教授专业学科——采矿和试金分析、化学、矿物学、地质学、矿业法规、会计学、绘图。该学院有三个系：武备（低级或预备）系、低级技术员系和军官系。武备系和低级技术员系有3个班，军官系有2个班。军官系的学生被培养成中尉和少尉，低级技术员系的学生被培养成准尉。该学院的学生每年参加升级考试，年龄较大的学生也参加公开考试。学院拥有专门的研究室和天文台。该学院科学家的科学观察成果通常会被发表并寄送给俄国和外国科学家。⑤

---

① «Московские губернские ведомости», 1843, № 8.
② А. С. Ершов. О высшем техническом образовании в Западной Европе. М., 1857, стр. 2.
③ ЦГИАЛ, ф. 40, оп. 1, д. 15, л. 277.
④ ЦГИАЛ, ф. 560, оп. 38, д. 439, л. 15.
⑤ ЦГИАЛ, ф. 560, оп. 38, д. 392, л. 14.

**俄国工业政策（19 世纪 20—50 年代）**

  鉴于矿业部门工作繁重，其既要管理采矿工厂，又要监督教育机构，1834 年 1 月 1 日颁布的政府法令决定成立矿业工程师团总部，负责管理矿业部门的教育机构和科学勘测。除矿业学院外，矿业工程师团总部还负责管理矿业学校、铸币厂下刻制奖章、钱币等模型的学校，以及巴尔瑙尔、尼布楚、叶卡捷琳堡、阿尔泰和堪察加的矿业学校，这些学校招收那些毕业于工厂学校并具备一定继续教育能力的孩子以及毕业于初级工厂学校的孩子。至 1835 年，俄国共有 46 所工厂学校（至 1838 年，其数量增加至 57 所），教授了 3618 名学生。他们是矿业部门低级官员的孩子。至 1835 年，矿业司下共有学生 3894 人（矿业学院除外）。[①]

  在矿业工程师团总部的组织下拟定了矿业学院的新章程，该章程于 1834 年 7 月获得沙皇批准。[②] 根据矿业工程师团学院的章程，与以前相比，矿业学院将更多的注意力转向专业的采矿，特别是军事教育。学生被分成不同的连，并获得军服。检阅和军事操练在学生的活动中占据重要位置。矿业学院经过改组变成了封闭式的军事教育机构。至 1835 年，其共有 347 名学生。在 1834 年离开该学院的 22 名学生中，10 人完成了为期 8 年的学习课程，2 人在二年级时离开，8 人在三年级时离开，2 人在六年级时离开。他们因为各种原因停止了学习，包括能力不足、生病、不愿为矿业部门工作等。矿业学院的学生的学业成绩很差，特别是低年级学生，这是由新生的总体培训水平较低所致。如，1835 年，在第一个武备系的 75 名学生中，62 人被留级。在高年级中，低级技术员系和军官系的辍学率较低。[③]

  1836 年，为了对个别科学领域进行更加深入的研究，在军官系进行了两个部门的专业化——采矿和工厂。采矿专业的学生学习理论和实践力学、天文学、地质学、采矿技能和建筑学；工厂专业的学生学习无机和有机化学、冶金学、试金分析。两个专业的学生都要学习的公共课程包括德语和法

---

  ① ЦГИАЛ, ф. 560, оп. 38, д. 375, лл. 7 – 8.
  ② ПСЗ. Собр. 2, т. 4, №7298.
  ③ ЦГИАЛ, ф. 560, оп. 38, д. 358, л. 8.

语、矿物学和绘图。此外，低级技术员系增加了专业课程的上课时数。① 但这并没有持续很长时间，很可能是由于缺乏必要的专家。矿务和盐务司在1838年的总结中就这一问题谈道："由于一些困难，取消将军官系的科学课程划分为采矿和工厂两类，并且对所有学生实行不分学科的科学教学。"②

矿业学院，同其他技术教育机构相似，主要关注学生的实践训练。高级班的学生（低级技术员系和军官系的学生）在假期期间从事实践工作。对于低级技术员系的班级而言，他们进行地形测量和水平测量、高度的气压测量以及植物观测，特别是对森林地带的观测；而军官系班级的学生在圣彼得堡附近进行地质学的观察和描述，参观首都主要的技术企业和工厂，以及奥洛涅茨基工厂。③

矿业工程师团总部与俄国在国外的工业代理人直接联系，从他们那里获取有关矿业领域的新发明和发现的消息，订购机器、模型和书籍。毕业于学院的军官们经常被派遣到英国、比利时、法国、普鲁士、瑞典和其他国家，这有助于俄国的专家们了解国外的技术，推动生产的技术改革。然而由国家客观需求所引起的矿业长官的所有有益创举都不能帮助俄国的矿业摆脱萧条。采矿工业主要依靠农奴劳动，仅在十分有限的范围内使用欧洲和俄国都已众所周知的新的技术措施。

沙皇于1848年12月31日批准了矿业学院的新章程，完成了学院的改造，以加强其军事能力。④ 学生的人数被限制为200人；2/3的公费生的名额都被分配给采矿工程师和采矿业中有品级的官吏的子弟。学院的学生由两个连组成，根据学生的人数，为每10个学生指派一名司务长和一名士官。虽然章程指出，军事教学应在"课余时间适度进行"，但实际上，随着新章程的出台，对学生进行科学和实践培训的水平有所下降。19世纪50年代，配合政府制定的改革方案，还解决了矿业学院的改组问题。为修订1848年

---

① ЦГИАЛ, ф. 560, оп. 38, д. 375, л. 10.
② ЦГИАЛ, ф. 560, оп. 38, д. 392, л. 9.
③ ЦГИАЛ, ф. 560, оп. 38, д. 358, л. 9.
④ ПСЗ. Собр. 2, т. 23, № 22879.

**俄国工业政策（19 世纪 20 – 50 年代）**

章程而成立矿业学院委员会得出的结论是，建议以培养采矿工程师为目标，扩大对学生的专业培训，同时最大限度地减少普通教育科目，并修改入学条件。根据1866年章程，矿业学院转变为高等教育机构，接收受过中学课程教育的所有阶层的学生。

其他高等的军事技术学校还包括成立于1809年的交通武备学院。该学院培养供职于交通军团的军官。其中接收年满十四岁的贵族和高级军官子弟（非贵族出身的官员），他们需要成功通过算数、俄语、法语、代数、几何、地理、历史和绘画考试。教育期限是六年。前两年（武备班）教授普通教育和军事课程；后四年教授专业课程。该学院的毕业生会获得中尉的官衔以及交通部门的职位。学院教授俄语和外语、军法、逻辑学、历史、演说术、地理、水文地理学、军事设防工程学、绘画、制图、建筑学、机械学、物理、化学、图表。1829年，军事建筑学校被并入交通武备学院，该学校培训交通建筑支队军工组的工程师和建筑师。学校最有能力的学生有权进入学院的高等班。相反，成绩较差的学生毕业后将成为建筑支队的工程师。该学校的公费候选人是从军屯区和各省份派来的，其人数由交通团总部决定。自19世纪30年代初，计划从三年级开始专业化培养学生。[①] 该学校下设成立于1826年的低级技术员学校，为交通部门培养低级技术员以及制图员、文书和工匠。低级技术员被培训5年，制图员为4年，文书为3年，工匠为2年。[②]

除理论课程外，该学校还专注于培养学生的实践技能。闸门车间、锻造间、钳工间、铸造车间等为这一目的服务。此外，在夏季的几个月内，该学校的学生还进行了莫斯科公路的实际测绘。1839年，鉴于毕业生数量较少且其维持费用昂贵（每年超过6万卢布），政府最终决定关闭学校，并建立10家私有学校取而代之，其中6家成立于1840年末。[③]

40～50年代，随着工业和交通运输业的进一步发展，教学的实践性日

---

[①] ЦГИАЛ, ф. 200, оп. 1, д. 1784, л. 18.
[②] ЦГИАЛ, ф. 206, оп. 1, д. 40, л. 44.
[③] ЦГИАЛ, ф. 447, оп. 1, д. 11, лл. 6（об.）—7.

第六章　19世纪20~50年代技术教育领域的政府政策

益加强。该学校在1842年和1843年的教学活动报告中提出了关于通过缩减普通教育课程来扩展专业课程的合理性问题。因此，课程方案中缩减了历史科目，同时增加与工程学有关的专业科目（具有军事战略价值的河流、通航运河、铁路等）。① 以同一方针为指导，该学校制定了画法几何学、化学、绘画和制图方面的教学规划。在夏季的几个月内，学院和学校的学生们在圣彼得堡及其周边地区进行了实践活动。②

50年代~60年代初，交通武备学院发生了重大变化，这不仅影响了教学规划，也影响了该机构的形象。该学院的代表会议讨论了年级监察员于1858年2月10日提交的关于教学改革的书面报告，指出将学院从封闭的军事教育机构转变为开放的高等教育机构的合理性，改组后的学院不仅允许贵族，还允许所有持有中学毕业证书的公民进入其中学习。因此，该学院拟将包括在入学考试之内的普通教育科目（历史、地理等）排除在教学科目之外，将教学限制在专业的工程师科目之内，同时增加了对学生实践工作的关注。③

1864年7月，沙皇批准了关于交通工程师学院的条例。根据新条例，该学院转变为开放式的教育机构，接收年满16岁且具备中学知识的学生。教育期限缩减至5年。根据条例，重点关注学生的专业课程和实践培训。交通武备学院为俄国培养了一批杰出的现代化科学家和工程师，如П. П. 梅利尼科夫、А. И. 巴兰金、М. С. 沃尔科夫和Н. И. 利平，他们捍卫先进的教学方法并指导学生的科学探索。

矿业学院和交通武备学院这两家较早成立的教育机构尽管很重要，但直到19世纪60年代之前都是军事部门的机构，不能满足培养技术人员的需求。此外，它们只为采掘工业和交通部门培养专家。大学的数学物理系主要为学生提供抽象的理论知识，不能加强他们的实践技能。科学实验室也不存在。大学的毕业生通常不准备从事生产工作。

---

① ЦГИАЛ, ф. 200, оп. 1, д. 2982, лл. 7（об.）—8.
② ЦГИАЛ, ф. 447, оп. 1, д. 43, лл. 1 – 2.
③ ЦГИАЛ, ф. 447, оп. 1, д. 174, лл. 3 – 4.

因此，为工业培养国内人才队伍的最有效措施是建立中等技术教育机构。为此，在1825年2月17日的大臣委员会会议上，财政大臣 Е.Ф. 康克林提出了关于在莫斯科建立技术学院的方案。谈及建立这样一座教育机构的必要性，财政大臣提到工业在其他国家的快速成功，这使"我们无法再保持无所作为的状态"，国内对工业品需求的增加、农产品出口的下降都"迫使我们开始思考加强国内的工业"①。为培养接受过技术教育的技师和工厂主，他建议建立四种教育机构："（1）从事固定科目教学的专门机构；（2）特别供工厂主使用的学院；（3）夜校或其他类型的学校，在这里工人可以在业余时间获得各个学科的知识，这些学校已经在其他国家的许多城市被建立起来了，特别是教授绘画、制图和其他一些知识的学校；（4）职业学校，特别是对年轻人进行教育的职业学校。"② 这些教育机构中的第一种应该归国民教育部管理，皇家艺术学院可以协助建立第三种教育机构（绘画学校），而财政部负责第二种教育机构的建立。在审议了关于技术教育的问题并就此提出了一套措施体系后，政府设立了一个纯粹的实际目标，即在"工业"阶层、手工业者、小市民的范围内为俄国工业培养技术骨干。贵族作为特权阶层，认为自己从事这样一份"低贱"的职业是"可耻"的。《工业和贸易杂志》写道："所有需求中最首要的是工业阶层的教育，不是按照身份适合国民和科学家的教育，而是与工厂主、能工巧匠以及手工业者的职业相适应的教育。"③ 在组织技术教育的过程中，政府并没有偏离其国内政策的普遍特点，即等级性原则。

他建议在莫斯科成立工艺学院，因为它是"国内工业活动的中心"。根据方案，工艺学院根据父母和监护人的申请，接收年龄为16~24岁的"自由"青年。工艺学院不接受农奴。培训应该分为普通课程和私人课程。在普通（初级）课程中，他认为有必要教授商业、工业统计学、化学、绘画和制图。在成功通过普通课程的考试后，学生可以参加私人课程，其中包括

---

① ЖМТ, 1825, No 5, стр. 169.
② ЦГИАЛ, ф. 1263, оп. алф. 15, д. 402, л. 276.
③ ЖМТ, 1827, No 10, стр. 5.

染色、呢绒、丝织品和棉织品等有关工厂生产的详细知识。大臣委员会于2月17日批准了关于建立莫斯科工艺学院的方案，并于1825年5月19日得到沙皇的认可。①

至1825年末，根据财政部的建议，政府制定了在该学院任教的教授名单和教学计划，却没能招收到学生。1826年1月14日，Е. Ф. 康克林向莫斯科军事总督 Д. В. 戈利岑传达了关于工厂主们不愿意将自己的孩子送到工艺学院的情况，尽管两个首都的杂志和公报屡次通知。财政大臣要求戈利岑向莫斯科邻近省份的工厂主们宣告，"当他们将企业中的实践工作与理论知识相结合时，将为他们带来的实际利益"②。但是这一面向工厂主和手工业者的新号召并没有产生积极的结果。他们仍然不愿意将自己的孩子送进工艺学院。

先进的部分贵族和商人试图揭示在莫斯科组织工艺学院失败的原因。如，知名的地主 А. 波尔托拉茨基在1826年3月30日寄给工业和国内贸易司司长德鲁日宁的信中写道："我们的商人没有理解建立工艺学院将为自己带来的利益，这是它没能成功开办的主要原因。工业的进一步成功将会向他证明自己的错误。"③ А. 波尔托拉茨基建议为工厂工人开办技术教育机构。根据他的意见，维持学院所需的资金应从工厂主的捐款中收取，作为奖励，他们每个人都有权从其企业中派出1~3名工匠接受培训（根据出资数额）。因此，А. 波尔托拉茨基建议成立一家非国有而是私有的教育机构，其所有者是为自己企业培养技术骨干的工厂主自身。

1827年8月，骑兵大尉 Н. 舒宾向 Е. Ф. 康克林递交了书面报告，其中说明了自己对俄国教育体系的见解。根据他的观点，在莫斯科建立工艺学院失败的原因在于商人没有意识到教育的重要性。他写道："教育的成功发展，正如国家的其他成就一样，主要取决于虚荣心，彼得一世需要为自己的军队配备指挥官，因此他准许那些凭借自己功绩取得军官头衔的军人获得贵

---

① ЖМТ, 1825, № 10, стр. 171.
② ЦГИАЛ, ф. 18, оп. 2, д. 1812, л. 76.
③ ЦГИАЛ, ф. 18, оп. 2, д. 1812, л. 83.

族头衔,而我们的军队很快就不再需要外国军官和指挥官了。当我们授予科学家贵族等级的头衔时,科学院、中等武备学校、大学、中学和贵族学校的俄国教师和科学家将得到极大的补充。我们的城市已被俄国的建筑所环绕,这都是在俄国荣耀的影响下产生的"[1]。根据 H. 舒宾的观点,商人在教育问题上产生惰性的主要原因在于缺乏来自政府方面的奖励措施。他认为,如果商人能够通过从事工业和贸易获得"崇高的尊严",而非军职和文职,那么他们就不会放弃自己的职业,也不会愿意从一种身份过渡到其他身份。

H. 舒宾的书面报告非常有趣,他描述了等级商人的观点,他们试图加强自己的活动,以使自己的权利与贵族的权利平等。根据 H. 舒宾的观点,教育应该基于纯粹的资产阶级原则(具有的资本),而非等级原则。他指出:"在贸易和工业中,在具备相同能力的情况下,拥有大量资本的人能带来更多利益,因此学院应该主要接收富裕商人的孩子。而为此,需要制定一个只有富裕商人才能支付得起的进入学院的价格。"[2]

莫斯科工艺学院没有开办、没能实现招生的原因在于俄国的商人表现出的保守性,他们不想改变企业管理的陈旧方式。19 世纪 20 年代中期,人们对技术教育必要性的感受还远不如今后这样强烈。

然而政府并不反对建立中等技术教育机构以培养工业骨干的计划。1828 年 8 月,在大臣委员会会议上重新提出了关于建立技术学院的问题,但地址已不选在莫斯科,而是圣彼得堡,因为根据政府的观点,首都具备更多能够成功组织技术教育的条件,其中之一就是"更加靠近来自部门方面的监督机构"。此外,圣彼得堡拥有国有和私有机械企业,"财政部下属的科学院、博物馆、矿业武备学校化学实验室以及其他机构中收藏的优秀的自然和人工作品"。同时政府还考虑到"寻找教授、教师和机械师的便利性"[3]。政府建立技术学院的目的是实践性的,即培养在现代科学数据的指导下,拥有足够的知识来管理工厂或其他部门的人才。学院的学生既需要学习普通教育科

---

[1] Там же, л. 99 об.
[2] ЦГИАЛ, ф. 18, оп. 2, д. 1812, лл. 100 – 101.
[3] ЦГИАЛ, ф. 1263, оп. алф. 17, д. 558, л. 567.

目，也需要学习专业科目。普通教育科目中包括俄语、世界历史和俄国历史、地理、俄国统计学、动物学、植物学、算数、代数、初等几何学和画法几何学、普通物理学和神学。在前三年（年龄较小），学生学习这些被缩减了规模的科目。专业课程非常广泛，涉及矿物学、物理、化学、商品学、会计学、实用机械学和工艺学。在4~6年级时，学生学习这些科目。①

在学习理论课程时，应该将科学院、美术学院、交通武备学院、矿业学院等机构的各种收藏品用作教具，并规划特定的时间来参观这些机构。为教授实践课程，技术学院应该设立一个化学实验室和各种车间，如机械、锻造、钳工、铸造和染色等。此外，学生们应该参观圣彼得堡及其附近的手工业工场和工厂（一周一次或两次）。技术学院制订了教学计划并得到财政部的批准。技术学院在方案中拟定了学生的专业化培养。掌握了各种手工艺和人文科学基础知识的学生，必须专门从事一门手工艺，"以便学生从学院毕业后可以掌握可靠的谋生手段"。

第三等级商人、小市民和行会成员的孩子可以进入学院，他们主要是孤儿；学院不接收农奴。学生被分为两个年龄段：第一个年龄段，为年纪较小、年龄为13~15岁的"身体强壮、品德良好，掌握阅读和写字"的男孩（72人）。在低年龄段中，他们学习了3年。高年龄段（60人，3年的学习期限）从低年龄段中补充学生。6年的学习之后，学生必须再当学徒或在国有和私有工厂中工作两年。那些在课程完成后表现出色的学生可以从学院毕业或被派往国外以提高他们的知识水平。能力较差的学生不能进入更高的年级，而是准备从事一门手工业；他们在6年的学习期满之前毕业。

学生候选人由市议会以如下人数选出：圣彼得堡20人，莫斯科30人，里加、维尔诺和喀山各3人，梯弗里斯、敖德萨、弗拉基米尔和雷瓦尔各2人，其他42个省的城市各1人。圣彼得堡和莫斯科的候选人由军事总督选出。

在莫斯科建立工艺学院的尝试失败后，政府加强了对招生的监督。它将

---

① ЦГИАЛ, ф. 18, оп. 2, д. 1808, лл. 59 об. —60.

向圣彼得堡派遣候选人的问题委托给市议会，不是由工厂主和商人自己决定，这保障了学院能更成功地招募到学生。

以较好的成绩从学院毕业的学生，根据财政部的方案，将被授予学术技师的称号并为他们提供毕业证书和长期有效的身份证，免除兵役、人头税和体罚。中等成绩的毕业生将获得技师的称号，免除人头税，但仍保留原有阶层，不能获得学术技师享有的特权。受过一门手工艺训练的学生将以学徒的身份毕业。根据财政部的方案，所有的学生都会获得国家的支持和免费的军服。除公费学生外，走读生也被允许听课。为了更加广泛地推广教育，规定在星期日和节日开设绘画公开课。走读生和绘画学校的学生被允许免费学习。

1828年11月28日，大臣委员会关于成立圣彼得堡实用工艺学院的决议被沙皇批准，随后开始建造教学建筑。工艺学院于1831年10月开办。它处于财政部工业和国内贸易司的管辖之下。政府每年为其拨款121780纸卢布。工艺学院的主要目标是培养有能力保障国内工业需求的人才。参政院关于开设该学院的法令中写道："为了加快工场手工业在我们帝国的扩散以及稳固的建立，我们认识到在圣彼得堡建立实用工艺学院是有益的。"[1]

工艺学院作为中等教育机构而被建立，其中招收仅具备阅读和书写能力的"自由身份"的青年。在这6年中，他们不仅应该获得普通教育，也需获得专业教育。在30~40年代的条件下，俄国不可能像西欧国家那样招收具备普通中学教育的学生进入技术教育机构，因为手工业者、商人和工厂主中几乎没有这样的人。通常情况下，市议会派往圣彼得堡的候选人，无论接受过什么样的培训，都会被学院录取。19世纪30年代，中学、技术学校和绘画学校中实用班的开设，使得技术教育机构在19世纪50年代末~60年代初只招收那些具备普通中等教育的学生成为可能。

工艺学院将绝大部分的注意力转向了教育的实践领域，因为国家需要了解生产的专家。在该学院的年度总结中，尤其是19世纪30~40年代，在教

---

[1] ЖМТ, 1828, № 11, стр. 131–145.

育中增加实践基础的必要性,扩展学院的车间数量,增加工厂实践工作的时长等被频繁提及①。1832年3月,关于工艺学院的条例补充了涉及住读生和寄膳走读生的条目。除132名公费学生外,该条例还准许工艺学院从所有自由阶层的孩子中招收住读生和寄膳走读生,第一类学生每年的费用为150卢布,第二类学生每年为75卢布。住读生和寄膳走读生与公费学生享有同样的权利。1852年,"由于所有科目的费用上涨"②,学费有所增加:住读生达到200卢布,寄膳走读生达到100卢布。这些关于招收学生的补充规则与仅从第三等级商人、小市民和手工业者中招收学生的困难密切相关。此外,招收自费的住读生和寄膳走读生,减少了国库用于维持学院方面的花费,同样具有重要意义。

1831年10月,工艺学院开设了两个低年级。一年级招收了33名学生,二年级招收了19名,共计52名学生(政府建议招收132名)。根据低年级的教学计划,大部分的教学时长(每周6小时)被分配在画法几何学、算数和代数科目上。在高年级中,重点关注机械学、化学、物理(每周4小时)、工艺学、制图和绘画(每周6小时)的教学,而历史、地理每周各被分配了2小时的教学时长。工艺学院的教学科目清单以及每周工作量的分配证明了该学院所面临的任务:培养以最新的技术为基础,了解生产的专家。根据最初的教学计划,外语教学不在其中。而教学计划在经过多次修订后,自1840年起,学习一门外语(法语或德语)成为所有学生的义务。

自教学开始,政府就为工艺学院购买了必要的机器和工具。1832年1月,工艺学院开设了16个车间:铸造车间、钳工车间、铸铁车间、铸铜车间、木工间、车工间、木材和金属雕刻车间、织布车间、染色车间、制箍车间、呢绒车间等。③教学课程分配如下:上午(8点至12点),学生在课堂上听课;下午,(2点至6点)学生在车间里上课。工艺学院处于财政部的

---

① ЦГИАЛ, ф.18, оп.2, д.1834, л.223 об.; ПСЗ. Собр.2, т.6, № 5245.
② ПСЗ. Собр.2, т.27, № 26413.
③ ЦГИАЛ, ф.560, оп.38, д.312, лл.7 – 8.

管辖之下，主要为加工业各个部门培养人才。1837 年，工艺学院的 13 名学生成为首届毕业生。

1834 年，政府在工艺学院下开设了一所学习期限为 6 年的采矿技术学校，但与工艺学院的方案相比有所不同，其为采矿部门培养人才。在教学计划中，采矿学校特别重视机械学的教学和实践培训，特别是采矿方面；学生们听取冶金学、矿业、建筑学和其他一系列专业学科的专门课程。随着工艺学院附属采矿学校的开办，机械车间得到了扩展，并补充了实践工作所必需的机器和工具。

同工艺学院一样，采矿学校是中等专业教育机构，招收矿业部门低级官员和工厂技师的孩子，这些工厂位于圣彼得堡、亚历山德罗夫斯克工厂、奥洛涅茨基、彼尔姆、叶卡捷琳堡、阿尔泰、尼布楚、兹拉托乌斯特、卢甘斯克等。贵族没有入学，这在一定程度上维护了等级的封闭性。从学校毕业后，学生们将获得一级和二级的"低级技术员"称号，并被派往采矿工厂。经过一段时间的任职并成功通过采矿学科的全部课程考试后，他们可以获得"采矿工程师"的称号。在不同时期内，共有 30～70 人在校学习。1862 年，由于矿业部门教育机构的改组，采矿技术学校被关闭。

附属于工艺学院的采矿学校的成功建立是因为两者的教育计划和特点的相似性，培养专家或者说实践者是两个教育机构的共同目标。同工艺学院一样，采矿学校每年也举办公开考试，工艺学院的教师、各司的官员、工场手工业会议的成员都会参加。考试之前，其会举办关于学院和采矿学校学生作品的公开展览会，装饰品和石膏的图纸、应用于印花布的图案样品、机器和模型的平面图、机器、熔铁炉、化学产品、毛织品、棉织品和丝织品等在展览会上被展出。所有这些展品都是学院学生在车间生产的。工艺学院和采矿学校学生的产品展览与俄国工业展览会一样，都是俄国社会对工业和技术需求的兴趣日益增长的标志之一。

工艺学院被建立后的第一年，该学院建造了一个新的研究室，其中部分设备是由学生自己制造的。该学院的车间生产了机器、机器模型、制造了铜和铁的铸造品，满足学院的需求以及售卖。农业实验室生产了新的农业工具模型和工具，其在 1836 年出售所得共计 1123 卢布。① 根据财政部的特殊命令，学生制造的最新农业工具的模型被分送到各省税务局，以便推广给地主和农民使用。工业和国内贸易司在 1836 年的总结中写道："建议将模型分送到 44 个省份，但西伯利亚、波罗的海和两个首都除外，西伯利亚暂时没有这方面的需求，波罗的海地区则已经了解了这些工具，而两个首都能够轻易地看到这些工具。"② 工艺学院的棉纺织车间生产了棉纱，并且经常售卖。如，1836 年在参观该学院车间时，工厂主舒伊斯基注意到棉纱质量并出资购买了它们。③ 1836 年，该学院学生共生产用于售卖的各种产品总额达 1 万卢布。④ 工厂主参加学院和采矿学校学生的展览会，购买学院车间生产的商品，这证明该教育机构对国内工业的发展，科学与生产的联系具有真正的实用性。

　　通常，由工厂技师在学院的车间进行教学。除设立的普通车间外，采矿学校还设立了独立的研究室和实验室，收集了矿石和熔剂的收藏品，以及采矿工厂通过熔炼铁、铜、铅和银生产的工业品。采矿学校的学生通常在科尔平斯基和亚历山德罗夫斯克铸铁厂以及亚历山德罗夫斯克工厂实践；技术学院的学生通常在圣彼得堡附近地区的手工工场和工厂实践。在实践期间，学生们绘制机器图纸，随后据此生产模型或机器。

　　因此，工艺学院和采矿学校的学生在学习期间，不仅需要学习一门手艺的理论和实践知识，在手工业工场和工厂中进行实践培训，还必须生产机器模型或机器，纺纱或织布。学生生产的产品质量有时非常高，它们能够在全俄工业展览会上得到展出。如，在 1839 年工业展览会上，学院和采矿学校的学生们展出了机械、化学和纺织部门的产品。工业和国内贸易司在 1839 年总结中指出："工艺学院的产品吸引了观众们的关注。他们中的很多人并不相信这是学院学生生产的产品。"在展览会结束时，15 名参与生产机器和

---

① ЦГИАЛ，ф. 560，оп. 38，д. 378，л. 22.
② ЦГИАЛ，ф. 560，оп. 38，д. 394，лл. 13 об. —14.
③ ЦГИАЛ，ф. 560，оп. 38，д. 378，л. 24.
④ ЦГИАЛ，ф. 560，оп. 38，д. 1808，л. 64.

俄国工业政策（19 世纪 20－50 年代）

模型的学生被授予小型银质奖章。①

俄国工业部门的国外代理人向工业和国内贸易司转达了关于技术发明、新机器图纸、工厂计划、技术教育机构规划的信息。所有这些数据均已报告给成立于 1832 年的学院技术委员会。为监督学生的理论和实践教育，政府责成圣彼得堡海关在收到来自国外的机器时，将其报告给学院的技术委员会。②

1842 年 8 月，在工艺学院下建立了一个新的圣彼得堡—莫斯科铁路住读生分部，其中招收了来自强制兵营的 30 个男孩。③ 它的建立与为铁路建设培养机械师的必要性紧密相关。强制兵培训不足，这对他们在学院的整体教育进程产生了非常消极的影响。政府为提高强制兵的普通教育水平开设了专门的预备班。但是这些措施对他们的学习成绩影响不大。1845 年，政府为铁路住读生增加了机械学、化学和物理学科的教学时长，并装备了新的钳工车间和木工间。1847 年，铁路司拨出部分资金用于住读生的教学，并认为将自己的学生转到处于交通管理总局管辖之下的亚历山德罗夫斯克机械工厂更为合适。自这一年起，工艺学院不再接收圣彼得堡—莫斯科铁路的住读生。1853 年，最后一届住读生毕业。④ 工艺学院圣彼得堡—莫斯科铁路住读生分部存在时间如此短暂，其原因在于这些教育机构从属于不同的部门（当时实行的管理和监督系统阻碍了工作的顺利开展），以及它们为学生设立的目标有所不同。学院、采矿学校、铁路住读生合并为一个教育机构，必然会对工艺学院学生的理论和实践培养产生消极的影响。因此，在圣彼得堡—莫斯科铁路住读生合并到该学院之后，政府很快拒绝了关于扩展这一教育机构的想法，仅留采矿学校和星期日绘画学校附属其下。

1841 年，财政大臣向国务会议提交了关于修改工艺学院技师和学徒毕

---

① ЦГИАЛ, ф. 560, оп. 38, д. 525, лл. 13－14.
② «Пятидесятилетний юбилей С. - Петербургского практического технологического института», СПб., 1879, стр. 18.
③ ЦГИАЛ, ф. 560, оп. 38, д. 471, л. 9.
④ ЦГИАЛ, ф. 560, оп. 38, д. 629, л. 45.

业生权利的建议。正如上文所述,根据初始条例,获得技师和学徒称号的工艺学院毕业生仅被免除人头税,还需承担兵役和体罚。根据新方案,建议为工艺学院的所有毕业生免除兵役和体罚,"同那些向国家支付大量资金的人们一样"。财政大臣的这一报告经过一些修改后被国务会议通过,并于1841年1月13日被沙皇批准。根据新条例,工艺学院获得技师和学徒称号的毕业生将被免除体罚。此外,如果他们在手工业工场和工厂工作,并能够提交企业主关于其工作效益的证明,那么将被免除兵役。在此之前,每个人在轮到他服兵役时必须向国库支付150银卢布。① 为工艺学院毕业生提供的新优待提高了这一教育机构在工厂主和商人眼中的威信,增加了中等阶层对它的兴趣。1837~1841年,工艺学院增加了19名技师和9名学徒。为吸引工厂主和地主对工艺学院的关注,《工业和贸易杂志》以及《商业报》刊载了关于学院毕业生人数和专业的信息,以便希望雇佣学院毕业生的地主和工厂主可以提前通知学院的经济委员会。② 但是这些通知在第一年作用不大。尽管学生们的毕业率很低,但毕业生依然很难找到工作。学生们一再抱怨工厂主对他们的不信任。

  1838年9月,工场手工业会议莫斯科分部主席 А. Г. 斯特罗加诺夫回复了工业和国内贸易司关于莫斯科企业雇佣工艺学院学生的提问,他写道,莫斯科工厂主们认为"由于缺乏关于这些学生最新信息,很难聘请工艺学院的毕业生到他们的工厂工作"③。工艺学院的部分毕业生可能没有具备应用于独立从事生产工作的知识,但是工厂主们关于学院所有毕业生的结论过于草率,因为直到1838年仅有一位毕业生找到工作。工厂主对学院毕业生这种不信任的态度也明显证明了他们偏袒外国人的传统。这一点在省机械师为促进省内工业发展而撰写的报告中以及工业展览会的说明中都得到了强调。

---

① ЦГИАЛ, ф. 560, оп. 38, д. 457, лл. 20 – 20(об.).
② «Каммерческая газета», 1839, № 78.
③ «Пятидесятилетний юбилей С. - Петербургского практического технологического института», стр. 22.

俄国工业政策（19世纪20－50年代）

  1844年，政府向四个省份派遣了省机械师（弗拉基米尔、雅罗斯拉夫、特维尔以及梁赞）。① 前三个省份委派了俄国专家，他们是工艺学院的学生，每年的薪资为500银卢布，而派遣到梁赞的则是外国人。虽然梁赞的工作量相对较少，然而与弗拉基米尔相比，外国人每年获得600银卢布的薪资以及80银卢布的住宿费。在他们的报告中，省机械师提请地方长官注意工厂主对他们的不信任，尤其是在他们工作的前几年。И. Е. 涅瑟托夫指出："令人遗憾的是，所有这些建议仍然很难被工厂主们所接受。"②

  在随后的几年中，省机械学院得到了进一步的发展。1847年，莫斯科替换了之前负责监督工业企业的外国工程师，任命来自工艺学院的毕业生担任机械师及其助手。③ 1850～1851年，省机械师开始着手切尔尼戈夫、奔萨和外高加索地区的工作。④ 工厂主们逐渐信任国内的专家们，省机械师的工作规模得以增加。工业和国内贸易司在关于省机械师活动的1851年总结中指出："从机械师们所在省份的长官处获得了关于他们活动的报告中，可以很明显地看到，他们的任职，通过引进各种设备和对工厂生产的改进带来了实质性的利益。"⑤ 省机械师活动的成功证明了工艺学院显著的实践成果。

  在鼓励国内专家和激发商人和小市民对技术教育的兴趣方面，我们应当分析学院管理者关于将学术技师和技师称号更换为工艺工程师和实习工艺师称号的申请书。工业和国内贸易司工艺学院经济委员会在报告中谈道："这一鼓励将成为已毕业的学生进一步完善其所获得的理论知识和实践信息的动力。"⑥ 其在书面报告中提请政府注意，"来到俄国的外国专家被称为工程师以及类似的外国称号，这似乎使他们比我们的学术技师和技师更具优势，即使他们中的一些人在当时并不逊色于外国人。"⑦ 政府同意了工艺学院关于

---

① 为莫斯科的工作聘请了两名外国工程师。
② ЖМТ, 1846, № 4, стр. 67.
③ ЦГИАЛ, ф. 560, оп. 38, д. 454, лл. 26－27.
④ ЦГИАЛ, ф. 560, оп. 38, д. 588, л. 10.
⑤ ЦГИАЛ, ф. 560, оп. 38, д. 602, л. 14.
⑥ ЦГИАЛ, ф. 560, оп. 38, д. 560, л. 33.
⑦ ЦГИАЛ, ф. 560, оп. 38, д. 560, л. 33 об.

更换学院毕业生称号的申请。同时，这使得从实习工艺师的称号转变为工艺工程师的称号变得更加困难。根据新条例，准许从学院毕业不超过6年的实习工艺师申请工艺工程师的称号，但前提是其需负责一家重要工业企业的部门或管理一家工厂。实习工艺师的申请书经工场手工业会议审议，随后由财政大臣批准。①政府的指示涉及该学院所有的毕业生，那些之前获得学术技师和技师称号的毕业生可以相应地获得工艺工程师和实习工艺师的称号。1849年5月，关于工艺学院的新指示经沙皇批准后生效。②

自19世纪40年代后半期起，由于技术领域的新成就，俄国展开了关于技术教育特征的热烈讨论。工场手工业会议莫斯科分部主席A.K.迈恩多夫男爵于1846年10月参观工艺学院是引起争论的一个导火索。在寄给财政大臣Ф.П.弗龙琴科的信中，A.K.迈恩多夫阐述了他对学生理论和实践培养的观点。他提请注意学生化学知识的薄弱，根据他的意见，这是由学院领导对这一学科的轻视态度引起的。他指出："长期以来，机械部门得到了积极的鼓励，而化学则得不到足够的关注。"③ A.K.迈恩多夫认为，学院实施的教学体系没能使学生在年纪较大时为选择专业做好准备。根据他的意见，教师有责任指导学生，帮助他们确定专业。他指出，各个部门对学生的实践培养，特别是化学部门，非常薄弱，而其车间装备的设备也很陈旧。他写道："与现在相比，有必要使更多的学生从事首都工厂的工作，以便他们习惯化学工作。"④ A.K.迈恩多夫建议扩展空间以放置工艺学院的模型和机器，以便使工业界能够了解它们，这将有助于加强工厂主和未来专家之间的联系。A.K.迈恩多夫没有就提供普通教育学科的教学问题发表自己的看法，认为这是次要问题。

1846年11月，工业和国内贸易司要求工艺学院经济委员会就A.K.迈恩多夫的意见发表自己的观点。学院的行政领导机构认为其中一些观点是正

---

① ЦГИАЛ, ф.560, оп.38, д.560, л.34.
② ЦГИАЛ, ф.560, оп.38, д.574, л.134.
③ ЦГИАЛ, ф.18, оп.2, д.1812, л.72.
④ Там же.

确的，特别是赞成清除一些车间的结论，但强烈反对关于"与化学系相比，学院主要鼓励机械系"的指控。学院管理者解释说，大部分学生选择机械系完全是出于实际原因——工作机会，而化学家则很难找到工作。考虑到学生名额，学院的领导认为普通教育科目对学生而言是有必要的。

A. K. 迈恩多夫的意见和工艺学院行政管理机构的观点被提交给工业和国内贸易司，接受特别委托的官员 Л. 萨莫伊洛夫奉命查清分歧的本质，并对此发表意见。工场手工业会议莫斯科分部主席与工艺学院行政领导机构之间的争论超出了普通学院分歧的框架，谈到了他们对技术人员培养的性质以及俄国技术教育目标的不同理解。

A. K. 迈恩多夫是俄国实践教育的拥护者，甚至强调以牺牲理论教育为代价来发展实践教育。他坚决主张积极干涉学生的专业化问题，特别是专业人员最少的化学系。工艺学院的领导非常关注学生的理论培养，倾向于在专业选择问题上授予学生自身更多的主动性。以 Л. 萨莫伊洛夫为代表的工业和国内贸易司赞同 A. K. 迈恩多夫在专业化和学院主要教学原则方面的意见。Л. 萨莫伊洛夫写道："所有的学生都渴望学习机械课程，这导致许多在工艺学院完成课程的所谓的机械师虽了解机械理论，却不知道如何将其应用于实践当中……他们掌握了所有的知识却什么也做不了……学院不能像学院领导期望的那样为学生提供百科全书式的教育。"① 因此，财政部的官员在敏锐地察觉到技术人员缺乏熟练的技能时，以纯粹功利主义的方式提出了这个问题。他们对未来专家理论知识水平的兴趣远远低于学院的管理者。

Л. 萨莫伊洛夫的书面报告撰写于 1846 年 11 月，但它没能结束工业和国内贸易司与学院领导之间的争论。② 1847 年 5 月，该司重新提出了关于工艺学院教学性质的问题，建议工艺学院的行政领导机构再次就学生专业化、化学教学以及学生的实践活动问题发表意见。谈到专业化，工艺学院的管理者重新声明，它不能承担自行决定将学生送往任何一个系列的责任，这个问

---

① ЦГИАЛ, ф. 18, оп. 2, д. 1812, лл. 102 – 104.

② Там же, лл. 105 – 112.

题应该由学生根据自己的喜好来解决，教师仅能通过提供自己的建议来帮助他们。对于化学教学的中断，工艺学院的管理者提请该司注意化学实验室的匮乏（他们共有 4 个化学实验室，其中 1 个由于缺乏资金被迫关闭），因此，化学系的学生不能参与必要的实践课程，从学院毕业后的第一年也不能独立完成化学工厂的工作。因此，学生更为频繁地选择具备必要实践教育的机械系。工艺学院的领导者们坚决维护普通教育课程的教学计划。该学院行政领导机构在说明中指出："从大纲中删除普通教育科目，这意味着将学院的学生放在与现在的技师一个等级上，阻碍他们成为任何时候都能了解祖国需求的人。"①

工艺学院的领导援引了这样一个例子，即在现行的教育体系下，工艺学院的毕业生能够通过自己的活动推动国内工业和技术的发展。如，毕业生泽瓦金是首位在俄国南部推广改良农具的推广者；苏奇科夫是列皮奥什金化学工厂的管理者，其采取了很多措施来发展伊万诺沃的化学工业；加加尔京在波尔霍夫市建立了亚麻纺纱厂和从事蜡烛生产的油脂厂以及亚麻企业；林德贝格、科诺帕托夫以及康斯坦丁诺夫在甜菜制糖厂工作；科兹洛夫在铸铁厂工作。该学院的七名毕业生取得了省机械师的职位（1849 年之前），很多学生在圣彼得堡—莫斯科铁路建设期间的施工区获得了建筑师助手的职位。②工艺学院的领导将此视为对其努力的回报，认为这些成功在一定程度上是现行教育体系的功绩，这使过去没有接受过教育的人们有可能了解国家在工业发展中所面临的任务。

工业和国内贸易司这次考虑到学院行政管理机构颇具说服力的反对意见，同意维持原有的学生教育体系，仅扩展化学实验室，并增加化学系的车间数量。工艺学院的大部分学生选择机械系主要与俄国引进的工业机器密切相关，这引起了国家对机械师的大量需求。化学工业在这一时期仍处于萌芽阶段，化学工厂共计不超过 10 家，他们的装备也非常原始。的确，随着棉

---

① ЦГИАЛ, ф. 18, оп. 2, д. 1812, лл. 193 – 194.
② Там же, лл. 194 – 195.

纺织工业的发展，染料的生产取得了巨大的成功，由此，工厂主和企业主对这些生产部门的兴趣日渐增加。

了解了化学工业发展的重要性，工业和国内贸易司认为有必要改善化学和工艺学教学（不改变整体的教学体系），增加学院领导对化学系学生专业化的关注。但是这些细微的改变并没有影响学院的教学侧重面，机械学仍然是它的主要专业。

围绕工艺学院教学问题长达两年的争论反映了该司与工艺学院行政管理机构对技术教育性质和目的的不同观点。这些争论是由工艺学院的教研室以杂志和报纸为阵地进行的。政治经济学教授 И. 巴布斯特在文章《技术和工业教育》[①] 中反驳了机械学教授 А. С. 叶尔绍夫在其小册子《西欧的高等技术教育》和杂志文章中叙述的主要观点。А. С. 叶尔绍夫反对全面的普通教育，是以专业技术培训为基础的技术教育的拥护者。他在文章《机械学技能的价值》中写道："社会需要的实践者的数量远远超过高等抽象教育领域的伟大工作者。"[②] И. 巴布斯特支持全面的普通教育，根据他的观点，没有普通教育就不可能实现社会进步。

坚决主张全面培养技术专家的工艺学院领导取得了最终的胜利，这得益于财政部的支持，证明了政府对技术教育目标的看法发生了一些变化。如果说 19 世纪 20~30 年代，政府要求技术学院主要以实践为目标培养人才，那么 40 年代末~50 年代，随着科学和技术的进一步发展，技术人员的培训问题在一个略有不同的计划中得以解决。国家需要的不仅是实践者，也需要在理论领域得到全面教育的人才，有能力解决俄国工业发展的复杂任务。

在这些条件下，政府决定重新修订关于工艺学院的原有条例。工业和国内贸易司在 1859 年的总结中指出："由于国内工业迫切需要熟练的技师，受此影响，有必要扩展圣彼得堡实用工艺学院的活动范围，而根据 1828 年条例的规定，现行的条例在很多方面都已经不再符合工业的实际需求了。"[③]

---

[①] «Московские ведомости», 1857, No 140.
[②] «Вестник промышленности», 1859, No 3, стр. 281.
[③] ЦГИАЛ, ф. 560, оп. 38, д. 721, л. 15.

第六章 19世纪20～50年代技术教育领域的政府政策

根据技术教育机构面临的新任务，财政部与国民教育部共同编制了工艺学院新章程的方案。在编制章程的过程中，政府提请委员会的官员们注意有必要"仿照大学的系别将这一专业机构提升至技术学校的等级"[1]。因此，这是关于技术学院从中等到高等教育机构的转变。应该将工艺学院的改组与政府在19世纪50年代末～60年代实施的一系列改革联系起来考虑。

工艺学院新章程的方案旨在考虑现代技术水平的前提下，在一定程度上扩展专业学科的理论教学课程，并在保持专业化的同时增加对学生的实践培训。在讨论工艺学院的教学计划时，政府特别关注了化学教学，这是因为其考虑到这一新型科学部门对俄国工业发展的重要性。1859年12月17日，工艺学院新章程的方案被财政大臣提交给国务会议审议。但是由于其正在为农奴制改革做准备，这一方案没有被通过。参与制定新方案的委员会被建议重新修订学院大纲，并就其变化提出具体的建议。该委员会的成员们认为，原有教育体系的缺陷之一是将缺乏培训的学生招进学院，这会阻碍他们的专业教育。他们同样发现由市议会推荐候选人进入学院的原有方法也存在缺陷。[2]

新委员会成立于1862年，拟定了与1859年方案相似的最终方案，根据这一方案，工艺学院从中等技术教育机构转变为高等技术教育机构。工艺学院的教学期限被批准为4年，同时保留了机械和化学两个系。工艺学院招收未满16岁且具备充分的中学课程知识的青年（古代语除外）。该方案还取消了市议会提名候选人的权利。

对化学、工艺学、物理学科理论课程的扩展并不意味着削弱了对学生实践教学的关注。工业和国内贸易司司长于1861年11月18日提交了书面报告，其中在谈到工艺学院改组的部分写道："自1862年起，决定逐步撤销初级的预备班，以使该学院具备转变为高等专业教育机构的条件，其应成为能

---

[1] Там же, л. 17.
[2] «Пятидесятилетний юбилей С. - Петербургского практического технологического института», стр. 49 - 52.

273

够建造并管理手工业工场和工厂的技能熟练的工艺工程师的发源地。"①

以工业和国内贸易司的年度总结为基础,我们能够确定,自 1837 年(工艺学院首批学生毕业)至 1860 年,共有 512 人从工艺学院毕业。② 学生的数量从 1831 年(学院开办的年份)的 52 人增长至 1860 年的 325 人。③

工艺学院在农奴制被废除的最后几十年中,在培养国内专家队伍以及宣传最新技术方面发挥了积极的作用。工业和国内贸易司从国外订购的最新机器经常被寄送给学院。工艺学院的很多毕业生作为省机械师完成了被委托的重要事务,经常成为机器的发明者。

19 世纪 30~50 年代,工艺学院并不是唯一的中等技术教育机构。莫斯科儿童收容所技工学校几乎与位于圣彼得堡的工艺学院同时开办,1830 年 7 月在莫斯科制定了技工学校的章程方案。该章程将这一教育机构的目标定义如下:"向多达 300 名的儿童收容所的学生教授各类学科和手工艺,以使他们成为有益的社会成员,不仅要从他们当中培养出各类优秀的实用手工业者,也应培养具备理论知识的熟练技师,他们能够利用知识服务于手工业和工厂工作的完善,了解这些部门的最新改进措施并有能力将它们推广至俄国。"④

因此,莫斯科技工学校的目标与工艺学院的目标相似。莫斯科技工学校开办于 1830 年 9 月。它是中等教育机构,招收未满 12 岁且能够书写和阅读的男孩,在此之前,他们在儿童收容所的车间学习。学校的教育体系也与工艺学院相同。低年级(预备班)教授阅读、算数、习字、历史、地理、绘画、制图、神学;高年级教授物理、化学、机械学、工艺学。

同工艺学院的学生一样,技工学校的学生也在车间从事实践工作。自 1832 年起,学校设立了锻造、钳工、青铜、木工、车工、油漆、模型、铸

---

① ЦГИАЛ, ф. 18, оп. 1, д. 292, л. 8.
② ЦГИАЛ, ф. 560, оп. 38. «Ежегодные отчеты департамента мануфактур и внутренней торговли за 1837 – 1860 гг. ».
③ ЦГИАЛ, ф. 560, оп. 38, д. 721, л. 12.
④ «Вестник промышленности», 1860, № 5, стр. 142.

铜、白铁盒、雕刻、裁缝和制皮靴的车间。1833年开设了机械车间，学生在其中生产蒸汽机、应用于呢绒和印花布工厂的机器以及水压机。

1837年，莫斯科技工学校的第一批毕业生共计28人。由于学生实践训练的薄弱，学校要求他们暂留两年以巩固实践技能，主要是机械和制图方面。随着工业的进一步发展以及技术的改进，学生的教学计划和实践课程发生了一些变化。如，自1838年起，高年级开始教授实用机械学和化学，低年级开始教授德语；自1844年起开始教授三角学。一些与工业需求没有直接联系的车间在19世纪30年代末～40年代初被关闭（裁缝和制皮靴车间），其他的车间，例如机械车间，反而得到了扩展。工厂主和企业主十分愿意购买学生在学校车间生产的机器、机床和设备，而赚取的资金则成为儿童收容所总体收入的一部分。[①]

1844年政府批准了莫斯科技工学校的新章程。根据新章程，学生的人数仍维持原状（300人），但是学生的构成发生了一些变化。与前几年不同，当时所有的学生都是公费生（儿童收容所的学生），根据1844年章程，允许招收50名自费学生：小市民、商人和行会成员的孩子。技工学校住读学生的教学费用远远低于工艺学院的费用，每年为70卢布（而不是150卢布）。根据1844年的编制，国库每年拨款约85000卢布用于维持学校的运转。[②] 学生毕业后将获得学术技师的称号。40～50年代，由于对技能熟练的机械师的需求日益增加，学校特别重视实用力学、工艺学和化学的教学。自19世纪50年代末起，为已经毕业但需留校两年从事实践工作的学生成立了机械和化学两个系，学校领导有权将学生分配到各个系别（根据他们的能力和意愿）。从事同样的实践工作但能力较差的学生有权参加一些理论课程（实用几何学和机械学、绘画和制图），这为他们了解新的科学成就提供了机会。

在莫斯科建立技工学校是为了给平民出身的人们（儿童收容所的学生）

---

① «Вестник промышленности», 1860, No 4, стр. 143.

② «Вестник промышленности», 1860, No 5, стр. 151.

**俄国工业政策（19 世纪 20-50 年代）**

提供一些实践和理论知识，使他们了解最新的科学成就。《莫斯科公报》指出："莫斯科技工学校努力将手艺提升至科学水平。"[①] 莫斯科技工学校的学生参加了俄国工业展览会，这是该校实践培训水平较高的显著标志。如，1861 年圣彼得堡展览会关于莫斯科技工学校产品的评述中写道："莫斯科技工学校展出的产品，明确地表达了推广有益的改进的愿望。莫斯科技工学校提供了 5~8 马力的蒸汽机和压力达到 7000 普特的双泵水压机。蒸汽机制造地十分精良，可通过卧式气缸实现高压。"[②]

尽管工艺学院和莫斯科技工学校在教学计划和招生要求方面相似，但是学生从这些教育机构毕业时所获得的法律权利却是不同的。不同于工艺学院，技工学校的学生没有得到任何的优待。技工学校和工艺学院的不平等地位屡次引起了莫斯科学校教授和教师们的关注。Ф. 奇若夫写道："我们有两个或三个主要的技术院校……在这为数不多的几个院校中，莫斯科技工学校受到了社会的轻视，谈论我国工业并保护它的人中很少有人了解它。"[③] 但直到 19 世纪 50 年代末期，由于其为"农奴制"改革和其他资本主义改革做准备，莫斯科技工学校的情况发生了变化，它从中等教育机构转变为高等教育机构。[④]

两个技术教育机构均出现于 19 世纪 30 年代初并发展至今，在国内工业和技术的发展中做出了自己的贡献。这些教育机构的学生是来自"第三等级"的第一批知识分子的代表。

为了更广泛地推广技术知识，帮助工厂主们了解国内的成就以及西方的技术思想，自 1836 年起，政府开始在莫斯科、圣彼得堡、杰尔普特大学和工艺学院，组织技术科学方面（工艺学、物理、化学、机械学）的免费讲座，稍晚在喀山、哈尔科夫、基辅大学也组织了这类讲座。在组织这些课程

---

① «Московские ведомости», 1849, № 6.
② М. Я. Киттары. Обозрение Санкт - Петербургской выставки русской мануфактурной промышленности 1861 г. СПб., 1861, стр. 319.
③ «Вестник промышленности», 1859, № 2, стр. 247.
④ См. С. Прокофьев. Московское высшее техническое училище. М., 1955.

时，政府对其性质做了如下界定："公开讲座绝对不要求其完整性，但应该讲授主要的规则，以激发人们自己学习的兴趣。"① 大部分进行公开讲座的教授为自己设定了纯粹的功利主义目标。他们向听众展现了科学对于工业的实用价值。工厂主、商人和手工业者听取了这类公开讲座。不同时期，听课的人数为50~200人。如，19世纪30年代，多达60名工厂主和企业主参加了莫斯科大学工业化学教授A.海曼的讲座；40~50年代达到150~300人。② 雅科比、施马尔茨和格贝尔教授在杰尔普特大学做了关于几何学、机械学、工艺学和实用化学的讲座，其中，"第一位教授聚集了90名听众，第二位聚集了70名，第三位聚集了200名，大部分听众来自工商业阶层"③。大学校长罗马切夫斯基教授在喀山大学做了实用物理学的讲座，有50~100名听众参加了他的讲座。

虽然公开讲座的听众人数相对较少，但却有助于工厂主们交流经验，激发思想，有时甚至促成了工业协会的组建。如，工业和国内贸易司在1839年的总结中写道，在听取杰尔普特大学施马尔茨教授的讲座后，企业主和手工业者们希望在教授的领导下组织一个与巴伐利亚、普鲁士、奥地利和撒克森协会相似的协会，以促进手工业的发展。施马尔茨编撰了协会章程的方案并将其提交给工业和国内贸易司，请求政府批准并提供协助。Е.Ф.康克林认为这一提议是有益的，同时为"给其他城市树立榜样"，他将杰尔普特企业主的书面报告提交给大臣委员会审议。1839年11月29日，尼古拉一世批准了提交的方案。④ 工厂主们选择科学家作为协会主席这一事实本身，证明了俄国科学界与工业界的部分联系。这不是唯一的情况。众所周知，莫斯科大学的A.海曼教授是工场手工业会议莫斯科分部的成员、工业展览会上的专家，以及俄国硬脂工厂的首位主任。⑤

---

① 《Пятидесятилетний юбилей С. - Петербургского практического технологического института》, стр. 20.
② ЦГИАЛ, ф. 560, оп. 38, д. 560, л. 9.
③ ЦГИАЛ, ф. 560, оп. 38, д. 394, л. 5.
④ ЦГИАЛ, ф. 560, оп. 38, д. 410, лл. 44-45.
⑤ 《История Московского университета》, т. 1. Изд-во МГУ, 1955, стр. 144.

俄国工业政策（19世纪20—50年代）

  大学和工艺学院的公开讲座也有助于我们了解一部分工业资产阶级的态度，他们已经开始认识到学习技术基础的必要性。此外，它们证明了政府为激起资产阶级和商人对工业活动以及技术教育问题的兴趣而做出的努力。财政大臣于1836年向沙皇提交的书面报告就是证明，其中叙述了有助于促进国内工业发展以及培养技术骨干的措施。这些思想是 Е. Ф. 康克林从特维尔省省长加马列亚的书面报告中摘录的。① Е. Ф. 康克林建议在没有大学的城市中建立附属于中学和县立学校的实科中学，而在有大学的城市中组织技术科学方面的公开讲座。已在中学和县立学校完成年级课程并持有良好证书的学生被允许免除兵役，但需向国库缴纳500纸卢布，同时也被免除体罚。城市工厂的创立者，除首都外，在开办该企业的6年内被免除城市兵役。② Е. Ф. 康克林的这些建议得到了尼古拉一世的认可，随后财政大臣向教育部提出组建实科中学和举办公开课的申请。自1836年起，后者在俄国许多大型城市中被举办。

  在财政大臣和国民教育大臣进行了为期两年的书信往来之后，1838年政府决定开办附属于图拉中学、里加第二县立学校、维尔诺第一中学和库尔斯克或坦波夫中学的实科中学。此外，建议在莫斯科开办第三中学，在其中将技术教育和传统教育结合起来。③ 国务会议审议了组织附属于中学的实科班的方案，并于1839年3月29日批准。在中学的实科班中，除一般教育科目外，还教授工业化学、实用机械学、工艺学、商业会计学、制图和绘画。④ 这些专业科目的教学并不属于普通的中学班级，而是为年轻人能够从事工业活动做准备。成功从实科中学毕业的学生将被免除兵役和体罚。

  19世纪30~50年代，俄国工业所取得的成就不仅向资产阶级和贵族提出了培养技术知识分子骨干的问题，还提出了对工人进行初等技术教育的问

---

  ① См. главу первую, стр. 88, 89.
  ② ЦГИАЛ, ф. 560, оп. 38, д. 378, лл. 15（об.）—16.
  ③ ЦГИАЛ, ф. 560, оп. 38, д. 410, л. 19.
  ④ ЦГИАЛ, ф. 560, оп. 38, д. 530, л. 18.

278

题。并非偶然，绘画学校、手工业工场和工厂学校的建立恰恰属于这一时期，它们是初等的技术教育机构。

А.Г.斯特罗加诺夫伯爵于1825年在莫斯科建立了第一所私人技术绘画学校。该学校招收年满10岁的"农奴或自由出身且父母贫穷的孩子"；优先考虑的是居住在莫斯科的手工业者的孩子。学校为工业培养"学术制图员"；免费教学；教学期限为6年；每周上两次课；教授学生几何学、建筑学和绘画的基本原理。1831年，政府为小市民的孩子们在莫斯科建立了国有绘画学校。除绘画和制图外，该学校还教授习字、文法、算数、初级几何学。① 随后，1843年，这所学校获得了第一绘画学校的名称，而原来的А.Г.斯特罗加诺夫学校被称为第二绘画学校。1832年，政府开办了附属于圣彼得堡工艺学院的免费的星期日绘画班，"用于在手工业者之间推广绘画技能"②。1835年，鉴于想要学习的人数很多，星期日绘画学校的班级被改组为绘画和制图两个专业。③ 该学校逐渐补充了教具，至1835年，学校共有604件绘画原件，69件制图原件以及59件从柏林订购的石膏原件。④

工艺学院星期日绘画学校的课程进行得很顺利，但学校狭小的房间不能容纳所有想要学习的人。根据1839年10月31日的政府法令，政府在圣彼得堡瓦西里耶夫岛上建立了第二绘画学校，该校每周组织3次课程，与工艺学院的星期日绘画学校相比，"其科目更为广泛"⑤。

绘画学校应该对"很多手工艺品的完善"⑥，风格的发展、图案的改善等产生有益的影响。因此，绘画学校特别重视教授学生如何在纺织品上绘画。绘画学校主要的目标是为工业培养人才。除这一目的外，首都的绘画学校应从"自由阶层"⑦ 最有能力的学生中为"最重要的手工业城市"的绘

---

① ЦГИАЛ, ф.560, оп.38, д.296, л.25.
② ЖМТ, 1833, № 1, стр.59.
③ ЦГИАЛ, ф.560, оп.38, д.362, л.13.
④ ЦГИАЛ, ф.560, оп.38, д.378, л.25.
⑤ ЦГИАЛ, ф.18, оп.2, д.1900, л.21.
⑥ Там же, л.22.
⑦ Там же, л.8.

画学校培养教师。基于这些任务，政府制定了绘画学校的大纲，其中规定该校应教授学生如何在印刷材料上绘制各种装饰和图案，以及如何使用蜡和黏土制造塑造品。① 教学期限开始为三年，后变为四年。在完成了教学大纲中的所有课程后，由教师酌情决定学生是否能从一个年级过渡到另一个年级。展现出特殊才能的学生将获得奖励。

1841 年，附属于工艺学院的星期日绘画学校培养了 120 名学生。其社会构成如下：贵族和官员的孩子（7 人）、商人阶层的孩子（3 人）、小市民的孩子（27 人）、技师和学徒的孩子（48 人）、外国人的孩子（4 人）、各类教育机构的学生（5 人）、仆人和农民（16 人）。②

位于瓦西里耶夫岛上的星期日绘画学校公费生的社会构成大致相同：1841 年，学校共有 255 名学生，其中 196 人为手工业者、小市民、强制兵和仆人。③ 因此，绘画学校的绝大部分学生出身于下层，包括农奴。

1842 年，位于瓦西里耶夫岛的星期日绘画学校依靠专业女子绘画班和电铸班得到了很大的扩展。1844 年，它培养了 452 名学生，而附属于工艺学院的星期日学校培养了 122 人。④ 两所莫斯科绘画学校和星期日班以及面向儿童工人的学校在 19 世纪 40 年代一共培养了 889 人。⑤

绘画学校中能力最强的学生在埃尔米塔什学习，他们的最佳摹本被用作教学参考书。此外，绘画学校还为成绩优秀的学生组织了油画班。以下这些事实是绘画学校教学质量较高的标志，即绘画学校中一些颇具天分的学生进入美术学院⑥，以及莫斯科第一绘画学校的学生在印花布上绘制的图案得到 1853 年工业展览会参观者的一致认可。⑦

1850 年，瓦西里耶夫岛绘画学校的学生人数有所增加，而附属于工艺

---

① Там же.
② ЦГИАЛ, ф. 18, оп. 2, д. 1900, л. 28.
③ ЦГИАЛ, ф. 560, оп. 38, д. 457, л. 17.
④ Там же.
⑤ Там же, л. 22.
⑥ ЦГИАЛ, ф. 560, оп. 38, д. 588, л. 55; д. 656, л. 36.
⑦ ЦГИАЛ, ф. 560, оп. 38, д. 629, л. 56.

第六章　19世纪20~50年代技术教育领域的政府政策

学院的绘画学校的学生人数则缩减至80人,① 这是因为瓦西里耶夫岛上学校的教学组织较好,这里有很大的机会为教室补充直观教具。

如上所述,至19世纪50年代末期,政府开始大幅度缩减用于支持工业发展和技术教育的国家拨款。自1858年7月1日起,国家停止支付省机械师的工资,并转交给工厂主来支付;缩减了用于从国外订购各种工业产品样品的国家拨款;停止出版自1839年开始发行的《工业和矿业消息报》;由财政部管理的瓦西里耶夫岛绘画学校被转交给艺术家奖励协会管理;自1858年1月1日起,附属于工艺学院的星期日绘画学校被关闭。政府要求莫斯科绘画学校督学将其关于维持学校未来发展的建议提交给财政部。②

1859年,莫斯科绘画学校被改组为技术绘画学校,被命名为А.Г.斯特罗加诺夫绘画学校,这是为了致敬类似机构的创始人А.Г.斯特罗加诺夫。沙皇于1860年1月批准了新学校的章程方案。该校招收所有阶层的人员。取得优异成绩的学生将在毕业后获得学术制图员的称号,并被免除体罚、兵役和人头税。③ 技术绘画学校在苏维埃政权时期经历了彻底的变革,并存在至今。

除绘画学校外,私有和国有工厂学校的工作规划也略有不同。④ 1816年,莫斯科普罗霍罗夫兄弟的特廖赫戈尔内工厂中出现了第一所私有工厂学校。该学校招收男孩,包括工厂工人以及莫斯科工人的孩子,根据合同他们的雇佣期为4~5年。大部分学生毕业后会留在工厂,从事染色工人、制图员、店员和办事员的职务。1831年,该校学生的人数达到100人,⑤ 而在19世纪30年代末~40年代初,它增长至180人(不含免费生)。⑥ 普罗霍罗夫学校不仅为自己的工厂培养技师,还向"其他工厂主提供比未接收理论培养的工匠更加熟练且可靠的人才"⑦。到了40年代,莫斯科及其周边地区已有24家

---

① ЦГИАЛ, ф.560, оп.38, д.629, л.51.
② ЦГИАЛ, ф.560, оп.38, д.684, лл.27-28.
③ ЦГИАЛ, ф.560, оп.38, д.721, л.20.
④ 国有工厂学校主要存在于矿业部门。
⑤ «Краткий исторический очерк прохоровской Трехгорной мануфактуры». М., 1899, стр.5.
⑥ «Коммерческая газета», 1840, № 130.
⑦ ЖМТ, 1832, № 4, стр.18.

281

俄国工业政策（19 世纪 20－50 年代）

工厂学校。① 弗拉基米尔首批工厂学校的创始人之一是工厂主巴布林和 H. 戈列林。② 紧随棉纺织业企业主之后，呢绒和丝织品企业主也开办了学校，如科托夫兄弟、阿廖沙·肯尼曼、古奇科夫兄弟、诺维科夫、H. 罗什福尔等。③

俄国先进的工业部门棉纺织业，出现了首批工厂学校的事实本身证明了机械化工业与技术教育之间的联系。随着工厂生产的发展，对熟练工人的要求发生了变化。后者应该具备一些机械学和绘画领域的知识，了解机器设备。根据工厂主和政府的意见，工厂学校应该教授这些知识。④ 这些学校的大纲基本上是一致的。与绘画学校不同，其为学生提供更为全面的教育，培养学生的审美品位，工厂学校培养了解某种生产方式的工人。工厂学校教授算数、阅读、俄语、绘画、化学基础。古奇科夫和普罗霍罗夫兄弟的学校还教授男孩们技术绘画，前者是一周三次，后者为每周一次。⑤ 普罗霍罗夫学校拥有将学习与工厂工作结合在一起的固定学生以及在其他企业工作只在普罗霍罗夫学校学习的免费生。该校每四个月举行一次考试并颁发荣誉证书，作为升入下一个年级的基础。政府以普罗霍罗夫学校为例建立了其他的工厂学校。为监督学校的学生设立了监察员的职位，其主要职责就是从"道德上教育学生要对上帝敬爱，对国家忠诚"⑥。大部分的工厂学校设立于纺织工业，依靠工厂主自身的资金维持。

除为工业培养骨干的低中等和高等技术学校外，19 世纪 20～40 年代，政府为培养海河船队和商业活动方面的专家建立了一些学校。根据 1829 年

---

① «Материалы к истории прохоровской Трехгорной мануфактуры и торгово-промышленной деятельности семьи Прохоровых». М., 1915, стр. 96.
② «Коммерческая газета», 1850, № 127.
③ «Атлас промышленности Московской губернии», составленный Л. Самойловым. М., 1845, стр. 16－17.
④ «Материалы к истории прохоровской Трехгорной мануфактуры и торгово-промышленной деятельности семьи Прохоровых», стр. 158.
⑤ ЦГИАЛ, ф. 560, оп. 38, д. 656, л. 36.
⑥ «Материалы к истории прохоровской Трехгорной мануфактуры и торгово-промышленной деятельности семьи Прохоровых», стр. 158.

11月21日的政府法令，为完善并推广俄国贸易造船学和航海术在圣彼得堡开办了商业航海学校，并于1831年10月开始授课。它为俄国商船培养了商船船长和航海员，以及船舶的建造者。[①] 其教学计划规定学生掌握其将来专业化所需的最基本的理论知识和实践技能。夏季，学生乘坐为教学目的而专门购买的商船在海上进行实践。毕业生将获得私人航海员的称号并在私人商船上工作。该校教授数学、造船学、俄语、外语、历史、地理、医学。自1848年起，圣彼得堡商业航海学校转归海军部管辖，并在训练有素的海军船员的领导下改造为商业航海连。[②]

此外，还有应新罗西斯克总督帕连申请成立于1834年的赫尔松航海学校。该校招收年满14～17岁、具备阅读和书写能力、掌握四则算术法则、且居住于南部城市的男孩：赫尔松、尼古拉耶夫、敖德萨、塔甘罗格、费奥多西亚、刻赤、叶夫帕托里亚、罗斯托夫。来自生活没有保障的第三等级商人、小市民和行会成员家庭的孩子由国家支付学费。教学课程历时4年，分为两个阶段：理论和实践。学校教授文法、算数、地理、历史、希腊语、土耳其语、意大利语、绘画、造船学、航海学。在经过四年的学习后，造船师会暂留一年以积累实践经验。通常，他们会在商业造船厂从事船舶的建造。成功毕业的学生将被免除人头税、兵役和体罚。[③] 同其他类似的学校一样，赫尔松学校主要招收非贵族出身的知识分子的孩子。在1849年完成教学课程的140名学生中，贵族出身的孩子只有19人。[④] 里加、喀琅施塔得也开办了航海学校，他们组织教学的大纲同圣彼得堡和赫尔松学校已有的大纲类似。

除中等航海学校外，1841年为北方沿海省份的居民在阿尔汉格尔斯克和凯米开办了船长培训班。该校通常在秋季和冬季组织教学（自当年10月15日至次年3月15日），在春季组织实践课程。该校的大纲由负责课程的

---

① ЦГИАЛ, ф. 40, оп. 1, д. 11, л. 6.
② ЦГИАЛ, ф. 560, оп. 4, д. 1305, л. 2.
③ ЦГИАЛ, ф. 1152, оп. т. 2, д. 84, л. 27.
④ «Коммерческая газета», 1849, № 138.

财政部与经验丰富的航海者共同制定。学生在私人船舶上进行实践。学习的课程包括算数、中等数学基础、地理、历史和专业课程。教师是海军军官或航海员。完成两门课程并通过考试的学生将获得关于其知识水平的毕业证书，成绩优秀的学生有权升入高等航海学校。①

除商业航海学校外，俄国还开办了商业学校。1772年，莫斯科创办了第一所商业学校。1799年，它被转移到圣彼得堡，为圣彼得堡商业学校奠定了基础。1804年，莫斯科依靠私人资本开办了另一所商业学校，教学期限为8年。该校教授语言（俄语、法语、德语、英语）、绘画、历史、地理、统计学、代数、几何学、物理、化学、工艺学、会计学、商品学、法学、舞蹈。成功完成全部课程的学生将获得商业副博士的称号。②

最高等的商业学校是莫斯科实用商业学院，1810年政府批准了学院章程。这是一所依靠商人资本建立的私人学校。教学课程分为两个阶段——预备班和纯理论班。前者教授普通教育知识，后者教授专业学科（技术机械学、普通和商业统计学、会计学、技术绘画）和自然科学。商业学院毕业生将会获得荣誉公民的身份并被指定专门从事商业活动。1851年10月，政府批准了莫斯科商业学院的新章程，其中指出，应该特别注意提高学生的实践技能。③

与商业学院同一类型的商业学校是建立于1839年的圣彼得堡高等商业寄宿中学，其为"世袭荣誉公民、前两个等级的商人以及外国商人子女提供教育"。寄宿中学"专门培养将来从事批发商职业的学生"④。为论证在圣彼得堡开办一所专业的商业寄宿中学的合理性，Е. Ф. 康克林谈道，与受人尊敬的批发商相比，"这里（圣彼得堡）以及莫斯科的商业学校更适合培养会计和办事员"⑤。这是依靠商人资本维持的私人学校，政府只提供一小部

---

① ЦГИАЛ, ф. 40, оп. 1, д. 11, лл. 123 – 124.
② «Атлас промышленности Московской губернии», стр. 19 – 20.
③ ЦГИАЛ, ф. 560, оп. 4, д. 1412, л. 5.
④ ПСЗ. Собр. 2, т. 4, № 11971.
⑤ ЦГИАЛ, ф. 18, оп. 4, д. 990, л. 1.

分的资助。寄宿中学共有 50 名学生，应寄宿中学会议的特别申请，第三等级商人的孩子得以列入其中。寄宿中学招收年满 10~14 岁的孩子。教学期限是 5 年。毕业生将获得终身荣誉公民的身份。课程分为两个部分——为学生提供普通知识的预备课程以及纯理论课程。学生在这里学习未来专业化所需的科目。寄宿中学的学生学习语言（俄语、德语、法语、英语）、算数、代数、几何学、化学、工艺学、会计学、商业和票据法、文书处理、绘画、书法。[1] 商业寄宿中学包含少数的学生和大量的教师，是一所入不敷出的学校，圣彼得堡商业学校频繁向政府寻求帮助。[2] 1856 年，"由于缺乏资金且学生人数较少"[3]，圣彼得堡商业寄宿中学被关闭。

从材料中可以看出，技术和商业教育中的一些成果伴随国内的经济发展。国家对掌握中等和高等技能专家的需求迫使政府专门为纳税阶层开办了新的教育机构，并在一定程度上改变了陈旧的教育体系，以前专为贵族开办学院。俄国政府奉行的保护主义工业政策在一定程度上决定了技术教育的性质。随着以雇佣劳动和机器技术为基础的新型工业部门的快速发展，资产阶级和无产阶级逐渐形成，贵族政府试图将技术骨干的培养掌握在自己手中。为达成这一目标，它建立了新的国有教育机构，监督并调整教学进程，组织公开讲座，开办附属于中学的实科班，促进教学实践基础的加强，并承担这部分的物资支出。客观上，政府在教育领域的举措促进了国内技术知识分子的培养。

但政府通过这一切举措，急于保障的仍然是贵族的利益。仅一小部分俄国居民接受了技术教育，决定俄国政府所有政策的阶层—等级原则，也展现了政府在教育领域活动的特征。农奴进入教育机构的大门被关闭。过长的教学时间以及程序的复杂性导致了较高的辍学率。人民的文化水平仍然不高。

政府在技术教育领域的政策虽然效果明显，但同其他问题的政策一样，呈现不连贯性与矛盾性。

---

[1] «Коммерческая газета», 1840, № 132.
[2] ЦГИАЛ, ф. 18, оп. 4, д. 981, лл. 1-2 об.
[3] ЦГИАЛ, ф. 18, оп. 4, д. 982, л. 28.

## 第七章
# 19世纪20～50年代俄国的"工人问题"

列宁指出,资本主义社会新阶级的形成——资产阶级和无产阶级——是工厂工业发展的结果。"从手工工场向工厂过渡,标志着技术的根本变革,这一变革推翻了几百年积累起来的工匠手艺。随着这个技术变革而来的必然是:社会生产关系的最剧烈的破坏,各个生产参加者集团之间的彻底分裂,与传统的完全决裂,资本主义一切阴暗面的加剧和扩大,以及资本主义使劳动大量社会化。"①

大型机器工业的发展导致工人集中到少数几个大型企业中,改变了生产组织的性质以及工业无产阶级在生产过程中的地位和作用。在资本主义被确立之前,人们只是有条件地谈论"工人问题",将其理解为企业主和雇佣工人之间的关系问题。个人自由的缺乏延缓了无产阶级的形成。在19世纪上半叶的政府政策中,"工人问题"并不占据核心位置,重点在于为工业提供工人队伍。直至农奴制被废除前夕,19世纪40年代末～50年代初,"工人问题"作为关乎工人阶级在国内的命运和使命的问题才获得了更广泛的反响。

在贵族和资产阶级的历史文献中,涉及改革前的"工人问题"以及

---

① В. И. Ленин. Полн. собр. соч., т. 3, стр. 455.

工人立法的资料并不丰富。其代表没有重视农奴制俄国中出现的资本主义矛盾。因此，他们忽视了首次调整企业主与工人关系的1835年法律，这对我们理解政府的工业政策非常重要。М. 图甘—巴拉诺夫斯基非常重视工人在农奴制俄国中的状况。但是，他没有将工人立法的出现与大型工业的发展以及资本主义社会阶级的形成联系起来。他极力强调农业贵族与工业资产阶级的对立，有时会将官员—贵族建议通过立法改善工人劳动条件的措施理想化。例如，他将莫斯科军事总督 Д. В. 戈利岑关于调整企业主和工人关系的方案描述为旨在大幅度限制工厂主权利从而保护工人利益的文件。①

Г. 巴利茨基，十分同情工人阶级及其与专制政府的斗争，高度重视资本主义俄国的工人问题。② 但是，同民粹主义者一样，他坚信，俄国工业的出现"不是自然需求的结果，而是由政府建立的"③。通过研究农奴制被废除之前有关工业和"工人问题"的政府法规，他认为莫斯科军事总督 Д. В. 戈利岑（1832年）的方案属于自由派，"直接受到了工厂主们的指责"。政府对这一方案进行了彻底的修改，使之有利于工厂主，并于1835年正式生效。④ Г. 巴利茨基没有将有关"工人问题"的立法与工业发展和政府的经济政策联系起来。

А. Н. 贝科夫在著作《工厂立法及其在俄国的发展》中详细介绍了国外工厂的法规，并分析了18世纪初～1882年政府颁布工厂法规期间俄国的工人立法。与其他研究者不同，А. Н. 贝科夫试图将"工人问题"与其所处的经济环境联系起来。但是他否定农奴制俄国存在工人立法的可能性，认为1882年"是俄国工厂立法的第一天"⑤。

---

① См. М. Туган-Барановский. Русская фабрика в прошлом и настоящем. М., 1934, стр. 133 – 134.
② См. Г. В. Балицкий. Фабричное законодательство в России. М., 1906.
③ Г. В. Балицкий. Ук. соч., стр. 20.
④ Г. В. Балицкий. Ук. соч., стр. 37.
⑤ А. Н. Быков. Фабричное законодательство и развитие его в России. СПб., 1909, стр. 147.

无产阶级形成与斗争的历史吸引了很多苏联学者的关注。[1] 然而，他们的著作很少提及关于"工人问题"的政府政策，并且很少对其做出正确评价。例如，在 К. А. 帕日特诺夫的著作中，其允许在一定程度上理想化农奴制俄国有关"工人问题"的政府法规，使其与地主的粗暴专横形成鲜明对比。[2] 他写道："在某些条件下，恰恰由于某些群体缺乏分配劳动的自由，反而导致国家加强了保护他们的措施，而这些措施取代了自由。"[3] 近年来，出现了几篇涉及我们所研究时期内"工人问题"个别方面的史料文章。1959 年，В. К. 亚聪斯基发表了文章《关于 19 世纪 40 年代圣彼得堡工人状况的材料》[4]，该文章是根据财政大臣总办公厅一份卷宗的档案数据撰写而成。他从卷宗中引用的摘录有助于我们讨论圣彼得堡工人的住房和物质条件。Б. Н. 卡先采夫在文章《19 世纪 40～60 年代俄国雇佣工业劳动力立法提案的制定》[5] 中叙述了政府在改革前最后几年提出的有关"工人问题"的方案，它的出现与俄国整体的革命形势密切相关。Б. Н. 卡先采夫[6]在另一篇文章中将注意力转向了 1835 年法律的广泛推广。这是俄国首次以立法形式正式确定了雇佣工人与企业主之间的关系。他重点澄清了莫斯科总督

---

[1] См. К. А. Пажитнов. Положение рабочего класса в России. М., 1924; М. С. Балабанов. Очерки по истории рабочего класса в России, ч. I, изд. 4. Л., 1926. В. Ю. Гессен. История законодательства о труде рабочей молодежи в России. Л., 1927; А. М. Панкратова. Вступительная статья к сборнику «Рабочее движение в России в XIX в.». М., Госполитиздат, 1951; А. Г. Рашин. Формирование промышленного пролетариата в России. М., Соцэкгиз, 1940; И. И. Шелымагин. Фабрично-трудовое законодательство в России во второй половине XIX в. М., Госюриздат, 1947; Б. Н. Казанцев. Статьи в сборниках: «Вопросы социально-экономической истории и источниковедения периода феодализма в России». М., Изд-во АН СССР, 1961 и «Проблемы источниковедения», вып. XI. М., Изд-во АН СССР, 1963 и др.

[2] См. К. А. Пажитнов. Ук. соч.

[3] См. К. А. Пажитнов. Ук. соч., стр. 267.

[4] Сб. «Проблемы источниковедения», вып. VIII. М., Изд-во АН СССР, 1959.

[5] Сб. «Вопросы социально-экономической истории и источниковедения периода феодализма в России». М., Изд-во АН СССР, 1961

[6] См. Б. Н. Казанцев. Источники по разработке законов о наемном и промышленном труде в крепостной России. «Проблемы источниковедения», вып. XI. М., Изд-во АН СССР, 1963.

А. Г. 谢尔巴托夫关于"工人问题"方案的作者身份,并非常重视 А. А. 扎克列夫斯基提出的引入结算簿的方案。

在本章中,我们将尝试分析的政策,主要是关于资本主义有组织工业中的工人,这有助于我们确定"工人问题"在工业措施体系中的地位。

资本主义工业的发展促进了工人劳动力市场的扩展。工业企业中工人最重要的补充来源是缴纳代役租的农民。随着国有和皇室领地农民一同前往城市赚取工资,他们逐渐取代了由缴纳代役租的农民构成的工人。А. Г. 拉申指出,50 年代初,莫斯科的大部分工人由国有农民补充。①

工业的发展导致城市人口的增加,改变了它的社会构成并提高了城市在国家社会生活中的作用。19 世纪初(1801 年),商人、小市民和行会成员占圣彼得堡人口的 18.7%,而商人和贵族占 37.9%,到了 19 世纪 20 年代(1821 年),农民和贵族占人口总数的 47.3%。②

外出打短工的农民人数的增加是农村资本主义关系发展的标志,鉴于农民和士兵出逃以及设立人头税的需要,彼得一世早在 1724 年开始实施的身份证制度可以证明人数的增长。根据政府法令,离家超过 30 俄里的农民需持有其地主提供的暂离信,随后将该信提交给地方自治会委员并获得暂离证明,该证明登记了准许离开的标志。③ 这一法令是俄国后续有关身份证立法的基础。

根据 А. Г. 拉申整理的数据,1828 年,俄国 54 个省份和地区中持有身份证外出打工的国有农民和地主农民达 575100 人,皇室领地农民达 43000 人,④ 占国内农民人口总数的 4%。⑤ 1857 年,仅雅罗斯拉夫外出打工农民

---

① См. А. Г. Рашин. К вопросу о формировании рабочего класса в России в 30 – 50 – х годах XIX в. «Исторические записки», № 53, стр. 156.
② См. А. Г. Рашин. Население России за 100 лет. М., Госстатиздат, 1956, стр. 126.
③ «Труды комиссии, учрежденной для пересмотра устава о паспортах», ч. I. СПб., 1861, стр. 6 – 8.
④ См. А. Г. Рашин. К вопросу о формировании рабочего класса в России в 30 – 50 – х годах XIX в. «Исторические записки», № 53, стр. 145.
⑤ Там же, стр. 147.

的人数就增长至30%；① 1838～1858年，莫斯科外出打工农民的人数从24396人增长至42539人，即增长了74.3%，此外，1848～1850年，莫斯科农民从事副业的平均时间为每年8.5个月。② 实际上，外出打短工的农民人数更多，因为很多农民凭借短期证件外出工作，还有一些农民在距家不超过30俄里的当地手工业打工，完全不需要任何身份证和证明。身份证按照时间分为6个月至3年不等，一年的身份证需支付5卢布，两年为10卢布，三年为15卢布。工业企业主十分关心这一点，为了使工人能够长期从事生产，提高了夏季月份的工资。技能熟练的工人更为稳定。如，1853～1857年，莫斯科普罗霍罗夫兄弟工厂完全没有长期力工，"手工"工人占14.48%，在机器辅助下工作的工人占24.53%，雕刻工占12.3%，而佩罗廷印花工和掌握最高技能的工人达到50%。③

机器的引进促进了工人和土地的分离，加速了仍然处于农奴制俄国的固定工人队伍的形成。谈到资本主义社会的无产阶级与封建时代工人的联系，马克思写道："资产阶级开始自己的历史发展时就有一个本身是封建时期无产阶级残存物的无产阶级存在。"④ 随着封建制度的进一步解体，强迫雇佣工人的现象非常普遍。仅舍列梅捷夫的档案中就有几十件关于拖欠赋税的农民被送去修建铁路的案例。如，其中一份文件写道，107名农民被派去工作，"他们没有能力缴纳赋税，因此被派去工作"⑤。在另一件案例中，附有一份500名农民的名单，应地主的要求将其作为拖欠赋税者送去从事强制劳动。⑥

然而这样的事实，即与企业主签订合同的是地主而不是工人，引起了工厂主和工人的不满，他们失去了亲自谈判雇佣条件的机会，降低了工人对工作的兴趣并加速了农民的出逃。因此政府被迫于1825年颁布法令，禁止地

---

① Там же, стр. 153.
② Там же, стр. 155.
③ «История пролетариата в СССР», 1933, № 1–2, стр. 193.
④ К. Маркси и Ф. Энгельс. Соч., т. 4, стр. 144.
⑤ ЦГИАЛ, ф. 1088, оп. 21, д. 7315, л. 2.
⑥ ЦГИАЛ, ф. 1088, оп. 21, д. 7596, л. 2.

主将自己的农奴送去工厂工作,并建议他们不要由本人与工厂主签订合同,而是由工人签订。地主仅能通过身份证准许农奴离开,工人有权自由地与企业主签订合同。① 这一法令是在关于企业主与雇佣工人关系的 1835 年法律之前颁布的,我们将在后面讨论这一法律。

鉴于大量的农民前往城市,1826 年,政府稍微降低了身份证的价格并准许他们不像以前一样在印有国徽的纸张上制作身份证,使用白纸即可。② 1827 年,新罗西斯克总督在外出打工农民和企业主的压力下,向沙皇申请使用六个月的证件代替价格昂贵的身份证,其由乡公所发放,每张证件的价格仅为 50 戈比。③ 明斯克的商人们提出了同样的申请,1827 年 10 月 16 日,国务会议接受了这些申请并审议了关于身份证的问题。④ 由于担忧"游荡罪的增加",国务会议的成员们,即达官显贵的代表们,认为有必要维护现有的身份证发放制度,但降低了后者的价格并维持它们的生效期限。自 1828 年 1 月起,国务会议规定一个月的身份证价格为 50 戈比,三个月的价格为 1 卢布,六个月的为 2 卢布,一年的为 4 卢布,两年的为 8 卢布,三年的为 12 卢布,⑤ 身份证包括丈夫、妻子和年幼的孩子。⑥ 国务会议的这一决议并没有使要求从根本上改变身份证制度的资产阶级满意。

工场手工业会议的成员在提交给财政大臣的申请中对地方警察局的行为表示不满,其不允许农民在没有身份证的情况下离开家乡。⑦ 工场手工业会议的这一意见得到了财政大臣的支持,他建议"不要阻挠没有身份证的农民前往距其居住地不超过 30 俄里的工厂工作"⑧。参政院讨论了这一问题,同意工场手工业会议的意见并指出,那些前往距离其居住地 30 俄里以外城

---

① ПСЗ. Собр. 1,т. XL, 30385.
② «Труды комиссии, учрежденной для пересмотра устава о паспортах», ч. I. СПб. , 1861, стр. 25.
③ ЦГИАЛ, ф. 1152, оп. т. I, д. 71, лл. 2 – 3.
④ Там же, л. 12.
⑤ Там же, л. 44.
⑥ Там же, л. 37.
⑦ ЦГИАЛ, ф. 18, оп. 2, д. 700, л. 1.
⑧ ЦГИАЛ, ф. 18, оп. 2, д. 700, лл. 1 – 1 об.

市的农民必须持有身份证。①

　　政府不得不改善外出打短工的环境，这不仅是为了农民，也是为了小市民。1845年，莫斯科的小市民通过莫斯科总督请求发放书面证件来取代身份证（全家共用一张），并要求该证件在莫斯科所有的县城中均有效。1846年1月22日，这一建议作为临时措施被批准，② 而1857年9月，作为一项固定法律被批准。③ 这些措施虽然促进了人口的流动性并调整了身份证制度，但是没有解决人员问题。为此需要从根本上改变社会关系，即废除农奴制。

　　随着工业的发展，政府开始担心工人聚集到大城市中。早在19世纪30年代，它就提出了关于将工业从中部地区分散到边区的问题。1832年，在进行全国游历后，尼古拉一世注意到莫斯科工业的巨大发展以及县城工业的薄弱。他命令财政大臣通过民事长官收集关于县城工场手工业发展合理性的信息。④ 在下发给民事长官的书面指示中，财政大臣请他们"考虑除首都外，在省和县城重新建立工厂的利益"⑤。在1834年11月1日呈递给尼古拉一世的书面报告中，Е.Ф.康克林尝试消除沙皇对于大城市工业发展的担忧。⑥ 他指出，目前工业集中于同一个地方的分布是合理的，因为这对组织生产、获取资本、挑选工人和工匠都是便利的。Е.Ф.康克林写道："工厂集中于一个地方是使它们达到技艺水平的条件之一。"⑦ 同时，他也赞同沙皇的观点，认为使工人集中到一个大城市中是危险的，因为工人"是最贫苦的阶级，倾向于不满、悲观失望和突然地迸发"⑧。他引用了里昂工人和英国工人的例子，描

---

① Там же, л. 11.
② ПСЗ. Собр. 2, т. 30, № 19649.
③ «Свод законов», 1857, т. XIV. Устав о паспортах, ст. 27.
④ «История Москвы», т. 3. М., Изд-во АН СССР, 1954, стр. 210.
⑤ ЦГИАЛ. Всеподданнейшие отчеты министра финансов по департаменту мануфактур и внутренней торговли (ф. 40, оп. 1, д. 12, л. 45).
⑥ Содержание записки Канкрина излагается в работе Тугана-Барановского «Русская фабрика в прошлом и настоящем», стр. 139－140 и в «Истории Москвы», т. 3, стр. 210－211.
⑦ ЦГИАЛ, ф. 40, оп. 1, д. 12, л. 47.
⑧ Там же, л. 48.

绘了西欧工人日常生活的阴郁景象，Е. Ф. 康克林将其与俄国工人的状况相比较。"我们的情况是完全不同的，因为城市工厂的劳动者几乎完全由流动的农民组成，因此依靠农民的城市人口不可能出现大幅度地增长。"城市人口的增加也取决于小市民，根据 Е. Ф. 康克林的观点，他们并不危险，因为小市民主要在"私有的小型企业或工厂"工作。财政大臣认为，"与其他国家相比，我国工厂数量的增加是有益且安全的。而工厂主，一方面，其对工人的影响力有限；另一方面，后者（工人）并不是由危险的群体组成，前者（资产阶级）从自己的利益出发处处都需依赖现有的秩序。"①

这份书面报告以及 Е. Ф. 康克林编纂的其他文件都揭示了财政大臣对国家工业发展问题的观点。他反对政府为工厂主提供财政帮助，担心这会导致"资本的白白浪费"②。正如俄国大部分的国务活动家一样（Д. В. 戈利岑、Л. В. 坚戈博尔斯基、К. Ф. 托利），Е. Ф. 康克林认为，与西欧国家不同，俄国工人对土地的依赖有助于避免他们的反政府活动。③ 因此，在 19 世纪 30 年代，他没有看到大城市工业发展的巨大危险。

1835 年，尼古拉一世再次要求所有的军事和民事长官提出"关于加强和壮大城市工厂的方法"④。财政部收到了来自 43 位省长的报告，其中 23 人以"没有这方面的建议"作为答复。其他人提出了具体的建议，从他们的角度来看，这可以为各省的工业发展和福利做出贡献。其中一项措施由弗拉基米尔省省长提出，他建议成立工场手工业法院（或工业法院），负责审理工厂主与工人之间的纷争。⑤ 这建立了国内工业发展问题与工人和企业主关系问题的直接联系。

大规模的工人运动是吸引政府和新闻界关注"工人问题"的原因之一。19 世纪 30~40 年代，由于沉重的生活和劳动条件，雇佣工人的运动事件变

---

① Там же, л. 49.
② ЦГИАЛ, ф. 40, оп. 1, д. 12, л. 50 (об.).
③ См. Л. В. Тенгоборский. О производительных силах России, ч. II. СПб., 1858, стр. 17, 346.
④ ЦГИАЛ, ф. 40, оп. 1, д. 12, л. 147.
⑤ Там же, л. 148 (об.).

293

俄国工业政策（19世纪20—50年代）

得更加频繁。工人的工作时间长达 12~14 小时，只有午饭时间可以短暂休息。工资仅够工人养活自己并支付地主的代役租。一位同时代的人写道："穷苦工人的工作通常只是为了获取面包。"① 有时工人只能获得店主的产品，而非货币。工人因为以下细微的过失被处以罚款：暂时离开工场、不服从工厂主、行为粗鲁等。工人通常生活在工厂里，睡在地板或车床上。至于工人集体宿舍，是由木板搭成的寒冷房间，其中，工人被安置在两三层的铺位上。即使是为研究圣彼得堡工人日常生活而被召集的政府委员会的成员们也不得不谈到工人的艰苦生活："墙壁潮湿，没有可以净化空气的通风窗……脏水坑被建在了住所内部。"②

工人的不满有时发泄为行动，迫使政府对工厂主们提出要求，以使他们"关心车间和工人房间的空气清洁"，为男人和儿童建立单独的房间，"使未成年人不会因工作时间过长而精疲力竭，并且要求工厂主关心他们的培训情况"③。但这些"书面指示"没有得到任何监督，很快就被他们忘记了。

无权的地位和极其穷苦的生存条件是工人运动爆发的原因。19 世纪 30~50 年代，工人无产阶级刚刚开始形成，他们的运动带有无组织性和地方性的特征，而工人与农民的要求相差无几。世袭领地企业与领有制企业中的运动最为激烈。根据 Б. Н. 卡先采夫的统计，1830~1860 年共有 54 起运动发生在世袭领地企业中，102 起发生于领有制企业中，30 起发生于国有企业中，37 起发生于采用雇佣劳动的工业企业中以及 25 起发生于建筑企业中。运动出现次数最多的年代分别为 19 世纪 30 年代前半期、40 年代末以及 50 年代后半期。④ 世袭领地企业和领有制企业中的工人骚动主要集中于陈旧的工业部门——铸铁、制呢以及亚麻部门。领有制工人的大规模运动是政府颁布 1840 年 6 月 18 日政府法令的原因之一，其允许领有制企业主解雇有权转移

---

① ЖМТ, 1828, № 10, стр. 12.
② «Журнал министерства внутренних дел», 1857, т. 24, отд. V, стр. 25.
③ ЦГИАЛ, ф. 560, оп. 38, д. 362, л. 8.
④ См. Б. Н. Казанцев. Рабочий вопрос и фабрично-заводское законодательство в России в 30—50-х годах XIX в. Канд. дисс. М., 1955, стр. 99.

到其他阶层的领有制工人甚至关闭企业。

  雇佣工人运动，同农奴运动一样带有纯粹的经济性质。递交申诉书是非常普遍的抗议方式，工人逃跑也非常频繁。大部分的运动出现在俄国工业中心莫斯科。

  引进的机器不仅没有改善工人的情况，反而恶化了他们的劳动条件。企业主获得了实行夜班制的机会，雇佣劳动更为廉价的妇女和孩子从事生产。由于工人不知道如何操作复杂的机器且没有任何劳动保护措施，因此经常发生事故，这些事故往往是致命的。1843年2月政府颁布了预防条例，但工厂主们并没有实施其中引入的一些劳动保护措施。由于莫斯科和梁赞两家企业发生了蒸汽锅炉爆炸事故，工场手工业会议莫斯科分部的成员于1847年调查了莫斯科的企业，54个被检查的锅炉中，仅有一半合乎要求，其余都需要修理。① 1849年，莫斯科古奇科夫工厂发生了几起不幸的事故，这引起了企业主和莫斯科总督的担忧。后者发布了"关闭部分危险机器"的命令，建议"卷起袖子并把衬衫下摆塞进衬裙中"②。

  不幸事故的频发、工人日益增长的不满，要求扩大1843年条例的应用范围，该条例起初只运用于高压蒸汽机。1847年11月，财政大臣Ф. П. 弗龙琴科在寄给负责拟定1843年条例的交通管理总局的信中转达了弗拉基米尔民事长官的意见，他谈到了在检查企业蒸汽机和锅炉过程中所遇到的困难，此外还提到西伯利亚和特维尔省省长的意见，他们建议将1843年条例应用于低压机器。Ф. П. 弗龙琴科支持民事长官的申请并报告道，1847年在莫斯科和梁赞爆炸的恰恰是低压锅炉。③ 为制定新条例工场手工业会议成立了由连年卡姆夫、萨姆索诺夫、贝尔德组成的委员会，该委员会于1851年11月向工场手工业会议提交了自己的建议，即简化原有条例，使其不仅能被专家所理解，也能为工厂主和工匠所理解。该委员会建议禁止在木制的建筑中

---

① ЦГИАЛ, ф. 18, оп. 2, д. 1310, л. 16 (об.).
② Там же, л. 107.
③ ЦГИАЛ, ф. 18, оп. 2, д. 1379, лл. 1–1 (об.).

295

安装蒸汽机，并仅委派工程师和机械师试验机器。① 工场手工业会议赞同该委员会成员的方案，也同意交通管理总局的意见。② 然而该方案从未获得法律效力。直至1854年，围绕它的讨论仍在继续，工人仍然被剥夺了保障其劳动安全的条例。

工人的不满与日俱增。自1843年起，政府责成圣彼得堡工场手工业会议及其莫斯科分部的成员审理企业本身以及警察段中工人和企业主的申诉。1844年，莫斯科分部审理了10份申诉书（其中2份是企业主对工人的申诉），1860年审理了51份申诉书（其中8份是企业主对工人的申诉）。③ 工人抗议非法罚款、错误的结算以及合同规定之外的工作性质的变更。工厂主主要控诉工人在合同期满后拒绝继续工作。毫无疑问，关于工人不满的案例数量肯定更多，因为工人的申诉书主要由县警察局和县法院审理。1860年4月，工场手工业会议莫斯科分部主席 A. 希波夫建议改变分部审理申诉书的方法，他写道："在最近的两年中，申诉书的数量与过去相比大幅增加，因此分部的成员们必须不停地被派往商场并在那里进行审理。"④ 莫斯科分部的成员们对审理申诉书的时间过短表达不满，然而警察总监表示，之所以如此匆忙，是因为"这类审理在大多数情况下不能接受丝毫的拖延，长时间的审理可能会引起工人之间的怨言"⑤。

工人与工厂主的斗争形式逐渐发生了变化。19世纪30年代，工人个人在企业中罢工或者向企业主提交申诉书，而到了40~50年代，常出现的情况是工人集体抗议并集体罢工。如，莫斯科分部于1860年记录的43起工人反对工厂主的抗议事件中，8起是集体抗议。⑥ 工人不仅捍卫他们已经获得的权利，还要求改善劳动条件，缩短工作时长以及增加工资。位于莫斯科附

---

① Там же, л. 99.
② Там же, л. 164.
③ ЦГИАЛ, ф. 18, оп. 1, д. 5;《Журнал заседаний Московского отделения Мануфактурного совета за 1844 г.》; ГИАМО, ф. 616, оп. 1, св. 2, д. 15; ф. 616, оп. 1, св. 3, д. 33.
④ ГИАМО, ф. 616, оп. 1, св. 2, д. 15, л. 110.
⑤ ГИАМО, ф. 616, оп. 1, св. 4, д. 64, лл. 70-71.
⑥ ГИАМО, ф. 616, оп. 1, св. 2, д. 15, л. 15; св. 3, д. 33.

近佩罗夫村的精梳毛制品手工工场属于商人尼森,1842年11月,其工场的200名工人"擅自停止了工厂的工作",不顾"工场主的劝诫,在随后的工作日中仍然拒绝工作"[1]。工人要求在节日前缩短工作时长。民事长官被委派到事件地点,他体罚了运动的主谋者,"以使其他工人服从"。

1843年,莫斯科工厂主С.П.布雷切夫的11名工人"拒绝服从",停止工作并要求实施有关工资的新规定。[2] 工业分部成员П.韦烈坚尼科夫参与了申诉的审理,并且不得不承认,工人向С.П.布雷切夫"提出的申诉理由非常合理:他没有遵守休假时为劳动组合提供食品储备的规定,干涉个别工人的账目,并且他与工人的结算册完全不符合规定"[3]。С.П.布雷切夫被传唤到莫斯科分部,在这里对其进行了"训诫",以使他在将来不再为别人提供申诉他的理由。[4] 同一年,来自莫斯科莫伊谢耶夫工厂的工人申诉"清理提花机的结算不完整",不同意工场手工业会议莫斯科分部"友好"结束争端的提议,决定向更高级的长官申诉。[5]

莫斯科生活中的重大事件是1849年10月商人拉贝内克染色工厂中发生的工人骚动。运动的原因是工厂主决定向每个工人征收2银卢布的罚款,起因是工人从干燥室中盗窃了几普特的纱线。工人拒绝缴纳罚款并表示,他们将停止工作,前往莫斯科,"互相支持"[6]。在这次运动中,工人展现了一定的组织性:在其中最积极的工人的提议下,所有工人集聚在厨房中并宣誓"互相支持"。不顾工厂主的抗议,130名工人前往了莫斯科,但其中只有72人见到了军事总督。大部分工人相信总督将会审理他们申请的承诺并停止了斗争。随后,5名运动的领导者被逮捕,遭受了被树条抽打的体罚,在

---

[1] 《Рабочее движение в России в XIX в. 1800–1860 гг.》, т. 1. М., Госполитиздат, 1951, ст. 648–649.

[2] ЦГИАЛ, ф. 18, оп. 1, д. 5, л. 149.

[3] ЦГИАЛ, ф. 18, оп. 1, д. 5, л. 149.

[4] Там же, л. 150.

[5] Там же, л. 198 (об.).

[6] 《Рабочее движение в России в XIX в. 1800–1860 гг.》, т. 1. М., Госполитиздат, 1951, стр. 731–735.

警察的监督下被送回农村并禁止返回莫斯科。此外,"在审问中展现出顽强精神"的7人被押解。① 尽管如此,为了整顿工厂的秩序并恢复工作,拉贝内克不得不放弃对工人征收罚款。

1857年3月,莫斯科谢尔盖耶夫工厂的工人"由于其错误的结算而发动了暴乱并拒绝服从工厂主"②。在审理案件的过程中,莫斯科分部的成员揭发了谢尔盖耶夫在工人结算过程中的舞弊行为。他总共对停止工作的160名工人进行了错误的扣款。工业分部的成员作为工厂主通常都会宣布工厂主无罪或减轻其罪责。③ 但谢尔盖耶夫工厂的工人运动是如此令人印象深刻,他们的抗议理由非常充分,所以分部的成员不得不"揭穿谢尔盖耶夫的错误结算"并建议他与工人进行新的结算。④ 同时,分部的成员们认为有必要惩罚运动的"煽动者",逮捕农民 A. 米哈伊洛夫,并将其他农民的行为报告给警察总监。应该指出,新的特质在这些雇佣工人的运动中得以展现,即积极性、要求性以及对地方当局决议的不认可。

圣彼得堡也出现了雇佣工人运动。1859年,圣彼得堡麦克斯韦工厂的400名工人要求增加工资。⑤ 同样在1859年,圣彼得堡机械织布厂的900名工人发起了运动,随后被军事力量镇压。

大量的运动发生在铁路建设中,这里的劳动条件特别艰苦,地主将欠缴税款的农民送往这里。获得身份证的工人被视为雇工,落入与地主和承包人沉重的依附关系中。承包人的专横不受到任何限制。1844年,为监督工人政府成立了以宪兵军官为首的警察局,负责监督工人的住宿、饮食以及所有必要的保障。被指示充当调停人的宪兵军官虐待工人,结果加剧了工人的逃跑。1843年11月,圣彼得堡—莫斯科铁路的一个地段,由于降低了按工作日计酬的工资而引发了1500名国有农民的暴动。为制止"第一次经历的这

---

① Там же, стр. 734.
② ГИАМО, ф. 616, оп. 1, д. 41, л. 66.
③ ГИАМО, ф. 616, оп. 1, д. 15, л. 103.
④ ГИАМО, ф. 616, оп. 1, д. 41, л. 70.
⑤ «Красный архив», 1922, т. 2, стр. 186.

种暴动",运动的主谋者受到了惩罚。国有财产部负责人 Ю. Ф. 科尔夫男爵称赞了惩罚"肇事者"的措施,同时认为负责管理工人的管家应该承担大部分责任,因为他没有履行雇佣条件。他曾指示其为避免混乱,"在没有特殊原因的情况下不要更改工资"①。1845 年 7 月 27 日,交通管理总局禁止宪兵军官在铁路建设中"对大量工人实施体罚"②。

在某些情况下,工人对地方解决问题的结果并不满意,他们前往莫斯科申诉其承包人的错误结算。在莫斯科军事总督 А. А. 扎克列夫斯基提交给交通总司令克莱因米赫尔的书面报告中转达了三组工人(400 人)对承包人的申诉书,其少付给工人大约 4500 纸卢布。审理的结果为,要求管家"立刻满足工人的要求",并简化合同,以使工人"明确地理解他们的义务和权利",因为合同"在保护承包人利益的同时,几乎没有保障工人的任何权益"③。毫无疑问,承包人仅仅是地主和企业主手中的工具,并不是工人不满的主要原因。但是负责审理工人申诉书的政府官员,满意地将他们归结为引起运动的唯一肇事者。

其他铁路也发生了工人运动。1860 年 5 月,在下诺夫哥罗德铁路的科夫罗夫—弗拉基米尔地段上,500 人"擅自停止工作"。长官将工人"暴动"解释为"主谋者的煽动以及可能正处于割草期"④。1860 年春季,伏尔加河—顿河铁路上罢工和逃回农村的工人达 700 人。为恐吓逃跑者,残疾军人小队队长在案件未被审理的情况下"用树条严厉地体罚了 20 人,拔掉他们的胡须以及敲打他们的腿"。对工人的处罚引发了新骚动:超过 500 人拒绝工作。经审理案件发现,管家违反雇佣条件,虐待工人,非法扣款并加重工作负担。⑤ 根据大臣委员会的命令成立了一个特别委员会,负责审理工人

---

① «Рабочее движение в России в XIX в. 1800 – 1860 гг. », т. 1. М. , Госполитиздат, 1951, стр. 650 – 652.
② ЦГИАЛ, ф. 219, оп. 1, д. 127, лл. 4 – 5.
③ «Рабочее движение в России в XIX в. 1800 – 1860 гг. », т. 1. М. , Госполитиздат, 1951, стр. 751 – 752.
④ ЦГИАЛ, ф. 219, оп. 1, д. 283, лл. 14 – 14(об. ).
⑤ «Красный архив», 1922, т. 2, стр. 188.

299

### 俄国工业政策（19世纪20—50年代）

向承包人提出的索赔要求，其成员借助承诺成功地将大部分农民留在铁路建设上并恢复了工作。①

沉重的生活条件和企业主的剥削是19世纪上半叶发生工人运动的主要原因。工人既要与地主和管家斗争，又要与工厂主和监督者斗争。随着工业的发展，19世纪30~50年代的工人运动不断增加，这证明了工人与资本家之间矛盾的尖锐化。但在封建俄国，受迫害的农奴和雇工与农奴主剥削制度的斗争仍然是主要的矛盾。

"工人问题"仍维持着从属于农民问题的地位，吸引了政府和社会各界的密切关注。政府部门开始越来越频繁地谈论俄国和欧洲的工人以及他们的未来。首都的杂志和报纸上也提到了"工人问题"。为修订工业和手工业章程而成立的委员会的成员们写道："至今，我们还没有真正的工人人口，没有赤贫以及无产阶级。"② 同时，官方刊物也刊载了一些文章和书刊简介，其中表达了对工人命运的关注。书刊简介的作者扎布洛茨基－杰夏托夫斯基写道："不应过于草率地相信那些针对工人阶级道德的指责和抱怨……历史学家总是很少关注这一阶级的命运。"③

30~40年代，"工人问题"吸引了政府的关注不仅仅是因为工人运动为其带来的严重危险。在我们看来，努力为发展中的工业提供工人队伍非常重要，因为这不仅关系到资产阶级的福利，地主阶级的福利也取决于此。并非偶然，政府长期以来耐心地说服地主相信建立工业企业的利益，通过定期刊物普及那些将自己的财产转移到资本主义经营道路上的地主的经验，为工厂主组织科学技术方面的公开讲座，建立中等技术教育机构，支持开办私有工厂的学校。为了解决人员问题，政府采取法律措施来调整工人问题，颁布了有关工人和企业主关系的1835年法律。至于工人运动，它们同样在沙皇提出的"工人问题"中扮演了重要的角色。后来，随着工业的进一步发展，

---

① Там же, стр. 189.
② «Труды комиссии, учрежденной для пересмотра уставов фабричного и ремесленного», ч. I. СПб., 1863, стр. 147.
③ «Журнал министерства государственных имуществ», 1842, кн. I, стр. 196.

第七章 19世纪20~50年代俄国的"工人问题"

工人数量的增长,以及1848~1849年西欧的革命事件,在政府和新闻界"工人问题"已然成了一个重要的社会问题。在 A. A. 扎克列夫斯基于1848年提出的方案中,在19世纪50年代的政府委员会中,在新闻界中都可以听到这样的声音。如果说19世纪30~40年代,以下这一种观点占主导地位,即我们的语言中不存在与"赤贫"和"无产阶级"这样可怕的概念相对应的词语,①那么50年代则展现出这样一种观点,在俄国"所谓的无产阶级,显然,已经存在"②。19世纪30~50年代,政府有关工人问题的法规应该是为了预防俄国出现"赤贫"。

1832年12月,莫斯科军事总督 Д. В. 戈利岑公爵拟定了方案《关于解决工人和企业主之间申诉的措施提议》并建议将其提交给工场手工业会议莫斯科分部讨论,除解决其他问题外,他还要求"特别注意逐步改善工人阶级的道德和教育"③。Д. В. 戈利岑的方案要求解决两项任务:(1)为工厂主创造有利的条件,为工业提供长期的工人队伍;(2)减少工人对工厂主的申诉,减轻工人的不满,预防他们的运动。为解决这些任务,Д. В. 戈利岑建议,在地主准许农民前往城市赚取工资的情况下,禁止地主在合同期满之前将其召回,工厂主和企业主有义务保存记有合同条款的小册子,并将带有工厂主与工人结算标记的"合同书"转交给每一位工人。地方当局负责监督结算簿的实施。在缺乏结算簿的情况下,如果企业主和工人发生冲突,警察局应该满足后者的要求。除结算簿外,工厂主有责任在工厂中粘贴附有工人义务清单的公告。同时,戈利岑的方案剥夺了工人在合同期满前从一个工厂主转移到另一个工厂主处的权利。④

这一方案被分送给工厂主和莫斯科分部的成员们"参考",从而"提出自己的意见"⑤。1833年3月,莫斯科分部的大部分成员以及应邀参与的工

---

① 《Журнал министерства внутренних дел》,1845,ч. 10,стр. 335.
② 《Труды вольного экономического общества》(ВЭО),т. 3,1859,стр. 109.
③ ЦГИАЛ,ф. 40,оп. 1,д. 12,л. 86.
④ ФБОН. 《Журнал Московского отделения Мануфактурного совета》,1833,лл. 1 – 1 об.
⑤ Там же,л. 2.

301

厂主寄来了自己的意见。工厂主们原则上表示同意，"为了工厂的福利"，有必要实施 Д. В. 戈利岑提出的规则。他们支持第一项条款，禁止地主在合同期满前召回农民，因为这符合他们的利益，但他们反对那些将在一定程度上限制企业主专断的方案条款。在讨论方案的过程中，贵族阶级与资产阶级的利益发生了碰撞（没有任何人关心工人的意见）。由贵族组成的莫斯科分部的成员们捍卫同以前一样随时召回农民的权利，并阐明自己的想法不仅是为了贵族，也是为了工厂主和工人的利益。贵族梅利古诺夫认为方案的第一项条款"不仅给贵族带来了沉重负担，还限制了所有阶级的事务和情况"，因为地主之前准许农民离开之所以这么"容易，是因为他知道，在他第一次召回农民时，农民就会回来找他"。方案的通过，将会使农民暂时离开地主变得困难，企业主和工人都会蒙受损失：前者将会失去劳动力，后者可能会失去工作。[①] 相反，商人普罗科菲耶夫、И. 雷布尼科夫、П. 罗戈任、Г. 乌鲁索夫、П. 韦烈坚尼科夫认为第一项条款是必要的，因为"工匠为时过早且任意地离开工厂长期困扰着工厂主"[②]。关于实施结算簿的问题引起了工厂主们的分歧。他们中的一部分人（П. 罗戈任、别斯、И. 雷布尼科夫、普罗科菲耶夫）认为实施结算簿是"有益"且"便利"的，而其他人（Г. 乌鲁索夫、П. 韦烈坚尼科夫）认为这一措施是多余的，因为每一家大型手工工场都设有专门的办事处，在其中完成与工人的结算，实施结算簿只会使公文处理更加复杂化。所有工厂主都反对方案的第四项条款，即工人的申诉绝大部分是由"工厂主自身的不公正"导致的。分部成员 П. 韦烈坚尼科夫、Г. 乌鲁索夫、普罗科菲耶夫、库马宁拒绝承认自身应为与工人的错误结算承担任何责任，并声称他们不知道工人申诉"结算错误"的任何情况。在工场手工业会议及其莫斯科分部中担任代表的等级商人，将自己与"出身下层，文化水平较低"的工厂主做对比，认为其"不具备维持秩序的能力"，这引起了工人的不满。莫斯科

---

[①] ФБОН．《Журнал Московского отделения Мануфактурного совета》，1833，л. 39.

[②] Там же，л. 35.

分部的成员们认为在工厂中粘贴关于作息时间表的印刷通知是多余的，因为它已经被每个工人所熟知。①

即便如此，Д. В. 戈利岑的方案体现了国内资本主义关系的形成，工厂主认为这是对他们权利的侵犯，并反对对其活动进行任何控制。正因如此，在审议方案的过程中，仅3名分部成员（П. 罗戈任、别斯、普罗科菲耶夫）认为它是"必要的，而其余5人认为其不易执行"②。为了更体面地否决这一方案，他们指出，假如工人的不满是由于缺乏结算簿，然而在很多独立的工厂中，"它们已经得到了实施"，那么警察局在审理申诉时遇到的障碍就不是来自独立的工厂主，而是来自"小生产者"，他们因为自身文化水平低，缺乏资金而从事了非法业务，从而引起了工人的不满。这样，莫斯科分部的成员将"小生产者"，即市民和农民视为引起工人不满的唯一肇事者。他们建议一切维持原貌，等到"小型工业的领域中具备了更高的教育程度和文化水平，将为每一位生产者提供改善内部秩序的方式"③。同时，他们认为应该及时限制地主在合同期满前将农民召回的权利，但这不是出于个人利益，而是出于对工人利益的关心，他们不能失去"在企业中谋生的自由，在这里他们将获得更好的报酬"④。莫斯科分部的成员们指出，Д. В. 戈利岑建议的措施"没有为工厂主带来利益……并且为那些生产大量廉价商品，满足中低阶层消费者需求，作为重要工业组成部分的小工厂带来了困难，促进了资本主义的形成"⑤。

对Д. В. 戈利岑方案的讨论展现了贵族与资产阶级的利益在国家工业发展问题中的矛盾，他们担心自己控制农民的权利会受到丝毫的限制。在赞成工人与企业主自由签订合同，以及政府为工厂主提供物质帮助的同时，资产阶级反对政府监督自己的活动。企业主否认工人与企业主之间存在严重的矛

---

① ФБОН. «Журнал Московского отделения Мануфактурного совета», 1833, лл. 39（об.）—41.
② Там же, л. 45.
③ Там же, л. 46.
④ ФБОН. «Журнал Московского отделения Мануфактурного совета», 1833, л. 47.
⑤ Там же, л. 47（об.）.

盾，并将其归咎于由农民组成的文化水平较低的工厂主与"事先拿钱，随后罢工"①的不道德的手工工匠。

莫斯科分部的决议被转交给莫斯科军事总督 Д. В. 戈利岑，1833 年 11 月，他重新提请莫斯科分部制定长期规则，要求这其中应规定工人从工厂店铺中购买食品的价格，这有助于工厂主"公正地"计算工人人数。② 出于这一目的，莫斯科分部成员 П. 韦烈坚尼科夫被委托查明哪些莫斯科工厂使用自己生产的产品分发工资以及从他的角度来看，为防止工人申诉应该采取哪些措施。通过对一些莫斯科企业进行调查，П. 韦烈坚尼科夫得出结论，工厂主与工人的结算"完全公正"，而导致莫斯科长官收到工人申诉的原因，"应该归咎于居心不良者的教唆"③，他认为，这一问题不需要制定特别的规则。莫斯科分部同意 П. 韦烈坚尼科夫的意见，通过了维持原状的决议。

Д. В. 戈利岑递交方案的圣彼得堡工场手工业会议也持同样保守的观点。④ 然而，政府已经认识到工业发展以及与其相关的工人问题对国家的重要性，指示工场手工业会议再次审议 Д. В. 戈利岑的方案，增加旨在保护企业主利益的条款，并将方案转交给内务部审议，再从那里提交给国务会议。Д. В. 戈利岑的方案是沙皇于 1835 年 5 月 24 日批准的法律的基础。⑤

俄国出现了第一部调整企业主与雇佣工人关系的法律，这证明农奴制俄国出现了资产阶级矛盾。1835 年法律规定每一名获得身份证的公民都有权受雇于工厂的工作。它禁止地主在身份证规定的日期期满前召回农奴。根据法律，在合同规定日期期满之前，工人无权在不经过企业主同意的情况下停止工作，而后者有权在任何时候以"工人未完成其职责或其他行为"为借口解雇工人，关于这一点企业主有义务在两周之内通知工人。⑥ 工厂主有责任与工人签订书面证明，并发给工人记有合同条件并指明计件工资、计月工

---

① Там же, л. 92.
② Там же, л. 80.
③ Там же, л. 47（об.）.
④ См. М. Туган-Барановский. Русская фабрика в прошлом и настоящем, стр. 134.
⑤ ПСЗ. Собр. 2, т. 10, № 8157.
⑥ ПСЗ. Собр. 2, т. 10, № 8157, § 10.

资或计日工资的清单。仅在工人所属地主同意的情况下才能延长与工人的合同日期。起初，这一法律作为"实验"在莫斯科和圣彼得堡的企业中实施，随后在财政大臣的特别许可以及一些工厂主和民事长官的请求下，其被允许在其他一些大型的工业城市和工厂中实施。①

与 Д. В. 戈利岑的方案相比，1835 年法律通过侵犯工人的权利展现资产阶级的利益。后者不能在合同期满之前停止工作，而工厂主可以随时以"其他行为"为借口解雇不合心意的工人。1835 年法律中列入了 Д. В. 戈利岑方案的条款，要求工厂主发给工人结算清单，但与方案不同，没有任何人监督这些条款是否得到实施，这极大地降低了该条款的效力。1835 年法律旨在减少劳动力的流动性，使地主难以从城市召回工人，保护工厂主的利益并通过实施书面雇佣条件降低工人对企业主的申诉数量。但为了迎合贵族，政府不敢为 1835 年法律赋予约束力，担心这些措施会增加人口的流动性，使地主难以以原有的规模使用农民劳动。并非偶然，1835 年条例的第一项条款就谈到了这一点，仅持有身份证者才能受雇于工作，同时"不能超过身份证的日期"②。但尽管犹豫不决，1835 年法律仍是政府对资产阶级做出的让步，这证明了资本主义的发展，展现了无产阶级和资产阶级形成进程的开端。这是关于"工人问题"的第一项政府法令。在此之前调整雇佣劳动力的所有法令都涉及了农奴人口，而 1835 年法律通过扩展工厂主的权利在一定程度上限制了地主对农民的控制权。19 世纪 30 年代后半期～40 年代初，俄国大部分工业省份实施了 1835 年条例。③

没有引入 1835 年条例的个别省份的省长和企业主请求财政部将其推广至其他省份。里加军事长官申请引入 1835 年条例，认为这有助于"减轻由于城市工厂增加以及大量工人的聚集，在审理工厂主和工匠申诉过程中遇到

---

① ЦГИАЛ, ф. 560, оп. 38, д. 354, л. 33.
② ПСЗ. Собр. 2, т. 10, № 8157.
③ ЦГИАЛ, ф. 560, оп. 38, д. 362, л. 7（об.）; ПСЗ. Собр. 2, т. 7, № 10037, 10734; т. 14, № 12975; т. 18, № 17330.

的困难"①。应该指出，在 19 世纪 30~40 年代初，这类申请主要来自纺织业工厂主，随后部分申请也开始来自其他部门的工厂主。1847 年，扎尔马斯市皮革工厂主以及其他工厂主获准在自己的城市中实施 1835 年条例。②1852 年，喀山沃斯克列先斯克玻璃厂以及基辅甜菜制糖厂也获准实施该条例。③ 这证明了颁布这一条例的经济必然性。

但该法律并没有实现政府颁布它时所期望的结果，需要采取进一步措施减轻企业主与工人之间的矛盾。早在 19 世纪 30 年代，尼古拉一世就提请关注改善"道德教育和工厂工人总体情况"的合理性。④ 财政大臣也通过工场手工业会议莫斯科分部向莫斯科工厂主们传达指示，要求他们注意车间空气的清洁和工资，隔开男性与女性过夜的地方，从事儿童教育，在拥有 50 名以上工人的工厂建立医院，关注工人的道德教育，使其工资寄回农村的家中。其指示工厂主在劝诫工人时要带着"温和和必要的谨慎态度，以免引起工人过早的要求以及不服从和抱怨的态度"⑤。工场手工业会议莫斯科分部的成员有责任每半年检查一次莫斯科的企业并向财政大臣报告工人的情况。其对省工场手工业委员会也下达了类似的指示。但这些政府"指示"下达后，情况并没有发生多少变化，虽然工场手工业会议莫斯科分部在提交给财政大臣的报告中用尽一切办法美化莫斯科工人的情况。"在大型工厂明亮而整洁的正厅中以及在最重要的呢绒和印花工厂中都安装了通风机。在工厂中女性拥有与男性隔开的单独过夜的地方。"⑥ 然而莫斯科分部的成员不得不承认，仅一些大型工厂拥有独立的过夜空间，其他"空间有限的工厂则不能提供这样的地方"⑦。从事夜班工作的孩子情况非常艰苦，通过自己的劳动仅能获得微薄的工资。

---

① ЦГИАЛ, ф. 1263, оп. алф. 26, д. 995, л. 234.
② ПСЗ. Собр. 2, т. 22, № 21116.
③ ПСЗ. Собр. 2, т. 27, № 23331.
④ ЦГИАЛ, ф. 560, оп. 4, д. 1236, л. 2.
⑤ ЦГИАЛ, ф. 40, оп. 1, д. 11, л. 173.
⑥ ЦГИАЛ, ф. 560, оп. 38, д. 362, л. 9.
⑦ Там же, л. 9 (об.).

1837年11月，财政大臣拟定了另一份书面报告，获得了沙皇的认可，其中阐述了"避免儿童道德败坏并将其引导至宗教生活中"[1]的措施。Е. Ф. 康克林建议的措施旨在为正在成长中的一代培养忠君精神。这就是为什么教会在政府的一系列举措中最具重要性。Е. Ф. 康克林建议实施工厂主对儿童的监督制度；寻找使他们能通过"合适的学校；接受神学的训导；参加教会"接受必要教育的途径。由于没有任何人负责检查政府指令的实施情况，工厂主很快就忘记了自己在教育儿童方面的责任。

政府试图仿效有关雇佣工人的1835年法律，以此来解决其他类别自由劳动力的雇佣问题。船舶工人的逃跑事件发生的愈加频繁，这迫使参政院于1835年7月向交通管理总局局长 К. Ф. 托利提议制定措施"阻止船舶工人逃跑"[2]。К. Ф. 托利拟定的条例方案《关于船舶主和船舶工人彼此的权利和义务》于1836年10月被提交给国务会议，并于1836年12月31日被沙皇批准。[3] 该条例旨在通过"建立强制性的组合以及增加船舶工人的雇佣工资来减少逃跑现象"[4]。根据新条例，雇佣工人需持有短期内的自由合同（如果工作距离居住地不超过30俄里）以及"长期离开"所需证件从事船舶工作。在第二种情况中，船舶主有义务准备两本小册子，其中一本交给监督员或航运警察局长，另一本船舶主自己留存。小册子中列入了所有雇佣工人的姓名，并注明了他们的证件、身份证、雇佣条件和合同日期。为避免"疏忽、懒散或企图逃跑"，允许企业主扣留部分工资以维持劳动组合或对其进行体罚。所有受雇者都被连环保束缚起来，"如果劳动组合中的某个人逃跑，且没有支付他所获得的定金或企业主提供的饭食的费用，企业主有权从劳动组合中收回那笔钱"。该条例规定，企业主有义务在当地组建劳动组合。政府建议企业主在三年内逐步引入新条例：1837年，要求企业主对该条例做出一定解释；1838年，要求企业主使用船舶登记簿；1839年，要求

---

[1] ЦГИАЛ, ф. 40, оп. 1, д. 12, л. 236.
[2] ЖМТ, 1837, № 4, стр. 12.
[3] ПСЗ. Собр. 2, т. 6, № 9818.
[4] Там же.

企业主必须实施所有规则。①

在起草有关雇佣船舶工人的条例草案的同时,政府开始制定关于西伯利亚国有土地上私人采金业的条例,并于1838年4月30日被沙皇批准。② 这一法律的出现与西欧和东西伯利亚采金业的进一步扩展、偷盗黄金以及工人骚动和逃跑事件频繁发生密切相关。根据新条例,未经财政大臣许可禁止开采矿场。仅允许贵族、荣誉公民、一等和二等商人从事采矿业。该条例指出,在哪里以及如何组织采矿活动,同时以交付军事法庭相威的,禁止偷盗黄金。该条例专门设置一章论述雇佣规则和与工人的关系。禁止矿主雇佣未持证件和身份证的人。雇佣期限不应超过一年,此后双方可以在乡公所续签合同。建议企业主雇佣工人,并以连环保劳动组合的方式将他们送往工作地点。该条例指出了劳动的条件以及工作时长。工人开始工作的时间不得早于早晨5点,不得晚于晚上8点,且中午有一次吃午饭的时间,周日和节日休息。在没有冬季洗矿的情况下,禁止矿主在9月10日之后清洗黄金。根据合同或工人违反雇佣条件而支付或扣除的款项应在结算清单中注明。根据该条例,工人生活方面的所有其他条件均由双方自行商定。

所有这些法律,根据政府的观点,应该将工业工人置于国家的控制之下并减少他们的不满。

1840年12月,根据尼古拉一世的指示成立了由布克斯格夫登伯爵领导的委员会,该委员会负责调查圣彼得堡工人和手工业者日常生活的"所有详细情况"。根据 B. K. 亚聪斯基的观点,调查的原因是政府担心圣彼得堡频繁暴发的流行病。③ 但我们认为,政府对首都工人数量增长的担忧是成立该委员会的主要原因,这加剧了工人运动的危险性。A. X. 本肯多夫于1841年12月18日提交了书面报告《关于预防圣彼得堡工人和手工业者成分混乱

---

① ЖМТ, 1837, No 4, стр. 13.
② ПСЗ. Собр. 2, т. 8, No 11188.
③ См. В. К. Яцунский Материалы о положении рабочих Петербурга в 40 - х годах XIX в. «Проблемы источниковедения», вып. VIII. М., Изд - во АН СССР, 1959, стр. 135.

第七章　19世纪20～50年代俄国的"工人问题"

的举措》①，该书面报告根据该委员会成员的报告撰写而成，其题目和内容证明了这一观点。对于我们的研究而言，其中最重要的材料是财政部官员五品文官奥兹诺比申的报告。他的小组调查了位于该市奥哈津斯克、瓦西里耶夫和第二海军区的199处工人房屋（即工人人口最密集的地区）。②调查发现，199间房屋中仅48间是舒适且温暖的。199间房屋中居住了3776名工人，其中有36名妇女、39名女孩、2872名成年男性、829名男孩（即1/3是儿童）。丝织品和毛织品工厂以及香烟和家具工厂的儿童人数特别多。③奥兹诺比申写道："儿童受到了政府的特别关注，因为这是未来的生产者，国外做出很多新的决议来改善他们的日常生活。"④ 他指出："没有长期工作的短工状态最为凄惨。这些人住在最寒冷的房间，经常吃不上热乎的食物。"⑤ 该委员会的所有成员共参观了1077间房屋，该委员会认为其中411间较为舒适，428间比较普通，238间比较恶劣。⑥ 应该指出，奥兹诺比申在1841年3月26日的报告中提到了一项有趣的观察："企业主、工厂主和承包人越富有，他们就越不关注自己工人的福利。"⑦ 为消除调查所得的不利印象，奥兹诺比申写道："如果考虑到工人大部分的时间不在房间，仅睡觉时在房间，如果考虑到房间干燥，工人的状态健康且愉悦，而不是疲惫不堪，那么可以认为，糟糕的条件对工人的健康状态影响不大。"⑧ 如上所述，А. Х. 本肯多夫根据该委员会的材料撰写了书面报告，并于1841年12月23日和1842年1月7日在大臣委员会上进行讨论。

А. Х. 本肯多夫的书面报告涉及以下问题：（1）提高圣彼得堡工匠和工人日常生活和道德水平的举措；（2）保护工人免受承包人和企业主压迫的

---

① ЦГИАЛ, ф. 560, оп. 8, д. 577, л. 24. Содержание записки излагается ниже.
② Там же, л. 7.
③ Там же, лл. 11 – 12.
④ Там же, л. 13.
⑤ Там же, л. 9.
⑥ См. В. К. Яцунский. Ук. статья, стр. 141.
⑦ ЦГИАЛ, ф. 560, оп. 8, д. 577, лл. 11（об.）—12.
⑧ ЦГИАЛ, ф. 560, оп. 8, д. 577, лл. 7（об.）—8.

手段；(3) 寻找方法以减少由于一些车间设备较差，以及手工业工场和工厂将污水排入涅瓦河和运河而对居民造成的危害。[①] 大臣委员会赞同 A. X. 本肯多夫的建议，认为有必要建立由圣彼得堡军事总督领导的监督委员会，其目标是"关注工人日常生活和道德水平的提高"。根据其建立者的意见，该委员会应该具有审理工人和企业主争讼的司法权。[②] 此外其还指出，有必要听取工人和学徒对其企业主的申诉和意见，说服他们"更加地顺从和耐心"，仅在他们拒绝接受监督委员会成员的建议时，才将申诉书转交给监督委员会讨论。[③] 根据该报告，工人的工作时长每天不应超过 14 小时，而"无论受雇于哪种工作的工人都应完全顺从于企业主"[④]。

然而，这一报告并没有改变工人的情况，政府以维持监督委员会的费用过于昂贵为借口，没有付诸实施。关于在大型工业城市中建立手工业法院（或工业法院）的大量方案同样未获批准。工场手工业会议莫斯科分部在 1843 年 3 月 1 日的会议上提交了组织手工业法院的方案供其成员审议，弗拉基米尔总督早于 1836 年就提到了这一点。[⑤] 根据莫斯科分部的方案，手工业法院负责审议工人对工厂主错误支付其工资或对待他们的恶劣态度的申诉，以及工厂主对工人未完成其职责、损坏产品、机器和设备以及旷工等行为的申诉。此外，手工业法院有权审理工厂主之间的相互申诉以及地主和企业主之间涉及工人的申诉。[⑥]

莫斯科分部提出的一些问题可能处于手工业法院的管辖之下，这证明了工人的情况，他们在国家生活中的地位不仅引起了政府的担忧，也引起了地方当局的担忧。莫斯科工业分部试图以有利于后者的方式缓和工人与企业主之间的矛盾，并提出了成立工业法院的方案。但是政府已经通过颁布 1835 年法律对资产阶级做出了让步，不愿意进一步巩固其地位。它甚至反对建立

---

[①] Там же, л. 24.
[②] Там же, л. 48.
[③] Там же, л. 73.
[④] Там же.
[⑤] ЦГИАЛ, ф. 40, оп. 1, д. 12, л. 148（об.）.
[⑥] ФБОН. «Журнал Московского отделения Мануфактурного совета», 1843, лл. 7 - 9（об.）.

保护资产阶级权利的机构，如工业法院，其除审理工人和企业主之间的申诉外，还有权解决地主和企业主之间的冲突。因此莫斯科军事总督声明，"因为彼此之间的申诉绝大部分都可以和平解决，所以不必急于"① 建立手工业法院。

1845年，里加工场手工业委员会制定了利夫兰工厂警察法令草案，"以维护工厂中的道德和秩序"。工厂警察的职权范围包括审理"工厂工人的轻罪"，以及处理企业主因工人过失而遭受损失的赔偿。工厂警察应该由从工厂工人中（主要是工匠）选出的一名主席和两名成员组成，负责维护企业主和工匠的利益。②

里加工场手工业委员会的方案被提交给大臣委员会审议，大臣委员会又将它转交给内务大臣。后者于1848年10月15日提交的书面报告获得了财政大臣的认可，内务大臣认为建立工厂警察是多余的，因为"方案赋予工厂警察的所有职责都在地方警察的管辖权之内，而后者有能力完成这些职责"③。

但问题不仅在于工厂警察将重复地方警察的职能。1848年革命事件以及这一事实在政府对这一问题的否定态度中起到了一定作用，即工厂警察的职能除监督工人外，还负责审理工厂主与地主之间的冲突。

根据方案，工厂警察仅负责审理"无关紧要的案件"。通常，它将由在企业中享有特权的工匠领导。这样的组织不会对专制制度的支柱带来较大的危险。但是它们的出现一方面证明了工人和企业主之间矛盾的尖锐化，另一方面证明了资产阶级和地主矛盾的尖锐化。工厂警察的领导权将掌握在企业主和工匠手中，这将在一定程度上削弱地主对代役租制农民的支配权。因此，政府认为建立工厂警察的建议将在一定程度上侵犯地主的权利。并非偶然，作为迫使里加工场手工业委员会的方案被否决的原因之一，政府提出了

---

① ЦГИАЛ, ф.18, оп.2, д.1927, лл.47–49.
② Центральный государственный архив в Риге（ЦГИАР）, ф.107, оп.3, д.50.лл.41–43.
③ Там же, л.52.

这样一个事实，即工人中存在地主农民，而他们没有权利被选入法院。① 我们认为，政府拒绝批准里加工场手工业委员会的方案与欧洲革命事件以及担心削弱地主对农民的权力密切相关。

19世纪40~50年代为解决"工人问题"而成立的许多政府委员会没有改善工人的情况，因为政府对他们福利的所有"关心"都可以归结为蛊惑宣传。同以前一样，工人没有劳动保护，工资仍然很低，妇女和儿童在夜班期间与成年男性一起工作。

1844年，莫斯科沃兹涅先斯克棉纺厂发生了大规模的工人运动，随后被武装力量镇压。这令政府非常不安，以至于在1845年，新的条款就被添加到刑法当中。其中一项规定"如果有任何人不服从手工业工场主和工厂主，以及工厂管理者，那么将对整个劳动组合或群众施加惩罚"，对犯罪者处以"政府为反抗当局者制定"②的惩罚。其他条款首次引入了针对工人不服从行为的各项惩罚措施：逮捕参与罢工或在规定日期前停止工作的工人，"主谋者"判刑3周至3个月，其他人判刑7天至3周。③

但是政府明白，仅靠镇压并不能安抚工人，必须采取其他措施来维护政府保护工人的表面形象。在这方面，莫斯科民事长官 И. 卡普尼斯特关于该省情况的报告无疑非常重要。И. 卡普尼斯特特别关注的问题是"如何最便捷地分配莫斯科工厂的工作，以及减少对于工人，特别是对儿童来说非常艰苦的夜间生产时长"④。尼古拉一世在了解民事长官的意见后，指示财政大臣"关注这一问题"。财政大臣也建议工场手工业会议莫斯科分部在会议上讨论关于莫斯科工人情况的问题。

莫斯科分部成员对莫斯科企业进行的最新调查显示，夜间工作普遍在棉纺厂中出现。有影响力的莫斯科工厂主应邀参加莫斯科分部的会议，被迫同

---

① Там же, л. 118.
② «Уложение о наказаниях уголовных и исправительных». СПб., 1845, ст. 1791.
③ Там же, ст. 1792.
④ См. подробнее об этом: В. Ю. Гессен. История законодательства о труде рабочей молодежи в России. Л., 1927, стр. 51 – 52.

意调查员的意见,承认禁止未满12岁的孩子从事夜间工作的合理性。① 政府指示工厂主,"他们不应指派12岁及以下的年幼工人在午夜至早晨6点工作,并委派地方长官监督这一决议的实施"②。财政大臣的这一决议于1845年8月7日被沙皇批准。③ 禁止幼童夜间工作的1845年法律,是另一部不受政府监督的有关"工人问题"的立法。

农民与地主的斗争在改革前最后几十年形成了非常广泛的规模,政府担心农民和工人运动合并成统一的反政府急流。在这些条件下,沙皇特别积极地介入工人与企业主的关系当中。1847年11月,莫斯科军事总督 А. Г. 谢尔巴托夫在"与有这方面经验的人"讨论后,向财政大臣 Ф. П. 弗龙琴科提交了书面报告,他在报告中指出,他收到了工人和企业主之间的"大量"申诉,并认为原因在于缺乏工人雇佣和结算的规则。А. Г. 谢尔巴托夫建议查明关于工人雇佣制度、申诉性质以及可以"改善这种情况"④ 的措施。调查显示,绝大部分企业通过"口头条件"雇佣工人。仅一些工厂主持有简短的印刷规则,其中规定了工人的职责和工作时间。这些规则对每个企业都不尽相同,且不涉及很多重要问题。А. Г. 谢尔巴托夫认为应该引入可以约束所有工厂主的书面合同,以此避免工人与企业主之间的冲突。工人应持有结算簿,而工厂主保存它们的抄件。在审理申诉时结算簿是主要文件。

面对工人与企业主的冲突,А. Г. 谢尔巴托夫认为工人应从自己的队伍中"选出品德高尚的工人",然后根据企业工人的数量,从25人或50人中选出一名调解人(如果工人人数很多,则从50人中选出一名调解人)。⑤ 实质上,调解人应该是独特的"工人监督者"。А. Г. 谢尔巴托夫最后一项提议的实施是工人的绝对胜利,虽然从整体而言,该方案仅是对1835年条例的重复和一定程度的扩展,对工厂主不具有强制性。莫斯科总督的建议使这

---

① См. В. Ю. Гессен. Ук. соч., стр. 52 – 53.
② ЦГИАЛ, ф. 1263, оп. алф. 35, д. 1715, л. 612 (об.).
③ ПСЗ. Собр. 2, т. 20, № 19262.
④ ЦГИАЛ, ф. 18, оп. 12, д. 1927, л. 7.
⑤ ЦГИАЛ, ф. 18, оп. 12, д. 1927, лл. 11 – 12.

项政府决议合法化。档案中存有一份应用于工厂工作的结算簿方案。① 结算簿记录了农民的姓名、受雇的工作、其对工厂主的职责、地址、工作性质、日期、工资。根据雇佣条件，农民无权在合同期满前拒绝工作，同时企业主有权因工人未完成职责或"因其他行为"在雇佣期满前解雇工人，并在一周内通知这件事（1835 年法律规定为在两周之内）。② 企业主虽被要求履行合同条件，但对于同一条款的保留条件规定，工厂主"在必要的情况下"可以改变工作的性质，为此，缔结的合同不是书面的，而是口头的，取消了企业主的所有义务。③ 企业主有权因工人旷工、工作时间暂离、工作时间吸烟、损坏商品、在车间吵闹、熟人未经企业主允许拜访工人，在调解人参与的情况下对其处以罚款并记录在结算簿中。④ 工人有义务在固定的时间回家，服从并尊重工厂主及其家庭，而不服从且行为粗鲁的工人将受到严厉的惩罚。⑤ 如果工人因企业主的过失而在工作中受伤，后者有责任为病人的医治支付补助金。如果工人经过医治被证明失去了劳动能力，那么工厂主应支付其等同于一年工资的补助金，而如果他去世了，这笔补助金将转交给其亲属。⑥ 如果工人被送到工厂医院进行医治，那么其痊愈后有责任"做工偿还在其身上所耗费的一切支出"。医治的费用将记录在工人持有的结算簿中。A. Г. 谢尔巴托夫建议于 1848 年 7 月 1 日起开始实施新条例。

  A. Г. 谢尔巴托夫的方案与统治阶级提出的其他建议一样，旨在保护工厂主的利益。他允许企业主解雇不合心意的工人，为此可以应用"关于恶劣行为"的条款，为罚款辩解，并对工人实施琐碎的监管，这都证明了他们将后者视为财产的态度，虽然工人在表面上是自由的。

  A. Г. 谢尔巴托夫方案的新条款是调解人制度，他们被从工人中选出，在没有调解人参与的情况下，工厂主无权审理任何一件冲突事件。这在一定

---

① 这一结算簿方案是 1886 年 6 月 3 日工厂法中的结算簿原型。
② ЦГИАЛ, ф. 560, оп. 4, д. 1275, лл. 30 – 31（об.）.
③ ЦГИАЛ, ф. 560, оп. 4, д. 1275, л. 31（об.）.
④ Там же, л. 34.
⑤ Там же, л. 36 об.
⑥ Там же, л. 36.

程度上限制了企业主的权利，引起了资产阶级的抗议，他们不愿自己的行为受到监督。并非偶然，恰恰是工场手工业会议的成员凭借如下理由认为将 А. Г. 谢尔巴托夫的方案付诸实施是不合理的，即"现有的 1835 年条例完全够用"。工场手工业会议在决议中谈道："只有在莫斯科，这些规则才被认为是不充分的，因为与任何地方相比，莫斯科拥有更多的工业企业和工人，自然，这里存在更多的争端。"① 因此，他们建议将地方指令补充到现有的条例当中，并要求其他工厂主实施 1835 年条例，违反者将因"工人清单内容有误"② 而被处以罚款。通过进一步的保留意见，工场手工业会议的成员基本上取消了以前的指令。他们指出，"工人数量不等，并且他们每年都有所增加和减少"③，不可能与工厂主签订书面合同。

工场手工业会议的意见被提交给财政部和内务部审议。财政大臣会议在其 1848 年 2 月 12 日的会议中支持工场手工业会议的意见，即将 А. Г. 谢尔巴托夫方案付诸实施是不合理的，责成每位工厂主发给工人记有他们雇佣条件的结算清单。至于解决冲突问题，特别是莫斯科的许多问题，财政大臣会议建议补充 1835 年条例的相关条款，并在工场手工业会议莫斯科分部 1/4 成员出席的情况下，委托市监督者或警察局局长审理莫斯科的申诉；在莫斯科的其他城市委托市监督者或市长审理申诉；莫斯科的县在由工厂主组成的调解人出席的情况下，委托区警察局局长审理申诉。④ 实际上，内务大臣借口工厂主与工人之间的关系归财政部管辖而拒绝审议方案。然而他指出，他认为实施以前的决议是可行的。在工场手工业会议和财政大臣会议讨论了 А. Г. 谢尔巴托夫的方案之后，它被提交给工场手工业会议莫斯科分部，该分部也认为有必要补充 1835 年条例中有关企业主和工人之间关系的条款。⑤

---

① ЦГИАЛ, ф. 18, оп. 2, д. 1927, л. 36.
② Там же.
③ Там же, л. 36（об.）.
④ Там же, л. 49.
⑤ ЦГИАЛ, ф. 18, оп. 2, д. 1927, лл. 135 – 142.

**俄国工业政策（19 世纪 20－50 年代）**

事实上，А. Г. 谢尔巴托夫方案主要关注工人和企业主之间的关系，这证明了他们之间矛盾的尖锐性。正因如此，А. Г. 谢尔巴托夫建议引入一项条款，该条款承认工人有权从其环境中选择保护他们利益的调解人。莫斯科军事总督的这一让步是为了缓和工人的不满。但资产阶级不想限制自己的权利，即使其中大部分条款都旨在保护企业主的利益，而对工人实施的琐碎监管完全符合农奴制俄国的条件。

西欧 1848～1849 年革命事件以及俄国国内的骚动促使政府采取措施增加针对农民、工人和在俄国居住的外国人的警察监督机构。西部省份以及俄国工业中心莫斯科和圣彼得堡的状况引起了政府强烈的担忧。由于害怕"无产阶级的瘟疫"，沙皇准备人为地缩减资本主义组织的工业。

以改善城市空气为借口，大臣委员会早在 1826 年 4 月就通过了关于将有害公民健康的工业企业转移到河流下游的决议。这一决议引起了企业主们的抗议，他们拒绝将已经运转的企业搬迁到新的地点。莫斯科总督 Д. В. 戈利岑在莫斯科企业主的压力下，获准将现有企业留在原地，禁止开办可能会"产生恶臭和污染物"[①] 的新企业。

政府将 1826 年限制工业生产的措施完全归因于企业恶劣的卫生状况，而没有将其与工人在大城市中的聚集联系起来。1840 年 10 月，随着莫斯科木柴价格的上涨，政府成立了一个委员会，其负责解决"关于借助于蒸汽机运转的大型工业在莫斯科和县城进一步发展的合理性"[②] 问题。这一问题与尼古拉一世于 1832 年提出的意见有关："不应该从政治上阻止莫斯科工厂工人的大量聚集。"[③] 该委员会的成员发现，阻碍工业发展的人为手段，"可能会抑制我们新兴的工业活动，并长期阻碍我们工厂的成功发展。此外，很多工厂因为缺乏具备某一领域专业知识的人才，所以除在首都附近，在其他

---

[①] См. П. Г. Рындзюнский. Городское гражданство дореформенной России. М., Изд-во АН СССР, 1958, стр. 83－84.

[②] ЦГИАЛ, ф. 1263, оп. 31а, д. 1321, л. 415.

[③] ЦГИАЛ, ф. 18, оп. 2, д. 1927, л. 166.

地方无法生存"①。为了发展莫斯科和该县城以外地区的工业，该委员会成员建议为那些将在其他地方建立工业企业的工厂主实施特殊补助金、优惠以及特权。至于"无产阶级的集中"，莫斯科军事总督写道，俄国工人不能与其他国家的工人相比，"我们的工人拥有自己的定居地或者至少在农村拥有必要的粮食"②。1840 年该委员会反对缩减莫斯科工业的意见得到了政府的支持。它在 1848~1849 年，新革命高潮迭起的年代以不同的方式处理了这个问题。新任莫斯科总督在工场手工业会议莫斯科分部中讨论了 А. Г. 谢尔巴托夫的方案，而在此之前，尼古拉一世的受托人 А. А. 扎克列夫斯基伯爵就于 1848 年 10 月 22 日向财政大臣递交了书面报告。在这一书面报告中，他将工业的发展与"工人问题"联系起来，将禁止在莫斯科及其附近地区建立新企业的必要性解释为力图"避免工人和工业阶级在首都的过度集中"③。А. А. 扎克列夫斯基指出，大量工人聚集到一个地方将促使"这一阶级的人们道德恶化，因此陷入恶劣的行为当中，参与暴动和犯法行为"④。此外，很多工厂发生火灾时非常危险，其他工厂则会污染空气和水源。拥有大量的工业企业和工人同样会导致燃料和食品价格的上涨。基于所有这些原因，他建议：禁止在莫斯科建立私人拥有的新手工业工场和工厂；不允许在现有的企业中扩展生产（机器、炉子和工人的数量）；准许缩减企业规模。А. А. 扎克列夫斯基的书面报告被转交给财政大臣 Ф. П. 弗龙琴科，他借口莫斯科军事总督的意见与 1840 年委员会的决议互相矛盾，建议作者向尼古拉一世转达自己的观点。⑤

1848 年 12 月 12 日，莫斯科总督向沙皇提交了自己的书面报告《关于禁止在莫斯科建立手工业工场和工厂以及监督目前手工业工场和工厂中现有

---

① ЦГИАЛ, ф. 1263, оп. 31а, д. 1321, лл. 418 – 419.
② Там же, л. 424.
③ Там же.
④ Там же, лл. 1 – 1 об.
⑤ Там же, л. 4.

工人的举措》①，其中重申了在提交给财政大臣的书面报告中叙述的支持缩减莫斯科工业的理由。А. А. 扎克列夫斯基写道，"大部分莫斯科工厂都未经长官许可，擅自建立。"其在书面报告中引用了关于莫斯科工人人数的数据（1848 年，仅莫斯科的男性工人就达到 36889 人）、他们的劳动条件以及日常生活。在结尾处，А. А. 扎克列夫斯基写道："政府不应该允许无家可归和道德素质低下的人们聚集到一起，这很容易导致任何破坏社会和私人秩序的运动。"②考虑到资产阶级的反对意见，他预先说明，其建议不会"限制工业的发展，因为他们不会剥夺工厂主在距莫斯科 40~60 俄里区域内开办工业企业的权利，并且与莫斯科相比，工厂和工人在这里的维持费用更加便宜"。

根据沙皇的指示，А. А. 扎克列夫斯基于 1848 年 12 月 12 日提交的书面报告被转交给大臣委员会审议，后又被递交给财政大臣和内务大臣。后者指出，А. А. 扎克列夫斯基的方案值得关注，认为采取坚决措施"禁止在莫斯科开办新工厂可能会限制工业的发展"③。财政大臣反对 А. А. 扎克列夫斯基的主要观点，即其对"无家可归和道德素质低下的人们"聚集到大城市的担忧。Ф. П. 弗龙琴科认为，与西欧国家不同，"目前我国工业人口的构成与外国无家可归的无产阶级完全不同……俄国，特别是莫斯科及其全省，与国外不同，工人不是城市的土著居民"④。他认为，不能在莫斯科建立任何存在火灾危险的企业。至于 А. А. 扎克列夫斯基关于"工人问题"的建议，Ф. П. 弗龙琴科认为，不应仅对工人实施惩罚，也应给予"奖励"⑤。其中，他引用了 1848 年 1 月 21 日批准的俄国工业展览的新条例，据此，工厂主有权向"工业长官"报告因工作优秀以及改进生产方式而表现突出的工匠和工人。财政大臣认为，这一措施应该扩展至"因品德优良而表现突

---

① Содержание записки Закревского излагается в кн. М. Тугана-Барановского «Русская фабрика в прошлом и настоящем», стр. 140 и в «Истории Москвы», т. 3, стр. 210.
② ГИАМО, ф. 16, оп. 15, св. 2594, д. 11770, л. 11.
③ Там же, л. 18.
④ Там же, л. 23.
⑤ Там же, л. 32 (об.).

出的工人，并且每年将其名单提交给该省长官以获取奖励"。奖励由工厂主本人颁发，"由该省长官向工人颁发奖状并在省公报上公布"①。显然，财政大臣的建议是为了保护贵族的利益。但是他们证明了，一些政府官员已经看到俄国近几年来发生的一些变化，并认识到，不可能通过一些人为措施阻止国内工业的发展，因为这也为统治阶级带来了危险。由此可见，与 А. А. 扎克列夫斯基的提议相比，财政大臣在"工人问题"方面建议的政策更为灵活且随机应变。工场手工业会议莫斯科分部的成员也审议了莫斯科军事总督的方案，他们的结论大部分重复了 Ф. П. 弗龙琴科的观点。②

因此，财政大臣和内务大臣、工场手工业会议莫斯科分部的成员反对 А. А. 扎克列夫斯基旨在缩减国内工业生产并对工人实施琐碎监管的建议。③ 政府官员和莫斯科分部成员的意见影响了尼古拉一世于1849年6月28日做出的最终决议，沙皇批准了 А. А. 扎克列夫斯基的部分建议，这些建议涉及"工人进入工厂并监督其道德品质"的程序，并标注"非常重要"的是将其转交给工场手工业会议及其莫斯科分部，以审议并起草关于企业主和工人之间关系的条例草案。

应该指出（在我们的文献中，当谈论 А. А. 扎克列夫斯基的书面报告时，很少关注这一点），尼古拉一世批准了稍做修改的 А. А. 扎克列夫斯基的方案，将重心转移至"工人问题"而不是有关国家工业发展的问题。回想一下，А. А. 扎克列夫斯基于1848年10月22日提交了名为《关于允许在莫斯科重新建立手工业工场和工厂》的书面报告。当时 А. А. 扎克列夫斯基关于缩减莫斯科工业的意见引起了工厂主和商人的反对，而将重点从工业发展转移到工人劳动和日常生活的问题有助于政府将资产阶级和贵族统一为一个阵营。同时有必要考虑到，国家工业的发展不仅对资产阶级有利，也有利于贵族。所有这些因素解释了政府在 А. А. 扎克列夫斯基方案中所做出的修改。

---

① ЦГИАЛ, ф. 18, оп. 2, д. 1927, лл. 166 – 167.
② Там же, лл. 170 – 172.
③ Там же, лл. 178 – 179.

### 俄国工业政策（19 世纪 20－50 年代）

根据已通过的条例，莫斯科禁止重新建立棉纺厂、毛纺厂、铸铁厂、硬脂厂、脂油厂和化学工厂，其余工厂的建立需经莫斯科总督同意。① 禁止建立工业企业的理由是，后者增加了火灾的危险性、污染河流、促使燃料和产品价格提高，即"关注莫斯科居民的福利"。毋庸赘述，政府做出上述限制的实际原因是担心工人运动，由于西欧的革命事件，工人运动变得更加危险，正如工业和国内贸易司一名官员所指出的那样"这些运动是我们提出工人问题的原因"②。А. А. 扎克列夫斯基在其 1848 年 12 月 12 日提交的书面报告中也谈到了俄国和西欧工人运动之间可能存在的联系，并指出，莫斯科除 36000 名工人外，还增加了行会成员和农奴，他们都"很容易加入每一个破坏社会和私人秩序的运动中"③。

根据 1849 年 6 月 28 日条例，手工业工场主和工厂主每半年需向财政部提交一份关于企业状况、工人人数以及机器数量的报告。地方长官有责任严格监督，在未经其许可的情况下，工厂主不能增加生产规模、工人人数和机器数量。为监督工厂主的活动和工人的情绪，政府成立了以莫斯科军事总督为首的特别委员会，负责检查工厂的技术和警察监督。除政府官员外，该委员会的成员还包括工场手工业会议莫斯科分部的一名成员，其作为工厂主和企业主的代表。④

虽然政府批准了 1849 年 6 月 28 日条例，但它不具备重要的实践价值，因为其旨在延缓国内的工业发展，阻碍俄国发展的合理进程。在 А. А. 扎克列夫斯基方案作为针对莫斯科工厂主的强制性措施通过后，财政大臣在 1849 年 7 月 13 日寄给莫斯科军事总督的信中提请他注意，坚决禁止在莫斯科建立各种手工业工场和工厂可能会极大地损害工厂工业并阻碍它的进一步发展。⑤ 他建议总督"从时代的要求和任务出发"⑥。Ф. П. 弗龙琴科反对

---

① ПСЗ. Собр. 2，т. XXIV，№ 23358.
② ЦГИАЛ，ф. 18，оп. 2，д. 1927，л. 167（об.）.
③ Там же，л. 166.
④ ГИАМО，ф. 16，оп. 15，св. 2594，д. 11770，л. 62.
⑤ Там же，л. 61.
⑥ Там же，л. 54.

A. A. 扎克列夫斯基关于生产规则的建议，认为这一措施"限制了现有工厂的发展"①。他认为，工人、机器、机床数量的增加或减少不取决于地方长官，而取决于工厂主。

莫斯科工厂主对1849年条例的处理也同样自由。工场手工业会议莫斯科分部负责处理所有与在莫斯科开办新企业相关的问题，该分部保护资产阶级的利益，提出了支持扩展旧企业或开办新企业的理由，打破了条例的禁令。如，1849年3月，当时A. A. 扎克列夫斯基的书面报告已经被资产阶级和贵族们所熟知，莫斯科分部听取了工厂主叶潘伊什尼科夫的申请，他请求扩展其成立于1813年的梳毛生产企业。虽然禁止建造这类企业，但莫斯科分部仍然满足了工厂主的申请，并指出，该企业的扩展不会需要很多燃料，因为它不是依靠蒸汽机驱动，而是由马力驱动。② 这类申请在1849~1850年具有普遍性。③

然而不应过低估计1849年条例对莫斯科工业的消极影响。莫斯科工厂主自身也谈到了这一点，向政府抱怨1849年之后工业生产下降的情况。④ 有时，工业分部虽满足了工厂主关于扩展企业的请求，但莫斯科军事总督却否决了它的决议。后者的意见得到了财政大臣的支持。⑤ 但这些情况并不常见。一般来说，政府很少检查1849年条例的执行情况，而是密切关注工人的行为和情绪，他们的不满情绪逐年增加。1849年7月13日，在A. A. 扎克列夫斯基的法律草案获得批准后，政府根据沙皇的指示成立了一个委员会，负责对莫斯科及其全省的工厂进行警察监督，其官方目的是"监督莫斯科及其各县手工业工场和工厂的火灾危险和水污染的治理情况"⑥，而实

---

① Там же, л. 57 (об.).
② ГИАМО, ф. 616, оп. 1, св. 4, д. 64. «Журналы заседаний Московского отделения Мануфактурного совета», 1849, л. 52.
③ ГИАМО, ф. 616, оп. 1, св. 4, д. 64, лл. 160 - 161 и др.
④ «Материалы к истории прохоровской Трехгорной мануфактуры и торгово-промышленной деятельности семьи Прохоровых». М., 1915, стр. 182.
⑤ ГИАМО, ф. 616, оп. 1, св. 4, д. 64, лл. 175 - 176.
⑥ ЦГИАЛ, ф. 18, оп. 2, д. 1373, л. 1.

际目的是监督工人的行为和情绪。

1849年7月，政府委托工场手工业会议及其莫斯科分部根据 А. А. 扎克列夫斯基1848年的书面报告拟定关于工人和企业主关系的新条例，放弃了更早出现的 А. Г. 谢尔巴托夫的方案。为制定新方案，工场手工业会议成立了由 А. А. 博布林斯基伯爵、连年坎普夫上校、Л. Н. 施蒂格利茨男爵组成的特别委员会，并向莫斯科军事总督提交了自己的意见。[1] 保护企业主利益的委员会成员反对地方当局干涉工厂主的活动，认为企业主与工人关系的调整，有必要以"互利互惠为准则，而不是以规则"[2] 为指导。他们反对 А. А. 扎克列夫斯基关于将工人的工资支付给其家庭成员的建议，并认为可以向工人放债，认为禁止性措施可能会"削弱工人的劳动兴趣"[3]。

А. А. 扎克列夫斯基的提议遵循了监督工人和工厂主行为的方针。通过对工人日常生活的琐碎监管，在工人与农村之间建立一种人为的联系，他希望以此避免农村人口的无产阶级化。А. А. 扎克列夫斯基的方案代表了农奴主对工业发展和工人阶级增加的态度，而该委员会的建议旨在赋予企业主主动权，促进国内资本主义关系的发展。反对工厂主干涉工人的个人生活，认为对工人的琐碎监管可能会导致他们的骚动，该委员会的成员捍卫资产阶级的利益。该委员会在一项决议中谈道："解决工人阶级道德的问题与人民的整体生活及其生活的外部和内部条件紧密相关，警察在这里无济于事。"[4] 工场手工业会议和财政部赞同该委员会成员对 А. А. 扎克列夫斯基方案的意见。然而，该委员会成员没能拟定任何实际的决议。

1850年6月，莫斯科军事总督建议在批准关于工厂主与工人关系的一般规则之前，将两部分结算簿确定为一个统一的形式：第一部分规定工厂主的义务和权利；第二部分规定工人和工匠的义务。[5] 应该指出，即使在各个

---

[1] ЦГИАЛ, ф. 560, оп. 4, д. 1295, л. 85, см. М. Туган-Барановский. Ук. соч., стр. 141.
[2] ЦГИАЛ, ф. 560, оп. 4, д. 1295, л. 91.
[3] Там же, л. 101.
[4] Там же, л. 95–96.
[5] «Труды комиссии, учрежденной для пересмотра уставов фабричного и ремесленного», ч. I. СПб., 1863, стр. 276–277.（下称：《Труды комиссии…》)。

部分的名称中我们也可以看到不同之处。第一部分谈到了企业主的义务和权利，第二部分仅提出了工人的义务。工厂主有义务"公正且温和地"对待受雇在其工厂工作的工人，但有权在约定日期期满之前降低计件工资或计月工资，迫使工人收取商品代替工资，有权在合同期满之前"因工人未完成自己的义务或行为恶劣"将其解雇，但需在两周之内通知工人（第12项条款）。工场手工业会议讨论了结算簿草案，认为第12项条款对于工厂主过于"繁重"，并建议以如下借口删掉这一条款，即"道德败坏的工人可能会因在两周之内将被解雇而对企业主产生愤恨，对其造成无法通过任何惩罚来弥补的伤害"。工场手工业会议成员建议赋予工厂主"立刻解雇不合其心意的工人"[①] 的权利。

结算簿的第二部分涉及工匠和工人的义务，规定工人的生产行为标准，谈到了工人对企业主及其家人的"服从和恭敬"。该条例草案规定工厂主对工人实行严格监管，试图通过这种方式使后者与其他人口隔离开来。未经工厂主允许，工人无权邀请熟人拜访自己，以及在企业主指定的时间之后回家。破坏这些条例的工人将被处以罚款。在合同期满之前，工人无权未经企业主同意停止工作或要求增加工资。[②]（这些条款在1886年法律中被采用）因工人过失而对企业主造成的损失需予以赔偿。草案中谈道："工人和工匠，如果挥霍企业主的财产，需要赔偿损失，并像小偷一样接受刑事程序的处罚。"根据《刑法典》第1791项条款，集体反抗企业主的行为将作为反抗当局的行为予以处罚。罢工将根据《刑法典》第1792项条款予以处罚。

工场手工业会议提出的条例草案得到了财政大臣会议的认可，与А. А. 扎克列夫斯基的提议相比，其中不包含限制工厂主权力，使其不得不依赖地方长官和地主的条款。其奉行扩大企业主权利的方针。如，工场手工业会议认为将关于身份证的雇佣规定列入结算簿中是多余的（援引包含这一条款的1835年法律），因为这在一定程度上限制了企业主，使其不

---

[①] ЦГИАЛ, ф.1152, оп. т.4, д.26, л.12.

[②] Там же, л.16.

俄国工业政策（19世纪20－50年代）

能雇佣没有身份证的临时工从事短期工作。为了代表资产阶级的利益，工场手工业会议的成员们在方案中引入了有关惩罚工人集体运动和罢工的新条款。工场手工业会议的提议实质上侵犯了工人的权利。甚至官方出版物《为修订工业和手工业法规而成立的委员会的工作》也指出，"为保护少数的资本家和企业主，它（国内工业的管理者）违背了工人阶级的利益，这是毋庸置疑的。"①

1852年2月28日，该条例草案再次被提交给莫斯科军事总督"考虑"。同时，政府指示工业和国内贸易司印刷所需数量的结算簿样件，并将它们分发给工厂主。② 然而，该指令被颁布后，结算簿并没有在整个俄国得到推行。它们仅在莫斯科有效。工场手工业会议的方案被提交给内务副大臣和第二科办公室主任 Д. Н. 布卢多夫伯爵审议，之后它被提交给财政大臣做出最终决议。尽管政府赞同引入结算簿的必要性，但他们的建议没有任何结果。1854年4月19日，国务会议审议了财政大臣的决议并决定，在当前的政治形势下，"当彼得堡和圣彼得堡省被宣布处于军事状态且有必要对工厂工人进行特别监督时，改变工厂主和工人之间现有的关系秩序将非常不便"。1854年5月17日，国务会议建议延缓引入结算簿"直至情况更为有利"，允许财政大臣"在适当时候"向国务会议提出相应的建议。③

政府委员会和各部门制定有关"工人问题"法规的过程在很大程度上与农民事务秘密委员会的工作相似，该委员会的成员做出了很多决定，他们争执不休，办公桌上堆满了文件，但进展甚微。然而关于"工人问题"的讨论（虽然没能得出实际结果）展现了资产阶级和贵族在经济纲领上存在的差异，以及他们在与革命危险斗争时的团结一致。政府支持 А. А. 扎克列夫斯基旨在缩减国内工业的建议，这证明了政府政策的不稳定性，从积极保

---

① «Труды комиссии, учрежденной для пересмотра уставов фабричного и ремесленного», ч. Ⅰ. СПб., 1863, стр. 221.
② Там же, стр. 277.
③ «Труды комиссии, учрежденной для пересмотра уставов фабричного и ремесленного», ч. Ⅰ. СПб., 1863, стр. 278.

护和鼓励工业过渡到人为缩减工业生产，政府希望通过这种方式减少大城市中的工业人口并预防人民运动。

克里木战争的失败迫使亚历山大二世新政府更加积极地处理国家内部的改革问题。但是他们仍然力求以不损害贵族利益的方式解决这些问题。考虑到工人反对加强资本主义剥削制度以及普遍的革命形势，政府不敢将自身局限于对现行法令的细微补充。1859年，财政部成立了修订原有工业和手工业章程的委员会，并于1862年完成工作。该委员会成员包括财政部和内务部的官员。

在起草新的工业章程时，该委员会不可避免地提出了关于调整工人和企业主相互关系的问题。该委员会成员不得不承认，"我们的工厂工人，由于其普遍固有的粗心大意和不善于精打细算而处于悲惨境地。"① 他们认为，引入结算簿可以"消除工厂主的一些舞弊行为"，并改善工人的处境，但不赞成企业主有义务发放结算簿的观点。根据他们的意见，应该由"口头或书面的"自由合同来规定工厂主与工人之间的相互关系。如果工人要求发放结算簿，企业主无权拒绝。② 然而直至农奴制被废除，该委员会的任何一条建议都没有得到实施。直到1862年，政府在制定其他资本主义改革草案时才批准了新的工业章程并引入了结算簿。

克里木战争结束后工业得到了显著的发展，这迫使政府在工人劳动保护问题上表现出更多的灵活性。1859年2月，圣彼得堡成立了以圣彼得堡总督为首的委员会，该委员会负责制定"保护工人免受重伤"的条例。他们检查了圣彼得堡的工厂，特别关注未成年人的日常生活和工作条件。1860年，其为圣彼得堡及其各县的手工业工场和工厂制定了条例草案。根据内务部的建议，这些条例不应局限于圣彼得堡，该草案已被印刷以供参考，并被提交给工业省份的省长。它由七章组成，包括一般规则和专为某类企业（纺纱厂、漂白厂、染色厂、纺织厂、印花厂、化学厂、皮革厂）制定的特

---

① 《Труды комиссии, учрежденной для пересмотра уставов фабричного и ремесленного》, ч. I . СПб., 1863, стр. 288.

② Там же, стр. 291.

殊规则。为减少不幸事故的发生，禁止企业让工人在"最危险的部分未被遮蔽的"机器上工作；允许不熟悉机器设备的成年工人和未成年人操作机器，并在其运转时修理机器。① 该草案建议工厂主建立明亮且宽敞的工作空间，并在其中张贴关于机器操作和预防措施的印刷规则，并指明工人的工资、工作时间和罚款。根据草案，禁止工厂主雇佣未满12岁的儿童；12~14岁儿童的工作时间不应超过12小时，并需休息2小时；禁止儿童在夜间工作。② 该草案建议工厂主设置检查员及其助手的职位，他们每年至少应检查两次工厂。对破坏安全规则的工厂主处以罚款。此外，企业主有义务为在工作中受伤的工人发放补助金，而对完全失去劳动能力的工人，则要为其生存提供保障。

这一草案，如上文所述，已经被提交给国内工业省份讨论。其中的一些条款引起了工厂主们的指责。他们反对企业主要为不幸事故承担责任，认为，不可能预先防止这些危险事故的发生，因为无法保证机器的所有危险部件不出问题；反对雇佣条件的统一化，理由是每位企业主都独立于其他企业主，分别与工人签订合同；反对改善工人生活条件的必要性，理由是工厂主缺乏资金。③ 图拉工厂主反对将12~14岁儿童的工作时间限制为12小时（休息2小时），这将减少生产规模，因为成年人只有在未成年人的辅助下才能工作。④ 弗拉基米尔的民事长官同样坚持雇佣未成年人，他认为所有孩子的父母很早就会将他们送去小企业工作，那里没有长官的监督，工人的处境只会更加艰难。⑤ 特维尔工厂主希洛夫反对取消未成年人的夜间工作，因为这将对工人的工资产生不利影响。根据工厂主的说明，一份由特维尔省省长巴拉诺夫签署的综合性书面报告被起草了出来，正如苏联研究员 Н. 茹拉

---

① 《Труды комиссии, учрежденной для пересмотра уставов фабричного и ремесленного》, ч. Ⅰ. СПб., 1863, стр. 321-322.
② Там же, стр. 327.
③ 《Труды комиссии, учрежденной для пересмотра уставов фабричного и ремесленного》, ч. Ⅰ. СПб., 1863, стр. 255-260.
④ Там же, ч. Ⅱ, стр. 279-280.
⑤ Там же, ч. Ⅱ, стр. 281-285.

夫列夫所证明的那样，其由特派官员 А. И. 扎别林和著名讽刺作家、当时特维尔省副省长 М. Е. 萨尔特科夫参与撰写。① 为反驳希洛夫，该书面报告的作者们指责工厂主贪婪地维护个人利益。他们写道："工厂主不考虑人民的福利，不考虑孩子的教育，而唯一关心的，是自己的钱财。"② 该书面报告的结尾处谈到了改善工人状况以及实施关于手工业工场和工厂新条例的必要性。

绝大部分的工厂主和各省长官反对在企业中设置检查员及其助手的职位，认为这限制了自己的权利。他们认为委托企业主本人或者工场手工业会议和委员会的成员监督工厂更为合理。③

圣彼得堡总督领导的委员会提出的主要建议得到了财政部为修订工业和手工业章程而成立的委员会的认可，与工人日常生活条件相关的问题在该委员会的工作中占据了主要位置。后一委员会的成员们认为将关于工人雇佣条件、工作时间、检查员制度的工业条款纳入新章程中是合理的。他们同样认为有必要成立专门的工业法院，该法院负责审理企业主和工人之间的冲突。④ 后一项建议是因类似冲突数量的增加而被提出的。

1862 年政府公布了新的工业章程，其在一定程度上反映出资产阶级在解决国家问题方面的影响力越来越大。虽然工厂主提出的许多建议最初并未被两个委员会接受，但在最后拟定新章程时，这些建议都被考虑在内。实施检查员制度、工业法院、禁止儿童劳动等限制工厂主专横的条款被从该章程中取消。贵族政府在自己的工业政策中不能不考虑资产阶级的需求，何况这些需求与贵族的利益并不冲突。

俄国"工人问题"的提出是由大型工业的发展、雇佣劳动和机器的使用引起的。资本主义制度的发展影响了人民与沙皇斗争的性质和形式的变

---

① 《Красный архив》, 1939, т. Ⅰ (92), стр. 135 – 136.
② 《Труды комиссии, учрежденной для пересмотра уставов фабричного и ремесленного》, ч. Ⅰ. СПб., 1863, стр. 291.
③ Там же, стр. 292 – 304.
④ 《Труды комиссии, учрежденной для пересмотра уставов фабричного и ремесленного》, ч. Ⅰ. СПб., 1863, стр. 459 – 460.

化。伴随作为阶级斗争主线的农奴对地主的反抗，工厂主与雇佣工人之间的关系更加尖锐化，他们经历了资本主义和封建主义的双重压迫。早在改革前就出现了更为专业化的工人斗争形式——罢工。资本主义工业的发展导致工人数量的增加以及他们反抗企业主的运动的发生。国内市场的狭窄以及农奴制度的统治遏制了工业的发展。在这种情况下，人员问题至关重要。规范雇佣工人与企业主关系的1835年法律有助于解决人员问题并预防工人运动。这项法律以有利于工厂主的方式解决了雇佣工人的问题，这是政府对资产阶级毋庸置疑的让步，尽管它在一定程度上限制了工厂主的专横，引起了他们的抗议。

个别工厂主和民事长官多次要求除莫斯科外，将1835年条例扩展至其他工业省份，这证明了该法律颁布的及时性。工人对工厂主的不断申诉迫使政府出台了涉及工人劳动的补充规定。19世纪40年代，莫斯科和圣彼得堡成立了研究工业状况和工人地位的特别委员会。该委员会的工作成果之一是于1845年8月颁布的法律，它与1882年法律相似且颁布时间更早，该法律禁止在夜班中使用未成年人劳动。

1848～1849年的西欧革命运动、俄国农民和工人运动的频发导致俄国政府的工业方针和工人政策发生了一些变化。政府开始采取人为措施限制国家中部工业的发展，以便预防大城市中的工人运动。在这方面，毫无疑问，1847年和1848年由莫斯科军事总督制定的两个方案引起了人们的关注：前者为 А. Г. 谢尔巴托夫制定的，后者为 А. А. 扎克列夫斯基制定的。如果说 А. Г. 谢尔巴托夫试图通过走资本主义的发展道路调整工人和企业主之间的关系，那么 А. А. 扎克列夫斯基，作为一个保守派和农奴制拥护者，则希望人为地限制历史发展进程。围绕 А. А. 扎克列夫斯基方案的讨论不仅揭示了资产阶级和贵族之间的矛盾，还揭示了政府阵营内部的分歧。尽管财政部和部分内务部官员强烈反对，争论还是以农奴制拥护者的胜利而结束。尼古拉一世赞同 А. А. 扎克列夫斯基方案的主要观点，并于1849年6月28日颁布了关于在莫斯科及其各县建立工业企业的条例。然而这些条例并不具备重要的实践价值。工厂主们在沙皇本人的默许下绕过了这些规定。克里木战争结束后，政府被迫放弃1849年条例，并积极着手俄国的改革，以便巩固贵族手中的政权。随着农奴制被废除，1862年政府颁布了新的工业章程，其中高度重视"工人问题"的解决。

19世纪上半叶，"工人问题"的概念本身也发生了变化。如果说19世纪30~40年代，对政府而言它主要是指关于工人的人员问题，那么40年代末~50年代，这一问题已经成为与工人阶级在社会中的状况和地位有关的社会问题。

针对19世纪上半叶工人法律的研究令人信服地证明了，19世纪80年代的工人法律起源于30~40年代的法律。这证明了资本主义俄国工厂立法的局限性植根于农奴时代的法律。同时，关于"工人问题"的政府法律揭示了国内阶级矛盾的尖锐性并证明了资本主义社会阶级的形成。

# 结　论

19世纪20~50年代，俄国专制制度的特征是国家政权的高度集中以及参与所有问题的高度积极性。两者都是农奴制危机和阶级斗争加剧的结果。

国内生活中最重要的问题是农民问题。毫无疑问，它在俄国政治制度中占据主导地位。其中一个标志是，除沙皇陛下第五办公厅外，还存在不断更换的农民事务秘密委员会。他们的活动成果微乎其微，成为推动沙皇政府实施工业政策的额外动力。

在农奴制危机期间，俄国政府的工业政策作为一种政府活动体系具有特殊的意义。19世纪上半叶兴起了大量的工业企业，工业生产率不断提高，俄国工业从资本主义初级阶段向工厂过渡的初始进程，使确定俄国未来的发展道路以及工业在发展过程中的地位等问题变得尤为尖锐。鼓励工业发展的措施对政府和贵族来说，似乎不像对农民让步和限制农奴主的权力那么危险和不受欢迎。此外，俄国政府将工业发展视为摆脱地主和国家经济停滞状态的重要措施之一，是发展国家经济、维持独立和增强国家权力的必要条件。这些原因解释了政府对大型工业以及部分小型工业的支持：为开办工业企业的企业主提供优待、宣传新技术、建立促进工业发展的专门机构。

没有专门研究19世纪上半叶工业政策的历史文献。在俄国历史的一般性著作中，工业政策得到了不同的解释。它既被评价为资产阶级的政策，也被评价为贵族阶层的政策。同时，贵族和资产阶级的利益都没有得到充分的考虑。当然，保护关税制度，这是"工厂主的人为制造"，符合资产阶级的

## 结　论

利益。尽管如此，承认这一事实尚不能证明俄国政府的所有工业政策的资产阶级性质。19世纪20～50年代，俄国的保护关税政策是存在内部矛盾的。这一时期的保护关税政策促进了国内工业生产的发展，扩大了国内市场，增加了工厂主的收入。同时，关税政策不仅迎合了资本主义的发展，也在一定程度上促进了封建工业形式的发展。通过规定禁止从国外进口生铁和铁（1822年税率）或对这些商品制定较高的进口关税（1850年税率），政府鼓励农奴制组织形式的乌拉尔冶金业的发展。通过以农奴为抵押向工厂主提供国家贷款，它还满足了贵族的利益，因为通过这种方式，它主要为世袭工业的成功发展做出了贡献。如上所述，工业的发展并不会直接损害农奴制，虽然它的进一步发展加深了农奴制危机，加速了它的解体。然而，政府和地主长期以来都没有考虑过这个问题。发展中的工业创造了有利的农产品销售市场，为地主提供了必要的工业商品，为农村多余人口向城市外流提供了机会，农民的副业为地主提供了收取高额代役租的机会。

铁路的建造同样既符合资产阶级的利益，也符合一些地主的利益，他们需要方便且快捷地将农产品运送至海港以及国内外销售市场上的运输工具。地主和资产阶级对工业发展的这种兴趣可以解释俄国政府对工业和铁路建设的保护。因此，在评价政府的工业政策时，在这个问题上，将贵族和资产阶级的利益对立起来是不正确的。他们在很多方面相互重合。

然而，整个贵族在支持政府的工业发展方针方面并不一致。特别是19世纪40～50年代，很多地主农奴主认为以雇佣劳动为基础的工业的发展可能对农奴制和作为统治阶级的贵族的特权构成潜在威胁。部分远离城市中心居住的地主，与市场联系薄弱，同样对工业的发展不感兴趣。因此，反映贵族利益的俄国政府在支持工业的过程中表现出了不连续性和不稳定性。俄国政府为私有工业提供优惠和鼓励，宣传机器劳动相较于手工劳动的优势，但同时还推行了与资本主义活动发展不能并存的等级政策，捍卫了农奴制，拒绝为那些不采用农奴而采用雇佣劳动的工厂主贷款，采取了遏制工业进一步发展的举措。这些对工业产生影响的相反趋势展现了所研究时期经济政策的特征。

**俄国工业政策（19世纪20—50年代）**

1828年和1829年政府成立了工场手工业会议和商业会议，其负责监督工业和贸易并推动它们的发展，毫无疑问，这两个资产阶级机构反映了俄国资本主义的发展。除圣彼得堡和莫斯科的中央机构以外，政府在9个工业省份设立了工场手工业委员会，在26个县城设立了工场手工业通讯员，以及在国外设立了工业代理人，这表明这些组织具有重要的实践价值，这些组织不仅负责监督国家中部地区，也监督边区的工业。工场手工业会议和商业会议不具有行政权力，但参与拟定有关工业和商业的政府法律草案，推广在俄国和国外出现的最新发明，在一定程度上促进了技术进步。这些组织的实践价值使政府在改革后仍然继续维持其存在，这是改革前和改革后俄国政府经济政策连续性的标志之一。此外，工场手工业会议和商业会议建立的事实本身证明了俄国工业的成功以及俄国工商业资产阶级影响力的增强。这些组织对研究资本主义意识形态的形成同样重要。

工业展览会归工场手工业会议管辖，它的举办是农奴制俄国的重大事件。同时代的人称展览会为"俄国的工业盛典"。展览会是俄国政府保护主义制度的重要组成部分。工业展览会的组织与农业展览会的出现几乎同时发生，这些展览会都是由经济发展进程和新兴资本主义关系的需要引起的。第一届展览会的举办恰逢工业革命的开端并非偶然。展览会不能反映工业的发展水平，但展现了它的发展趋势，代表了那些发展最成功的生产部门的技术成就。我们所研究的12届工业展览会为我们讨论改革前俄国工业企业的数量增长和技术变化提供了珍贵的材料，证明了私有企业取代国有工业企业的趋势。这些展览会促进了国内工厂主之间以及他们与国外企业主之间的联系，促进了国内外市场的扩展，加速了技术进步。俄国政府资助展览会，并为最佳展品授予奖励。

工业的发展引起了国家对技能熟练的技术员、技师、工程师等人才的需求。技术教育问题成为政府和新闻界广泛讨论的课题。19世纪30年代，俄国开办了新的技术教育机构——圣彼得堡工艺学院、莫斯科技工学校、莫斯科和圣彼得堡绘画学校、商业和航海学校、中学的实科班。政府还在大学为工厂主举办技术科学方面的公开讲座。所有这些举措都表明了社会对发展技术知识的兴趣，这是工业技术改革开端的标志之一。但是，在促进技术教育方面，政府仍然奉行等级原则——贵族的子女不在技术教育机构中接受教育。技术教育机构是为商人、小市民和手工业者的孩子而建立的，不允许农奴的孩子进入这些机构。

由于工业的发展和工人数量的增加，后者与工厂主发生冲突的事件愈加频繁。同一时期，关于为工业提供固定工人队伍的问题在我们所研究的时期内具有重要价值。因此，政府面临着一个新的问题——"工人问题"的解决。降低缴纳代役租的农民的身份证价格、发放短期证件、允许无身份证者在其居住地30俄里以内打短工，所有这些措施都增加了人口的流动性，促进工人涌入工业中，但是它们没能解决关于工人骨干的问题。

1835年法律是第一部尝试以立法的形式确立雇佣工人和企业主关系的法律。它禁止地主在合同期满前召回自己的农民并剥夺工人在没有企业主同意的情况下停止工作的权利。这一法律代表了资产阶级的利益，是政府对新兴资产阶级的让步。在改革前的最后几十年中，在大规模民众骚动的环境下，政府担心农民和工人运动汇合为一条反政府的急流，特别积极地介入工人和企业主的关系中。19世纪40年代，根据政府命令成立的两个委员会负责审理圣彼得堡工人的日常生活，但其活动效果甚微。仅作为19世纪80年代法律前奏的1845年法律值得关注，该法律禁止未成年人从事夜间工作。

自19世纪40年代末起，从各个方面来看，俄国政府的工业政策都明显偏离了积极的保护制度。至于莫斯科和圣彼得堡工业，由于担心工人在首都聚集，政府急于延缓它的发展。早在19世纪30年代中期，财政大臣 Е.Ф.康克林就提请尼古拉一世注意，工人"是最贫苦的阶级，容易产生不满、绝望和突然地爆发"[①]。根据1835年法令，所有工业企业的创办者在3年内免缴土地和城市税，如果企业发展较好，可将这一特权延长至10年，而根据1845年法令，只有符合以下条件的企业主才能被免缴城市税，即其拥有的企业是"俄国尚未建立且对国家重要和有益的手工业工场和工厂"，而财

---

① ЦГИАЛ, ф.40, оп.1, д.12, л.48.

### 俄国工业政策（19 世纪 20－50 年代）

政部也认可这一点。此外，政府仅为那些在莫斯科和圣彼得堡范围之外建立企业的企业主提供优惠和补助金。这一决议证明了，一方面，俄国政府试图阻止工业发展，在它看来，这对中心城市而言是危险的；另一方面，它希望调整中部和边区工业分布的不平衡。政府担心工业的快速发展会超过狭小的国内市场和人民的购买力。1848 年，政府颁布了关于工业展览会的新条例，减少了对最佳展品的奖励。1849 年，政府根据莫斯科军事总督 A. A. 扎克列夫斯基的方案批准了禁止在莫斯科重新建立棉纺厂、毛纺厂、硬脂厂、脂油厂和化学企业的新条例。实施这些限制的主要原因不是"关心莫斯科人民的福利"，而是对工人运动的恐惧，这在西欧的革命事件下显得尤为危险，正如工业和国内贸易司一位官员所指出的，"这是我们提出'工人问题'的原因"[①]。

至 50 年代末，应用于工业发展和技术教育的政府拨款被大幅缩减。除上述原因外，这也与由克里木战争引起的国家财政困难有关。自 1857 年起，国家停止支付省技师的工资，改为由工厂主支付，减少从国外订购各种工业产品样品的拨款，增加技术学院的学费，关闭了圣彼得堡高等商业寄宿中学。所有这些举措都证明了俄国政府工业政策的不连续性，它时而支持资产阶级，时而采取阻碍工业发展的临时举措。

政府与工场手工业会议几乎在所有与工业发展相关的重大法律草案上出现的分歧与争执反映了农奴制的危机。在这种情况下表达的相互矛盾的意见具有阶级基础。多数情况下，出现分歧的是贵族农奴主和资产阶级代表。关于关税和铁路问题的争论在这方面具有标志性。财政大臣 Е. Ф. 康克林、交通管理总局局长 К. Ф. 托利伯爵等是铁路建设的积极反对者，他们认为俄国还没有为这种"民主"的交通方式做好准备，它增加了人口的流动性，为将来的社会冲突奠定了基础，这反映了部分保守贵族的情绪。铁路建设的反对者还将修建铁路干线成本过高、由于积雪无法运营以及本国幅员辽阔作为自己反对的原因。资产阶级代表证明了铁路对工业、农业和贸易的成功发展

---

① ЦГИАЛ, ф. 18, оп. 2, д. 1927, л. 167（об.）.

结 论

毋庸置疑的益处。在沙皇的支持下，军事部门主要从军事战略的观点出发论证了铁路建设的必要性。

在讨论关于修订1822年税率问题的过程中，未从事工业活动以及将自己的资金投入对外贸易中的地主和商人主张取消对外国工业产品的禁令并降低进口关税。代表俄国资产阶级的工场手工业会议的成员们坚持维持高税率。政府肯定了自由贸易拥护者、二等文官 Л. В. 坚戈博尔斯基表达得十分详尽的观点。除了经济利益外，在这种情况下，政府还受到外交政策因素的指导。1850年新的温和的保护主义关税政策并没有导致工厂主们所担心的对工业的破坏的出现，而是更充分地满足了那些极力恢复与英国有利贸易的地主们的利益。

统治阵营存在重大分歧的一个标志是对莫斯科军事总督 А. А. 扎克列夫斯基于1848年提出的方案的不同态度，该方案禁止在莫斯科建立手工业工场和工厂，严格规范工厂主与工人之间的关系。这些建议引起了工场手工业会议成员们的强烈反对。在这种情况下，政府采取了双方都可以接受的妥协立场，即将问题的重点从建立新的工业企业转移到工厂主和工人的关系上。

因此，早在19世纪20年代末，俄国的经济和社会生活以及政府政策开始出现重大变化。工场手工业和商业会议的成立、工业展览会的举办、技术教育机构的开办、自20年代末起专业报纸和杂志的出版、俄国和西欧技术成就的推广以及为拟定改革方案于1826年12月成立的特别秘密委员会都证实了这一点。但是为了维护农奴制和贵族政权，政府的所有方案和措施都难以缩小俄国与西欧国家的差距。

通过比较改革后几十年与改革前俄国政府的工业政策，我们可以清晰地看到很多措施的连续性。它们体现为权力的集中化、国家对生活的积极干预、工场手工业会议的活动、工业展览会的举办、关税政策以及"工人问题"，随着资本主义的确立，它们已经成为俄国最重要的社会问题。俄国政府工业政策的连续性，一方面，证明资本主义因素已经深入渗透到封建社会的经济中；另一方面，证明资本主义俄国保留了农奴制国家政策的很多特征。19世纪20~50年代政府的对内政策以及其他原因为19世纪下半叶发

俄国工业政策（19世纪20—50年代）

生的封建君主制向资本主义君主制的逐步过渡铺平了道路。

列宁在与民粹派的论战中指出，资本主义因素不仅体现在经济中，也体现在19世纪60年代的专制制度中。他写道，实行1861年改革的官僚机构，"无论就其成分或历史起源来看，都只能为资产阶级服务"①。

19世纪上半叶，俄国政府工业政策的总体趋势是，尽管存在各种矛盾和不连续性，但最终提高了俄国的工业生产水平，满足了许多贵族和资产阶级的利益。俄国政府政策的波动反映了俄国社会经济生活中迫在眉睫的矛盾，这不可避免地导致了农奴制的瓦解。

---

① В. И. Ленин. Полн. собр. соч., т. 1, стр. 474（примечание）.

# 参考文献

## Классики марксизма-ленинизма

Энгельс Ф. Положение рабочего класса в Англии. К. Маркс и Ф. Энгельс. Соч., т. 2.

Маркс К. Речь о свободе торговли. К. Маркс и Ф. Энгельс. соч., т. 4.

Маркс К. Протекционисты, фритредеры и рабочий вопрос. К. Маркс и Ф. Энгельс. Соч., т. 4.

Энгельс Ф. Протекционизм или система свободы торговли. К. Маркс и Ф. Энгельс. Соч., т. 4.

Энгельс Ф. Движения 1847 г. К. Маркс и Ф. Энгельс. Соч., т. 4.

Маркс К. Нищета философии. Соч., т. 4.

Маркс К. К критике политической экономии. К. Маркс и Ф. Энгельс. Соч., т. 13.

Маркс К. Фабричная промышленность и торговля. К. Маркс и Ф. Энгельс. соч., т. 13.

Энгельс Ф. происхождение семьи, частной собственности и государства. К. Марксы Ф. Энгельс. Соч., т. 21.

Энгельс Ф. Протекционизм и свобода торговли. К. Марксы Ф. Энгельс. Соч., т. 21.

Энгельс Ф. К истории прусского крестьянства. К. Маркси Ф. Энгельс. Соч., т. 21.

Энгельс Ф. О военной мощи царской России. Сборник «Группа "Освобождение труда"», 1926, № 4.

Маркс К. Капитал, т. Ⅰ. К. Маркс и Ф. Энгельс. соч., т. 23.

Переписка К. Маркса и Ф. Энгельса с русскими политическими деятелями. М., Госполитиздат, 1951.

Ленин В. И. Экономическое содержание народничества и критика его в книге г. Струве. Полн. собр. соч., т. 1.

Ленин В. И. По поводу так называемого вопроса о рынках. Полн. собр. соч., т. 1.

Ленин В. И. Развитие капитализма в России. Полн. собр. соч., т. 3.

Ленин В. И. К вопросу о нашей фабрично-заводской статистике. Полн. собр. соч., т. 4.

Ленин В. И. Письмо «Северному Союзу РСДРП». Полн. собр. соч., т. 6.

Ленин В. И. Как сциалисты-революционеры подводят итоги революции и как революция подвела итоги оциалистам-революционерам. Полн. собр. соч., т. 17.

Ленин В. И. Империализм, как высшая стадия капитализма. Полн. собр. соч., т. 27.

## Исследования
### Работы дворянско—буржуазных авторов

Аксаков И. С. Исследование о торговле на украинских ярмарках. СПб., 1858.

Андросов В. Статистическая записка о Москве. М., 1832.

Анопов И. А. Опыт систематического обозрения материалов к изучению современного состояния среднего и низшего технического и ремесленного образования в России. СПб. , 1889.

Анопов И. А. По вопросу об открытии промышленных училищ. СПб. , 1891.

Арсеньев К. Начертание статистики Российского государства. СПб. , 1818.

Бабст И. К. О некоторых условиях, способствующих умножению народного капитала. Казань, 1856.

Балицкий Г. В. Фабричное законодательство в России. М. , 1906.

Баранов А. А. Исторический обзор хлопчатобумажного производства в России в связи с таможенными тарифами. М. , 1913.

Безобразов В. О некоторых явлениях денежного обращения в России в связи с промышленностью, торговлей и кредитом, ч. I. М. , 1863.

Белов В. Д. Кризис уральских горных заводов. СПб. , 1910.

Белов В. Д. Кустарная промышленность в связь с уральским горнозаводским делом. СПб. , 1887.

Белов В. Д. К вопросу о переустройстве уральских казенных горных заводов. Б/м, 1899.

Блиох И. С. Влияние железных дорог на экономическое состояние России, т. I - V. СПб. , 1910.

Боголепов М. И. Государственный долг. К теории государственного кредита. СПб. , 1910.

Божерянов И. Н. Граф Егор Францевич Канкрин. Его жизнь, литературные труды и двадцатилетняя деятельность по управлению министерством финансов. СПб. , 1897.

Болтин В. Рассуждения о происхождении купеческого состояния. М. , 1827.

Бунге Н. Х. Речь о кредите. Киев, 1849.

Бутовский А. И. О запретительной системе и о новом тарифе.

339

«Экономический указатель», 1857, № 42 – 44.

Бутовский А. И. Опыт о народном богатстве или о началах политической экономии. СПб. , 1847.

Быков А. Н. Фабричное законодательство и развитие его в России. СПб. , 1909.

Вернадский И. О мене и торговле. СПб. , 1865.

Верховский В. М. Краткий исторический очерк начала и распространенияжелезных дорог в России по 1897 г. включительно. СПб. , 1898.

Витчевский В. Торговая, таможенная и промышленная политика России со времен Петра Великого до наших дней. СПб. , 1909.

Гагемейстер Ю. А. О теории налогов, примененной к государственному хозяйству. СПб. , 1852.

Гакстгаузен А. Исследование внутренних отношений народной жизни России. М. , 1870.

Георгиевский П. И. Исторический очерк развития путей сообщения в XIX в. СПб. , 1893.

Гневушев А. М. Политико-экономические взгляды Н. С. Мордвинова. Киев, 1904.

Головачев А. А. История железнодорожного дела в России. СПб. , 1881.

Горлов И. Я. Обозрение экономической статистики. СПб. , 1849.

Горлов И. Я. Протекционизм в России и свобода труда. «Библиотека для чтения», 1858, апрель.

Гронский И. Е. Очерк возникновения и развития жлезных дорог в России « Записки Московского отделения императорского русского техническо го общества», вып. 4. М. , 1886.

Гулишамбаров С. И. Итоги торговли и промышленности в царствование императора Николая I . 1825 – 1855. СПб. , 1896.

Гурьев А. Очерк развития кредитных учреждений в России. СПб. , 1904.

Евневич А. И. 50 - летний юбилей С. - Петербургского технологического института. СПб., 1879.

Ершов А. С. О высшем техническом образовании в Западной Европе. М., 1857.

Житков С. М. Институт инженеров путей сообщения императора Александра Ⅰ. СПб., 1899.

Житков С. М. Пути сообщения и финансы в истекшее столение 1798 - 1898. СПб., 1899.

Заблюцкий-Десятовский А. П. Граф П. Д. Киселев и его время, т. Ⅰ - Ⅳ. СПб., 1882.

Зябловский Е. Российская статистика, ч. 1 - 2. СПб., 1842.

Иванов В. Л. Мореходное образование в России. СПб., 1897.

Иокимович Г. М. Мануфактурная промышленность в прошлом и настоящем, т. Ⅰ. М., 1915.

Канкрин Е. Ф. Экономия человеческих обществ и состояние финансов. «Библиотека для чтения», 1846 - 1847.

Граф Канкрин и его очерки политической экономии и финансии. СПб., 1894.

Каншин Д. В. Опыт исследования экономического значения железных дорог. СПб., 1870.

Киттары М. Я. Очерксовременного положения и нужд русской мануфактурной промышленности. Казань, 1857.

Киттары М. Я. Обозрение Санкт-Петербургсой выставки русской мануфактурной промышленности 1861 г. СПб., 1861.

Корсак А. О. Формах промышленности вообще и о значении домашнего производства (кустарной и домашней промышленности) в Западной Европе и России. М., 1861.

Краткий исторический очерк развития и деятельности ведомства путей сообщения за сто лет его существования (1798 – 1898). СПб., 1898.

Кремяновский М. Государственный контроль в России за 100 лет. «Вестник Европы», 1915, № 7 – 8.

Крюков П. Очерк мануфактурно-промышленной сил Европейской России, служащий текстом промышленной карты, в двух частях. СПб., 1853.

Лабзин Н. Исследование промышленности ножевой, замочной и других металлических изделий в Горбатовском уезде Нижегородской и Муромском уезде Владимирской губерний. СПб., 1870.

Литвинов-Фалинский В. П. Фабричное законодательство и фабричная инспекция в России. СПб., 1900.

Менделеев Д. И. Толковый тариф, или исследование о развитии промышленности России в связи с ее общим таможенными тарифом 1891 г. СПб., 1892.

Мингулин П. П. Русский государственный кредит (1769 – 1899), т. I. Харьков, 1899.

«Министерство финансов. 1802 – 1902». СПб., 1902.

Мордвинов Н. С. Избранные произведения. М., Госпотиздат, 1945.

Нисселович Л. Н. История заводско-фабричного законодательства Российской империи, ч. 1 – 2. СПб., 1883 – 1884.

Небольсин Г. Н. Статистические записки о внешней торговле России, ч. I – II. СПб., 1835.

Небольсин Г. Н. Статистическое обозрение внешней торговли России, ч. I – II. СПб., 1850.

Пельчинский В. С. О состоянии промышленных сил России до 1832 г. СПб., 1833.

Пятидесятилетний юбилей С. – Петербургского практического технологического института. СПб., 1879.

Рагожин Е. И. Исторический очерк развития железной промышленнии России. СПб., 1900.

Самойлов Л. Атлас промышленности Московской губернии. М., 1845.

Семенов А. Изучение исторических сведений о российской внешней торговле и промышленности с половины XVII в. до 1858 г., ч. III. СПб., 1859.

Семенов А. Статистические сведения о мануфактурной промышленности в России. СПб., 1857.

Соболев М. Н. Таможенная политика России во второй половине XIX в. Томск, 1911.

Соболев М. Н. Кредит и его роль в народном хозяйстве. Харьков, 1918.

Сторожев В. Н. История московского купеческого общества, т. 2, вып. 1. М., 1913.

Струве П. Крепостное хозяйство. Исследование по экономической истории России в XVIII – XIX вв. М., 1913.

Судейкин В. П. Наши общественные городские банки и их экономическое значение. СПб., 1884.

Судейкин В. П. Государственный банк. СПб., 1891.

Тарасов С. Статистическое обозрение промышленноти Московской губернии. М., 1856.

Тенгоборский Л. В. О производительных силах России, ч. I. СПб., 1854; ч. II. СПб., 1858.

Терентьев П. Н. Материалы к истории прохоровской Трехгорной мануфактуры и торгово-промышленной деятельности семьи Прохоровых. М., 1915.

Туган-Барановский М. Русская фабрика в прошлом и настоящем. М., 1934.

Ушинский А. О значении мануфактурной промышленности в России и об охранной системе. М., 1858.

Чмутов А. Очерк нашего желездорожого хозяйства. СПб., 1907.

Чупров А. Железнодорожное хозяйство. Его экономические особенности и его отношение к интересам страны, т. 1 – 2. М., 1875 – 1878.

Шипов А. Хлопчатобумажная промышленность и важность ее значения в России. Отд. 1 – 2. М., 1857 – 1858.

Шулепников М. Мысли о русской промышленности. СПб., 1830.

Шульце-Геверниц Г. Очерки общественного хозяйства и экономической политики России. СПб., 1901.

## Советские издания

Балабанов М. С. Очерки по истории рабочего класса в России, ч. I, изд. 4. Л., 1926.

Берлин П. А. Русская буржуазия в старое и новое время. М., 1922.

Блюмин И. Г. Очерки экономической мысли в России в первой половине XIX в. М.—Л., Изд-во АН СССР, 1940.

Блюмин И. Г. История экономических учений. М., «Высшая школа», 1961.

Боровой С. Я. Кредит и банки России (середина XXII в.—1861 г.). М., Госфиниздат, 1958.

Боровой С. Я. К истории промышленной политики России 20 – 50 годов XIX в. «Исторические записки», № 69.

Боровой С. Я. Из истории кредитной политики России в период разложения крепостничества. «Труд Одесского кредитно-экономического института», вып. III. М., 1955.

Великин Б. Петербург-Москва. Из истории Октябрьской железной дороги. «История фабрик и заводов». Л., 1934.

Виргинский В. С. Возникновение железных дорог в России до начала 40 – х годов XIX в. М. , Изд-во Трансжелдориздат, 1949.

Гессен В. Ю. История законодательства о труде рабочей молодежи в России. Л. , 1927.

Гиндин И. Ф. К вопросу об экономической политике царского правительства 60 – 80 – х годов XIX в. «Вопросы истории», 1955, № 5.

Гиндин И. Ф. Государственный банк и экономическая политика царского правительства (1861 – 1892). М. , Госфиниздат, 1960.

Гиндин И. Ф. Русская буржуазия в период капитализма, ее развитие и особенности. «История СССР», 1963, № 2 – 3.

Гиндин И. Ф. Государственный капитализма в России домонополистического периода. «Вопросы истории», 1964, № 9.

Данилевский В. В. Русская техника, изд. 2. Л. , 1948.

Дмитриев С. С. Славянофилы и славянофильство. «Историк-марксист», 1941, № 1.

Дмитриев С. С. Народнохозяйственные выставки в Ярославской губернии до 1861 г. «Краеведческие записки», вып. 4. Ярославль, 1960.

Дружинин Н. М. Государственные крестьяне и реформа П. Д. Киселева, т. I. М. , Изд-во АН СССР, 1946; т. II. М. , Изд-во АН СССР, 1958.

Дружинин Н. М. Конфликт между производительными силами и феодальными отношениями накануне реформы 1861 г. «Вопросы истории», 1954, № 7.

Друян А. Д. Очерки по истории денежного обращения в России в XIX веке. М. , Госфиниздат, 1941.

Злотников М. Ф. К вопросу об изучении истории рабочего класса и промышленности. «Каторга и ссылка», 1935, № 1.

Злотников М. Ф. От мануфактры к фабрике. «Вопросы истории», 1946, № 11 – 12.

История Москвы, т. 3 – 4. М. , Изд-во АН СССР, 1954.

История Московского университета, т. I . Изд-во МГУ, 1955.

История русской экономической мысли, т. I, ч. 2, М. , Соцэкгиз, 1958.

Казанцев Б. Н. Разработка законодательных предложений о наемном промышленном труде в 40 – 60 – х годах XIX в. «Вопросы социально-экономической истории и источниковедения периода феодализма в России». М. , Изд-во АН СССР, 1961.

Казанцев Б. Н. Источники по разработке законов о наемном и промышленном труде в крепостной России. «Проблемы источниковедения», вып. XI. М. , Изд-во АН СССР, 1963.

Каргин Д. И. Рабочий быт на постройках первых наших железных дорог. М. , 1926.

Кашинцев Д. А. История металлургии Урала. М. —Л. , 1939.

Киняпина Н. С. Вопросы промышленности в русской периодической печати 20 – 50 – х годов XIX в. «вестн. Моск. ун-та», серия история, 1965, № 2.

Климова С. В. Журнальная литература как источник по истории тонкорунного овцеводства в России первой половины XIX в. «Проблемы источниковедения», вып. IX. М. , Изд-во АН СССР, 1961.

Крутиков М. Первые железные дороги в России. Публикация и выступительная статья. «Красный архив», 1936, № 3 (76).

Крутиков М. Начало железнодорожого строительства в России. «Красный архив», 1940, № 2 (99).

Кушева Е. Н. Среднеазиатский вопрос и русская буржуазия в 40 – е годы XIX в. «Исторический сборник», 1934, № 3.

Лившиц Р. С. Размещение промышленности в дореволюционной России. М. , Издт-во АН СССР, 1955.

Лившиц Р. С. Размещение черной металлургии СССР. М. , Изд-во АН

СССР, 1958.

Лукьянов П. М. История химических промыслов и химической промышленности России, т. I. М. —Л., Изд-во АН СССР, 1948.

Любомиров П. Г. Очерки по истории русской промышленности, М. —Л., Госполитиздат, 1947.

Лященко П. И. История народного хозяйства СССР, т. I. М., Госполитиздат, 1956.

Мешалин И. В. Текстильная промышленность крестьян Московской губернии в XVIII и первой половине XIX в. М. —Л., Изд-во АН СССР, 1950.

Михайловская А. М. Из истории промышленных выставок в России первой половины XIX в. (первые всероссийские промышленные выставки). «Очерки истории музейного дела в России». М., «Советская Россия», 1961.

Нифонтов А. С. Россия в 1848 году. М., Учпедгиз, 1949.

Нифонтов А. С. Полотняные мануфактуры России в 1854 г. «Исторические записки», т. 43.

Нифонтов А. С. Формирование классов буржуазного общества в русском городе во второй половине XIX в. «Исторические записки», т. 54.

Окунь С. Б. Очерки истории СССР конца XVIII —первой четверти XIX в. Л., Учпедгиз, 1956.

Окунь С. Б. Очерки истории СССР. Вторая четверть XIX в. Л., Учпедиздат, 1957.

Окунь С. Б. К истории таможенного тарифа 1850 года. «Вопросы генезиса капитализма в России». Изд-во ЛГУ, 1960.

Очерки экономической истории России первой половины XIX в., под ред. М. К. Рожковой. М., Соцэкгиз, 1959.

Очерки истории Ленинграда, т. I. М. —Л., Изд-во АН СССР, 1955.

Павленко Н. И. Развитие металлургической промышленоти России в первой половине XVIII в. М., Изд-во АН СССР, 1953.

Пажитнов К. А. Положение рабочего класса в России. М., 1924.

Пажитнов К. А. Проблема ремесленных цехов в законодательстве русского аболютизма. М., Изд-во АН СССР, 1952.

Пажитнов К. А. Очерки истории текстильой промышлености дореволюционной России. Шерстяная промышленность. М., Изд-во АН СССР, 1955.

Пажитнов К. А. Очерки истории текстильной промыленности дореволюционной России. Хлопчатобумажная, льнопеньковая и шелковая промышленность. М., Изд-во АН СССР, 1958.

Панкратова А. М. Волнения рабочих в крепостной России первой половины XIX в. Вступительная статья к сборнику «Рабочее движение в России в XIX в.», т. I. М., Госполитиздат, 1951.

Погребинский А. П. Очерки истории финансов дореволюционной России. М., Госфиниздат, 1954.

Покровский М. Н. Русская история с древнейших времен, т. I – IV. М., Соцэкгиз, 1932 – 1934.

Покровский С. А. Внешняя торговля и внешняя торговая политика России. М., «Международная книга», 1947.

Полиевктов М. Николай I. Биография и обзор царствования. М., 1918.

Полосин И. И. Промышленная статистика и политика XVIII в., вып. 1. Л., 1924.

Полянский Ф. Я. Первоначальное накопление капитала в России. М., Соцэкгиз, 1958.

Предтеченский А. В. История основания Мануфактурного совета. «Известия Академии наук СССР», 1932, № 5.

Предтеченский А. В. Очерки общественно-политической истории

России в первой четверти XIX в. М. —Л. , Изд-во АН СССР. 1957.

Пресняков А. Е. Апогей самодержавия. Николай I. Л. , 1925.

Рашин Г. А. К вопросу о формировании рабочего класса в России в 30 – 50 – х годах XIX в. «Исторические записки», № 53.

Рашин Г. А. Формирование промышленного пролетариата в России. М. , Соцэкгиз, 1940.

Рашин Г. А. Население России за 100 лет. М. , Госстатиздат, 1956.

Рожкова М. К. Экономическая политика царского правительства на среднем Востоке во второй четверти XIX в. и русская буржуазия. М. , Изд-во АН СССР, 1949.

Рожкова М. К. К вопросу о значении ярмарок во внутренней торговле дореформенной России. «Исторические записки», 54.

Рожкова М. К. Экономические связи России со Средней Азией в 40 – 60 – х годах XIX в. М. , Изд-во АН СССР, 1963.

Розенфельд И. Б. Первая железная дорога в России. Петрозаводск, 1925.

Рубинштейн Н. Л. Некоторые вопросы формирования рынка рабочей силы в России в XVIII в. «Вопросы истории», 1952, № 2.

Рындзюнский П. Г. Гильдейская реформа Канкрина 1824 г. «Исторические записки», № 40.

Рындзюнский П. Г. Крестьяне и город в дореформенное время. «Вопросы истории», 1955, № 9.

Рындзюнский П. Г. Городское гражданство дореформенной России. М. , Изд-во АН СССР, 1958.

Сигов А. А. Очерки истории горнозаводской промышленности Урала. Свердловск, 1936.

Струмилин С. Г. Промышленный переворот в России. М. , Госполитиздат, 1944.

Струмилин С. Г. К вопросу о промышленном перевороте в России.

«Вопросы экономики», 1952, № 12.

Струмилин С. Г. Очерки экономической истории России. М., Соцэкгиз, 1960.

Струмилин С. Г. История черной металлургии в СССР. М., Изд-во АН СССР, 1954.

Тарле Е. В. Николай I и крестьянский вопрос (по донесениям французских дипломатов). Соч., т. 4. М., Изд-во АН СССР, 1958.

Тихонов Б. В. Официальные журналы второй половины 20 – 50 – х годов XIX века. «Проблемы источниковедения», вып. VII. М., Изд-во АН СССР, 1959.

Уродков С. А. Петербурго-Московская железная дорога. Изд-во ЛГУ, 1951.

Фальковский П. И. Москва в истории русской техники. «Московский рабочий», 1950.

Хромов П. А. Экономическое развитие России в XIX – XX вв. М., Госполитиздат, 1950.

Цаголов Н. А. Очерки русской экономической мысли периода падения крепостного права. М., Госполитиздат, 1956.

Шапиро А. К вопросу о привилегиях на изобретения в России в 30 – х годах XIX в. «Красный архив», 1939, № 5.

Шелымагин И. И. Фабрично-трудовое законодательство в России во второй половине XIX в. М., Госюриздат, 1947.

Штейн В. М. Очерки развития русской общественно-экономической мысли XIX – XX вв. Изд-во ЛГУ, 1948.

Экземплярский П. М. История города Иванова, ч. 1 – 2; ч. 1 (дооктябрьский период). Иваново, 1958.

Яковцевский В. Н. Купеческий капитал в феодально-крепостнической России. М., Изд-во АН СССР, 1953.

Яцунский В. К. Промышленный переворот в России. «Вопросы истории», 1952, № 12.

Яцунский В. К. Роль Петербурга в промышленности развитии дореволюционной России. «Вопросы истории», 1954, № 9.

Яцунский В. К. О состоянии суконной промышленности России в 1845 г. «Исторический архив», 1956, № 4.

Яцунский В. К. Основные этапы генезиса капитализма в России. «История СССР», 1958, № 5.

Яцунский В. К. Отчеты департамента мануфактур и внутренней торговли министерства финансов дореволюционной эпохи как исторический источник. «Ежегодник», 1958. М., 1960.

Яцунский В. К. Материалы о положении рабочих Петербурга в 40 - х годах XIX века. «Проблемы источниковедения», вып. Ⅷ. М., Изд-во АН СССР, 1959.

Яцунский В. К. Первые шаги промышленного переворота на урале. «Проблемы общественно-политической истории России и славянских стран». М., Изд-во АН СССР, 1963.

## Литература на иностранных языках

Grunwald C. La vie de Nicolas I-er. Paris, 1946.

Grunwald C. Alexandre I-er le tsar mystique. Paris, 1955.

Grunwald C. Le tsar Alexandre Ⅱ et son temps. Paris, 1963.

Pintner W. M. Russian Economic Policy under Nicholas Ⅰ. Ithaca-N. Y., 1967.

Portal R. IUral an XVIII si $e$ cle. $E$ tude histoire $e$ conomique. Paris, 1950. '

Portal R. Aux origines d'une bourgeoisie industrielle en Russie. Revue d' histoire moderne et contemporaine, T. 8. Paris, 1961.

Schiemann Theodor. Geschichte Russlands unter Kaiser Nikolaus, Ⅰ, T. Ⅰ-Ⅳ. Berlin; T. Ⅰ, 1904; T. Ⅱ, 1908; T. 3, 1913; T. Ⅳ, 1919.

## Официально-документальные материалы

Архив Государственного совета, т. Ⅳ. СПб., 1874.

Историко—статистический обзор промышленности России, под ред. Д. А. Тимирязева, т. 1-2. СПб., 1883.

Обзор различных отраслей мануфактурной промышленности России, т. 1-2. СПб., 1862-1863.

Материалы для истории и статистики железной промышленности России, ч. Ⅰ, Ⅱ, под ред. А. П. Кеппена. СПб., 1896.

Обозрение Лондонской всемирной выставки по главнейшим отраслям мануфактурной промышленности. СПб., 1852.

Описание первой публичной выставки российских мануфактурных изделий, бывшей в Петербурге в 1829 г. СПб., 1829.

Роспись вещам представленным на мануфактурную выставку 1829 г. СПб., 1829.

Дополнение к росписи вещам, представленным на мануфактурную выставку 1829 г. СПб., 1829.

Сборник сведений по истории и статистике внешней торговли России, под ред. В. И. Покровского, т. 1. СПб., 1902.

Предложения частных лиц об устройстве железных дорог, поступивших в Главное управление путей сообщения до 1860 г. Публикация И. П. Боричевского. «Журнал путей сообщения», 1863, № 1, № 2.

Проект правил для фабрик и заводов в Петербурге и уезде. СПб., 1860.

Рабочее движение в России. Сб. документов, т. 1. М., Госполитиздат, 1955.

Свод законов Российской империи, т. 6 – 7, XIV. СПб., 1857.

Сборник материалов и сведений по ведомству министерства финансов, вып. III. СПб., 1861.

Сборник статистических сведений о горнозаводской промышленности в россии, 1908 г., ч. I. Пг., 1917.

Статистические сведения о фабриках и заводах экспонентов, получивших награды по мануфактурной выставке 1861 г. СПб., 1862.

Список фабрикантов и заводчиков Российской империи в 1832 г., ч. I. СПб., 1832.

Труды комиссии, учрежденной для пересмотра устава о паспортах, ч. I – II. СПб., 1861.

Труды комиссии, учрежденной для пересмотра уставов фабричного и ремесленного, ч. I – II. СПб., 1863.

Указатель произведений отечественной промышленности, находящихся на первой Московской выставке 1831 г. М., 1831.

Указатель произведений отечественной промышленности, находящихся на выставке 1835 года в Москве. М., 1835.

Дополнения к произведениям отечественной промышленности, находящимся на выставке 1835 года в Москве. М., 1835.

Указатель произведений к третьей в Москве выставке российских мануфактурных изделий 1843 года. М., 1843.

Указатель хронологический предметный и алфавитый выданных в России привилегий с 1814 г. по 1866 г. СПб., 1866.

Указатель хронологический, предметный и алфавитный привилегий с 1814 г. по 1871 г. СПб., 1871.

Уложение о наказаниях уголовных и исправительных. СПб., 1845.

353

Проект уложения о наказаниях уголовных и исправительных. СПб., 1871（изд. 2）.

Устав промышленности фабричной и заводской. СПб., 1879.

Фабрично-заводская промышленность и торговля России. СПб., 1893.

## Дневники и воспоминания

Дельвиг А. И. Мои воспоминания, т. 1 – 2. М., 1912.

Корф М. А. Николай I в совещательных собраниях. «Русское историческое общество», т. 98. СПб., 1896.

Заметки генерал-лейтенанта Л. В. Дубельта. «Голос минувшего», 1913, № 3.

Мальцов С. И. Из воспоминаний. «Записки Московского отделения императорского русского технического общества», 1886, вып. 4.

Мельников П. П. Сведения о русских железных дорогах. «Красный архив», 1940, т. 2 (99).

Найденов Н. А. Воспоминания о виденном, слышанном и испытанном, т. I. М., 1993; т. 2. М., 1905.

Рыбников И. Российское купечество на обеде у императора Николая Павловича. «Русский архив», 1891, кн. 3.

Салов В. В. Начало Железнодорожного дела в России. «Вестник Европы», 1899, март—апрель, май.

Штукенберг А. И. Из истории железнодорожного дела в России. «Русская старина», 1885, ноябрь.

Фишер К. И. Записки сенатора фишера. «Исторический вестник», 1906, № 5 – 6.

## Периодические издания

«Библиотека для чтения» за 1834 – 1860 гг.

«Вестник промышленности» за 1858 – 1860 гг.

«Владимирские губернские ведомости» за 1838 – 1860 гг.

«Горный журнал» за 1825 – 1860 гг.

«Журнал мануфактур и торговли» за 1825 – 1860 гг.

«Журнал путей сообщений» за 1826 – 1860 гг.

«Журнал министерства внутренних дел» за 1829 – 1860 гг.

«Журнал министерства государственных имуществ» за 1841 – 1860 гг.

«Журнал для акционеров» за 1857 – 1860 гг.

«Коммерческая газета» за 1825 – 1860 гг.

«Московские ведомости» за 1825 – 1860 гг.

«Московские губернские ведомости» за 1838 – 1860 гг.

«Московский телеграф» за 1825 – 1834 гг.

«Москвитянин» за 1841 – 1856 гг.

«Отечественные записки» за 1839 – 1860 гг.

«Промышленный листок» за 1858 – 1859 гг.

«Русская беседа» за 1856 – 1860 гг.

«Русский вестник» за 1856 – 1860 гг.

«Северная пчела» за 1825 – 1860 гг.

«Северный муравей» за 1830 г.

«Современник» за 1836 – 1860 гг.

«С. – Петербургские ведомости» за 1825 – 1861 гг.

«Сын отечества» за 1825 – 1844 гг.

«Указатель политико-экономический» за 1858 – 1860 гг.

«Экономический указатель» за 1857 – 1858 гг.

图书在版编目(CIP)数据

俄国工业政策:19世纪20-50年代/(俄罗斯)尼娜·斯捷潘诺芙娜·基尼亚比娜著;张广翔,姚佳译.--北京:社会科学文献出版社,2022.3
（俄国史译丛·经济）
ISBN 978-7-5201-9802-8

Ⅰ.①俄⋯ Ⅱ.①尼⋯ ②张⋯ ③姚⋯ Ⅲ.①工业政策-研究-俄国 Ⅳ.①F451.20

中国版本图书馆CIP数据核字(2022)第031010号

·俄国史译丛·经济
**俄国工业政策（19世纪20-50年代）**

著　　者 /〔俄〕尼娜·斯捷潘诺芙娜·基尼亚比娜
译　　者 / 张广翔　姚　佳

出 版 人 / 王利民
责任编辑 / 恽　薇　贾立平
责任印制 / 王京美

出　　版 / 社会科学文献出版社·经济与管理分社（010）59367226
　　　　　地址:北京市北三环中路甲29号院华龙大厦　邮编:100029
　　　　　网址:www.ssap.com.cn

发　　行 / 社会科学文献出版社（010）59367028
印　　装 / 三河市东方印刷有限公司

规　　格 / 开　本:787mm×1092mm　1/16
　　　　　印　张:23.25　字　数:351千字
版　　次 / 2022年3月第1版　2022年3月第1次印刷
书　　号 / ISBN 978-7-5201-9802-8
定　　价 / 148.00元

读者服务电话:4008918866

版权所有 翻印必究